한국사상선 2

세종
정조

유교 문명국의 두 군주

창비 한국사상선 간행위원회

백낙청(위원장, 서울대 명예교수)

임형택(성균관대 명예교수)

최원식(인하대 명예교수)

백영서(연세대 명예교수)

박맹수(원광대 명예교수)

이봉규(인하대 교수)

황정아(한림대 교수)

백민정(가톨릭대 교수)

강경석(『창작과비평』편집위원)

강영규(창비 편집부장)

창비 한국사상선 2

세종·정조

유교 문명국의 두 군주

초판 1쇄 발행 / 2024년 7월 15일

지은이 / 세종 정조
편저자 / 임형택
펴낸이 / 염종선
책임편집 / 박주용 박대우
조판 / 황숙화 박지현
펴낸곳 / (주)창비
등록 / 1986년 8월 5일 제85호
주소 / 10881 경기도 파주시 회동길 184
전화 / 031-955-3333
팩시밀리 / 영업 031-955-3399 편집 031-955-3400
홈페이지 / www.changbi.com
전자우편 / human@changbi.com

ⓒ 임형택 2024
ISBN 978-89-364-8031-8 94150

한국사상선　2

세종
정조

임형택 편저

유교 문명국의
두 군주

창비
Changbi Publishers

창비 한국사상선 간행의 말

　나날이 발전하는 세상을 약속하던 자본주의가 반문명적 본색을 여지없이 드러내며 다수의 삶을 고통으로 몰아간 지 오래다. 이제는 인간 문명의 기본 터전인 지구 생태를 거세게 위협하는 시대에 이르렀다. 결국 세상의 종말이 닥친다 해도 놀랄 수 없는 시대의 위태로움이 전에 없던 문명적 대전환을 요구한다는 각성에서 창비 한국사상선의 기획은 시작되었다. '전환'이라는 강력하게 실천적인 과제는 우리 모두에게 다른 삶의 전망과 지침이 필요하며 전망과 지침으로 살아 작동할 사상이 절실함을 뜻한다. 그런 사상을 향한 다급하고 간절한 요청에 공명하려는 기획으로서, 창비 한국사상선은 한국사상이라는 분야를 요령 있게 소개하거나 새롭게 정비하는 평시적 작업을 넘어 어떤 비상한 대책이기를 열망하며 구상되었다.

　사상을 향한 요청이 반드시 '한국사상'으로 향할 이유가 되는지 반문하는 이들도 있을지 모른다. 사상이라고 하면 플라톤 같은 유구한 이름으로 시작하여 무수히 재해석된 쟁쟁한 인물과 계보로 가득한 서구사상을 으레 떠올리기 때문이다. 우리가 겪는 위기가 행성 전체에 걸친 것이라면 늘 그래왔듯 서구의 누군가가 자기네 사상전통에 기대 무언가 이야기하지 않았을까, 그런 것들을 찾아보는 편이 더 효율적이지 않을까 하는 생각은 사실 오래된 습관이다. 더욱이 '한국사상'이라는 표현 자체가 많은 독자들에게 꽤 낯설게 느껴질 법하다. 한국의 유교사상이라거나 한국의 불교사상 같은 분류는 이따금 듣게 되지만 그 경우는 유교사상이나 불교사상의 지역적 분화라는 인상이 강하다. 한국사상이 변모하고 확장하면서 갖게 된 유교적인 또는 불교적인 양상으로 이해하는 방식은 익숙지 않을 것이기에 '한국사상'에 대한 우리의 공통감각은 여전히 흐릿하다고 말할 수 있다.

하지만 이런 사정이야말로 창비 한국사상선 발간의 또 다른 동력이다. 서구사상은 오랜 시간 구축한 단단한 상호참조체계를 바탕으로 세계 지성계에서 압도적 발언권을 유지하는 한편 오늘날의 위기에 관해서도 이런저런 인식의 '전회turn'라는 형식으로 대응하고 있다. 그럼에도 그 위상의 이면에 강고한 배타성과 편견이 작동하고 있음을 지적하는 목소리가 높다. 무엇보다 지금 이곳 — 그리고 지구의 또 다른 여러 곳 — 의 경험이 그들의 셈법에 들어 있지 않고 따라서 그 경험이 빚어낸 사상적 성과 역시 반영되지 않는다는 느낌은 갈수록 커져왔다. 서구사상에서 점점 빈번해지는 여러 전회들이 결국 그들 나름의 뚜렷한 한계 안에서 이루어지는 뒤집기 또는 공중제비에 불과하다는 인상도 지우기 어렵다. 정치, 경제, 문화 등 여러 부문에서 그렇듯이 이제 사상에서도 서구가 가진 위상은 돌이킬 수 없이 상대화되고 보편의 자리는 진실로 대안에 값하는 사상을 향한 열린 분투에 맡겨졌다.

그런가 하면 '한국적인 것' 일반은 K라는 수식어구를 동반하며 부쩍 세계적 이목을 끌고 있다. K의 부상은 유행에 민감한 대중문화에서 시작되어서인지 하나의 파도처럼 몰려와 해변을 적셨다가 곧이어 다른 파도에 밀려가리라 생각되기도 한다. '한류'라는 지칭에 집약된 이 비유는 숱한 파도가 오고 가도 해변은 변치 않는다는 암묵적 전제에 갇혀 있지만, 음악이든 드라마든 이만큼의 세계적 반향을 일으킨다면 해당 분야의 역사를 다시 쓰면서 더 항구적인 영향을 남길 수 있다고 평가받아야 한다. 중요한 것은 이제 한국적인 것이 무시 못 할 세계적 발언권을 획득하면서 단순히 어떻게 들리게 할까가 아니라 무엇을 말할까에 집중할 수 있게 된 점이다. 대중문화에 이어 한국문학이 느리지만 묵직하게 존재감을 발하는 이 시점이 한국사상이 전지구적 과제를 향해 독자적 목소리를 보태기에 더없이 적절한지 모른다.

그러기 위해 한국사상은 스스로를 호명하고 가다듬는 작업을 함께 진행해야 한다. 이름 자체의 낯섦에서 알 수 있듯 한국사상은 그저 우리 역사에 존재했던 여러 사상가들의 사유들을 총합하는 무엇이 아니라 상당 정도로 새로이 구성해야 하는 무엇에 가깝다. 창비 한국사상선은 문명전환을 이룰 대안사상의 모색이라는 과제를 중심으로 이 작업에 임하고자 했는데, 이는 거꾸로 바로 그런 모색이 실제로 한국사상의 면면한 바탕임을 발견하는 과정이기도 했다. 여기 실린 사상가들의 사유에는 역사와 현실을 탐문하며 새로운 삶의 보편적 비전을 구현하려 한 강도 높은 실천성, 그리고 주어진 사회의 시스템을 변혁하는 일과 개개인의 마음을 닦는 일이 진리에 속하는 과업으로서 단일한 도정이라는 깨달음이 깊이 새겨져 있다. 이점은 오늘날 한국사상의 구성과 전승이 어떤 방식으로 지속되어야 할지 일러준다. 아직은 우리 자신에게조차 '가난한 노래의 씨'로 놓인 이 사유들을 참조하고 재해석하면서 위태로운 세계의 '광야'를 건널 지구적 자원이자 자기 삶의 실질적 영감으로 부단히 활용하는 실천을 통해 비로소 한국사상의 역량은 온전히 발휘될 것이다.

창비 한국사상선이 사상가들의 핵심저작을 직접 제공하는 데 주력한 이유도 여기에 있다. 학구적 관심이 아니라도 누구든 삶과 세계에 대해 사유하고 발언할 때 펼쳐 인용하고 되새기는 장면을 그려본 구성이다. 이제껏 칸트와 헤겔을 따오고 맑스와 니체, 푸꼬와 데리다를 언급했던 만큼이나 가까이 두고 자주 들춰보는 공통 교양서가 되기를 기대한다. 그러기 위해 원문의 의도를 훼손하지 않는 범위에서 되도록 오늘날의 언어에 가깝게 풀어 싣고자 노력했다. 핵심저작 앞에 실린 편자의 서문은 해당 사상가의 사유를 개관하며 입문의 장벽을 낮추는 역할에 더하여, 덜 주목받은 면을 조명하고 새로운 관점을 보탬으로써 독자들의 시야를 넓혀 각자 또 다른 해석자가 되도록 고무한다. 부록과 연보는 사상가를 둘러싼 당대적·세계적 문맥을 더 면밀히 읽는 데 도움이 되고자 한다.

사상선 각권이 개별 사상가의 전체 저작에서 중요한 일부를 추릴 수밖에 없었듯 전체적으로도 총 30권으로 기획되었기에 어쩔 수 없이 선별적이다. 시기도 조선시대부터로 제한했다. 그러다 보니 신라의 원효나 최치원같이 여전히 사상가로서 생명을 지녔을뿐더러 어떤 의미로 한국적 사상의 원류에 해당하는 분들과 고려시대의 중요 사상가들이 제외되었다. 또 조선시대의 특성상 유교사상이 지나치게 큰 비중을 차지한 느낌도 없지 않을 것이다. 하지만 조선의 유학 자체가 송학 내지 신유학의 단순한 이식이 아니라 중국에서 실현된 바 없는 독특한 유교국가를 만들려는 세계사적 실험이었거니와, 이 시대의 사상가들이 각기 자기 나름으로 유·불·선 회통이라는 한반도 특유의 사상적 기획에 기여하고자 했음이 이 선집을 통해 드러나리라 믿는다.

조선시대 이전이 제외된 대신 사상선집에서 곧잘 소홀히 되는 20세기 후반까지 포함하며 이제껏 사상가로 이야기되지 않던 문인, 정치인, 종교인을 다수 망라한 점도 본서의 자랑이다. 한번에 열권씩 발행하되 전부를 시대순으로 간행하기보다 1~5권과 16~20권을 1차로 배본하는 등 발간 방식에서도 20세기가 너무 뒤로 밀리지 않게 배려했다. 1권 정도전에서 시작하여 30권 김대중으로 마무리되는 구성에 1인 단독집만이 아니라 2, 3, 4인 합집을 배치하여 선별의 아쉬움도 최대한 보충하고자 했으나, 사상가들의 목록은 당연히 완결된 것이 아니고 추후 보완작업을 기대해야 한다. 그럼에도 이 사상선을 하나의 '정전'으로 세우고자 했음을 굳이 숨기고 싶지 않다. 다만 모든 정전의 운명이 그렇듯 깨어지고 수정되고 다시 세워지는 굴곡이야말로 한국사상의 생애주기에 꼭 필요한 일이다. 아니, 창비 한국사상선 자체가 정전 파괴와 쇄신의 정신까지 담고 있음에 주목해주시기를 바란다. 특히 수운 최제우와 소태산 박중빈 같은 한반도가 낳은 개벽사상가를 중요하게 배치한 점은 사상선의 고유한 취지를 한층 부각해주리라 기대한다.

창비 한국사상선은 1966년 창간 이래 60년 가까이 한국학에 남다른 관심을 기울여온 계간 『창작과비평』, 그리고 '독자와 함께 더 나은 세상을' 꿈꾸어온 도서출판 창비의 의지와 노력이 맺은 결실이다. 문명적 대전환에 기여할 사상, 그런 의미에서 단순히 개혁적이기보다 개벽적이라 불러야 할 사상에 의미 있는 보탬이 되고 대항담론에 그치지 않는 대안담론으로서 한국사상이 갖는 잠재성을 세계의 다른 구성원들과 공유하는 계기가 된다면 더없는 보람일 것이다. 오직 함께하는 일로서만 가능한 이 사상적 실천에 독자 여러분의 많은 관심과 참여를 부탁드린다.

2024년 7월
창비 한국사상선 간행위원회 일동

차례

일러두기

1. 국립국어원 표기 규정을 따르되, 일부 표기에는 가독성과 당대의 맥락을 고려했다.
2. 각주는 모두 편저자의 것이고, 원주는 【 】안에 표기했다.
3. 일부 장에는 본문 서두에 해당 문헌에 대한 설명을 덧붙였다.

유교적 문명국 건설, 실학군주의 개혁정치

세종·정조

들어가며

이 책은 조선왕조의 제3대 임금인 세종(재위기간: 1418~1450)과 제22대 임금인 정조(재위기간: 1776~1800)를 대상으로 삼는다. 이 '한국사상선'이 주로 학자로서 사상가의 반열에 오른 인물들을 선정한 것과는 다른 독특한 경우라 할 수 있다.

왕조국가의 최고통치자라는 처지는 사상을 표현하는 형태와 의미가 아무래도 다를 수밖에 없다. 물론 이 책을 엮는 데도 이 점을 첫째 고려사항으로 염두에 두었다. 각기 치세기간에 이루어진 괄목할 사업들을 중시한 바 사업의 진행 과정을 구체적으로 소개하면서 거기에 개재된 통치권자의 의도와 사상을 밝히고자 했다. 한마디로 세종과 정조의 통치철학이 부각되길 바랐다. 각기 당면했던 상황에서 타개해야만 할 난관이 있었고 이런저런 갈등도 적지 않았다. 당연한 말이지만 왕도 사람이다. 국왕으로서 국정을 수행하며 발휘한 예지와 봉착했던 어려움이나 고민이 드러나면서 그 인간적인 면모까지 독자들에게 전달될 수 있으면 싶었다.

이 책은 해당 기간의 『조선왕조실록』(이하 『왕조실록』)을 주 텍스트로 삼았다. 『왕조실록』이란 본디 성격이 국왕을 중심으로 한 기록으로서, 당시 국왕의 매일매일 동정이며 언론이 서술되어 있다. 따라서 『왕조실록』이 기본자료가 되는 것은 지당하다고 하겠다. 그 밖에 별도의 저술로서 세종 편의 경우는 『훈민정음』과 『월인천강지곡』, 정조 편의 경우는 『홍재전서』를 보충자료로 활용했다.

조선왕조의 국가적 성격과 세종·정조

제2권은 그 대상이 특별한 존재이므로, 나는 이 책의 내용에 조선왕국의 해석이라는 의미를 담아내고자 했다. 이 서문을 쓰는 데서도 1차로 제출되는 사안은 조선왕국의 성격을 규명하는 문제이다. 고려에서 조선으로의 왕조 교체를 어떻게 보느냐? 가장 먼저 떠오른 물음이 아닐 수 없다.

나는 14세기를 세계사적 전환기로 본다. 유라시아 대륙에 걸쳐서 펼쳐진 몽골의 대원제국이 해체되는 과정에서 변동이 연달았다. 서쪽으로 러시아 지역에 모스크바대공국이 출현하더니 중앙아시아 지역에 티무르제국이 등장하고, 얼마 지나자 터키 지역을 중심으로 오스만제국이 성립했다. 저 서유럽의 르네상스운동이나 지리상의 발견 또한 간접적인 영향으로 고려해볼 수 있다. 대륙의 동쪽 끝에 연접한 우리의 한반도에서는 이때 고려에서 조선으로 왕조 교체가 일어난 것이다.

연표를 보면 원·명의 교체는 1368년의 일이고 고려와 조선의 교체는 1392년의 일이다. 24년의 시차가 있다. 양자가 연동된 현상임은 대개 공인하는 터지만 눈을 크게 떠서 세계사적 동향과도 관련해서 고찰할 필요가 있다는 것이 나의 지론이다. 여선麗鮮의 교체는 어떻게 일어났던가? 그것을 주도한 것은 어떤 의식을 지닌 세력이었던가? 이 대목에서 고려 말에

등장한 문인지식층에 주목을 하게 된다.

문인지식층이란 선비, 즉 사士를 가리키는 용어이다. 사가 벼슬을 하여 대부에 오르기 때문에 사대부士大夫라고 일컬어졌다. 사대부는 한자문화권에서 관료 엘리트를 지칭하는 말인데 이를 우리는 양반兩班이라고 불렀다. 양반이란 사대부에 해당하는 우리의 고유 한자어로, '문무양반文武兩班'에서 유래한 말이다. 즉 양반이라면 어원적으로는 문관과 무관을 통칭하지만, 워낙 문을 숭상하는 사회였기에 '사=선비'라고 하면 실상 문인지식층을 의미했다.

이 땅의 문인지식층이 역사적으로 부각된 계기는 무엇일까? 다른 무엇이 아니고 고려가 원제국의 체제에 참여한 것이 그 계기이다. 고려는 몽골-원제국의 침략에 맞서 40년 동안이나 항전한 끝에 강화를 하면서 이내 교류가 빈번해진다. 제국의 수도인 대도大都(지금의 베이징)에 문인지식인들이 유학을 가고 거기서 관직 활동을 하기도 했다. 이 같은 교류가 1세기나 지속되었다. 이 시대를 대변하는 인물로는 먼저 익재益齋 이제현李齊賢(1287~1367), 뒤에 목은牧隱 이색李穡(1326~1396)이 손꼽힌다. 이색은 이제현의 문집 서문에서 당시의 시대상을 이렇게 묘사하고 있다.

원이 천하를 소유하여 사해가 이미 하나를 이루니 혼돈의 소용돌이에 창조의 약동은 중화와 변방의 차이가 없다. 그러므로 당세의 인재들이 그 사이에서 우뚝우뚝 솟아 열심히 자신의 내면을 확충하고 속에 담긴 정수를 뽑아서 문장文章을 펼쳐 일대의 치세를 빛내고 있다. 실로 거룩하도다!

원제국이 주도하는 세계 상황을 마치 창세기의 도래처럼, 바꿔 말하면 천지개벽이 일어나고 있는 듯이 의식하고 있다. 이 시간대를 지금 한국사에서는 '원간섭기'라고 표현하지만, 당시를 살아서 직접 경험했던 문인지식인들은 자기 시대를 전혀 부정적으로 인식하지 않았다. 이색의 글은 오히려 정반대의 인식을 보여준다. 그는 '중화와 변방의 차이', 즉 중심부와 주변부의 구분 없이 창조가 진행된다고 보았다. 고려의 문인지식인들이 스스로 창세기적 계기에 동참하고, 주체적 역량을 키워나가서 '일대의 치세를 빛내고 있다'고 본 것이다. 요컨대 대원제국의 세계에서 이 땅의 문인지식인들은 획기적으로 새로운 문명이 개막된 것으로 인식했다. 이색은 이제현에서 이어지는 시대를 대전환의 지점으로 보면서 경탄하고 있다.

그런데 이색은 1356년 대도에서 고려로 돌아오는 심경을 "머리 돌려 둘러보니 사해가 연진煙塵으로 어두운데 구름 위로 높이 떠서 나는 한마리 고니"〔回頭四海煙塵暗, 雲表高飛一箇鴻. 「還家」〕라고 읊는다. 여기서 '연진'은 천하가 혼란 상태에 빠져 암담해진 정세를 암시한 것인 데 반해, '한마리 고니'란 그런 대륙을 훌쩍 떠나 돌아오는 그 자신의 표상처럼 느껴진다. 대륙의 정세는 암담한 반면 고국으로 귀환하는 자아의 형상은 하늘 높이 비상하고 있다. 이후 도래한 실제 상황을 짚어보면 대륙에서는 원·명의 교체가 급속히 진행되었거니와, 고려에서는 문인지식인들이 활발하게 진출하여 역사 변혁의 주체로 나섰다. 차세대의 대표주자는 정도전鄭道傳(1342~1398)이다.

정도전은 이색이 귀국하여 양성한 인재그룹에 속하는 인물로 여선 교체의 과정에서 이론가의 역할을 수행했다. 그가 갈파한 말이 있다. "명이 천명을 받아 천하를 황제로 소유하니 수덕언무修德偃武(덕을 닦고 무를 억제함)는 한자권 전체의 공통된 임무다."(「陶隱文集序」) 중국에서 원·명이 교체하는 변화를 그는 세계전환의 계기로 판단하고 있다. 그리하여 "예악을 제정하고 인문을 육성하여〔制禮作樂 化成人文〕천지의 질서〔經緯天地〕를 세울 때가 바로 지금이다"(위의 글)라고 선언한다. 이는 유교적인 이상국가의 건설을 뜻한다. 곧 사士의 고유한 임무인데 이를 다른 누가 아닌 자기들 문인지식층이 담당해야 할 몫으로 각성한 것이다.

요컨대 14세기 말 조선왕조의 개국은 문인지식층이 문명의식과 동인의식을 자기 현실에서 실천한 결과물이라고 해석할 수 있다. 우선 문명의식에 대해서는, 고려의 문인지식인들이 대원제국의 수도에 진출하여 새로운 세계의 문물을 경험함으로써 그것을 학습·체득하게 되었다는 점은 굳이 또 설명할 필요가 없겠다. 그렇다면 동인의식은 어디서 온 것일까? 문명의식이라면 보편성을 갖는 것이므로 동인의식과는 모순되는 것처럼 여겨지기도 한다. 그러나 양자는 꼭 모순되지 않으며 상보적일 수 있다. 대도의 다인종·다문화를 접하면서 대륙의 동쪽 끝에 붙은 나라의 사람인 나를 의식하게 되는 것은 극히 자연스런 현상 아니겠는가. 그뿐 아니라, 직전에는 몽골-원의 침략에 맞서 장기간 싸울 때 지키지 않으면 안 되는 동국사람으로서의 자아를 의식하지 않을 수 없었을 터다. 동인의식은 그 당시 문인지식인들에게서 더러 드러나지만 특히 이색의 경우 그의 시와 산문의 곳곳에 날카롭게 각인되어 있다.

이상의 결론으로 조선왕국이 어떤 나라인가를 요약해서 말할 순서다.

첫째, 조선왕조는 문인지식층이 이성계李成桂라는 장군을 내세워 성립한 국가라는 사실이다. '이씨조선'이라는 당연한 사실을 염두에 둘 필요가 있다. 숭문주의가 전반적인 문화풍토를 이루고 있지만 왕조의 정통을 계승한 최고통치자인 임금은 대개 무武의 중요성을 잊지 않고 챙기는 편이었다. 세종과 정조가 특히 그러했다.

둘째, 조선은 유교국가로서의 정체성이 가장 확실했다. 중국의 어느 시대에도 유례를 찾기 어렵다. 더구나 원대는 다인종·다문화에다 대중문예가 성황을 이루고 있었다. 명대로 와서 전통적인 사상·문화로 복귀하는 경향이 있었던바 조선은 그런 경향이 훨씬 강화되어 전형적인 유교국가를 형성하기에 이른다. 그에 따라 차츰 성리학으로 경도하는 현상이 빚어졌다. 성리학이 도입된 시기 또한 고려가 원제국의 세계에 참여했던 때라는 사실은 짚어볼 대목이다.

셋째, 동인의식에는 안과 밖으로 한계가 있을 수밖에 없었다는 사실이다. 밖으로는 명제국과의 사대관계가 부단히 압박을 가해왔고, 안으로는 그것이 이데올로기화하여 절대적 명분으로 작동했다. 동인의식은 조공체제와 한자권이라는 역사적·문화적 환경에서 안팎의 제약이 불가피한 가운데 문명의식과 어울리며 창조적 역량을 발휘할 수 있었던 점을 주의할 필요가 있다.

14세기 말에 들어선 조선왕조는 500여년을 경과하여 20세기 초에 끝이 났다. 17세기를 전후해서 야기된 두 차례의 대규모 전란으로 전기와 후기로 구분이 지어졌다. 전기의 세종 치세는 바로 개국의 초창기에 해당한다. 후기의 정조 치세는 왕조가 하향기·몰락기로 접어들기 직전의 단계다. 세종의 경우는 문명의식과 동인의식에 충실한 국가 확립으로 치적을 평가할 수 있으며, 정조의 경우는 실학군주로서 왕조 개혁을 추진했던 성과를 평가할 수 있다. 대략 이런 관점에서 세종 편과 정조 편에 담긴 내용을 해석해볼 생각이다.

세종: 문명의식과 동인의식에 입각한 국가 확립

조선왕국은 이 땅의 문인지식층이 세계사적 대국의 흐름을 예민하게 감지해서 성공적으로 대응한 결과물이었다고 평가할 수 있다. 이것이 위에서 서술한 요지이다. 한국사를 돌아보건대 이처럼 중대한 고비에서 특히 지식인들이 역사전환을 주도하여 성공한 사례가 있었던가 싶다. 조선이란 나라는 설계자의 구상 때부터 유교적인 성격을 분명히 표방했다. '유교적 이상국가.' 이것이 왕조가 지향한 목표였다. 그런데 당초 고려의 문인지식인들이 원제국의 세계를 직접 경험하면서 "혼돈의 소용돌이에 창조의 약동은 중화와 변방의 차이가 없다"고 각성했던 것처럼 천지개벽이 일어난 모습이라고 하기에는 거리가 있었다. 이 점을 어떻게 설명할 것인가?

중국 대륙에서 일어난 원·명의 교체는 곧 명 중심의 체제가 동아시아 지역에 들어선 것을 뜻했다. 유라시아대륙에 걸쳐 펼쳐졌던 몽골-원제국과는 성격이 여러모로 달라질 수밖에 없었다. 명제국은 자연히 전통적인 유교국가로 복귀하면서 한족 중심의 폐쇄적 방향을 취하게 된다. 조선이 유교를 국교로 표방했던 것은 당시 동아시아의 체제적 상황이기도 했다. 이처럼 외적으로 불가피했던 면이 있었던 데 더해, 내적으로 거기에 주체적 입장이 깊숙이 개재되어 있었다. 이는 조선 개국 자체가 문인지식층의 문명의식과 동인의식이 혼합된 결과라는 사실과 무관하지 않다. 개벽이라 할 정도의 창세적 변혁은 아니더라도, 유교사상을 동국의 현실 정치로 구체화했다는 점에서 독자적이고 각별한 의의를 지니며 이를 높이 평가할 수 있다. 그래서 본 세종 편의 전체 주제를 '문명의식과 동인의식에 입각한 국가 확립'으로 설정했다.

왕조 초기의 혼선과 갈등을 수습한 즈음 왕위에 오른 세종에게 부여된 과제는 제대로 된 '나라만들기' 그것이었다. 왕국이 나아갈 방향과 기틀을 다지는 문제가 일차적 과업이었고, 민생을 안정시키면서 유교적인 문명국을 건립하고 발전시키는 일이 필수의 책무로 제기되었음이 물론이다. 그리고 남쪽에서 왜구가 고려 때부터 바다를 건너 계속 출몰했고, 서북 변경에서는 여진족의 침범으로 안보상의 곤란과 불안이 끊이지 않았다. 세종이 당면했던 국방상의 난제다. 이에 세종 편의 내용 목차를 다음과 같이 구성했다.

1장 세종, 국왕으로서의 기본자세와 통치철학
2장 훈민정음 창제
3장 기술·문화: 인쇄, 의약, 천문 역산, 무기, 음악
4장 국제관계와 국방
　　국제관계

아래에서는 각 장별로 순서에 따라 독자들의 이해를 돕기 위한 설명을 붙이기로 한다. 편성 취지 및 요지를 해설하는 말이 될 터인데 그 바탕에 담긴 사상이 드러나기를 기대한다. 수록한 내용은 대부분 역사기록에서 뽑은 것으로, 그중에는 신하의 이름으로 된 글도 있다. 그 역시 임금의 뜻을 받들어 작성한 것이다. 끝에 배치된 『월인천강지곡』은 색다르게 세종의 개인 창작이다.

세종, 국왕으로서의 기본자세와 통치철학(1장)

첫째, 맨 먼저 세종의 즉위와 서거의 과정, 그리고 세종에 대한 총평을 당시의 기록으로 소개했다. 이 기록에는 나오지 않는 사항을 덧붙이자면 세종의 이름은 도祹, 자는 원정元正이며, 능은 여주에 있는 영릉英陵이다. 그에 대한 전체적인 평가는 그가 '해동 요순'이라고 일컬어졌다는 말로 대신할 수 있다.

둘째, 세종이 호학군주라는 것은 잘 알려진 터이지만, 그는 무에도 비상한 관심을 두었다. 문의 측면으로 먼저 눈을 돌리면 그는 독서광이라 할 정도로 책읽기에 심취했을 뿐 아니라, 경연을 적절히 운용했고 서적의 편찬·간행 사업을 주도했다. 대단히 주목되는바 그는 독서와 학문의 방법에 자기대로 뚜렷한 각성이 있었다. 학문은 마음공부가 우선이라면서도 "책을 읽는 동안 생각이 떠올라 정사에 시행하는 것이 아주 많기 때문"에 자신이 독서를 그만두지 않는다고 술회한 바 있다. 그러면서도 교조적으로 선현을 추종하는 태도를 비판하여 "아무리 주자의 말이라도 모두 다 믿을 수 없는 것"이라고 일깨우기도 한다. 그리고 중국의 어음語音을 알 필요가 있다고 말하지만 "우리 동방도 나라가 선 것이 오래여서 흥폐·존망의 역사를 몰라서는 안 된다"는 점을 강조했다. 무의 측면으로는 임금 임석하에 열병식을 거행하는데 그 규모가 놀라웠다. 강무講武를 군국軍國의 중대사로 강조하여, 매년 춘추에 실시하는 것이 원칙이었다. 이 책에서는 그 한 사례로 서울에서 강원도 평강까지 14일이 걸리는 행사를 소개했다. 이 역시 임금이 참여한 군사훈련인데 이동 중에 사냥을 하면서 민생현장을 살피기도 했다. 격구를 폐지하자는 주장이 있었음에도 세종은 이를 무술의 일종이라 하여 존치시키도록 했다. 숭문주의로 기우는 분위기에서도 이처럼 세종 자신은 무를 소홀히 여기지 않고 문무의 균형을 맞추려고 노력했던 것을 알 수 있다.

셋째, 유교국가인 조선에서 민, 즉 백성은 생산의 담당자이자 군역과 부역의 담당자였다. 국가를 유지함에 있어서 절대 필수적인 몫을 민이 맡았던 것이다. 민이 아니면 국가 자체가 존립할 수 없었다. 이에 세종은 인정과 애민을 유독 강조했으며, 중농重農을 국정의 제일과제로 삼았다. 국정 최고 책임자인 군주는 오직 백성을 '왕의 백성'으로 위하는 것이 당위였다. 다만 군주 혼자서 다 할 수 없는 노릇이므로 주·군·현으로 나누어 위임 통치하는 방식을 취했다. 세종은 이런 유교의 정치사상을 십분 체득하여 현실적으로 구현하려고 힘썼다. 그 구체적 사례로서 『농사직설農事直說』을 들 수 있다. 농업 생산력을 증대시키기 위한 책으로 조선의 풍토와 실정에 부합되도록 쓰인 것이다. 또한 세종은 "노비도 천민天民이다"라고 말한다. 노비 또한 '왕의 백성'이란 뜻이겠는데 인간 사랑이 보편적인 수준에 닿았음을 알 수 있다. 『농사직설』에서는 옛날엔 백성을 부리는 것이 3일을 넘지 않았고 백성을 부역으로 동원하면 보수를 주었다고도 말한다. 세종은 이를 당연시하고 바람직한 제도로 생각은 하면서도 시행하지 못하는 부득이한 현실을 의식하지 않을 수 없었다.

넷째, 세종은 '해동 요순'으로 일컬어졌다. 상투적인 칭송이 아니고 30년 통치의 결과에 대한 당시 사람들의 총평이다. '요순'이란 성군의 상징으로서 문명의식에 연계되며, '해동'이란 동인의식에 연계되는 것으로 해석할 수 있다.

훈민정음 창제(2장)

"이달에 상이 언문 28자를 친제親製했다"는 기사가 『실록』 세종 25년 (1443)의 마지막 날에 보인다. 이를 통해서 훈민정음을 '언문'이라고 불렀으며, 세종 치세의 후반기에 직접 창제한 것임을 알 수 있다. 세종 28년 (1446) 9월 29일에는 "이달에 훈민정음이 완성되었다"는 기사와 함께 훈민정음의 머리말에 해당하는 글과 정인지의 발문이 실려 있다. 여기서 훈민정음이란 굳이 따지자면 한글이라는 문자를 지칭하는 동시에 통상 해례본이라고 일컫는 책을 가리킨다. "훈민정음이 완성되었다"는 언표가 나오기까지 '언문 28자의 친제'로부터 3년이 걸렸다. 신문자를 만들고서도 그 마무리 작업에 3년이 소요된 것이다.

신문자의 창제 작업은 세종이 주관했던바 그 과정에 정인지·신숙주·성삼문·박팽년 등 집현전의 신진그룹이 참여했고, 당시 세자인 문종과 후일 세조가 된 진양대군, 안평대군 등 왕자들도 개입했다. 최만리 등 보수관료 세력의 반대 상소에 비치듯이, 세종은 초수리(지금 괴산의 초정약수가 있는 곳) 별궁으로 휴양을 떠나 있으면서도 신문자 관련 작업에 골몰했다. 이토록 세종이 신문자 창제에 지대한 관심을 품고 나섰던 까닭은 어디 있을까? 세종 자신이 서문에 간략하게 천명해놓았으므로 굳이 이러니저러니 할 것이 없겠다. 그런데 국어학계에서는 이설이 분분하다. 상당히 유력한 설로 제기된 것이 한자음 정리의 필요성 때문이라는 주장이다. 이에 대해서는 신숙주의 「동국정운서」가 논리 정연하게 진술하고 있다. 또한 훈민정음은 우리나라 시속의 한자음이 여러모로 오류가 많으므로 이를 활용하여 '바른 음운을 회복'하려는 의도를 아울러 분명히 가지고 있었다. 그러나 이는 부차적 의도이다.

신문자는 주지하는 대로 표음문자 체계이다. 따라서 그 용도는 정인지의 발문에서 자랑조로 말했듯, "쓰임에 구비하지 못할 것이 없고 어디에 통하지 못할 곳이 없"는 것이다. 오직 주된 목적은 세종 자신이 천명한바 "사람마다 쉽게 익혀 날로 쓰기에 편하게 할 따름"이란 그것이다. 최만리 등의 '훈민정음 반대 상소'에 제기된 쟁점은 모두 6개 조항인데 첫번째로든 것이 왜 보편적인 한문을 버리고 언문을 만드느냐였다. 이런 따위는 사대모화의 대의를 훼손시킬 뿐이라는 공박이었다. 이 물론 세종의 의도를 왜곡·과장한 것이다. 세종은 그 당시 현행의 한자음이 잘못이 많으므로 바로잡아야 한다고 사고했다. 하지만 세종의 근본 취지는 한문을 폐지하고 한글 전용으로 가자는 것이 전혀 아니었다. '훈민'이 의미하는바 제일 목적은 민을 위하는 데 있었다. 세종은 이 뜻을 편민便民이라는 개념으로 표현하기도 했다. 훈민정음의 창제로 동인의식을 관철시켰다고 해석할 수 있겠으나 그 자체에 문명의식도 내포된 것으로 볼 수 있다. 더욱이 신문자 창제의 여러 목적에 한자음 정리가 들어 있고 이를 위한 노력을 기울였던 사실은 보편성을 지향한 문명의식으로 해석된다.

기술·문화(3장)

지금 기술·문화라고 하면 포괄하는 범위가 아주 넓은데 세종 치세에 특히 괄목할 부문으로는 첫째 인쇄문화, 둘째 의술과 약학, 셋째 역법과 천문의기, 넷째 무기 제작, 다섯째 음악 등을 들어보았다. 부문별로 관련 기록을 찾아서 열거했다. 다음에서 여러 가지 내용 및 의의를 지적해본다.

첫째, 그 시기의 책문화로는 활자인쇄술의 발전과 함께 제지술을 들 수 있다. 지금 세계적인 자랑거리인 금속활자는 세종 3년 경자자에서 세종 16년 갑인자로 개선되기에 이르렀다. 갑인자는 활자의 표본이 되어 후대에 누차 다시 만들어졌다. 세종 대에는 인쇄방법상의 여러 난점을 해결하면서 기술 향상을 도모해 최고 수준의 갑인자본 책을 간행하기에 이르렀다. 그 과정에서 신하들이 간행의 불가능함을 호소했으나 임금이 나서서 적극 독책하고 격려하여 결실을 맺었다. 제지술에서도 새로운 시도와 재료 개발이 있었던바 고정지藁精紙는 이때 발명한 성과로 손꼽힌다.

둘째, 의약 부문에서는 세종 때의 최대 성과로 꼽히는, 85권에 이르는 『향약집성방鄕藥集成方』이 있다. 세종 15년에 완성된 책으로 서문은 권채權採가 지었다. 태종 연간에 간행된 『향약간이방鄕藥簡易方』이 있었던바 이 역시 "동인들이 경험한 처방들을 수집해가지고 부문별로 나누어 편성해서 간행"한 것이다. 이를 계승, 확대한 것이 이 『향약집성방』이다. 권채는 서문에서 "중국에서 들어온 의학서는 많지 않은 데다가 약명이 중국과 우리가 다른 것이 많다"는 점을 지적하고, "우리 주상께서 이 문제에 특히 고민하여 매번 사신을 따라 중국에 가서 의서를 널리 구해 오도록" 조처한 다음, "향약방편鄕藥方便을 수집하게 해서 여러 종의 의서를 빠짐없이 찾아 검토하여 분류하고 증보했던바 한 해 남짓 걸려서 작업을 마쳤다"고 적었다. 이전의 것과 비교해서 병의 증상은 338종에서 959종으로, 처방법은 2천 803종에서 무려 2만 706종이 되었다. 의술이 놀랍게 진전했던 실상을 수치가 보여주고 있다. 권채는 그런 효과로서 "이 땅이 수성壽城으로 바뀌면서 화목한 기운이 영구히 펼쳐지리라"고 찬탄한다. 인정仁政이 추상적 구호가 아닌 구체적 방법으로서 실천되었음을 알 수 있다.

셋째, 인간은 천체의 운행을 계산하고 계절의 변화를 헤아려서 역법을 제정했다. 여기에 수학이 유용했던바 관측을 위한 도구로 천문 의기儀器 등이 개발되기도 했다. 또한 하루 밤낮의 시간을 재는 시계가 고안되기도 했으니 해시계나 물시계가 그것이다. 세종의 치세는 역법과 천문 의기 및 시계의 제작에서 우수한 성과를 선보인 시대였다. 역법에 관해서는『칠정산 내·외편七政算內外篇』이라는 방대한 전문 저술이『세종실록』의 부록에 실려 전하고 있다.『칠정산 내편』에 대한 언급 중에는 "한양에서 하지와 동지 때의 해 그림자에 근거하여 매일 해가 뜨고 지는 데 따라 밤낮의 각 분刻分을 구해 우리나라에서 쓰는 기준을 정했다"는 내용이 있다. 이 말에 의거하면 그 일시의 기준을 서울로 잡았음을 알 수 있다. 한편 보루각에 설치한 자격루라는 물시계는 묘사된 글로 미루어 기계적 원리가 정교의 극치를 이룬 것으로 여겨진다. "제왕의 정치는 때에 맞춰 날짜와 시각을 정확하게 잡는 것보다 더 중요한 일이 없다"는 데서 그 실용적 의미를 확실히 간파할 수 있다. 또 흠경각은 각종 천문 의기를 보관하기 위한 목적으로 건립한 시설인데 거기에 가산假山을 만들어 자못 장관이었던 모양이다.

넷째, 무기 제작에 관해서는 세종 27년 의정부에 내린 하교에 나와 있다. "나는 지금 28년을 왕위에 있으면서 화포에 관심을 두어 계속 강구해서 제조법을 많이 개선하여 신하들로부터 좋다는 평을 들었다." 이날의 하교는 그때까지 많은 노력을 기울인 무기 사업을 정리한 발언인 셈이다. 요는 성능이 우수한 화포를 확보하는 데 있었던바 사거리와 연발사격이 숙제였다. 이를 위해 중국에서 신기술을 도입하고 끊임없이 실험하여 개선과 향상을 도모한 것이다. 워낙 전문 분야이기 때문에 적임자를 물색하는 일에도 각별히 유의했다.

다섯째, 음악은 유교국가에서 예禮와 함께 크게 중시한 분야였다. 그러므로 음악에 대한 관점이 오늘날과는 전혀 달랐다. 국가적인 제례나 의전과 관련해서 음악의 의미를 부여했던 것이다. "『율려신서律呂新書』도 형식만 갖추어놓은 것일 뿐이다. 우리나라의 음악은 진선盡善하다고 할 수 없지만 중원에 비해 손색이 없다. 중원의 음악인들 어찌 꼭 바른 것이라고 할 수 있겠는가." 이는 세종이 경연에서 했던 발언으로 그 뒤로 음악 정리 사업의 지침이 되었다. 『율려신서』라는 책은 주자학적인 음악전문서인데, 세종은 이『율려신서』도 충실하지 못하다고 보았다. 요컨대 세종의 과제는 '바른 음악'을 회복하는 일이었다. 그리하여 편찬된 것이 『아악보雅樂譜』였으니, 이에 대한 정인지의 서문이 있다. 음악을 연주하는 데에는 악기가 필수의 도구이다. 고려 예종 때 북송에서 들어온 악기가 있었으나 대부분 망실되었고 명나라에서 보내온 악기는 표준으로 삼기 어려웠다. 그래서 국내에서 산출되는 재료로 적합한 것을 찾아 악기들을 제작하게 된다. 석경石磬의 경우 충청도 남양에서 나는 돌을 사용하여 바른 소리를 얻을 수 있었다. 3장에는 이 작업의 최종 단계에서 세종이 소리의 분간에 예민하여 정확한 악기가 만들어진 일화가 소개되어 있다.

국제관계와 국방(4장)

제4장은 세종 편의 구성에서 양적 비중이 유난히 크다. 주제 자체가 워낙 국가와 민족의 안위에 직결된 사안인 데다가 세종 자신의 최대 관심사로서 통치기간 내내 골칫거리였기 때문이다. 당시의 국제관계에 대해서는 구체적 인식이 부족한 실정이다. 조선 500년의 전후기 분수령이 된 임진왜란은 동남방으로 대마도를 중간 거점으로 해서 진입한 사태였으며, 정묘·병자호란은 서북방의 대륙에서 발동한 사태였다. 따라서 세종은 민족 차원의 안위 문제에 일찍이 착안하여 적극 대응했던 터이니, 선각적으로 상황을 관리했다고 평가할 수 있다. 여기서는 요점정리식으로 전체 문면에서 네가지 사항을 들어 세종이 취했던 대응 방침을 정리해본다.

첫째, 사대교린이 조선왕국이 취한 대외관계의 기본 방향이었던바 그런 가운데 사대외교가 절대적이었다. 친명 사대외교가 막중했던 까닭은 현실적 역학관계가 명에 달린 데다 문명의 중심부로 명을 바라보았기 때문이다. 전통적인 문명 개념에 그치지 않고 천문 역법에 필요한 지식 능력의 수

용이 강조되어 유학생 파견을 추진하기까지 했다. 그런 한편 국익과 관계되는 면에서는 민감하게 의식했음이 곳곳에 드러난다. "만약 명나라에서 이곳에 (여진족) 추장이 없다는 말을 듣고 위衛라도 설치하면 어떻게 할 것이냐"고 우려를 표명한다. 우리의 북쪽 변경이 공백 상태에 놓여서 명이 이를 자기네 관할 영역으로 집어넣으려 들면 곤란해진다는 의미이다.

둘째, 세종 1년의 대마도 정벌은 태종 때부터 준비한 국가적 대업을 결행한 일이었다. 이해 6월 18일 서울의 두모포에서 출정식을 거행했는데 그에 앞서 5월 19일 도체찰사 이종무의 이름으로 포고문을 보냈으며, 정벌을 종결한 뒤인 7월 17일에는 선왕인 태종이 대마도주에게 항복을 권고하는 글을 발송했다. 기습을 하는 등의 술책을 쓰는 것이 아니라 상국의 입장에서 품위와 명분을 세워 응징하는 모양을 갖추었던 것이다. 이 역사상 전례가 없었던 대마도 정벌에서 조선군은 적의 복병에 걸려 다소 손실을 입긴했어도 승전을 하고 그해 7월 7일에 귀환했다. 대마도주는 예조판서에게 글을 올려 항복을 빌었으며, 이에 교역을 허용하고 저들에게 식량을 원조하기로 했다. 선린의 관계를 유지할 수 있도록 배려한 것이다. 대마도의 배후에는 일본 본토가 있다. 세종 당시 신숙주는 외교사절로 일본을 다녀와서 『해동제국기』라는 일본지리지를 저술했다. 그는 일본과 사이좋게 지내는 것이 좋다는 당부를 유언으로 남기기도 했다.

셋째, 압록강을 사이에 둔 서북 방면과 두만강을 사이에 둔 동북 방면은 고구려와 발해의 고토이지만 발해가 멸망한 이후로 여진족의 근거지가 되었다. 원·명이 교체되자 명제국은 위衛를 설치하여 이곳을 관할했지만 통제력이 두루 미치지 못했다. 이 방면의 광활한 지대에 여진족의 부족들이 제각기 흩어져 있어서 한동안 힘의 공백 상태를 이루었다. 여진족을 우리는 흔히 야인野人이라고 불렀다. 이 야인들이 압록강과 두만강 건너로 여러 지역에 넘나들어서 혹은 약탈 행위를 일삼고 혹은 그곳을 차지해 살기도 했다. 세종이 서북 방면과 동북 방면을 국가와 민족의 안위가 걸린 최대의 관심처로 본 것은 그 때문이다.

넷째, 양 방면에 세종은 적극적이고도 공세적인 자세를 견지했다. 세종의 신념은 확고했다. "조종의 강토를 줄일 수 없다." "조상 때 회복한 강토를 한 자 한 치라도 버릴 수 없다." 당시에는 조선의 발상지가 두만강 변이었음에도 이를 포기하고 국경을 훨씬 뒤로 물려도 어쩔 수 없다는 식의 안이한 생각들이 퍼져 있었다. 이를 단호히 배격하고 지혜로운 전술 전략을 구사할 수 있도록 유연하면서도 치밀한 지도력을 발휘했던 것이 다름 아닌 세종이다. 이는 현지 지휘관에게 내리는 서신들에 세세하게 적혀 있는 내용이다. 또한 유능한 지휘관에게 대임을 맡긴 다음에는 임무를 완수할 수 있도록 끝까지 신뢰를 보냈다. 서북 방면에서 최윤덕, 동북 방면에서 김종서가 대표적인 인물이다. 김종서의 경우 본래 문신이었던 데다가 비난이 빗발쳤음에도 신뢰하고 격려하여 대응 전략을 의논하는 장문의 서신을 주고받았다. 이 같은 적극적·공세적 노력의 결과로서 우리나라의 국경선이 압록강과 두만강으로 확정되기에 이르렀다. 김종서 또한 "동방에 나라가 선 이래로 초유의 대업"으로 인지했으니 군신 간에 문제의식이 일치했던 것이다. 이 대목에 덧붙여 생각해볼 문제점 둘을 들어둔다. 하나는 후일에 서북 방면을 관리하지 못해 네 고을의 지방관을 철수하여 폐사군廢四郡이 된 사실이며, 다른 하나는 바로 이 서북·동북지대에서 여진족의 청이 일어나 동아시아세계를 제패하게 되었다는 사실이다.

월인천강지곡(5장)

'월인천강'은 "부처가 억만 세계에 화신化身하여 교화하심이 달이 천 가람에 비침"(『월인석보』의 첫머리)을 뜻한다. 즉 『월인천강지곡』이란 밝은 달이 천 강에 도장을 찍는 듯한 부처님의 가르침과 공덕을 칭송하는 노래이다.

이 『월인천강지곡月印千江之曲』을 세종이 짓게 된 경위는 이렇다. 세종이 자기 부인 소헌왕후昭憲王后 심씨의 죽음을 슬퍼해서 둘째 아들(수양대군)에게 부처의 일대기를 산문으로 기록하도록 했는데 그것이『석보상절釋譜詳節』이다. 또한 이를 바탕으로 하여 세종이 직접 노래 형식으로 지은 것이 이『월인천강지곡』이다. 그리고 다음 단계에서『월인천강지곡』을 위주로『석보상절』의 기록을 맞춰 넣는 개편 작업이 이루어진바 이를『월인석보月印釋譜』라고 했다.『월인석보』는 수양대군이 왕위에 올라서 이루어진 작업이다.

『월인천강지곡』의 정확한 창작 연대는 알 수 없으나, 소헌왕후가 승하한 것이 세종 28년(1446) 3월이며『석보상절』이 완성된 것은 그 이듬해 7월이므로 이로부터 얼마 지나지 않은 시점일 것이다. 이 시점은 바로 훈민정음을 창제, 공표한 해, 세종 28년 직후이다.

『월인천강지곡』은『용비어천가龍飛御天歌』와 함께, 악장樂章으로 일컬어지는 국문학 양식으로 연작의 일대 장편시이다. 그것이 방금 창제한 정음으로 쓴 최초의 작품임을 유의할 필요가 있다.『용비어천가』의 경우 한문가사와 국문가사가 공존하며,『월인천강지곡』은 한문가사는 없고 국문가사만 있다.『용비어천가』는 제진製進, 즉 신하들이 지어 올린 것으로 되어있다.『월인천강지곡』의 경우는 어제御製로 확인된다. 세종 자신이 창제한 정음을 이용해서 지은 것이다. 그런 의미에서 참으로 실험적이고 창조적인 작품으로 볼 수 있다.

『용비어천가』가 이씨조선 개국이라는 역사 사실을 노래하여 왕조의 정통성을 현시하는 데 반해『월인천강지곡』은 신앙적인 성격을 담고 있으면서 보편성을 띤다. 유교를 국교로 표방한 조선왕조의 문화풍토에서『월인천강지곡』은 왕가 내부의 신앙적인 성격으로 그 의미가 한정되지만, 오늘날에 와서는 국문시로서의 실험적 의미와 함께 범인류적 찬가로서의 의미를 부여할 수 있다고 본다.

정조: 실학군주로서 개혁 추진

먼저 정조를 가리켜 '실학군주'라고 지칭한 데 따른 해명이 있어야겠다. 조선왕조의 개혁을 주장한 학문사상으로서 실학이 역사상에 출현한 것은 17세기 중반이었다. 그것이 학적 체계를 갖추고 사상적 영향력을 행사한 것은 18세기 후반이다. 영조를 거쳐서 정조에 이르는 시간대이다. 종래 영정시기를 실학시대라고 불렀던 것은 이 때문이며, 특히 정조를 들어 실학군주라고 지칭하는 데는 이런 의미가 있다.

정조는 방금 지적한 대로 실학시대를 이끈 군주였을 뿐 아니라, 실학자로 평가받는 인물들을 자신의 정치적 우군으로 삼았다. 나아가 그가 추진했던 개혁정치는 실학적 학문사상에 기반한 것이었다. 부분적으로 실학의 어떤 내용을 받아들여 사업에 적용하여 성과를 올린 실례도 있었고 전반적으로 실학사상을 국정 개혁에 반영했다. 이 책에서는 대략 이런 취지에서 정조를 실학군주로 소환했다.

그런데 정조 자신이 탐구했던 학문이 실학이냐고 따져 묻는다면 설이 엇갈릴 것이다. 정조의 학문정신은 성리학이라는 견해가 유력한 학설로 제출되어 있기도 하다. 이 대목에서 각별히 유의할 점이 있다. 그가 최고통치자인 국왕이라는 사실이다. 국왕의 입장이 되면 상하좌우를 두루 돌아보고 챙겨야 하기 때문에 서재에서 혼자 연구하는 학자와는 당연히 같을 수 없다. 게다가 그는 폭력적으로 제거되었던 사도세자의 친자였다. 비록 최고권력자의 위치지만 오히려 이 같은 엄중한 사실 때문에 항시 불안하고 위태로웠다. 자신의 정치적 보호막으로서 정통성의 확보가 절실히 요망되었고 성리학은 그에게 일종의 보호막이었던 셈이다. 그렇다고 성리학이 그에게 한낱 위장 수단이었다고 간주할 것은 아니다. 그의 정통성 확보를 위한 성리학은 진정한 학문을 추구하는 일환이었으며, 실학 또한 성리학을 포용한 실학이었다. '실학군주로서 개혁 추진'이라고 표제한 정조 편의 구성은 다음과 같다.

> 1장 정조, 국왕으로서의 기본자세와 통치철학
> 2장 규장각
> 3장 제도 개혁: 신분제도 문제와 신해통공
> 4장 서학과 문체의 문제
> 5장 화성 신도시
> 6장 정조의 학문과 저술

위 편차의 첫 장인 '국왕으로서의 기본자세와 통치철학'은 세종 편에도 같은 제목으로 들어 있어서 비교가 될 것이다. 제2장의 '규장각'이 정조가 국정 개혁을 주도하기 위해 시동을 건 것이라면 제3장의 '신분제도 문제와 신해통공'은 그가 추진한 제도 개혁의 대표적 사례이다. 제4장의 '서학과 문체의 문제'는 당대 쟁점사안으로 전자는 바깥에서 들어온 문제이고 후자는 안에서 제기된 문제로 상호관련성이 있다. 제5장의 '화성 신도시'는 정조의 최대 역점 사업으로 그 성과가 뚜렷한 위업이다. 마지막 제6장의 '정조의 학문과 저술'에서는 그가 다른 군주와 달리 치력해서 방대한 업적을 남겨놓은 점을 주목했다. 이 순서에 따라 요지를 짚어 서술하려 한다.

정조, 국왕으로서의 기본자세와 통치철학(1장)

정조가 즉위하고 나서 제일성은 '과인은 사도세자의 아들'임을 확인한 말이었다. 그의 아버지는 한여름 무더위에 뒤주에 갇혀 숨을 거두어야 했다. 세자를 제거한 적대세력이 궁정 안팎으로 삼복해 있는 판국이었기에 그 아들로 왕위에 오른 정조는 재위기간 내내 이 압박으로부터 자유로울 수 없었고 위태로웠다. 이 점은 앞서 언급했던 터인데 정조 이후에도 왕위가 사도세자의 혈손으로 이어졌다는 사실 또한 눈여겨볼 대목이다.

본 정조 편의 첫 장은 첫째, 정조의 인간적 면모와 행적에 관련된 기록들, 둘째, 정조의 통치 방향과 정치 철학, 셋째, 무의 중시와 문신들과의 갈등으로 절을 구성했다. 각 절마다 한편씩 들어 중점적으로 이 주제들을 거론할 생각이다. 이로써 정조의 인간적 면모와 정신, 재위 기간에 부딪쳐야 했던 갈등을 포착해 그리고자 한다.

어머니가 지은 「행록」

이 글은 어머니의 눈으로 바라본 아들의 일대기이다. 혜경궁은 그 자신이 남편의 비극을 서사한 『한중록』이 유명한데, 그 밖에도 따로 먼저 간 아들의 「행록」을 남긴 것이다. 『한중록』은 변조 내지 왜곡이 가해졌으리라는 의혹이 가시지 않으나, 「행록」은 아주 절제된 필치여서 무슨 의혹이 붙을 여지가 없어 보인다. 글을 끝맺으면서는 "나는 우선 어린 시절의 행적 및 사람들이 미처 모르는 사실을 대강 들어 적는다"고 밝혀놓았다. 또한 사도세자가 "꿈에 용이 여의주를 물고 침실로 들어왔"기에, 이를 "성스런 아들을 낳을 길조로 생각"해서 "흰 비단에다 용을 그려 벽에 걸어놓았다"고 한다. 재미난 일화이다. 사도세자의 비극적 사건을 두고는 "그해 화변이 나고부터 통탄과 애모에 천륜의 지극한 정으로 오직 망극하고 망극해할 따름이었다"고 진술한 다음, "그때 나와는 처소를 달리해 있었는데 매일 새벽이면 글을 보내 무양無恙하다는 소식을 알고서야 아침을 들었다"고 한다. 그 당시 영조의 계비인 정순왕후 김씨가 생존해 있었다. 정순왕후는 위계상으로 정조의 조모이다. 정조는 대왕대비인 정순왕후에게 도리를 극진히 해서 양자의 사이에 "효성과 자애는 거리가 없었다"고 기록되어 있다. 하지만 이 양자의 관계에는 윤리적으로 해소되기 어려운 정치적 갈등이 심각하게 개재되어 있었다.

만천명월주인옹의 자기 술회

'만천명월주인옹'이란 정조가 군주로서의 나를 스스로 지칭한 표현이다. 그의 자호인 셈이다. 그는 "물과 달의 현상을 보고서 태극과 음양오행의 이치를 깨달았다"고 적었다. 그의 깨달음은 "달이란 태극이요 태극은 곧 나다"라는 것이다. 성리학적 이기철학의 논리구조로서 '이일분수理一分殊'의 논리를 가져왔다고 볼 수 있다. 하늘에 뜬 달은 하나지만 지상의 모든 물에 밝은 달이 비친다. "(군주로서의 나를) 물에 있는 달에 비유하건대 본디 달은 천연으로 밝다. 그 달이 빛나 지상에 임하여 물을 만나 빛을 발함"에 '만천萬川명월'을 이루게 된다. 정조는 이 한편의 산문 작품으로써 절대자로서의 자기 위상을 천명했다. 하늘에 뜬 달로 비유된 통치자의 형상은 지상의 모든 물에 각인된다. 이 통치자의 형상은 '성군'을 지향한다.

읍청루 앞 수군 훈련

정조의 치세는 현상적으로 보면 안과 밖으로 평온했다. 하지만 실상은 나라 밖을 생각해보면 서세西勢의 움직임이 벌써 다가와 있었고 나라 안도 불안정한 상태였다. 정조는 비록 세종처럼 14일이 걸린 강무講武 행사는 시행할 수 없었지만 '사하리에서의 모의 전투'도 치렀고, 마포 한강에서 대규모의 수군 훈련을 실시했다. 이 읍청루 앞의 수군 훈련은 실로 장관을 연출했던바 이를 주도하여 밀어붙인 국왕과 이에 반발한 문신들 사이에 대립 갈등이 험악해서 위태로운 지경이었다. 때마침 정조 치세의 하반기로 통치기의 최고 정점이었다.

"강물이 넘실거리는데 무부武夫들은 활력이 넘치도다. 물가의 꽃들은 비단을 펼친 듯 강가의 버들가지도 솜을 토해낸다." 대규모의 수군 훈련을 지시하면서 토로한 말이다. 이 훈련을 지시한 통치권자 자신의 고조된 심리가 표현된 것으로 보인다. 그러나 신하들은 모두 나서서 "수군의 훈련을 거행하는 일은 담당자 한 사람에게 맡기면 충분"하다고 반대한다. 반대가 워낙 극심한 때문에 그들을 즉석에서 면직시키며 단호히 결행한 것이다. 그토록 격렬히 반대한 신하들은 다름 아닌 규장각 출신의 문신 엘리트들이다. 이들은 왜 이처럼 완강하게 반발했고 정조는 왜 이처럼 완강한 반대를 무릅쓰고 결행했던 것일까? 정조는 자신의 행동을 "권도權道를 쓰되 중도中道를 얻는다"는 논리로 합리화하면서 신하들의 반발을 잠재우려 들었다. 권도란 방법은 정당하지 않지만 목적은 정당한 행동을 가리킨다. 따라서 그 방법은 올바른 길이 아님을 자인한 셈이다. 이에 정조는 "권도야말로 성인이 아니면 쉽게 의논할 수 없는 일이다"라고 주장한다. 자신을 성군으로 의식한 언표로서, 자기를 성군으로 자만한 것이 아니고 성군이 되기를 희망하며 부단히 노력한다는 의미다. "올해처럼 전에 없었던 경사에 당해 어가를 수행하는 군사들로부터 걸식하는 무리에 이르기까지 모두 다 은혜를 입어 취토록 마시고 배불리 먹었다. 유독 저 강화도에 유배된 자만은 좌석에 참여해 술 한잔도 못했다." 여기서 '강화도에 유배된 자'란 이복동생인 은언군이다. 성군이라면 의당 그 은덕이 골고루 돌아가야 한다고 생각했다. 그야말로 초목금수까지 두루 미쳐야 한다. 더구나 이복동생을 생각하지 않을 수 있겠는가. 읍청루 앞의 수군 훈련은 '무의 중시'가 일차적이지만, 성군의 정치를 지향하는 정조의 태평성대를 기리는 방식이었다. 이 정조의 행위에 결사적으로 반대했던 신하들은 당파적 입장을 고집했고, 그 뒤에는 대왕대비 정순왕후가 있었다.

규장각(2장)

정조는 왕위에 오른 바로 그해 9월에 규장각을 설립한다. 규장각은 원래 선왕들의 친필이나 유고, 문서 등을 소중하게 보관하고 관리하기 위한 기구다. 군주국가로서 숭문주의 사회인 조선에서는 특별한 의의와 권위를 갖는 기구였음이 물론이다. 그리하여 세조 때부터 그것의 설립이 거론

되었고 숙종은 규장각이라는 현판을 손수 써놓기까지 했다. 이처럼 선왕들이 뜻을 두었음에도 이루지 못했던 규장각을 정조가 즉위하자마자 당장 설립한 데는 까닭이 없지 않았을 것이다. 이 사업에는 정조 자신의 굳은 의지와 깊은 사려가 담겨 있다.

정조 6년 그는 '규장각 설치의 본의'를 군신들에게 발표한다. "세조께서 벌써 시행하려 한 제도를 이어받고 숙종께서 미처 실현하지 못한 뜻을 추술追述하는 것"임을 분명히 했다. 그 내용과 함께 과정에까지 정통성을 확보하려고 한 것이다. 그럼에도 "이는 규장각을 설치하게 된 외적인 면으로 오히려 작은 문제이며, 나의 본뜻은 따로 있다"고 말한다. "일차로 척족으로서 조정을 제일 어렵게 만든 자들을 제거하여 기필코 조정을 청명하게 만들고 세도世道를 안정시키고자 했다." 즉 척족의 발호를 제어하고 국정을 사대부에게 돌리려 했다는 의미다. "우리나라는 국가가 수립되고부터 오로지 사대부를 숭상했다. 군주가 정치를 하는데 사대부를 버려두고 어떻게 할 수 있으랴!" 요컨대 사대부 정치의 원형을 회복하겠다는 취지이다. 정조는 왜 새삼 '사대부 정치의 원형'을 들고 나온 것일까? 자기 친부의 비극적인 죽음으로부터 자신이 당면한 위기의 배경과 원인이 척족, 그리고 그들의 이목과 손발 노릇을 하는 궁정 내의 환관 부류에 있다고 판단한 때문이다. 척족의 농권이 자행되어 잘못되어버린 정치판을 뒤집어엎는, 근본적·원칙적 대응책으로서 사대부 정치를 의도했다. 요컨대 사대부 정치를 수행하기 위한 주체 확립을 목적으로 규장각을 설립한 것이다.

정조는 규장각의 문신들을 선발하는 데에 각별히 유의했다. 우선 최상의 명문가에서 재능과 학식이 빼어난 자들을 규장각에 충원했다. 이들을 각신閣臣이라고 불렀던바 이는 더 없이 영예로운 자리로 공인되었으며 그들 스스로도 대단한 자존심을 갖기에 이르렀다. 그런 다음, 이들에 대해 부지런히 공부하여 학적 역량을 고도로 갖출 수 있도록 독려한 것이다. 친히 자주 시험을 보이는가 하면 과제를 내고 보고문을 제출하도록 하여 직접 우열을 평가했다. 여기에 초계문신抄啓文臣이라는 특별 제도를 마련했다. 그리고 임금 자신이 각신들과 가까이 접촉을 가졌다. "내 본디 문묵文墨을 애호하는 취미가 벽을 이룬 정도여서 매양 정무를 보는 여가에 규장각의 여러 신하들과 경사經史에 대해 토론하고 생민의 실정이며 정치의 잘잘못이나 역사의 문제점에 관해 마음 내키는 데 따라 섭렵하고 있으니, 실상 이들을 보필輔弼로 여기는 뜻도 있다." 규장각을 설치한 큰 뜻이 여기에 있음을 강조했는데, 즉 규장각의 신하들을 측근으로 삼은 것이다. 이에 임금이 근신近臣을 두는 것은 마땅치 않다는 비난이 없지 않았다. 하지만 정조는 그렇지 않다면서 오히려 참다운 근신은 있어야 한다고 주장했고, 그 실례로서 세종 때의 집현전을 들었다.

정조는 규장각이라는 신설 제도를 통해, 국정에서 척족의 농단을 배제하고 사대부 정치의 모범을 세우려 했다. 그 임무를 수행하는 주체로서 최고의 문신 엘리트를 선발하되 이들을 학문적으로 단련시켜서 자기의 정치적 우군으로 삼고자 했다. 때문에 문벌이 비상하게 중시되었다. 이 점은 그가 정통성의 확보를 항시 의식했던 점과도 관련이 없지 않다. 다른 한편으로는 규장각에 따로 검서檢書 제도를 두어 서족 출신의 학문과 문학이 출중한 인재들을 활용했다. 서자로서 실학자로 높이 평가되는 이덕무李德懋·유득공柳得恭·박제가朴齊家는 첫 순번에 규장각 검서로 특채된 인물들이었다.

제도 개혁: 신분제도 문제와 신해통공(3장)

신분제도의 개혁에 관해서는 양반의 서자와 노비, 이 두 문제가 있다. 양자는 문제의 차원이 다르므로 구분지어 제시했다. 한편 상업유통에 관해서는 신해통공辛亥通共을 소개했다.

첫째, 양반의 서자는 조선사회에서 가장 문제시된 사안이다. 최초의 국문소설로 알려진 허균의 『홍길동전』은 바로 이 문제를 주제로 다루었다.

정조는 '서류庶流의 소통'이라고 하여 이들을 관료로 수용하는 방도를 강구했다. 출로가 한정되긴 했어도 조금은 열린 셈이었다.

둘째, 노비 문제는 공노비와 사노비에 걸쳐서 굉장히 복잡한 사안이다. 정조 편에서는 공노비에 속하는 시노寺奴와 내노內奴가 논의 선상에 올라 있다. 당시 시노와 내노가 얼마나 심각한 현안이었던가를 여실히 읽을 수 있다. 이 문제를 두고 많은 논의가 있었음에도 정조는 신통한 해결책을 내놓지 못했다.

셋째, 신해통공은 도고都賈라는 독점적 상행위를 단속하는 방안으로 사고파는 물화의 교역을 자유롭게 할 수 있도록 한 국가적 조처를 가리킨다. 이 조처가 신해년(1791)에 시행되었기에 신해통공이라고 불렸고, 이로써 뛰어오르는 물가를 잡고 상업유통이 활발해진 효과를 보았다. 하지만 독점 상업으로 대표적인 육의전은 제외되었기 때문에 한계가 있었다.

넷째, 이상의 제도 개혁 조처는 전반적으로 한계가 있을 수밖에 없었다. 서류를 등용하는 문제도 그 나름으로 방안이 강구되었지만 진로를 활짝 터준 것이 아니고 기껏 허용 범위를 넓혀준 정도였으며, 시노와 내노에 대해서는 그들의 신분 해방을 거론하는 것이 아니라 그들에게 부과되는 고통을 덜어주는 방법의 모색에 그쳤다. 정조가 그럴 수밖에 없었던 점을 들여다봐야 한다. 신분제도의 철폐로 나아가지 못했던 것은 분명하다. 요는 저들에게 부과된 신공이나 부역이 관의 수입에 직결되기 때문이었다. 여기서 또한 염두에 둘 점이 있다. "서얼이 차츰 벼슬길에 나온 뒤로 혹시 적손嫡孫 쪽이 잔약해져서 명분을 어지럽힌 죄를 저지른 경우 '서얼이 적자를 능멸한 조문'을 적용한다." 비록 서얼들을 벼슬길로 나가게 하더라도 서얼차대의 제도를 없앨 생각은 않고 있는 것이다. 임금은 분명히 "노비도 백성이다"라고 말했다. 그리하여 "일반 백성이 당하는 폐단은 듣는 대로 곧 구하려 하는데 유독 이들에 대해서는 어찌할 도리가 없다는 식으로 방치하고 있으니, 나 스스로 심히 부족함을 느낀다"고 탄식한다. 국가를 통치하는 왕의 입장에서 한계를 절감한 발언이다. 성균관의 태학생이 식사를 하는 식당에서는 신분의 귀천을 따지지 않고 나이순으로 앉도록 되어 있었다. 이것이 가문으로 영향을 미쳐서 명분이 문란해질까 우려하는 소리가 있었으나, 정조는 "학교는 학교이고 가정은 가정이다"라고 단호히 말했다. 가문에서는 적서嫡庶 구분의 명분을 지켜야겠지만 국가적 차원에서는 그 명분이 적용되지 않는다는 것이다. 양반제도와 함께 그들의 권익에는 저촉이 되지 않도록 하면서 국정의 제도 개혁을 추진하려는 정조의 사상적 지향을 엿볼 수 있다.

서학과 문체의 문제(4장)

서양이라는 존재와 함께 서학이 우리에게 인지된 것은 1630년대부터지만, 서양의 종교가 한반도상에서 종교로 움직이기 시작하여 문제시되기는 정조 연간인 1791년 이른바 진산珍山사건(윤지충과 권상연이 천주교를 신봉한 것으로 발단이 된 사건)부터로서, 이를 노론 측은 정적인 남인 측에 대한 공격의 호재료로 이용했다. 이데올로기적 공격을 가한 것이다. 이때 선두 공격수 노릇을 한 홍낙안洪樂安을 비롯해서 일부 남인이 공서파로 나섰던 점도 주목할 대목이다. 이후 정조의 치세 동안 계속 서학─천주교를 극도로 위험시하여 문제를 과장했다. 정조가 정치적 파트너로 삼고 있었던 남인 엘리트들이 공격의 주 표적이 됨으로 해서 정조의 왕권 자체가 심히 흔들렸다.

이런 상황에서 정조가 들고 나온 것은 '문체반정'이다. 문체가 바르지 못하니 이를 바로잡겠다는 인문정책이다. 정조의 문체반정책이 전적으로 노론 측에 대한 반격의 수단이라고 해석할 수는 없다. 정조는 천주교가 이 땅에 들어와서 유교국가의 정신적 기반을 흔드는 사태와 문체가 잘못 흘러가는 추세를 동일한 문제점으로 파악하여 대응·방향을 잡았던 것이다.

정조 사후에 곧바로 천주교에 연루된 자들이 사악한 이단으로 몰려 대규모 숙청을 당한 신유옥사가 일어났다. 그런데 정조 자신은 서양의 학술 종교에 대해 어떤 관점을 가졌던가? 그리고 서교가 침투하는 상황과 문체 문제를 연계시킨 정조의 사고논리를 어떻게 이해할 것인가? 물음 자체가 한권의 책으로 다루어야 할 사안이지만 여기서는 요지만을 간추려둔다.

먼저 언급할 점이 있다. 정조는 서양의 학술과 종교를 구분지어 대응하려 했다는 점이다. 정약용丁若鏞의 증언적 기록에서, 정조가 "수리와 역법 천문의 원리를 밝히는 책을 편찬"하려고 이가환李家煥에게 자문을 구하자, 이가환은 "시속의 무리들이 워낙 식견이 어두워 수리가 무슨 학문인지 교리가 무슨 내용인지 도무지 모르고 혼동해서 화를 내고 꾸짖고 합니다"라고 말했다 한다. 해서 모처럼의 기획이 중단되고 말았는데 "정조는 그렇게 생각하지를 않았다"는 것이다. 이 증언을 통해 보건대 정조는 서양학술을 도입할 필요성을 인식하면서 동시에 서교를 이단시했다. 서교가 공격자들의 주장처럼 역마가 달리듯 퍼져간다는 것은 어처구니없는 과장이긴 하나 이에 미혹되는 것을 깨우치고 진정시켜야 할 것으로 판단했다. "사학邪學이 우리의 학을 해칠까 걱정하지 말고 오직 우리의 학이 사학을 막아내지 못할까 걱정해야 한다." "이단을 물리치는 데는 정학正學을 부식扶植시키는 것보다 더 좋은 방도는 없다." 이것이 정조의 서교 대응의 기본 전략이었다. "저 양학이란 것은 임금과 어버이를 도외시하고 곧바로 하늘에다 붙인다. 이는 도리어 하늘을 기만하는 데로 돌아간다. 하늘을 기만하는 죄를 밝히지 못하고서 '너희는 어찌하여 하늘만 섬기느냐'고 꾸짖는다." '너희는 어찌하여 하늘만 섬기느냐'는 것은 천주학을 신봉하는 자들에 대해 공격자들이 항용 내뱉는 말이다. '임금과 어버이를 도외시'하는 서학의 태도는 크게 잘못이지만 이를 비판하기 위해서는 유학 고유의 상제上帝(천)를 소환해야 한다는 논점이다. 정조는 유학으로 돌아가 그 근본에 입각해서 서교에 대응해야 한다고 사고한 것이다. 서교에 대한 철학적 대결의 자세다.

정조는 "서학(서교)은 학으로서 어긋난 것이고 소품小品은 글로서 어긋난 것이다"라고 말한다. 소품이란 그가 보기에 빗나간 형식이다. 문체의 타락을 심각하게 고민한 나머지, "세도世道에 해를 끼치는 것이 사학보다도 더 심하다"고 말했다. 서교에 빠져든 것이나 문체가 잘못된 것을 구하는 길은 오직 정학으로 돌아가는 데 있다. "사대부들이 각기 자제들을 경계하여 경전을 많이 읽고 그 가운데 침잠해서 바깥으로 쏠리지 않도록 해야 한다. 그러면 사학은 공격하고 배척할 필요도 없이 저절로 종식될 것이다." 이것이 서로 다른 양자를 아울러 사고한 정조의 대응 논리이다. 정조의 문체반정책은 당시에 상당한 파문을 일으켰다.『열하일기』라는 걸작을 발표한 박지원에 대해 정조가 내린 특별조처는 박지원을 자신의 문체정책의 구도에 견인하려는 의도가 담긴 것으로 해석할 수 있다.

화성 신도시(5장)

정조의 치세에서 가시적으로 오늘날까지 뚜렷한 업적이라면 누구나 '화성 신도시'를 눈앞에 떠올릴 것이다. 처음부터 성곽도시로 기획된 화성에 대해서는 정조 자신이 "웅장하고 미려하지 않으면 위엄을 보일 수 없다"는 생각이 확고했다. "우리 국운이 억만년토록 영구하기를 소원"하여 일으킨 사업이므로, 이런 "나의 본뜻을 알리도록 할 것"임을 역설하기도 했다.

이 화성 건설에 정약용이 기술공학적인 측면에서 공헌했던 것은 이미 알려진 사실이다. 신도시의 위치설정에서 유형원의 선견지명이 있었던 점은 바로 정조가 주목한 사실이다. 성과 못을 축조할 것까지 말했다고 하면서 "백년 전에 이런 논의를 했으니 오늘의 일을 내다본 듯하다"고 탄복해 마지 않았다. 화성 신도시는 정조의 흔들리지 않은 의지와 치밀한 추진력의 결과물이지만, 실학을 적용한 구체적인 성과과 있었다.

화성의 건설 과정은 관련 자료를 세 단계로 나누어 배열했다. 제1단계에서 수원이라는 지명을 화성으로 바꾸고 유수부로 격상하는 제도적 조처를 취하면서 방침을 확정했다. "나는 자나 깨나 마음이 선대를 숭모하고 백성을 보호하는 데 있다." 먼저 생부 사도세자의 능을 이곳으로 옮기고 현륭원으로 칭했다. 화성 신도시의 구상에는 군주로서의 정통성 확보라는 중대한 과제가 담겨 있었다. 제2단계에서 화성 공사를 중지할 것을 윤음綸音 형식으로 지시한다. 제1단계가 정조 17년(1793) 초였는데 정조 18년(1794)에 이 윤음을 내린 것이다. 때마침 흉년이 들어 구휼 문제를 우선시한 때문이다. "성 쌓기를 중지시키는 것은 현륭원을 위해 백성에게 베풂이다." 정조에게는 백성을 보호하는 일이 선대를 숭모하는 일이기도 한 것이다.

제3단계는 화성 건설의 후속 작업에 해당하는 일이다. 시점은 정조 24년(1800), 정조가 세상을 떠난 바로 그해였다. 화성은 만호가 거주할 대규모 도시로 설계되었거니와, 팔달문 밖으로 황무지를 농지로 바꾸려고 기획한 것이다. "만석의 수로를 성 북쪽으로 개통하고 아홉 길의 보를 성 서쪽에 쌓음으로써 서쪽에서 남쪽으로 물이 흘러 마침내 온 경내에 미치게 되었다." 이 지역을 농지로 개간하는 사업을 일으켜서 그 첫 성과를 보아 포상을 시행한다. 바로 그달에 정조가 승하한 것이다. 화성 신도시의 종합적 기획은 더 진행되지 못한 채 중도반단이 되고 말았다.

정조의 학문과 저술(6장)

정조의 학문과 저술의 성과는 『홍재전서弘齋全書』에 정리되어 있다. 『홍재전서』는 184권 100책으로 그 양이 우리나라 역대 군주 중에 유례없이 방대하다. 그가 독서와 학문에 열중했던 데다 각신들을 학문으로 독려하여 공동 작업을 수행한 부분까지 더해진 것이다.

『홍재전서』에는 개인 창작의 시문을 포함해서 다양한 내용 형식이 포괄되어 있다. 이 책에서는 그중 『군서표기群書標記』로 분류된 데서 10편을 뽑아 제시했다.『군서표기』는 정조가 편찬한 각종 서책들에 붙인 소개말 내지 서문을 모아놓은 것이다. 이들 도서의 편찬은 대개 최고통치자로서의 정치 행위로 간주할 수 있으니 여기 글들 또한 그 의도를 표명한 것이다. 몇 편만을 들어 정치적 함의를 드러내본다.

『황극편皇極編』은 "붕당의 다툼에 관한 기록이다"라고 밝혔듯 일종의 당쟁사이다. "반드시 당을 타파한 뒤에라야 군자를 모이게 할 수 있고 소인을 교화시킬 수 있는 것이다." "선대왕(영조) 50년 치세에 공적으로 황극을 세우신 것보다 큰 것은 없었다." '황극을 세우신 것'이란 탕평책을 실시하여 군주를 정치의 중심으로 세웠다는 의미이다. 황극이라는 개념은 영조의 탕평책을 계승하여 당파를 해체하고 왕권을 공고히 세우려는 정치적 의지를 상징하고 있다.

『자휼전칙字恤典則』은 흉년에 굶주린 백성을 구제하거나 유기아들을 거두어 기르는 등의 일에 관한 규범집이다. "모두 9개조로 되어 있는데 한문과 언문으로 정리해서 정유자로 인쇄, 오부와 팔도에 반포한다." 『자휼전칙』을 서울과 지방에 걸쳐 전국적으로 반포한바, 함께 한글로도 인쇄하여 국민 모두 알아볼 수 있도록 한 것이다. 사회복지의 문제에 구체적 방안을 마련하여 돌봄의 정치가 실현될 수 있도록 의도했다.

『무예도보통지武藝圖譜通志』는 각종 무술을 종합 해설한 책이다. 『무예신보新譜』가 사도세자에 의해 증편되었던바 이를 다시 증보하고 체계를 갖춘 것이다. 사도세자의 업적을 확대한 성과라는 점이 첫째 주목되는 사실이며, 편찬 과정에서 이덕무·박제가 등 실학파로서 규장각 검서에 기용된 인물들이 참여한 점에도 주목할 만하다. 전통 무술을 집대성하여 각개 인간의 능력을 고도로 발휘할 수 있도록 의도한 책이라는 점에서도 의의가 크다.

『심리록審理錄』은 살인사건이나 반역죄 등 사형에 처해지는 중대사건들의 보고문서들을 정리한 것으로 26권에 이른다. 모두 인명에 관계되는 일이기 때문에 신중에 신중을 기해야 하는 사안이다. "나는 옥안을 판결할 때마다 항상 두렵고 조심스런 마음으로 세번이나 법과 교화의 측면을 참작하여 꼭 죽여야 할 죄에서 살려낼 길이 없는가를 찾아보았다. 살릴 도리가 없는 자에 대해 반복해서 신중을 기해 판정했다. 그러고도 애긍한 마음을 걷잡을 수가 없었다." 인간의 생명에 대한 정조의 마음가짐이 이러했다. 이 『심리록』 끝에 제시된 정약용의 「『상형고祥刑考』 초본 말미에 붙인 글」은 정약용이 『심리록』의 편찬 과정에 참여한 것이 계기가 되어 쓴 글로 추정된다. 정조가 쓴 글에 나오는 말과 정약용이 정조로부터 들었다는 말의 뜻이 서로 일치한다. 정약용이 첨가한 말이 있는데, 정조는 "죽어 마땅한 큰 악을 저지른 사람에게 살려주기를 좋아하는 태도로 나가면 인·의·예·지의 네가지 덕목에서 의義와 지智를 잃는 것이다"라고 했다 한다. 정조는 이처럼 인명을 지극히 중시하면서도 법리를 엄정히 따져 정의와 지혜가 훼손되지 않도록 신중을 기했다.

맺으며: 세종과 정조에 대한 총평

세종은 초창기의 조선왕국을 유교적 문명국가로 확립한 군주이다. 조선왕조의 개국을 '동인의 문명의식 현실화'로 해석했던바 세종 대에 이르러 드디어 여러 방면에 걸친 성과로 한국역사상에 위대한 유교적 문명국이 출현한 것이다. 이를 두고 당세에 유능한 관인으로 활약했던 신숙주는 "한강에 우리의 문명을 열었네"〔開我文明漢水陽,「御製詩韻」〕라고 노래했다. 또한 당시 사람들 일반이 세종을 가리켜 '해동 요순'이라고 칭송했다. '해동'이란 동인의식에 연계되고 '요순'이란 한자권에서 성군의 상징으로 보편적 문명의식에 연계된다.

정조는 유교적 문명국을 재건하기 위해 고투한 군주이다. 이 책에서는 그가 취했던 방법론을 '실학군주로서 개혁 추진'으로 파악했다. 종래 이 시기를 문예부흥기라고도 불렀다. 이 표현이 꼭 적합하진 않지만 '유교적 문명국의 재건'으로서 훌륭한 성과를 낸 것은 사실이다. 그렇다면 정조의 치적을 세종의 치적과 대비해서 어떻게 평가할 수 있을까? 정조 대는 왕조국가가 몰락기로 접어들기 직전이다. 정조 이후 개시된 19세기에 왕국이 쇠퇴의 길로 빠져든 것은 역사의 실상이었다. 다시 말해 정조의 통치기는 왕국이 부흥하느냐, 쇠퇴의 길로 직진하느냐는 분기점이었다. 불행히도 역사의 방향은 후자였다. 이런 사실을 어떻게 설명할 것인가? 세종 편과 정조 편을 앞뒤로 정리하면서 얻은 나의 소견을 간추려본다.

정조는 특히 세종을 군주의 모범으로 여겼다. 그는 정당성·정통성의 확보에 항시 신경을 썼다. 무슨 일을 추진할 적이면 으레 선왕들의 행사를 들먹였다. 세종과 정조 사이에는 상호 유사성이 여러모로 많아, 정조는 세종을 전범으로 삼았다고 말해도 좋을 지경이다. 그런 가운데 정조가 즉위하자 곧 도입한 규장각은 세종의 집현전에 비견되는 기구이다. 원래 제도로 보면 그 성격이 같지 않은 면이 있는데, 정조는 규장각을 설립한 목적이 여기서 양성한 문신들을 자신의 보필로 삼으려는 데 있다고 말하며 바로 이 점을 들어 규장각의 본뜻이 집현전과 같다고 했다. 규장각을 통해 문신 엘리트를 양성하여 척족세력의 농단을 배제하고 사대부 정치의 원형을 높은 수준으로 회복하려는 것이 정조의 정치적 포석이었다.

정조의 이 같은 정치적 포석은 대단한 성과를 올리긴 했으나 뜻대로 이루어지지 못했다. 이 점을 단적으로 보여준 사례가 '읍청루 앞 수군훈련' 뒤에 야기된 문신들의 반발이다. 그들은 다름 아닌 정조가 공들여 양성했던 규장각 출신의 신료들이다. 세종 때도 예컨대 훈민정음 창제에 집단적으로 저항하는 사건이 있었지만 세종은 이들을 견책하는 수준에서 무마했다. 정조에 대한 규장각 출신들의 반발은 훨씬 심각했고 끝내 수습되지 못했다. 정조의 원래 구상은 고질적 당파를 해체하고 군주를 정치의 중심에

놓는 일이었다. 군주의 존재를 '황극'으로 표현한 것이다. 신료들이 기어코 군주에게 반대·반발했던 것은 노론 측의 당파적 입장 그것이다. 이처럼 갈등이 첨예한 가운데 서교의 문제가 일어난다. 노론 측이 서교 문제를 과장하면서 이데올로기적 공세를 가하자 정조는 문체 문제를 제기하여 반격했으나, 이는 이데올로기적 공격 앞에서 방어수단으로 크게 효과를 발휘하지 못했다. 치세의 만년에 정조는 고립되고 지쳐서 결국 세상을 떠났다. 곧이어 신유옥사라는 대규모의 숙청 작업이 진행되면서 화성 신도시의 종합기획은 무위로 돌아갔다. 또한 정치권력은 정조가 그토록 배제하려 했던 척족세도로 넘어가버렸다.

세종

『월인석보』 권12(1460, 국립중앙박물관 소장) 본문

1장
세종, 국왕으로서의 기본자세와 통치철학

세종의 즉위 과정

상上(세종을 가리킴)은 태종의 셋째 아들이다. 당초 그를 충녕대군忠寧大君에 봉했는데 무술년(1418) 6월에 문무백관이 세자 제褆(양녕대군)가 덕을 잃었다는 이유로 입을 모아 폐하기를 청했다. 이에 태종이 제의 장자를 후계자로 삼으려 한다고 말하자 여러 신하들이 모두 아뢰었다.

"전하께서 세자로 교육시키기 위해 온갖 노력을 기울이셨음에도 이러했는데, 지금 어린 손자를 세우시면 어떻게 후일을 보장할 수 있겠습니까? 더구나 아비를 폐하고 자식을 세우는 것은 의리에 맞지 않습니다. 청하옵건대, 어진 사람을 택해 세우소서."

"경 등이 의당 어진 사람을 택해 보고하여라."

"자식을 알고 신하를 아는 것이 군부君父 말고 다른 누가 있겠습니까. 이 문제는 성상의 마음에 달려 있습니다."

"충녕忠寧이 천성이 총명하고 민첩한 데다가 학문을 좋아하여 게을리하지 않아서 아무리 추운 겨울이나 더운 여름에도 밤새워 글을 읽느라 손에서 책을 놓지 않는다. 정치의 대체人體를 통달했으니, 나는 충녕으로 세자를 삼으려고 한다."

군신들이 축하하는 말을 올렸다.

"신들이 어진 사람을 택해 세우자고 아뢴 뜻도 생각이 충녕대군에 있었습니다."

의론이 정해져서 즉시 세자로 세웠다. 8월 을유일(8일)에 태종이 지신사知申事 이명덕李明德을 불러 일렀다.

"내가 왕위에 있은 지 지금 이미 19년이 되었다. 밤낮으로 두려운 마음에 일시도 함부로 마음을 놓거나 편하지 못했으나, 위로 하늘의 뜻에 답하지 못하여 누차 재변을 당했다. 게다가 지병이 있어 근래에는 더욱 심하다. 이제 그만 세자에게 왕위를 전하고자 하노라."

이명덕 등이 힘써 불가함을 아뢰었으나, 태종은 끝내 듣지 않고 보평전報平殿에 거둥해서 내시를 시켜 급히 상을 부르도록 하여 즉시 대보大寶(옥새)를 넘겨주고 나서 별궁으로 자리를 옮겼다.

상이 대보를 받들어 들고 내정內庭으로 따라 들어가서 고사했으나, 밤이 이슥하도록 태종은 윤허하지 않았다. 드디어 상이 경복궁에서 즉위했다. 태종을 높여 성덕신공聖德神功 상왕上王으로 받들었다.

—『국조보감』제5권, 즉위년 1418년

세종의 서거, 전체적인 평가

(세종 32년 2월 17일) 임진일. 상이 영웅대군永膺大君(여덟째 왕자)의 집 동쪽 별궁에서 세상을 떠났다. (원래 영웅대군의 집을 지으면서 그 집 동쪽에 따로 건물 한 채를 마련하여 임금이 옮겨갈 때에 대비했던 것이다.)

상은 총명하고 슬기로우며 어질고 효성스럽고 영단英斷이 있었다.

세자로 있을 적부터 학문을 좋아하여 쉴 줄을 몰랐으며 손에서 책을 놓지 않았다. 한번은 몇 달 동안 앓아누워 있으면서도 독서를 그만두지 않았다. 태종이 걱정하여 책을 다 치우게 하고 한가지만 남겨놓았는데 그 책을 날마다 읽고 외웠다.[1] 타고난 성품이 대개 이와 같았다.

즉위한 이후로는 날마다 밤 4경에 일어나서 옷을 입고 이른 새벽에 조회를 받은 다음 정사를 살피고 윤대輪對[2]를 하고 경연經筵에 나갔다. 조금도 게을리한 적이 없었다.

또한 처음으로 집현전을 설치하여 문학에 빼어난 선비들을 뽑아서 고문顧問(자문)에 대비하도록 했다. 경서와 역사서 읽기를 하나의 즐거움으로 여겨 싫어함이 없었다. 쉽게 얻어 보기 어려운 옛날 책이나 글을 대하면 잊지 못해 했으며, 많은 서적을 고찰하고 응용했다. 오직 정력을 바쳐 국정에 힘쓰는 것이 처음부터 끝까지 한결같았다. 문무 정사가 두루 잘 시행되어 예악 문화가 다시 흥성했다. 각종 악기와 천문역서의 방법 또한 예전에는 제대로 몰랐는데 상이 모두 밝혀냈던 것이다.

여러 친척들과 화목했고 두 형과는 각별히 우애하여 사람들이 그 사이에 다른 말을 하지 못했다. 신하들에 대해서는 예의에 맞게 대하고 간하는 말은 거스르지 않고 받아들였다. 사대事大관계는 성심으로, 교린交隣의 관계는 믿음으로 시행했다. 사리를 환히 꿰뚫어 남방 북방과 다 사이좋게 만들었으며 온 나라가 태평했다. 30여 년 동안 백성들이 삶을 즐길 수 있게 되었다. 거룩한 덕이 워낙 높고 높아서 사람들이 무엇이라고 이름 붙이기 어려울 지경이었으므로 당시 세상에서 '해동 요순'이라고 일컬었다.

말년에 불교 문제를 가지고 말을 듣기도 했으나 향을 피우고 예불을 한

---

1   다른 기록에 의하면 당시 읽었던 책은 『구소수간(歐蘇手簡)』이었다고 한다. 『구소수간』은 북송시대의 문장가인 구양수(歐陽脩)와 소식(蘇軾)의 간찰을 모은 책이다.
2   윤대(輪對): 신하들이 임금을 대면하는 것. 세종 8년에 처음 윤대를 지시했던바 "동반 6품 이상, 서반 4품 이상이 각 아문에 따라 차례대로 매월 윤대를 하도록 했다"(『열조통기』)는 기록이 보인다.

적은 없었다. 처음이나 끝이나 바른 도리를 지킨 것이다.

—『세종실록』, 세종 32년(1450) 2월 17일

학문·경연

첫 경연經筵이 열렸다. 영領경연사 박은朴訔, 이원李原, 지知경연사 유관柳
觀(寬), 변계량卞季良, 동지同知경연사 이지강李之剛, 참찬관 하연河演, 김익
정金益精, 이수李隨, 윤회尹淮, 시강관 정초鄭招, 유영柳穎, 시독관 성개成槪,
검토관 김자金赭, 부검토관 권도權蹈 등이 『대학연의大學衍義』를 강했다. 이
지강이 아뢰기를 "임금의 학문은 마음을 바로잡는 근본입니다. 마음이 바
른 연후에 백관百官이 바르게 되고, 백관이 바른 연후에 만민이 바르게 됩
니다. 마음이 바르게 되는 요령은 전적으로 이 책에 있습니다"라고 하자,
상이 말했다.

"그렇다. 경서經書의 구두나 따지는 것은 학문에 도움이 되지 않는다. 반
드시 마음공부를 해야 유익함이 있을 것이다."

그리고 송나라 명신들의 일을 거론했는데 변계량이 아뢰었다. "온화하
고 어질며 삼가고 후덕하기론溫仁謹厚 사마온공司馬溫公(『자치통감』의 편자
인 사마광司馬光) 으뜸입니다. 예전 선비들이 왕안석王安石을 소인이라고 말
하였습니다만 그의 문장과 정사, 마음 씀씀이를 보면 다른 이들이 미칠 정
도가 아닙니다. 아무래도 전적으로 소인이라 지목하는 것은 옳지 않은 듯
합니다."

이에 상이 말했다. "왕안석은 소인으로서 재주가 있는 사람이다."

상은 학문을 좋아하여 게을리하지 않았다. 매일 편전에서 정사를 본 다
음 물러나 경연에 참여했다. 상왕을 모시고 연회하는 일을 제외하고는 학
문을 잠시도 그만두지 않았다.

—『국조보감』 제4권, 세종 즉위년(1418)

상이 윤회, 권도, 설순偰循에게 지시해서 문신 40여인을 집현전에 모아 『자치통감훈의資治通鑑訓義』를 찬술하도록 했다. 상이 직접 교정을 보기도 하여 밤이 깊은 시각에 이른 적도 있었다. 윤회를 보고 "요즘 이 책을 읽노라면 자못 독서가 유익함을 깨닫게 된다. 총명이 날로 증가해서 잠이 많이 줄었다"고 말씀하기도 했다. 이 책이 완성되자 『사정전훈의思政殿訓義』라고 이름을 내렸다.[3]

—『국조보감』 제6권, 세종 17년(1435)

경연에 나갔다. 강독을 하다가 주문공朱文公(주희朱熹, 주자)이 이전 학설의 잘못을 바로잡았다고 한 대목에 이르러 상이 지적했다.

"문공은 실로 후세 사람이 함부로 말할 수 있는 분이 아니다. 그렇지만 잘못된 것을 바로잡았다는 데에도 미심쩍은 곳이 더러 있다. 또한 그가 내놓은 설에도 의심할 곳이 있어서 주자의 문인들 가운데도 역시 스승의 설을 취하지 않은 자가 있었다. 아무리 주자의 말이라도 모두 다 믿을 수는 없는 것이다."

이에 승지 권채權採가 아뢰기를 "요씨饒氏는 가끔 이론을 제기하였습니다"라고 하자, 상은 "'주자의 충신이 되기를 원합니다'고 말한 이가 바로 이 사람이다"[4]라고 했다.

---

3   『자치통감(資治通鑑)』은 송대의 학자인 사마광(司馬光)이 편찬한 중국 통사이다. 이 책을 대표적 금속활자인 갑인자로 간행하면서 간행주체를 '사정전훈의(思政殿訓義)'로 밝혀놓았다. 사정전은 세종의 처소를 가리키는바 직접 훈의를 했다는 의미이다. 이는 모두 294권에 이르는 방대한 책이다.

4   요씨는 요로(饒魯)라고 일컬어진 원대 초기의 인물. 원래 성명은 진력(陳櫟)이며 주자학자이다. '주자의 충신'이 되기를 원한다는 뜻은 아무리 주자의 설이라도 문제가 있으면 지적하는 것이 진정한 주자학도라는 의미이다.

일상의 모임을 가진 다음, 경연에 나가서 『좌전左傳』을 강론했다. 이 석상에서 상이 하신 말이다.

"내가 경전과 역사서를 읽어보지 않은 것이 없는 정도인데 이젠 늙어 기억할 수 없으니 책을 꼭 읽을 필요는 없다. 그래도 그만두지 않는 것은, 책을 읽는 동안 생각이 떠올라 정사에 시행하는 것이 아주 많기 때문이다. 이런 점으로 미루어 보건대 독서가 유익하지 않은가? 세자는 사서오경四書五經과 『통감강목』을 다 읽었다. 군주의 학문이 굳이 박식할 필요는 없지만 그래도 이만하면 충분하다고 하여 중단할 수 있겠느냐? 중국어 발음도 알아야만 한다. 응당 김하金何를 시켜 사흘에 한번 서연書筵⁵에 나와 세자에게 『직해소학直解小學』과 『충의직언忠義直言』⁶을 가르치도록 하라. 이 두 책을 배운다 해도 한어에 능통하기는 어렵겠으나 전혀 모르는 것보다 낫지 않겠는가?"

—『실록』, 세종 20년(1438) 3월 19일

『치평요람』의 편찬

상이 지중추원사知中樞院事 정인지鄭麟趾에게 다음과 같이 지시했다.

"무릇 정치를 하려면 반드시 앞 시대의 잘 다스려지고 잘못 다스려졌던 경위를 살펴야 할 것이요, 그 경위를 알려면 오직 역사기록을 읽어야 할 것

---

5   서연(書筵): 왕 앞에서 문신이 경전이나 역사서를 강하는 것을 가리켜 경연이라 하며, 세자 앞에서 하는 것을 서연이라고 했다. 김하(金何)는 당시 한어 역관임.

6   『직해소학(直解小學)』, 『충의직언(忠義直言)』: 당시 한어 교재로 썼던 책. 『직해소학』은 설장수(偰長壽)가 『소학』을 한어로 번역한 것이다. 『충의직언』은 현전하는 책이 있는데 저자는 미상이다.

이다. 주周나라 이래 대대로 역사서가 있는데 책이 방대하여 두루 고찰하기가 쉽지 않다. 내가 근래에 송대 학자가 편찬한『자경편自警編』[7]을 읽어보니 가언嘉言(아름다운 말씀), 선행善行을 절節로 나누어 종류별로 편찬했는데 간명하고 긴요하다. 옛날에 책을 만든 이들은 보기에 좋도록 했던 것을 알 수 있었다.

실로 누구나 학문에 있어 모든 책을 두루 읽기란 어려운 일이다. 더구나 만기萬機[8]를 보살펴야 하는 임금의 처지에서는 어느 겨를에 다 읽을 수 있겠는가. 경이 역사문헌을 두루 참고·열람해서 착하고 악한 일로 권면·징계가 될 만한 내용을 뽑아서 편찬하여, 한 부의 책을 만들어 읽기 편리하게 하여 후세의 자손들이 영구히 귀감을 삼을 수 있도록 하라. 우리 동방도 나라가 선 것이 오래여서 흥폐興廢·존망存亡의 역사를 또한 몰라서는 안 된다. 마땅히 함께 포함해서 엮을 것이다. 아울러 모두 지나치게 번다하거나 간소하거나 하지 말아야겠다. 책 이름은『치평요람治平要覽』[9]이라고 내릴 것이다."

진양대군(수양대군, 세조) 이유李瑈에게 이 일을 감독하게 했고 문학하는 선비들을 뽑아 집현전에서 부문별로 책임을 나누어 맡겼다.

—『실록』, 세종 23년(1441) 6월 28일

---

7   『자경편(自警編)』: 송나라 때 명신들의 모범이 될 만한 언행을 뽑아 엮은 책. 편자는 조선료(趙善璙)이다.

8   만기(萬機): 군왕은 모든 일을 살피고 처리해야 하기 때문에 '일일만기(一日萬機)'라고 했다.

9   『치평요람(治平要覽)』: 1441년(세종 23)에 편찬된 책. 집현전의 학자들이 4년에 걸쳐 완성했는데 모두 115책으로 갑진자로 간행했다. 현재 여러 곳에 흩어져 있는데, 최근 34책으로 영인, 발간된 바 있다(아세아문화사).

열병·강무행사

열병행사의 거행[10]

병오년(세종 8년) 9월에 상이 살곶이〔箭串〕에서 크게 열병식을 했다. 이날 아침에 어가御駕가 거둥하는데 백관들이 갑주甲胄(갑옷과 투구)를 갖추어 입고 호종했다. 어가는 장막에 들어가 머물렀다.

병조판서가 아뢴 다음 신포信砲를 발사하자, 왕세자 이하 모두 갑주를 차리고 차례대로 단壇 전면으로 나와서 동서로 나누어 북쪽을 향해 섰다. 오위五衛의 여러 군사들이 하루 전에 단의 남쪽에 결진結陣해 있었던 것이다.

이윽고 상이 갑옷을 입고 단상에 오르자 왕세자 이하 모두 네번 절을 하고 끝남에 정이품 이상 및 육 대언代言(승지를 가리킴)이 단상으로 올라갔다. 종이품 이하의 백관들은 단 앞에 나누어 섰다.

대각大角을 세번 불자 좌우상左右相과 오위에서 각角을 불어 응답했다. 이에 화포를 발사하고 북을 울리며 진이 바뀌어 싸움이 벌어져서 서로 간에 승부를 다투는 형국이었다. 무릇 다섯번 진이 바뀌어서 끝이 났다. 동원된 군사의 수효는 6천6백여명이었다.

─『열조통기』, 세종 8년(1426)

강무행사 거행

강무講武는 임금이 직접 참여해서 봄과 가을로 무예를 연습하는 행사였다. 그 한 사례로서 세종 14년에 강원도 평강에서 실시했던 것을 소개한다. 2월 19일에 동대문을 나가서 3월 2일에 돌아왔으니 왕복 14일이 걸렸다. 이 기간만으로도 세종이 이를 얼마나 중요

---

10 『열조통기(列朝通紀)』의 이 기사는 이정형(李廷馨)의 『동각잡기(東閣雜記)』에서 인용한 것으로 밝혀져 있다. 『동각잡기』의 해당 기록을 참고해서 번역했다.

시했던지를 짐작할 수 있다. 『실록』에는 일정에 따라 임금의 동정을 중심으로 기록되어 있다. 그 기록을 통해서 세종이 강무를 얼마나 중시했던가는 물론 이런저런 사건이 일어나고 군민을 접하는 데서 대민의식을 엿볼 수 있다. 아래에서는 먼저 일정을 정리해 보인 다음 의미를 갖는다고 여겨지는 부분을 추려서 제시한다. 강무의 중심 내용은 가고 오는 각처에서 벌인 사냥이었던 것을 볼 수 있다. 그 밖에 세종이 직접 강무의 중요성을 역설한 발언을 따로 찾아서 들어둔다.

평강 등지에서 행한 강무 일정

2월 19일 출발, 풍천楓川에 머무름

20일 송절원松折院에 머무름

21일 용담역龍潭驛 화창禾倉에 머무름

22일 석교石橋에 머무름

23일 임금의 막사에 유시流矢가 떨어진 사고 발생

24일 내문乃文에 머무름. 전날 사고를 낸 환관을 처벌

25일 멧돼지가 달려들어 내구마를 죽게 함. 마관장馬串場에 머무름

26일 적산積山에 머무름

27일 풍정豊呈 의식에 대해 논의

28일 다야잔多也盞에 머무름

29일 일정을 하루 앞당기려다가 그대로 하기로 함

30일 영평현 전평前平에 머무름

3월 1일 매장원每場院에 머무름. 독초를 먹고 죽은 병졸이 발생, 복호復戶의 특전을 내림

2일 귀경

(2월 19일) 평강平康 등지에서 강무했다. 세자 및 백관이 흥인문 밖에서 전송했다. 풍천에 머물 때 경기감사는 활과 화살, 사냥개, 우비, 말장구 및 주

과와 어채魚菜를 올렸으며, 함경감사는 해물 등속을 올렸다.

(2월 21일, 화창에서) 임금이 3군 장수인 판부사判府事 최윤덕崔閏德 등에게 다음과 같이 지시했다.

"강무란 군사들이 활쏘기와 말타기를 연습하는 것이다. 지금 훈련장 안의 짐승을 종친들만 쏘게 하고 포위망을 뚫고 달아나는 짐승이 있어도 몰이꾼은 쏘지 못하게 하고 있으니, 군사를 훈련시키는 뜻이 전혀 없다. 지금 몰이꾼이 아주 많으니 기마병들을 시켜 뒤에서 쫓다가 빠져 달아나는 짐승을 쏘게 하면 어떻겠느냐?"

이에 최윤덕, 조비형, 신상 등이 "기마병들을 세 패로 나누어 포위망을 빠져나오는 짐승을 돌아가며 쏘게 하는 것이 좋겠습니다"라 아뢰었고, 최사강, 우승범, 홍약, 안숭선, 김종서, 남지, 송인산, 권맹손, 유상지 등은 "기마병들을 시켜 빠져 달아나는 짐승을 쏘는 경우 두서너 발만 쏘고 더 쏘지 못하도록 하는 지시를 이미 분명히 내렸습니다. 포위망에 뒤이어 기병들이 달아나는 짐승을 제멋대로 쏘게 하다가는 아무래도 잘못 사람을 상하게 하는 일이 발생할 우려가 있습니다. 그전대로 하는 것이 좋겠습니다"라고 했다. 임금은 "돌아가며 쏘는 것은 그만두더라도 지난번에 내린 명령을 한번 더 강조할 것이다"라고 지시했다.

(2월 25일) 목감산牧監山에서 짐승몰이를 하는데 큰 멧돼지가 화살을 맞아 포위망을 뚫고 달아났다. 내구마內廐馬를 들이받아 말이 죽었다.

사복시司僕寺 제조[11] 최윤덕과 정연 등이 "여러 관원이 잘 지키지 못한 탓으로 내구마를 죽게 하였습니다. 그 죄를 다스리게 하옵소서"라고 아뢰었다. "뜻밖에 발생한 사고이다. 어떻게 멧돼지가 달려들 줄을 알았겠느

---

11   사복시는 임금이 타는 수레나 말 등을 관리하는 기관. 제조(提調)는 그곳의 고위직을 가리킨다.

냐. 죄를 묻지 말라"고 지시했다.

같은 날, 의정부에서 호조판서 안순安純을 파견하여 문안을 드리고 술을 올렸다. 상은 노루와 꿩을 그에게 하사하고 서울에 머물고 있는 종친 및 의정부에도 노루를 하사했다.

(2월 27일) 적산積山에 머물고 있을 때 신상, 최사강, 우승범 등이 제의하기를 "여러 날 강무를 하다가 무사히 환궁하시는데 풍정豐呈[12]의 연회를 차리고 전하를 위해 술을 드리는 것은 군신 사이의 성대한 의식입니다. 이를 그만두게 하신다면 서울에 남아 있는 신료들이 까닭을 알지 못하고 모두 영문을 몰라 놀랄 것입니다. 청하옵건대 그만두지 말도록 하옵소서"라고 아뢰었다.

상이 말씀하시기를 "풍정은 여러 신하들을 위해 벌이는 잔치로 유래가 오래다. 더욱이 이번 길에는 날씨도 따뜻하고, 부족함이 없었다. 마땅히 풍정연을 열어야 할 일이로되 내가 열이 올라 장막에 오래 앉아 있을 수 없구나. 태종께서도 '풍정연을 하필 길에서 벌일 것이 있겠느냐'라고 말씀하셨다. 환궁하여 이삼일 지난 다음 사정전에서 연회를 열고 행차를 따라갔던 종친과 부마 및 서울에 남아 있는 종친과 의정부 6조의 참판 이상과 대사헌 등을 참석하도록 하는 것이 어떻겠는가?"라고 했다.

승선承宣이 "전하의 말씀이 매우 지당합니다"라고 아뢰었다.

상이 "행차를 따라갔던 대간들 또한 연회에 나오게 할 것인가"를 물으니 승선이 "첨총제[13] 이하는 연회에 나오지 못하는데 5품 대간을 참가시키는 것이 마땅치 않습니다"라고 하여, 이 말을 따랐다.

(2월 29일) 월개전에서 머물 때 임금이 타는 말이 벼 한줌을 뜯어 먹은 일

---

12 풍정(豐呈): 임금이나 왕비, 대비에게 경축할 일이 있을 때 선물을 올리고 잔치를 벌이는 행사를 말한다.

13 첨총제(僉總制): 삼군도총제부(三軍都總制府)에 속한 무관직이다.

이 있었다. 상이 "농민이 힘들여 가꾼 벼를 말이 뜯어 먹었으니 그 값을 주어야 한다"라 하시고 쌀 한섬을 내주도록 했다.

— 『실록』, 세종 14년(1432) 2월 19일~3월 2일

강무는 군국軍國의 중대사다[14]

병진년(세종 18년)에 상이 의정부에 교시를 내렸다.

"옛날 수렵을 나갔던 것은 강무를 하여 해를 제거하기 위함이었으니 이는 선왕이 제도로 정한 군국의 중대사였다. 우리 조종祖宗 또한 옛 제도를 참작해서 봄과 가을로 행하는 강무의 법을 행했으니 자손에게 드리운 교훈이 두루 갖춰진 것이다. 그런데 신진 유생들은 이것이 임금의 놀이 행사에 지나지 않는다 하여 매번 중지할 것을 청했다. 대신들 중에서도 중지하자고 청하는 이가 더러 있다.

지난해에는 강무의 시기를 당해서 내가 마침 병이 있어 몸소 거행할 수 없었다. 그래서 장수를 명해 나를 대신하여 행하도록 하려고 했으나, 대신이 논하기를 '병권을 장신將臣에게 주는 것은 의리에 마땅치 않습니다'라고 하여 그만두었다.

금년에는 흉년이 크게 들어 나는 두려움이 큰 터여서 가을철의 강무는 우선 중지를 하고 내년 봄의 강무 또한 중지해서 민력을 쉬게 하려고 했다. 그런데 지난번에 병조판서가 주장하기를 '중대한 일을 폐지할 수 없습니다'고 했다. 나 또한 흉년에 무비를 더욱 닦는 것이 비상시를 대비하는 방도라는 생각이 들었다. 그래서 이 주장을 받아들이되 여러 일들을 되도록 간략히 하려고 한다. 그런데 임금이 한번 움직이면 그 폐단이 많을 수밖에 없다. 세자는 직분이 무군撫軍에 있기도 하니 세자에게 대행을 시키려고 한다. 그러면 중대사를 폐하지 않게 되고 소요되는 경비도 절감될 것이

---

14 이 부분은 『동각잡기』와 『열조통기』에 같이 실려 있다. 다만 『열조통기』의 내용이 축약되어 있어서 『동각잡기』 쪽을 취해 제시했다.

니 일거양득의 효과가 있다. 의논해서 보고하도록 하라."

영의정 황희黃喜 등이 아뢰기를 "병권은 세자에게 줄 수 없으며, 금년은 흉년이니 중지하시기를 청하옵니다"고 하여, 이를 따랐다.

—『동각잡기』, 세종 18년(1436)

격구는 무술의 일종이다

상이 대언代言들에게 지시했다.

"격구擊毬15에 대해 조정의 신하들 중에는 고려 때의 폐단을 예로 들어 폐지할 것을 주장하는 사람들이 많다. 이는 본래 무술을 익히는 일종이며, 오락으로 하는 것이 아니다. 옛날 일을 상고해보아도 이런 일이 많은데 다 옛날 사람들이 무술을 연습하기 위해서 한 일이었다. 내가 직접 격구를 하지는 않지만 공 치는 묘리를 생각해보니 말타기에 능숙하지 않고는 잘할 수 없다. 말타기를 활 쏘는 것보다 배나 잘해야 능히 공을 칠 수 있다. 그러니 무술 연습으로는 이보다 더 좋은 것이 없다. 지난 왕조에서 격구가 성행했던 것도 무술 연습을 위해서였다. 다만 말엽으로 와서 이것이 한낱 유희가 되어 복식이나 안장이며 타는 말이 저마다 사치를 다퉜던 것이다. 지난번에 고약해高若海도 내게 "지난 시대의 막판에는 임금이 놀이를 하는 폐습이 있었습니다"라고 말했다. 이뿐 아니라 임금이 좋아하는 놀이 중에 격구만이 아니라 심지어 광대놀이까지 있었다. 어찌 유독 격구를 두고 임금의 폐단이라고 말할 수 있겠느냐? 마음을 어떻게 쓰는가에 달렸을 뿐이다. 격구의 규정을 '육전六典'에 넣는 것이 마땅치 않다면 등록謄錄에 기록해두는 것이 어떤가? 후세에 만일 나쁘게 생각하는 자가 있으면 그가 하지 않으면 그만이다."

안숭선이 "격구는 무과 시험의 삼장三場에 대비하는 것인데 '육전'에 실

---

15 격구(擊毬): 말을 타고 달리며 채로 공을 치는 운동. 당나라 이후 유행했는데 우리나라에서도 고려로부터 조선 초기에 행해졌다.

어서 안 될 것이 있습니까"라고 아뢰자, 모두들 "기록해도 좋습니다"라고 동의했다.

상도 "옳다"고 했다.

—『실록』, 세종 12년(1430) 9월 21일

애민 정신, 권농

의창을 설치한 뜻이 어디 있는가

상이 말씀하기를, "내가 듣건대 지방의 군현에서 의창義倉의 조곡糶穀[16]을 독촉해 징수하기 때문에 백성들이 심히 괴롭다고 한다. 올해는 겨우 기근을 면했기에 나는 거둬들이는 것을 줄여서 백성들의 식생활을 여유 있게 해주고 싶다"고 했다.

권진權軫 등이 "지난해에 대여해줬던 곡식을 받아들이는 것을 절감시켜주었는데 금년에 또 거둬들이기를 줄이면 부자도 납부하지 않을 것입니다"라고 아뢰었다.

상이 이르기를, "의창을 설치한 뜻은 백성을 위한 것이다. 기후가 순조롭지 못해 백성들이 다 먹고살기 어려운 마당에 대여한 곡식을 기어코 징수하게 되면 가난한 백성들은 추수한 것을 몽땅 관에 바쳐야 될 판이니 빈부의 실정을 살펴서 거두도록 하라. 만약 한해 풍년 든 것을 가지고 전해에 빌린 대여곡까지 다 받아들이면 환과고독鰥寡孤獨(홀아비·과부·고아·외로운 노인)들은 필시 곤궁에 처할 것이다. 나는 차마 그렇게 못 하겠다.

—『국조보감』 권6, 세종 10년(1428)

---

16   의창(義倉)의 조곡(糶穀): 의창은 흉년이나 재해 대비용으로 양곡을 비축해두는 창고. 조곡은 의창에서 대여하는 곡식. 후세에 이 제도가 환곡이 되었다.

신문고

어떤 사람이 광화문의 종을 쳐서 억울함을 호소했다. 까닭을 물으니 "신문고를 맡은 자가 금했기 때문에 이 종을 친 것입니다"라고 대답했다.

상이 "신문고를 설치한 뜻은 아랫사람이 자기들의 실상을 위에 호소하도록 하기 위한 것이다. 만약 아뢴 말이 사실이 아니면 죄는 그 사람에게 있다. 어찌 신문고를 맡은 관리에게 관계가 되겠느냐? 이처럼 억울함을 호소하지 못한 자가 많을 것이다" 하고 신문고를 맡은 자를 파직시키도록 했다.

—『국조보감』, 세종 10년(1428)

노비도 천민天民이다[17]

노비를 살상하는 것을 금하는 교시를 내렸다. 내용은 이러하다.

"우리나라 습속은 상하의 구분이 엄격해서 주인이 노비를 살해하는 경우 으레 모두 주인 편을 들고 노비를 억누른다. 이는 뜻이 좋긴 하지만 상벌은 군주가 주관하는 일이다. 사람 하나를 무고하게 죽이는 것도 옳지 못하거늘 하물며 노비가 아무리 천하다 해도 이들 역시 천민天民이다. 어찌 사람을 함부로 무고하게 죽일 수 있겠는가.

지금부터는 노비가 죄가 있을 때에 관에 고하지 않고 구타하여 죽이는 자는 하나같이 구례舊例에 따라 판결하도록 하라.[18] 불로 지지고 코를 베고 얼굴에 문신하고 낯가죽을 벗기고 발꿈치를 자르고 칼이나 몽둥이 혹은

---

[17] 『열조통기』의 기록은 정약용의 『흠흠신서』「상형추의(祥刑追義)」에도 인용되어 있다.

[18] 여기서 구례(舊例)는 『대명률』의 해당 조문을 지칭하는 것으로 생각된다. 다음의 '당방인 구'에 대한 조항 역시 『대명률』에 나와 있다.

돌로 참혹하게 죽이는 자에 대해서는 그 당방인구當房人口[19]를 법률에 의해 속공屬公(관에 소속시킴)을 할 것이다."

—『열조통기』, 세종 26년(1444)

『농사직설』의 편찬

총제總制 정초鄭招 등에게 명해서『농사직설農事直說』을 편찬하도록 했다. 정초의 그 서문은 이러하다.

"농업은 천하 국가의 대본이다. 예로부터 성왕聖王은 이 일에 힘쓰지 않은 분이 없었다. 순임금은 9관官 12목牧을 임명할 적에 첫번째로 '먹는 것은 오로지 때에 달려 있다'고 말씀했으니, 실로 자성粢盛(신에게 바치는 곡물)의 용도와 생양生養(자식을 낳고 기름)의 자료 또한 이를 떠나서는 있을 수 없기 때문이다.

우리 태종 공정대왕恭定大王께서 일찍이 유신儒臣에게 명해 옛날 농서 중에서 실용에 절실한 내용을 추려내어 우리말(鄕言)로 주를 붙여서 간행하여 백성들이 농업에 힘쓰도록 가르치라고 하셨다. 우리 주상 전하에 이르러 옛 성군을 계승하여 치국治國을 도모하심에 특히 백성들의 농사일에 제일 마음을 쓰셨다.

그런데 오방五方의 풍토가 같지 않으므로 심고 가꾸는 법이 각기 적합한 바가 있기에 옛날 책과 다 같을 수가 없다. 이에 여러 도의 감사에게 명하여 주현의 경험 많은 농민들을 방문하여, 그 땅에서 이미 시행한 결과를 빠짐없이 기록하도록 했다. 그리고 신 정초에게 명하여 정리하도록 하신 것이다. 이에 신과 종부시 소윤宗簿寺少尹 변효문卞孝文이 자세히 살피고 두루 검토하여 중복된 것은 제거하고 긴요한 것만을 뽑아서 한 편으로 엮어냈

---

19   당방인구(當房人口): 한집에 거느리고 사는 처자나 노비를 가리키는 말.

다. 책 이름을『농사직설』이라고 했다.

농사 이외에 다른 말들은 섞지 않고 간결하고도 되도록 알기 쉽게 했다. 논밭에서 일하는 사람들이 분명히 알 수 있도록 한 것이다. 위에 올리자 주자소鑄字所에 내려서 약간 부수를 인쇄하여 중앙과 지방에 배포, 백성들을 지도하여 집집마다 풍족하고 사람마다 여유 있게 살아갈 수 있도록 한 것이다.

신이『시경詩經』을 보건대 주나라는 농사로써 나라를 일으켜 국운이 8백년에 이르렀다.[20] 지금 우리 전하께서는 이 백성을 은혜롭게 기르며 나라를 위한 장구책을 도모하시니, 이 어찌 후직后稷이나 성왕成王[21]과 동일한 규범이 아니겠는가. 비록 조그마한 책이지만 이로움을 끼치기로 말하면 한량이 없을 것이다."

—『실록』, 세종 11년(1429) 5월 16일

전국의 감사·수령에게 내린 권농 교서

나라는 백성으로 근본을 삼고 백성은 먹는 것으로 하늘을 삼는다(國以民爲本 民以食爲天). 농업은 의식의 근원이며 왕정에서 가장 우선시해야 할 일이다. 실로 백성들이 죽고 사는 데 직접 관계되는 일이라, 천하의 가장 큰 수고로움을 바치게 된다. 그러니 위에 있는 사람들이 성심으로 이끌지 않는다면 어떻게 백성들로 하여금 농사일에 힘을 다해서 살아가는 즐거움을 누리도록 할 수 있겠는가.

옛날 신농씨神農氏는 처음 쟁기를 만들어 세상을 이롭게 했고 소호씨少

---

20 여기서는『시경』에서 특히 빈풍(豳風)의「칠월편(七月篇)」을 가리키는 것이다. 빈풍은 주나라의 발상지와 연계되는 것으로 해석했는데 그 첫머리에 있는「칠월편」은 권농의 의미를 담고 있다. 주나라는 나라가 8백년이나 이어졌다.

21 후직(后稷), 성왕(成王): 후직은 중국 고대에 농사를 담당했던 존재로 주나라의 먼 조상이다. 성왕은 무왕의 아들로서 주나라의 제도를 확립했다.

昊氏는 구호九扈[22]에 명하여 농사일을 관장하게 했다. 이는 성군이 하늘의 뜻을 받들어 지극한 도리를 세워서 억조 백성들이 살아갈 수 있게 한 것이다. 요임금은 희羲와 화和에게 명해 농사를 짓도록 절기를 알려주었고, 순임금은 12목牧을 불러서 먹는 것은 오직 때에 맞춰 농사짓는 데 있음을 지도했다. 하후씨夏后氏는 경지 정리에 힘을 다했고 은나라 탕임금은 백성이 의지할 곳이 어디인지 알게 했다. 주나라로 와서는 농사로 나라를 열었던 바, 『시경詩經』의 「빈풍豳風」과 「무일無逸」 같은 시편에서 어렵고 힘든 농사일에 마음을 다 기울여서 영구히 안정시킨 업적을 이룩하도록 했으니, 거룩하도다.

한나라 문제文帝는 자주 조칙을 내려서 매년 농사짓고 나무 심기를 권장했고 조세를 감면해주어 나라가 부유해졌다. 당나라의 고조는 목민관들에게 조서를 내려 농사철을 놓치지 않도록 주의시켰고 태종은 매양 여러 신하들에게 이르기를 "백성들의 먹고 입는 것을 영위하는 데는 적기를 잃지 않도록 하는 것이 근본이다"라고 하여, 쌀 한말에 3전錢의 효과를 보았으니, 어찌 저절로 그렇게 되었겠는가? 송나라는 권농사勸農司를 두어 연말에는 성과에 따라 상을 주거나 벌을 내렸으며, 지방의 관장으로 하여금 매년 술을 싣고 들로 나가서 부로父老들을 만나 노력을 다해 농사를 짓도록 깨우쳤다. 여기에 본받을 바가 있지 않은가.

우리 위대한 태조께서는 하늘의 뜻에 호응하여 나라를 세우매 첫째로 토지제도를 바로잡아 우리 백성들을 도탄에서 구제하고, 그들로 하여금 농사짓는 이로움을 누리게 했으니 권농의 조목들은 법령에 갖추어져 있다. 태종께서 계승하여 파종하고 수확하는 일에 더욱 힘쓰되 특히 백성들이 농사짓는 제반 방도에 어두운 것을 걱정하신 끝에 유신들에게 명하여 방언[23]으로 농서를 번역하여, 중앙과 지방에 널리 배포하고 후세에 전하게

---

22   구호(九扈): 소호씨 때에 농사일을 주관하는 일을 맡았다는 관직명.

23   방언: 여기서 방언(方言)은 우리말을 지칭하는데 이 경우 한문으로 된 농서에 우리말 토를

했다.

덕이 부족한 내가 뒤를 이은 이후 밤낮으로 두려워하고 조심하며 선대를 우러러 오직 조종이 하신 일을 본받고자 한다. 돌아보건대 농사의 업무는 응당 백성을 직접 대면하는 목민관에게 맡길 밖에 없겠기로 그 직위의 선발을 신중히 하고 직접 면대해서 부디 힘쓰도록 당부했다. 또 각 고을에서 토질에 따라 실시해본 것을 수집하여 이를 누구나 알아볼 수 있도록 『농사직설』을 편찬했다. 논밭에서 일하는 백성들이 알기 쉽도록 힘썼으니, 행여 농사에 이용될 수 있는 것이라면 심혈을 기울여 연구하지 않은 것이 없다. 사람들은 자기 힘을 다 쓰고 땅은 남김없이 이익을 산출하길 기대했다. 그럼에도 백성들에게 축적된 것이 없다 보니 한 해만 흉년이 들어도 금방 굶주리게 된다. 이는 관리들이 나의 지시를 힘써 이행하지 않고 따르는 자가 드물기 때문이다. 내가 매우 우려하는 바다.

일찍이 보건대, 옛날 어진 수령이 능히 한 지방에서 이로움을 일으켜 백성이 실질적인 혜택을 받은 일은 모두 다 부지런히 노력한 결과였다. 한 나라 때 공수龔遂는 발해渤海 태수가 되었을 때 농사와 양잠을 장려하여, 백성 중에 칼을 차고 설치는 자가 있으면 소를 사서 봄에는 들로 나가게 하고 겨울에는 조세를 거두어들이니 백성들이 많이 충실해졌다. 소신신召信臣은 남양南陽 태수가 되어서 백성들을 위해 유익한 일을 일으키기를 좋아하여 직접 밭갈이를 하며 농사를 권장하고 논밭을 돌아다니느라 편히 쉴 때가 드물었다. 길을 가다가 물이 나오는 것을 보고 도랑을 파서 관개灌漑한 결과로 백성들이 그 이익을 얻었으며, 힘써 농사짓지 않는 자가 없었다. 임연任延은 구진九眞 태수가 되었을 때 그곳 사람들 습속이 사냥을 업으로 하고 쟁기질을 할 줄 몰라 늘 가난을 면치 못했다. 이에 쟁기를 만들게 하

이두로 붙인 것을 의미하는 듯하다. 『열조통기』의 세종 8년 기사에 『육전속집(六典續集)』을 편찬하면서 처음에 방언을 섞어 썼는데(雜以方言) 뒤에 방언을 삭제하고(刪其方言) 글을 만들었다는 언급이 보인다.

고 토지 개간을 가르쳐서 해마다 농지를 넓혀나갔다. 그 결과 백성들은 생활이 유족해졌다. 신찬辛纂은 하내河內 태수가 되어서 농사와 양잠을 장려하고 직접 점검하여 부지런히 한 자에게는 비단을 주고 게으름을 부린 자에게는 죄를 주었다.

주문공(주희)은 남강南康에 있을 때 권농에 관한 책을 찍어서 반포했는데, 밭 갈고 거름 내고 씨 뿌리고 풀 베는 일부터 삼과 콩을 심고 저수지를 수리하는 데 이르기까지 기록에 들어 있지 않은 것이 없었다. 하나하나 가르치고 때때로 직접 들판을 돌아다니며 가르친 대로 하지 않는 자에게는 벌을 주었다.

무릇 이런 일들이 어찌 까닭 없이 번거로움을 좋아해서 그런 것이었겠는가. 대개 보통 사람들의 마음은 솔선해서 인도하면 스스로 힘쓰고, 내버려두면 게을러지기 마련이다. 옛날 철인의 말씀에 "일명지사一命之士[24]라도 참으로 애물愛物(물을 사랑하고 아낌)의 정신을 가지고 있으면 반드시 사람들을 구제하는 성과가 있을 것"이라고 했다. 하물며 지금 감사나 수령의 직을 맡은 자들은 모두 무엇이든지 할 수 있는 권한을 가져서 한 지역의 잘되고 못되는 문제가 그의 한 몸에 달려 있다. 성심으로 돌본다면 어찌 옛사람에게 미치지 못할 것인가.

대체로 농사일은 철을 따라 빨리 하면 거두는 것도 빨라지고 힘을 많이 들이면 거두는 것도 많아진다. 그래서 농정에서 제일 중요한 일은 철을 어기지 않는 것이고 노력을 빼앗지 않는 것이라고 했다. 백곡은 파종할 때에 각각 적기가 있어서 시기를 한번 놓치면 일년 내내 회복할 수 없다.

사람은 몸이 하나뿐이어서 힘을 둘로 나눌 수 없다. 관에서 힘을 빼앗으면서 농사에 힘쓰라고 어떻게 요구할 수 있겠는가. 실로 사람의 힘으로 할 수 있는 일을 다 한다면 천운이 순조롭지 않더라도 막아낼 수 있다. 이윤伊

---

24   일명지사(一命之士): 가장 아래 등급의 관인을 일컫는 말.

尹의 구전법區田法[25]과 조과趙過의 대전법代田法[26]이 그런 것이다.

근래 내가 경험한 바로 말하면, 정사년(세종 19년)에 후원에다 시험 삼아 논밭을 가꾸어 인력으로 할 수 있는 일을 다 했으니 과연 천재를 만나더라도 사람의 힘으로 능히 구제할 수 있다는 것을 알았다. 옛글에 이르기를 "민생은 근면에 달려 있으니 근면하면 부족함이 없다"라 했으며, 『서경書經』에는 "게으른 농군이 스스로 안일해서 노력하지 않고 농사일을 힘쓰지 않으면 거둘 곡식이 없다"라고 쓰여 있다. 이에 과로가 되더라도 게으른 잘못을 저질러서는 안 되는 줄을 알게 되었다. 그런데 백성이 부지런히 일을 하고 싶어도 권농하는 것이 실제에 맞지 않으면 힘을 쓸 곳이 없어진다.

또한 망종芒種(24절기의 하나로 6월 6일경)으로 말하면 인력이 부족해 모두 일찍 심지 못하더라도 이때까지 심으면 가을에 추수할 희망이 있다. 그래서 절기를 정해놓아 이보다 늦어지면 실농失農이 되므로 이때까지 모를 심어야 한다는 것을 알리자는 의미이다. 이때가 꼭 모심기의 기한이라고 정한 것은 아니다. 농서에도 "대체로 일찍 심도록 해야 한다"고 했다. 지금 수령들은 관습에 젖어 파종할 시기가 되어도 망종이 아직 멀었다고 하여, 농사와 관련된 송사를 즉각 처리하지 않으며 곡식 종자나 식량을 대여하는 등의 일을 서두르지 않고 늑장 부리고 있다. 가령 수령이 감사에게 보고하고 감사가 호조에 이첩해서 의정부에 보고하며 의정부는 사유를 적어 계啓(임금에게 올리는 글)를 올리는 경우 문서가 오가는 사이에 망종이 훨씬 지나가버리게 된다.

그런가 하면 농사일을 모르면서 그저 권농에 힘쓴다는 명분을 내세워 씨를 지나치게 일찍 뿌리도록 해서 싹이 나지 못해 도리어 농사에 해를 끼

---

25 구전법(區田法): 가뭄에 대비해서 땅을 깊이 갈고 거름을 많이 넣은 다음 파종하는 방법이다. 이 농법을 은나라 탕임금 때의 어진 신하 이윤이 개발했다고 한다.

26 대전법(代田法): 밭에 이랑과 고랑을 만들어서 매년 바꾸어 심어서 가꾸는 농법. 휴경법으로 연작법의 방식이다. 한나라 무제 때 수속도위(搜粟都尉)를 지낸 조과가 이 농법을 창안했다.

치는 수가 있는가 하면 절기가 이른지 늦은지 잘 알지 못하고 계획을 허술하게 짜서 농사를 망치게 만드는 사례도 있다. 이 어찌 임금의 근심을 나누어 맡아 백성을 돌보는 목민관의 의미에 부합한다고 하겠는가?

무릇 나와 함께 성인의 말씀을 읽은 수령들은 내가 위임한 뜻을 체득하고 국조의 백성을 아무쪼록 후하게 보살피던 법도를 준수하며 선현들의 권농하는 규모를 잘 살피되, 먼저 풍토에 적합한가 여부를 두루 알아보고 농서에 기록된 내용을 참고해서 미리부터 조치를 취해야 할 것이다. 너무 빠르게도 너무 늦게도 하지 말 일이요, 더구나 백성들을 부역에 동원해서 농사철을 빼앗는 일은 절대 없어야 한다.

각자 몸과 마음을 다해 백성들이 본무에 힘쓰도록 솔선하여, 힘껏 농사 지어서 위로 부모를 받들고 아래로 처자식을 양육하며, 아무쪼록 우리 백성들이 장수하여 나라의 근본을 굳게 다질 것이로다. 집집마다 넉넉하고 사람마다 건실하여 예절을 지키고 겸양하는 풍조가 널리 일어나 시절도 고르고 풍년이 이어져서 모두 함께 안락을 누리게 되기를 소망하노라.

—『실록』 세종 26년(1444) 윤7월 25일

임금이 의정부에 내린 글

"예전에는 백성을 부리는 것이 한 해에 3일을 넘지 않았다"라 했으며, 또 이르기를 "병졸이 졸경卒更이나 천경踐更[27]에 대해서도 역을 서면 값을 쳐주었다"라고도 했다. 그리고 "군왕은 경卿의 10배의 녹을 받는다"고 나와 있다. 또한 "농지가 있으면 조租가 있고 몸이 있으면 용庸이 있으며, 호에 조調도 마찬가지다"[28]라고 했다. 이런 점들로 보건대 임금이 쓰는 비용

---

27   졸경(卒更), 천경(踐更): 고대에 백성이 져야 했던 여러 가지 요역(徭役)의 명칭.
28   조(租), 용(庸), 조(調): 국가가 백성에게 수취하는 세가지 종류. 조(租)는 토지 생산물에 대한 세, 용은 노동력의 수취, 조(調)는 호(戶)에 부과하는 것. 당나라 때 확립된 제도이다.

도 한계가 있어서 임의로 할 수 없었던 것이다. 지금은 그렇게 하지 않고 거두어들이는 것이 법도가 없고 쓰는 것도 질서가 없다. 그래서 어떤 때는 일에 따라 더 거두기도 하고 어떤 때는 여러 해의 공물을 당겨서 받아들이기도 한다.

박은朴블이 일찍이 "조·용·조의 법에 의거해서 제도를 제정하자"고 제언했는데, 그 당시에는 즉시 시행하지 못했다. 후에 내가 경연에서 윤회 등에게 "박은이 제안한 말이 유익한 점이 있는 것 같다. 그렇게 하면 백성들은 다 자신이 얼마나 힘을 바쳐야 하고 국가에서 쓰는 것도 자연히 절도가 있게 될 것이다"라고 말했는데 윤회 등은 "이 법은 뜻이 좋긴 하지만 시행하기 실로 어렵습니다"라고 했다.

근래에 내가 이 문제를 다시 거론했더니 승지들의 말이 다 윤회의 주장과 같았다. 나는 백성들에게서 거두는 것이 절도가 없으면 임금이 쓰는 것이 한정이 없어서 진나라 때 가혹하게 거두었던 것이나 당나라 때 진봉進奉(재물을 상납하는 것) 같은 것도 형세상 일어나기 쉽다고 생각한다.

마땅히 당나라 제도에 의거해서 조·용·조의 법을 세우되 때에 따라 적절히 더하거나 줄이거나 하며, 정해놓은 규정 이외에는 털끝만큼도 더 거두지 못하게 해야 할 것이다. 만일 부득이 써야 할 곳이 있으면 마땅히 정해진 규정 안에서 여분의 것을 부족한 데 보태주는 방법으로 조절할 수 있다. 이같이 시행하면 백성들의 마음이 안정되고 관에서 쓰는 것도 절도를 지키게 되어 탐관오리들 또한 악행을 함부로 부리지 못하게 될 것이다.

물론 군사상의 문제가 뜻밖에 발생하거나 외국의 사신을 접대하는 일이 생기는 경우는 예외로 잡아야 할 일이다.

—『실록』, 세종 28년(1445) 4월 30일

2장
훈민정음 창제

'훈민정음'의 원래 뜻이 새로 만든 문자를 지칭하면서 동시에 책을 가리키고 있다. 이 장의 내용은 훈민정음에 관련한 주요 문헌으로서 훈민정음 서문에 해당하는 글을 비롯하여 글자 제작의 원리와 쓰는 법을 밝힌 것을 싣고 해례解例와 발문을 제시했다. 이는 모두 『훈민정음』(통상 해례본이라고 지칭되는 것)이라는 책에 수록되어 있다. 앞의 3종은 세종이 직접 지은 글이며, 해례는 집현전 학사들이 세종의 뜻을 받들어 훈민정음을 체계적으로 해설한 내용이며, 뒤의 발문은 정인지가 지은 것이다. 해례 부분에서 '결訣'과 초성해, 중성해, 종성해 부분은 생략했다. 그리고 최만리 등의 훈민정음 반대상소 및 훈민정음 창제 과정에 관련된 자료들을 『실록』에서 찾아 함께 수록했다. 신숙주의 「동국정운서」도 여기에 함께 포함시켰다.

『훈민정음』 어제서문

나라의 말이 중국과 달라서 문자文字(한자를 가리킴)와 서로 통하지 못하므로 어리석은 백성이 말하고자 하는 바 있어도 마침내 제 뜻을 펴지 못하는 자가 많다. 내가 이를 딱하게 여겨 새로 스물여덟 글자를 만들었다. 사람마다 쉽게 익혀 날로 쓰기에 편하게 할 따름이니라.

글자의 제작 원리

ㄱ은 어금닛소리〔牙音〕이니 君(군) 자의 처음 나는 소리와 같으니 병서並書하면 虯(뀨)[1] 자의 처음 나는 소리와 같으니라.

ㅋ은 어금닛소리이니 快(쾌) 자의 처음 나는 소리와 같으니라.

ㆁ은 어금닛소리이니 業(업) 자의 처음 나는 소리와 같으니라.

ㄷ은 혓소리〔舌音〕이니 斗(듀) 자의 처음 나는 소리와 같으니 병서하면 覃(땀) 자의 처음 나는 소리와 같으니라.

ㅌ은 혓소리이니 呑(툰) 자의 처음 나는 소리와 같으니라.

ㄴ은 혓소리이니 那(나) 자의 처음 나는 소리와 같으니라.

ㅂ은 입술소리〔脣音〕이니 彆(볋) 자의 처음 나는 소리와 같으니 병서하면 步(뽀) 자의 처음 나는 소리와 같으니라.

ㅍ은 입술소리이니 漂(표) 자의 처음 나는 소리와 같으니라.

ㅁ은 입술소리이니 彌(미) 자의 처음 나는 소리와 같으니라.

ㅈ은 잇소리〔齒音〕이니 卽(즉) 자의 처음 나는 소리와 같으니 병서하면 慈(쯔) 자의 처음 나는 소리와 같으니라.

ㅊ은 잇소리이니 侵(침) 자의 처음 나는 소리와 같으니라.

ㅅ은 잇소리이니 戌(슗) 자의 처음 나는 소리와 같으니 병서하면 邪(쌰) 자의 처음 나는 소리와 같으니라.

---

1   虯(뀨): 虯 자는 지금 음이 '규'인데 당시에도 뀨로 발음했다고 보기는 어렵다. 뀨라고 발음해야 한다고 생각했던 것으로 해석된다. 당시 한자음을 바로잡기 위한 취지로 『동국정운(東國正韻)』을 편찬한바 이는 곧 '동국정운식 한자음'이다. 이하에 나오는 覃(땀), 步(뽀), 慈(쯔), 洪(뽕) 등도 마찬가지이다.

ㆆ은 목구멍소리〔喉音〕이니 挹(흡) 자의 처음 나는 소리와 같으니라.

ㅎ은 목구멍소리이니 虛(허) 자의 처음 나는 소리와 같으니 병서하면 洪(홍) 자의 처음 나는 소리와 같으니라.

ㅇ은 목구멍소리이니 欲(욕) 자의 처음 나는 소리와 같으니라.

ㄹ은 반혓소리〔半舌音〕이니 閭(려) 자의 처음 나는 소리와 같으니라.

ㅿ은 반잇소리〔半齒音〕이니 穰(양) 자의 처음 나는 소리와 같으니라.

•는 呑(ᄐᆞᆫ) 자의 가운뎃소리와 같으니라.

ㅡ는 卽(즉) 자의 가운뎃소리와 같으니라.

ㅣ는 侵(침) 자의 가운뎃소리와 같으니라.

ㅗ는 洪(홍) 자의 가운뎃소리와 같으니라.

ㅏ는 覃(땀) 자의 가운뎃소리와 같으니라.

ㅜ는 君(군) 자의 가운뎃소리와 같으니라.

ㅓ는 業(업) 자의 가운뎃소리와 같으니라.

ㅛ는 欲(욕) 자의 가운뎃소리와 같으니라.

ㅑ는 穰(양) 자의 가운뎃소리와 같으니라.

ㅠ는 戌(슗) 자의 가운뎃소리와 같으니라.

ㅕ는 彆(볋) 자의 가운뎃소리와 같으니라.

쓰는 법

종성終聲은 초성初聲을 다시 쓴다. ㅇ을 입술소리〔脣音〕 아래 붙여 쓰면 입술가벼운소리〔脣輕音〕가 된다.

초성初聲을 합쳐 쓰려면 병서並書할 것이니 종성終聲도 마찬가지다.

•ㅡㅗㅜㅛㅠ는 초성 아래 붙여 쓰고, ㅣㅓㅏㅑㅕ는 오른쪽에 붙여 쓴다.

무릇 글자는 반드시 합해서 소리를 이루니, 왼쪽에 한 점을 붙이면 거성

去聲이요, 두 점을 붙이면 상성上聲이요, 없으면 평성平聲이요, 입성入聲은 점을 붙임이 같으나 빠르고 급하니라.

해례

천지의 도道는 하나의 음양오행陰陽五行일 따름이다. 곤坤과 복復의 사이가 태극太極이 되고 동動과 정靜의 뒤가 음陰과 양陽이 된다. 무릇 천지간에 있는 생물로서 음양을 버리고 어떻게 하리오. 그러므로 사람의 소리도 다 음양의 이치가 있는 법인데 사람이 살피지 못할 뿐이다. 지금 정음을 지은 것도 처음부터 머리를 써서 억지로 만든 것이 아니요, 다만 그 소리에 따라서 그 이치를 지극히 했을 따름이다. 이치는 둘이 아니니 어찌 천지·귀신과 더불어 그 용用을 함께할 수 없겠는가.[2]

정음 28자는 각각 그 모양을 본떠서 만든 것이다.

초성은 무릇 17자이니 어금닛소리 ㄱ은 혀뿌리가 목구멍을 막는 모양을 본뜬 것이고, 혓소리 ㄴ은 혀가 위 잇몸에 닿는 모양을 본뜬 것이다. 입술소리 ㅁ은 입의 모양을 본 뜬 것이고, 잇소리 ㅅ은 이빨 모양을 본뜬 것이고, 목구멍소리 ㅇ은 목구멍 모양을 본뜬 것이다.

ㅋ은 ㄱ에 비해 소리가 조금 세게 나는 까닭에 획을 더한 것이다. ㄴ에서 ㄷ, ㄷ에서 ㄹ, ㅁ에서 ㅂ, ㅂ에서 ㅍ, ㅅ에서 ㅈ, ㅈ에서 ㅊ, ㅇ에서 ㆆ, ㆆ에서 ㅎ은 그 소리를 따라서 획을 더한 뜻이 모두 같다. 오직 ㆁ은 다르고 반혓소리 ㄹ과 반잇소리 ㅿ은 또한 혀와 이의 모양을 본뜨면서도 그 형

---

2 신 문자의 제자원리를 해설한 이 대목은『주역(周易)』의 음양과 팔괘(八卦)의 논리,『서경』「홍범(洪範)」의 오행의 이치, 그리고 거기에 근거해서 이론화한 성리철학에 근거하고 있다. "곤과 복의 사이가 태극이 되고"는 주희(朱熹)의『역학계몽집주(易學啓蒙輯注)』의 논리와 닿고 있으며, "동과 정의 뒤가 음과 양이 된다"는 것은『주역』「계사(繫辭)」와 「태극도설(太極圖說)」의 논리에 닿고 있다. 요컨대 인간의 소리 또한 음양으로 작용하는 것이므로, 천지 자연의 이치를 파악해서 글자를 만들었다는 취지이다.

체를 달리해서 획을 더한 뜻이 없다.

대저 사람의 소리는 오행에 근본하는 까닭에 사시四時와 어울려 어긋나지 않고 오음五音에 맞아 어긋나지 않는다. 목구멍은 깊고 축축해서 수水라고 할 것이니 소리가 비고 통해서 물의 투명하고 유동하는 성질과 같아 계절로는 겨울이요, 음으로는 우羽에 해당한다. 어금니는 들쑥날쑥하고 깊어서 목木이라고 할 것이니, 소리는 목구멍소리와 비슷해도 알차서 나무가 물에서 나지만 형체가 있는 것과 같아 계절로는 봄이요, 음으로는 각角에 해당한다. 혀는 뾰족하고 움직이므로 화火라고 할 것이니, 그 소리는 구르고 날려 마치 불이 감돌며 타오르는 것과 비슷하므로 계절로는 여름이요, 음으로는 치徵에 해당한다. 이빨은 단단하고 무엇을 끊는 것이 금金의 성질이다. 그 소리는 쇠가 부딪치듯 단련되어 나오는 것 같으니 계절로는 가을이요, 음으로는 상商에 해당한다. 입술은 모나면서 합해지기에 토土라고 할 것이니, 소리는 함축되고 넓혀져서 땅이 만물을 포괄해서 광대함과 같으니 계절로는 늦여름이요, 음으로는 궁宮에 해당한다.[3]

그런데 물은 만물이 태어나는 근원이요, 불은 만물을 만드는 작용을 하는지라, 오행 중에서도 수와 화가 큰 것이다. 목구멍은 소리를 내는 문門이고 혀는 소리를 구분하는 관管이므로 오음 가운데서 목구멍소리와 혓소리가 주主가 된다. 목구멍은 가장 뒤에 있고 어금니가 그다음이므로 북北과 동東의 위치요, 혀와 이가 또 그다음이므로 남南과 서西의 위치이다. 입술은 끝에 있는데 토土가 정해진 위치가 없이 사계절에 다 붙어서 왕성하게

---

3   이 대목은 자음 글자의 제자원리를 발성기관과 오행, 계절과 결부시켜서 설명한 것이다. 그 관련 양상을 도표로 정리하면 다음과 같다.

발성기관	목구멍	어금니	혀	이	입술
오행	水	木	火	金	土
계절	겨울	봄	여름	가을	늦여름
오성	羽	角	徵	商	宮

하는 작용과 뜻이 같다.[4] 이 이치는 초성 가운데 스스로 음양오행의 방위의 수數가 있는 것이다.

또한 성음의 청탁으로 말하면 ㄱ·ㄷ·ㅂ·ㅈ·ㅅ·ㆆ은 전청全清이 되고, ㅋ·ㅌ·ㅍ·ㅊ·ㅎ은 차청次清이 되며, ㄲ·ㄸ·ㅃ·ㅉ·ㆅ은 전탁全濁이 되고 ㆁ·ㄴ·ㅁ·ㅇ·ㄹ·ㅿ은 불청불탁不清不濁이 된다. ㄴ·ㅁ·ㅇ은 그 소리가 가장 거세지 않은 까닭에 순서로는 뒤에 있으나 모양을 본떠서 글자를 만듦에는 처음이 된 것이다. ㅅ·ㅈ은 비록 다 같이 전청이라도 ㅅ이 ㅈ에 비해서 소리가 거세지 않은 까닭에 글자를 만듦에는 처음이 된 것이다. 오직 어금닛소리의 ㆁ만은 혀뿌리가 목구멍을 막아서 소리 기운이 코로 나오되 그 소리가 ㅇ과 비슷해서 운서韻書에도 의疑와 유喩가 많이 서로 혼용되는 것이다. 이제 또한 목구멍에서 형상을 취해 어금닛소리의 글자를 만든 처음을 삼지 아니한 것은, 대개 목구멍은 수水에 속하고 어금니는 목木에 속하기에 ㆁ가 어금닛소리이면서도 ㅇ과 비슷한 것이 나무의 싹이 물에서 나와 부드러워 아직 물 기운이 많은 것과 같은 성질이다.

ㄱ은 나무(木)를 이루는 바탕이요, ㅋ은 나무가 자란 것이요, ㄲ은 나무의 노성한 것이니 여기까지 모두 어금니에서 모양을 취해왔다. 전청全清을 병서하면 전탁全濁이 되는 까닭은 전청의 소리가 엉켜서 전탁이 되는 것이다. 오직 목구멍소리에서 차청이 전탁으로 되는 것은 대개 ㆆ은 소리가 깊어 엉키지 않고 ㅎ은 ㆆ에 비하여 소리가 얕은 까닭에 전탁이 되는 것이다. ㅇ을 입술소리 아래 연서連書하면 입술가벼운소리로 되는 까닭은 가벼운 소리로 입술이 금방 합해서 목구멍소리가 많기 때문이다.

중성은 무릇 11자이다. •는 혀가 움츠러들면서 소리가 깊은데 하늘이 자

---

4   오행에서 토(土)는 마지막에 놓여 있다. 오행의 논리에 의하면 동서남북 사방에 각각 배치
     되고 끝의 토는 중앙에 해당한다고 한다. 이 논리가 확대되어 춘하추동의 사계절에 적용되
     면서 토는 어느 계절에 분속되지 않고 사계절에 다 해당되어 왕성하게 하는 작용(寄旺四時)
     을 하는 것으로 설명하고 있다.

시子時에 열리는바 그 꼴이 둥근 것은 하늘의 형상이다. ㅡ는 혀가 조금 들어가면서 소리가 깊지도 얕지도 않은데 땅은 축시丑時에 열리는바 그 꼴이 평평한 것은 땅의 형상이다. ㅣ는 혀가 끌려 들지 않으면서 소리가 얕은데 사람이 인시寅時에 생기는바 그 꼴이 세워진 것은 사람의 형상이다.

이 아래의 여덟 소리는 하나가 닫힘이면 하나는 열림이다. ㅗ와 •는 같이 입이 오므라지니 그 모양이 •가 ㅡ와 합해서 된 것이어서 천지가 처음 사귀는 뜻을 취했다. ㅏ와 •는 유사하면서 입이 벌어지는데 그 모양은 ㅣ와 •가 합해서 된 것이라, 천지의 용用이 사물에 드러나되 사람을 기다려서 이루는 뜻을 취함이다. ㅜ는 ㅡ와 같이 입이 오므라지는데 그 모양은 ㅡ와 •가 합해진 것이다. 이 또한 천지가 처음 사귀는 뜻을 취함이다. ㅓ와 ㅡ가 같이 입이 벌어지는데 그 모양은 •와 합해진 모양이다. 또한 천지의 용이 사물에 드러나되 사람을 기다려서 이루는 뜻을 취함이다. ㅛ는 ㅗ와 함께 ㅣ에서 일어나고 ㅑ는 ㅏ와 함께 ㅣ에서 일어나고 ㅠ와 ㅜ가 같이 ㅣ에서 일어나고 ㅕ와 ㅓ가 같이 ㅣ에서 일어난다.

ㅗ ㅏ ㅜ ㅓ는 천지에서 비롯되어 처음 나오는 것이 되며, ㅛ ㅑ ㅠ ㅕ는 ㅣ에서 일어나므로 인人을 겸하여 두번 나오는 것이 된다. ㅗ ㅏ ㅜ ㅓ에 모두 원(•)이 있는 것은 초생初生의 뜻을 취함이다. ㅛ ㅑ ㅠ ㅕ가 모두 원이 둘 있는 것은 재생再生의 뜻을 취함이다. ㅗ ㅏ ㅛ ㅑ가 원이 위와 밖에 있는 것은 천天에서 나와 양陽이 된 것이고, ㅜ ㅓ ㅠ ㅕ가 원이 아래와 안으로 있는 것은 지地에서 나와 음陰이 된 것이다. •가 팔성에 관통한 것은 양이 음을 거느려서 만물을 주류周流함과 같은 이치이다. ㅛ ㅑ ㅠ ㅕ가 모두 인을 겸한 것은 사람이 만물의 영장으로 능히 양의兩儀에 참여하기 때문이다.

천지인에서 형상을 취함으로써 삼재三才의 도道를 갖추게 된 것이다. 그런데 삼재가 만물의 먼저이더라도 천이 또한 삼재의 시초가 되는 것과 같이 •와 ㅡ와 ㅣ 세 글자가 팔성의 머리가 되며, 또한 •가 세 글자에서 으뜸이 되는 것이다.

•⃗는 처음 천에서 나오니 천일생수天一生水의 위치요, ㅏ는 다음이니 천삼생목天三生木의 위치요, •⃗가 처음 지地에서 나오니 지이생화地二生火의 위치이다. ㅓ가 다음인데 지사생금地四生金의 위치요, •⃗•⃗가 두번째 천에서 나오니 천칠성화天七成火의 수數요, ㅑ가 다음인데 천구성금天九成金의 수이다. •⃗•⃗는 두번째 지에서 나오니 지육성수地六成水의 수요, ㅕ는 다음이니 지팔성목地八成木의 수인데 수水·화火는 기氣에서 벗어나지 못하므로 음양陰陽 교합交合의 시초인지라 닫힌〔闔〕 것이요 목木·금金은 음양의 결정이라 열림〔闢〕이다. •는 천오생토天五生土의 위치요 ㅡ는 지십성토地十成土의 수이다.[5]

ㅣ는 유독 위치와 수가 없는데 이는 대개 사람이란 무극無極의 진眞과 이오二五의 정精이 미묘微妙하게 합하여 응집해서 실로 정해진 위치와 수를 가지고 논할 수 없기 때문이다.[6]

이는 중성 가운데 또한 스스로 음양·오행·방위의 수가 있는 것이거니와 초성을 중성에 대해 말하건대 음양은 천의 도요, 강유剛柔는 지의 도이다. 중성이란 하나가 깊으면 하나는 얕고, 하나가 닫히면 하나는 열리는데 이는 곧 음양이 나뉘어 오행의 기운이 갖추어지는 것이라 천의 용用이다.

초성이란 혹은 허하고 혹은 실하며 혹은 날리고〔颺〕 혹은 걸리며〔滯〕 혹은 무겁거나 가벼우니 이는 곧 강하고 부드러움이 드러나 오행의 바탕을 이룬 것이니 지의 공功이다. 중성은 깊고 얕으며 닫히고 열려서 앞서 부르

5　이 대목은 중성 글자의 발성원리를 역리(易理)와 오행의 논리를 결부시켜서 설명한 내용이다. 『주역』 「계사상(繫辭上)」에 "天一·地二·天三·地四·天五·地六·天七·地八·天九·地十, 天數五·地數五, 五位相得而各有合"이라고 되어 있다. 그리고 정현(鄭玄)의 『역법(易法)』에는 "天一生水于北, 地二生火于南, 天三生木于東, 地四生金于西, 天五生土于中, 陽無耦·陰無配, 未得相成. 地六成水于北, 與天一並, 天七成火于南, 與地二並, 地八成木于東, 與天三並, 天九成金于西, 與地四並, 地十成土于中, 與天五並"이라고 나와 있다.

6　이 단락에서 무극은 천지만물의 가장 시원적인 상태를 뜻하며, 이오는 음양과 오행을 가리킨다. 여기의 논리는 「태극도설(太極圖說)」의 "太極之眞, 二五之精, 妙合而凝. 乾道成男, 坤道成女, 二氣交感, 化生萬物"을 취한 것이다.

면 초성이 오음·청탁으로 뒤에서 어울려 초성도 되고 종성도 되니 또한 가히 만물이 땅에서 태어나 다시 땅으로 돌아감을 볼 것이다. 초성·중성·종성이 합해 글자를 이루는 것으로 말하건대 또한 동정動靜이 서로 본本이 되고 음양이 어울려 변變하는 뜻이다.

동動은 천이요, 정靜은 지요, 동정을 겸함이 인人이다. 대개 오행이 천에 있어서는 신神의 운행이요, 지에 있어서는 질質의 이룸이며, 인에 있어서는 인의예지仁義禮智의 신이 움직임이요, 간심비폐신肝心脾肺腎의 질이 이루어짐이다.

초성에는 발동하는 의미가 있으니 천天의 일이요, 종성에는 정지하는 의미가 있으니 지地의 일이다. 중성은 초성에서 나오는 것을 이어받고 종성에서 이루어지는 것을 접속하니 인人의 일이다. 대개 자운字韻의 중요한 곳은 중성에 있어서 초성과 종성이 합하여 음을 이루니 또한 천지가 만물을 생성해도 그 재성財成과 보상輔相은 반드시 인人에 힘입음과 같은 이치이다.[7]

종성을 다시 초성으로 쓰는 것은 동動해서 양陽인 것도 건乾이요, 정靜해서 음陰인 것도 건乾이 되는 이치이다. 건乾이 아무리 음양으로 나뉘어도 주재가 없는 곳이 없기 때문에 일원一元의 기가 두루 흘러서 다함이 없고 사시의 운행이 순환하여 끝이 없는 까닭에 정貞이 다시 원元이 되고 겨울이 다시 봄이 되는 이치이다. 종성이 다시 초성이 되는 것 또한 이 뜻이다.[8]

---

7 재성(財成), 보상(輔相): 재성은 설계해서 이루어낸다는 의미이고, 보상은 잘 이룩되도록 보좌한다는 의미이다. (『주역』 「태(泰)」: "天地交, 泰. 后以財成天地之道, 輔相天地之宜, 以左右民") 재성 보상은 하늘과 땅의 일이지만 양자를 결합해서 이루어내는 것은 사람의 역할이라는 의미이다. 이 의미를 살린 것이 곧 훈민정음이다.

8 이 단락은 '정음'의 제자원리를 해명하는 결론부이다. 정음＝한글의 문자학적 제일 특징은 초·중·종으로 소리를 셋으로 구분하고 초성을 종성으로 다시 쓴다는 데 있다. 이 제자의 원리를 역리(易理)와 음양으로 해석했듯, 여기서도 역시 『주역』의 첫머리인 건괘(乾卦)를 원용하고 있다. 건은 그 괘의 성격을 원·형·이·정으로 규정지었다. 초성을 종성으로 다시 쓰는 방식은 곧 종성을 다시 초성으로 쓰는 방식이기도 하다. 이는 음양이 순환하는 이치와 통하

아아, 정음이 제작됨에 천지만물의 이치가 모두 다 갖추어졌도다. 그 신령스러움이여! 아마도 하늘이 성상의 마음을 열어서 능력을 빌려주심이리라.

정인지의 『훈민정음』 발문

천지자연의 소리가 있으면 반드시 천지자연의 글(文)이 있다. 이 때문에 옛사람들이 소리에 의거해서 글자를 만들어 만물의 정情을 통하고 삼재三才의 도를 담았으니 후세에 바꾸지 못할 것이다.

그런데 사방의 풍토가 구별되고 성기聲氣 또한 따라서 다르다. 대개 중국 밖의 말은 소리만 있고 글자가 없기 때문에 중국의 글자를 빌려서 통용하고 있다. 이는 '둥근 구멍에 네모진 자루를 끼워넣기(枘鑿之鉏鋙)'처럼 맞지 않거늘 어떻게 능히 막히지 않고 통할 수 있겠는가. 요컨대 각기 처한 바에 따라 편의를 취할 따름이요, 억지로 같게 만들 것이 없다.

우리 동방은 예악문장禮樂文章이 중화를 본받았다. 다만 방언 속어가 같지 않아 글을 배우는 자들이 뜻을 이해하기 어려움에 걱정이 되고 있으며, 옥사獄事를 다스리는 자들은 그 곡절을 통하기 어려움을 병통으로 여기고 있다. 신라의 설총薛聰이 비로소 이두吏讀를 만들어서 지금껏 관부와 민간에 통용되는 실정이다. 그런데 이 경우도 모두 다 '문자'를 빌려서 쓰기 때문에, 혹은 원활하지 않고 혹은 막혀서 비속하고 조리가 없을 뿐 아니라 말을 주고받는 데 만에 하나도 통하지 못하는 형편이다.

계해년(세종 25, 1443) 겨울에 우리 전하께옵서 정음正音 28자를 창제하시고 예의例義를 대략 들어 보이면서 명칭은 '훈민정음'으로 정하셨다. 그것

는 것으로 보았다. 또 원·형·이·정의 정이 다시 원이 되는 이치와도 상통하는 셈이다. 결국 원이 처음부터 끝까지 작동하는 것이다. 그래서 일원(一元)이라 했으니 쉼없이 작용함으로써 강건한 형상이다. (여기서 乾은 建으로 통하는 것으로 생각했다.)

은 모양을 본뜨되〔象形〕글자는 고전古篆[9]을 모방하고, 소리에 의거해서 음이 칠조七調에 맞도록 했다. 삼극三極(천지인)의 뜻과 이기二氣(음양)의 묘妙를 포괄하지 않음이 없다.

28자로서도 전환을 시켜서 막힘이 없으니 간단하면서 요긴하고 정밀하면서 두루 통하는 까닭에 재주 있는 자라면 하루아침에 알 것이요, 어리석은 자라도 열흘 내에 배울 것이다. 이것으로 글을 풀이하면 뜻을 알 수 있고 이것으로 송사를 들으면 그 실정을 파악할 수 있다. 한자의 운韻에 있어서도 청탁淸濁을 분간할 수 있고, 음악에 있어서도 율려律呂를 고르게 하는 등 쓰임에 구비하지 못할 것이 없고 어디고 통하지 못할 곳이 없다. 바람 소리와 학의 울음, 닭의 소리, 개 짖는 소리까지도 모두 표현할 수 있는 것이다.

드디어 신등[10]에게 명하여 소상히 해설을 가해 사람들을 두루 가르치라고 하시었다. 이에 신이 집현전 응교 최항崔恒, 부교리 박팽년朴彭年, 신숙주申叔舟, 수찬 성삼문成三問, 돈녕주부 강희안姜希顔, 집현전 부수찬 이개李塏, 이선로李善老 등과 함께 제반 해례를 지어서 그 대강을 서술하여 보는 자들로 하여금 가르쳐주는 사람이 없이도 스스로 깨칠 수 있게 했다.

그 연원淵源이며 정밀한 뜻의 미묘함에 이르르는 신등의 역량으로 해명할 바가 아니다. 삼가 생각하옵건대 제작의 규모와 실천이 여러 제왕을 초월하셨거니와 정음을 지으신 것은 조술한 바 없이 자연으로 이루어진 일이다. 지극한 이치가 하나하나 들어 있어 인위적인 사私가 없는 것이다. 무릇 우리 동방에 나라가 선 역사가 오래되었는데 개물성무開物成務의 큰 지혜는 대개 오늘을 기다림이 있었던 것이 아닌가 한다.

---

9 고전(古篆): 옛 중국에서 한자를 표기하는 데 쓰던 서체의 하나. 훈민정음을 창제한 초기의 서체는 한자의 고전체와 유사하다.

10 신등(臣等): 신하들이 임금을 상대하여 자기들을 가리키는 일인칭 대명사. 여기서는 한글 창제에 참여한 집현전의 관원들이다.

정통正統 11년(1446) 9월 상순, 자헌대부 예조판서 집현전 대제학 지경연사 세자우빈객 신 정인지鄭麟趾 삼가 머리 조아리며 쓰다.

최만리 등의 『훈민정음』 반대 상소

신등이 보건대 언문 제작은 지극히 신묘하여 창조하고 지혜를 운용하심이 천고에 빼어나다고 하겠습니다. 그러나 신등의 구구한 소견으로 보면 도리어 의심되는 점이 있습니다. 이에 감히 간곡한 뜻을 펴서 삼가 다음과 같이 글을 올립니다. 엎드려 오직 성명聖明하신 판단을 바라옵니다.

1. 우리나라는 조종祖宗 이래로 지성껏 사대事大를 하여 한결같이 중화의 제도를 따랐습니다. 지금 '문자'를 공용하고 법도를 같이하는 때에 언문을 창제하는 것은 듣고 보기에 해괴하다고 하지 않겠습니까. 혹은 말하기를 "언문은 모두 옛 글자에 근본을 두었고 새로 만든 글자가 아니다"라고 합니다. 하지만 자형은 비록 옛날 전자를 모방한 것이라고 하나 음을 붙이고 글자를 합하는 법이 모두 옛것과는 상반되어 사실상 근거가 없는 것입니다. 만약 중국으로 흘러가서 비난을 듣게 되는 일이 있으면 어찌 사대모화에 부끄러운 점이 없겠습니까.

2. 자고로 천하가 풍토는 다르더라도 방언을 사용한다고 해서 따로 글자를 만들어 쓴 일은 없습니다. 다만 몽고, 서하西夏, 여진, 일본, 서번西藩(티베트) 같은 데서 각기 자기네 글자를 가진 사례가 있는데 이들은 다 이적夷狄의 일이라 들어 말할 것이 못 됩니다. 옛글에 이르기를 "중화의 문명으로 이적을 변화시킨다"고 했지 이적으로 중화를 변화시킨다는 말은 없습

니다. 역대로 중국에서는 우리나라를 두고 기자箕子의 영향으로 문물제도 나 예악이 중국과 비견된다고 하였습니다. 지금 따로 언문을 만들어서 중 국을 버리고 스스로 이적과 같아지려 하는 것은 소합향蘇合香을 넣은 좋은 약을 버리고 말똥구리 같은 것을 쓰는 것과 비슷한데 어찌 우리의 문명에 커다란 흠집이 되지 않겠습니까.

3. 신라 설총의 이두는 비속하기는 하지만 모두 중국에서 통용하는 글자 를 빌려다가 보조로 썼기 때문에 본디 문자(＝한자)와 분리되지 않았습니 다. 그러므로 서리胥吏나 관노官奴 무리들까지도 이두를 배우려면 먼저 몇 권의 책을 읽어서 글을 대강 안 연후에 이두를 썼던 것입니다. 이두를 쓰는 사람은 필히 문자에 의거해야만 뜻을 통할 수 있기 때문에 이두로 해서 문 자를 아는 사람이 많습니다. 이 역시 배움을 증진시키는 데 하나의 도움으 로 되었던 것입니다.

만일 우리나라가 원래부터 문자가 없는 결승結繩(원시적인 문자)의 시기라 면 임시로 빌려다가 잠깐 쓸 수도 있을 것입니다. 그러나 바른 의견을 주장 하는 사람들은 반드시 "언문을 통용해서 임시방편을 삼기보다는 더디고 느린 한이 있더라도 중국에서 통용하는 문자를 학습해서 장구한 계책으로 삼느니만 못하다"고 할 것입니다. 더구나 이두는 수천년을 써와서 문서나 장부를 작성하는 등의 일에 아무 지장이 없었습니다. 무엇 때문에 오랫동 안 폐단 없이 써오던 방식을 고쳐서 속되고 별 도움이 안 되는 글자를 만 든단 말입니까.

만약 언문을 통용하면 관리가 되려는 자들은 전적으로 언문만 학습하고 학문은 돌보지 않게 되어 한자와 이원吏員의 두 갈래로 나뉠 것입니다.[11]

---

11   이 대목은 의미가 명확하지 않은데 '한자'란 한자를 바탕으로 학습하는 것을 의미하며, '이
      원'이란 이속을 가리킨다. 이원은 언문만 학습하게 되어 한자 학습과는 분리가 된다는 뜻으
      로 해석된다.

실로 관리로 나선 자가 언문만으로 벼슬에 오르게 되면 뒤의 사람들은 모두 이런 것을 보고 생각하기를 "27자의 언문으로 족히 입신출세할 수 있는데 무엇 때문에 몸과 정신을 수고롭게 해서 성리性理의 학문에 파고들겠느냐"고 할 것입니다. 이렇게 되어 수십년이 지나고 보면 문자를 아는 사람은 필시 줄어들고 말 것입니다. 언문을 가지고 관리업무를 보고 성현의 문자를 알지 못한다면 꽉 막힌 무식쟁이가 되어 사리의 옳고 그름에 캄캄할 터이니 언문만 잘해가지고 어디에 쓰겠습니까? 우리 국가의 문학을 숭상해 쌓아올린 문화가 점차로 소멸될 것입니다.

앞서 이두를 두고도 문자 밖의 것이 아닌데도 식견 있는 이들은 오히려 비루하다 하여 이문吏文[12]으로 바꿀 생각을 하였습니다. 더구나 언문은 문자와 아무 상관이 없이 민간의 상말을 쓰는 것인데 더 말할 것이 있겠습니까? 설령 언문이 먼저 왕조 때부터 있었다 하더라도 오늘날처럼 문명한 정치가 시행되는데 변로지도變魯至道[13]의 뜻으로 생각해볼 때 고식姑息에 젖어서 그대로 답습할 수 있겠습니까?

군이 꼭 경장更張을 주장하는 자들의 논리를 분명히 알 수 있습니다. 옛것을 싫어하고 새것을 좋아하는 것은 예나 지금이나 일반적인 폐해입니다. 지금 이 언문은 하나의 신기한 재주에 불과합니다. 학문에 손상이 되고 정치에 무익한 것입니다. 아무리 반복해서 생각해보아도 옳은 점을 찾아볼 수 없습니다.

4. "형사 사건에 이두로 쓰면 글을 모르는 어리석은 백성들은 한 글자의 착오로 억울한 경우를 당하는 수가 있다. 그러나 지금 언문으로 작성하

---

12 이문(吏文): 중국에서 공문서에 사용하는 문체. 우리나라의 이두에 해당하는 것이지만 물론 방식은 달랐다.

13 변로지도(變魯至道): 노나라가 한 단계 나아가면 도의 경지에 이를 수 있다는 의미. 진정한 문명의 세계로 올라섬.

고 읽어서 들려주면 어리석은 사람도 다 쉽게 이해하여 원한을 품는 사람이 없어질 것이다." 이렇게 말하기도 합니다. 하지만 중국은 예로부터 말과 글이 같은데도 옥사에서 억울하게 된 사례가 아주 많습니다. 우리나라를 두고 말한다면 이두를 아는 죄수가 공초供招를 직접 읽어보고 거짓으로 꾸민 줄을 알고도 매질에 견디지 못해 거짓으로 자복하는 경우도 허다합니다. 이를 보면 공초의 내용을 몰라서 억울한 죄를 뒤집어쓴 것이 아니라는 점이 명백합니다. 그렇다면 아무리 언문을 사용한다 한들 무엇이 달라지겠습니까? 형사 사건의 공평과 불공평은 옥사를 맡은 관리가 어떤가에 달려 있으며, 말과 글이 같고 같지 않은 데 달려 있는 것이 아님을 알 수 있습니다. 그런데도 언문으로 해야 옥사가 공평하게 처리된다는 데 대해 신들은 옳은 점을 찾아볼 수 없습니다.

5. 무릇 무슨 일에 공을 세움에 있어서 속도는 중요하지 않습니다. 근래 와서 국가의 일에 모두 속성으로 하기를 힘쓰는 것은 정치의 요체가 아니옵니다. 누군가 말하기를 "언문은 부득이해서 만들었다"고 합니다. 이는 풍속을 뒤바뀌게 하는 중대한 문제입니다. 응당 재상들과 논의하고 아래로 백관들과 나라 사람들에게까지 물어서 다 좋다고 해도 공표하기까지는 신중을 기해서 세번 네번 생각해보아야 할 일입니다. 옛날 여러 제왕들에게 질문해보아도 어긋나지 않고 중국에 비추어 보더라도 부끄러움이 없으며 백대 후에 다시 나오더라도 의혹이 없는 연후에라야 시행할 수 있는 것입니다.

지금 여러 사람들의 의론을 널리 들어보지 않고 갑자기 10여명의 관료들을 학습시키고 또 옛사람들이 정해놓은 운서韻書(한자의 음운에 관계된 책)를 경솔하게 고쳐가지고 근거 없는 언문을 붙여서 장인 수십명을 모아 판각을 해가지고 널리 펴려고 서두르니 천하후세의 공론이 어떻다고 하겠습니까?

또한 이번 청주의 초수리椒水里[14]로 행차하시는 데 흉년인 것을 특별히 고려해서 호종扈從 등 제반 절차를 되도록 간략하게 하여 전에 비해 열에 여덟아홉은 감소하였습니다. 그리고 전하께 보고해야 하는 공무까지도 의정부에 위임하셨습니다. 언문으로 말하면 꼭 기한 내에 시급히 해야 할 국가의 대사가 아님에도 무엇 때문에 유독 행재소行在所에서 급급히 이 일을 하시느라고 병의 치유가 필요한 성상의 몸을 괴롭게 만든단 말입니까. 신들은 더욱 옳은 점을 찾아볼 수 없습니다.

6. 옛날 학자가 이르기를 "무릇 여러 가지 놀이나 기호는 모두 정신을 팔리게 하는 것이다. 서찰까지도 선비들에게 가장 친근한 일이지만 그것을 마냥 좋아하다 보면 자연히 정신이 팔리게 된다"[15]고 하였습니다. 지금 동궁은 비록 덕성이 성취되었다고 하나 그래도 응당 성인의 학문에 마음을 써서 미처 도달하지 못한 데까지 파고들어야 할 것입니다. 언문이 유익하다고 하지만 문사들의 육예六藝의 하나에 불과할 뿐입니다. 더구나 정치의 도리에는 한가지도 이로울 것이 없는데 깊이 연구하느라 정신을 소비하고 있으니 참으로 시민時敏의 학[16]에 손해만 끼치고 있습니다.

신등은 모두 문학에 종사하는 처지로 성상을 가까이 모시고 있기에 품은 생각을 감히 말하지 않을 수 없어, 삼가 마음을 기울여서 성총(임금의 총명)을 어지럽게 하옵니다.

---

14   초수리(椒水里): 현재 충북 괴산군에 속한 지역. 초정약수로 유명한 곳이다. 세종은 이곳에 별궁을 짓고 신병 치유를 위해서 간혹 내려가 있었다.

15   북송의 학자인 정호(程顥)가, 주고받는 서찰은 유자의 일로서 자신에게 가장 가까운(最近) 것이지만 거기에도 빠져서는 좋지 않다는 말을 한 바 있다. 편지가 하나의 문학형식이 되어 문인들 사이에 이를 중시하는 경향이 있었다.

16   시민의 학(時敏之學): 학문을 항시 부지런히 한다는 의미. '時敏'은 『서경』 「열명(說命)」에 나오는데 『예기(禮記)』 「학기(學記)」에서 이를 인용했다. 우리나라에서 '시민지학'으로 사용한 예를 더러 볼 수 있다.

상은 이 상소를 보고 나서 최만리崔萬理 등에게 이렇게 하교했다.

"너희들이 말하길 음을 붙이고 글자를 합하는 법이 다 옛것과 상반된다고 하는데 설총의 이두 역시 음이 다르지 않으냐? 그뿐만 아니라, 이두를 만든 본의 또한 편민便民에 있지 않았더냐. 편민이라고 하면 지금 이 언문도 편민을 위한 것이 아니냐? 너희들은 설총은 옳다고 하면서 임금이 한 일을 비난하는 것은 무엇 때문이냐? 그리고 너희들이 운서韻書를 알고 있는가? 4성과 7음이 자모字母가 몇 개냐? 내가 운서를 바로잡지 않으면 누가 바로잡겠느냐?

그리고 상소에서 훈민정음을 두고 '하나의 신기한 기예(新奇一藝)'일 뿐이라고 말하는데 내가 늘그막에 시간을 보내기가 어려워 책을 벗 삼고 있다. 이것이 어찌 옛것을 싫어하고 새것을 좋아해서 만들어낸 것이란 말이냐? 또한 수렵이나 매사냥을 하는 것도 아닌데 너희들의 말은 너무 지나치다.

또한 나는 나이도 많고 해서 나라의 여러 가지 일을 세자에게 전적으로 맡기고 싶다. 작은 일이라도 응당 참여해서 결정하는데 언문이야 말할 것 있겠는가? 만일 세자더러 늘 동궁에만 있도록 한다면 환관에게 이 일을 맡길 것이냐? 너희들은 측근의 신하로서 내 뜻을 환히 알고 있으면서도 이런 말을 하다니 되겠는가?"

최만리 등이 아뢰었다.

"설총의 이두는 비록 음이 다르다고 하지만 음에 따라 뜻을 풀이해서 보조하기 때문에 본래 서로 어긋나지 않는 것입니다. 지금 이 언문은 여러 글자를 합쳐서 나란히 쓰고 음과 새김을 바꾸어놓은 것이어서 자형이 다른 것입니다. 그리고 '하나의 신기한 기예'라고 지적한 것은 단지 글의 흐름을 따라가다가 나온 말일 뿐이며 무슨 의도를 가지고 한 말은 아닙니다. 동궁은 국가의 공사에 대해서는 아무리 작은 문제라도 참여하지 않을 수 없겠으나, 긴급한 일이 아닌 데야 하루 종일 매달려서 되겠습니까?"

상이 또 하교했다. "전에 김문金汶이 '언문의 제작은 불가할 것이 없다'고

하더니 지금 와서 도리어 불가하다고 한다. 그리고 정창손鄭昌孫이 말하기를 『삼강행실도三綱行實圖』를 펴낸 뒤에 충신과 효자, 열녀가 배출되었다는 것을 보지 못했으니 사람이 실행하는가 안 하는가 하는 것은 단지 사람의 자질이 어떠한가에 달려 있을 뿐이니 굳이 꼭 언문으로 번역을 해야만 후세 사람들이 모두 본을 받겠습니까'라고 했다. 이런 말들을 어떻게 사리를 아는 선비의 말이라 할 것인가? 아무 쓸모없는 속된 선비이다."

이보다 앞서 상이 정창손에게 "내가 언문으로 『삼강행실』을 번역하여 민간에 배포하면 무식한 남녀백성들이 다 쉽게 깨닫게 되어 충신과 효자, 열녀들이 필시 배출될 것이다"라고 말하자, 정창손이 이와 같이 아뢰었기 때문에 지금 이런 하교가 있게 된 것이다.

상이 또 지시했다. "내가 너희들을 부른 것은 처음부터 죄를 주기 위한 것이 아니고 상소한 글 가운데서 한두가지 말을 묻기 위한 것이었다. 너희들이 사리를 돌아보지 않고 말을 바꾸어서 대답했으니 너희들의 죄는 벗어나기 어렵다."

드디어 부제학 최만리, 직제학 신석조, 직전 김문, 응교 정창손, 부교리 하위지, 부수찬 송처검, 저작랑 조근을 의금부에 하옥시켰다. 그 이튿날에 풀어주라고 명했다. 정창손만은 파직을 시켰다. 그리고 의금부에 지시하되 "김문의 말이 앞뒤로 달라진 사유를 국문하여 보고하라"고 했다.

—『실록』, 세종 26년(1444) 2월 20일

의금부에서 조사결과를 "김문의 죄과는 대제상서 사불이실對制上書詐不以實[17]로서 장杖 1백대에 도徒(노동을 시키는 형벌) 3년에 해당합니다"라고 보고했다. 상이 장 1백대만 집행하도록 했다.

—『실록』, 위의 다음 날

---

17   대제상서 사불이실(對制上書詐不以實): 임금에게 올린 글이 사실에 어긋난 것을 처벌하는 조항. 이 조문은 원래『대명률』에 들어 있다.

기타 훈민정음 관련 기록

이달에 상이 언문 28자를 친제親製했다. 그 글자는 고전古篆을 본뜬 것인데 초성·중성·종성으로 나누어 이들을 결합한 연후에 글자가 이루어진다. 무릇 문자(=한자) 및 우리말까지 모두 다 쓸 수 있다. 글자는 간결하면서도 전환이 무궁하다. 이를 일러 '훈민정음'이라고 한다.

―『실록』, 세종 25년(1443) 12월 30일

집현전 교리 최항, 부교리 박팽년, 부수찬 신숙주, 이선로, 이개, 돈녕부 주부 강희안 등에게 명하여 의사청議事廳에서 언문으로 『운회韻會』를 번역하도록 했다. 동궁이 진양대군(=수양대군) 유, 안평대군 용과 함께 이 일을 관장했는데 모두 성상의 검토를 받았다. 상으로 내린 것이 많았으며 공급하는 것도 아주 후했다.

―『실록』, 세종 26년(1444) 2월 16일

집현전 부수찬 신숙주와 성균관 주부 성삼문, 행사용行司勇 손수산孫壽山을 요동遼東에 보내 운서韻書에 대해 물어보고 오게 했다.

―『실록』, 세종 27년(1445) 1월 7일

이달에 훈민정음이 완성되었다. (세종의 「훈민정음서」·「예의例義」와 함께 정인지의 발문이 이 기사의 아래에 실려 있다.)

―『실록』, 세종 28년(1446) 9월 29일

상이 대간臺諫(사헌부·사간원의 관료들)들의 죄상을 따져서 언문으로 기록하고 환관 김득상을 시켜 의금부와 승정원에 보이게 했다.

―『실록』, 세종 28년(1446) 10월 10일

윤대輪對를 하고 나서 경연에 참석하여 『대학연의大學衍義』의 첫 강을 시작했다. 상(여기서는 문종을 가리킴)이 동궁으로 계실 적에 『대학연의』에 언자諺字(국문을 가리킴)로 조사를 써넣어 문리가 통하지 못한 종친들을 가르치고자 했다. 이때 이르러 또 경연관에게 명해 경사經史나 운서韻書를 널리 고찰해서 주해를 달아 '작은 종이'(小簡)에 써서 날마다 아뢰게 하여 상이 직접 붉은 먹으로 점을 찍고 지우고 하여 수정 작업을 했다.

—『실록』, 문종 즉위년(1450) 12월 17일

『동국정운』

이달에 『동국정운東國正韻』을 완성했다. 모두 6권을 간행하도록 명했다. 집현전 응교 신숙주가 뜻을 받들어 서문을 지었다. 서문은 이러하다.

"하늘과 땅이 화합하고 대기가 유행하는 가운데서 사람이 생기며, 음양이 서로 어울리고 기운이 작동하여 소리가 발생한다. 소리가 발생함에 칠음七音이 저절로 갖춰지고 사성四聲이 또한 구비된다. 칠음과 사성이 경經과 위緯를 이루어 어울리면서 청탁淸濁과 경중輕重, 빠르고 느린 소리가 자연히 생겨나는 것이다.

그리하여 복희씨伏羲氏가 팔괘八卦를, 창힐蒼頡이 글자를 만듦에 있어 또한 자연의 이치에 의해 만물의 실정을 통하도록 했다. 심약沈約과 육법언陸法言 등 여러 학자에 이르러서는 부류에 따라 나누고 모아 소리가 고르고 운율이 맞게 하여 성운설聲韻說이 비로소 제기되었다.[18] 글을 짓는 이들

---

18 심약(沈約)은 중국 육조시대 송나라의 문학가로 「사성운보(四聲韻譜)」를 지었다. 육법언(陸法言)은 수나라 때 인물로 『절운(切韻)』을 지었다. 이들로부터 성운학이 출발한 것으로 말한 것이다.

이 이를 계승하여 제각기 기교를 발휘해서 논의가 분분하게 되었으며, 그런 가운데 오류도 많아졌다. 이에 사마광司馬光이 도설圖說을 지었고, 소옹邵雍은 수리數理로써 밝혀 미묘한 것을 탐구하고 심오한 것을 파헤쳐서 여러 설을 통합했다. 그럼에도 오방五方의 음이 각각 달라서 그르니 옳으니 하는 논란으로 시끄러웠다.

대저 음이 같고 다름이 있는 것이 아니요 사람이 같고 다름이 있으며, 사람이 같고 다름이 있는 것이 아니요 지역이 같고 다름이 있기 때문이다. 대개 지역이 다름으로써 풍속과 기운이 다르며, 풍속과 기운이 다름으로써 호흡도 달라진다. 동남 지역의 잇소리〔齒音〕와 입술소리〔脣音〕, 서북 지역의 뺨과 목구멍의 움직임이 그런 특징을 보여준다.[19] 그러니 문궤文軌는 하나로 통할지라도 성음聲音은 같지 않은 것이다.[20]

우리 동방은 안팎의 산하가 저대로 한 구역을 이루어서 풍속과 기운이 벌써 중국과 다르다. 입에서 나는 소리가 어떻게 중국의 음과 같을 것인가. 그러므로 어음語音이 중국과 다른 것은 이치로 보아 당연하다. 글자(=한자) 음에 있어서는 당연히 중국음과 같을 것 같으나, 호흡하고 혀를 움직이는 사이에 가볍고 무겁고 열리고 닫힘의 움직임이 필연적으로 말의 소리에 이끌려서 글자의 음 또한 변하게 되는 것이다. 그러나 음은 변하더라도 청탁과 사성은 옛날과 같을 텐데 일찍이 저술로서 정확하게 전해주는 것이 없다.

용렬한 스승과 속된 선비들은 자음의 반절법反切法[21]을 알지 못하고 어음이 결합되는 이치에 어두워, 혹은 글자 모양이 서로 비슷하다 하여 같은

---

19 중국의 음운이 지역에 따라 크게 편차가 발생하는 현상을 풍토 기후에 기인한 것으로 설명하면서 동남 지역의 특징과 서북 지역의 특징을 예시한 것이다. 『성리대전·황극경세서』 소옹의 말에 이 비슷한 언급이 보인다.

20 문궤(文軌)는 '서동문(書同文) 거동궤(車同軌)'의 준말. 글은 동일한 문자를 사용하고 수레는 동일한 궤도를 다니도록 한다는 말로 통일적인 제도를 쓰도록 한다는 의미이다. 여기서는 한자를 공통의 문자로 사용함을 지적한 것이다.

21 반절법(反切法): 전통적으로 한자의 음을 표시해왔던 방법. 각 글자의 어두인 성모(聲母)와 중종성인 운모(韻母)를 구분해서 음을 표시했기 때문에 '반절'이라고 한 것이다.

음으로 읽고, 혹은 전대의 피휘避諱[22]로 다른 음을 빌리기도 했으며, 혹은 두 글자를 합하여 하나로 만들거나, 혹은 한 음을 나누어 둘을 만드는가 하면 다른 글자를 차용하거나, 혹은 점이나 획을 더하고 빼기도 하고, 혹은 한음漢音을 좇거나 속음俗音을 좇기도 해서, 자모字母 칠음七音과 청탁·사성에 모두 변한 것이 있다.

예컨대 어금닛소리[牙音]로 말할 것 같으면 '케모溪母(ㅋ)'의 글자가 태반이 '견모見母(ㄱ)'로 들어갔으니,[23] 이는 자모가 변한 때문이다. 溪母의 글자가 혹 효모曉母에도 들어 있으니,[24] 이는 칠음이 변한 것이다.

우리나라 말의 음은 청탁의 분변이 중국과 다름없거늘 한자음[字音]에 탁음이 없으니 어찌 이렇게 될 이치가 있는 것인가? 이는 청탁이 변한 때문이다. 말소리는 사성이 매우 분명한데, 한자음에는 상성上聲과 거성去聲의 구별이 없으며, '질質'이나 '물勿' 같은 글자의 운韻은 마땅히 단모端母(ㄷ)로 종성終聲을 삼아야 할 것인데, 세속에서 래모來母(ㄹ)로 발음하여 그 소리가 완만하니 입성入聲에 맞지 않다. 이는 사성이 변한 때문이다. '단모'가 '래모'가 된 것은 종성에서만이 아니다. 次第의 '제'가 '례', 牧丹의 '단'이 '란'으로 바뀐 것과 같이 초성初聲이 변한 것도 많다.[25]

우리말[國語]에서는 케모溪母(ㅋ)를 많이 쓰면서도 한자음에는 오직 '쾌夬' 한 글자뿐이다. 이는 더욱 이해할 수 없는 노릇이다. 이런 때문에 글자의 획이 잘못되어서 어로魚魯의 헷갈림[26]이 생기며, 성음이 혼란해져서 경위涇渭[27]가 함께 흐르는 꼴이 되었다. 가로로 보면 사성四聲이 기강을 잃고

---

22   피휘(避諱): 제왕의 이름을 기피해서 쓰지 않는 것을 가리킴. 대개 뜻이 통하는 다른 글자를 쓴다.

23   溪와 見의 초성이 본디 달랐는데 우리나라에서 ㄱ음으로 같아졌음을 지적한 말이다(ㅋ→ㄱ, 예: 開·空·曲 등). "溪母之字 入於見母."

24   중국에서 본디 ㅋ 음으로 발음되던 글자들이 ㅎ음으로 발음되는 것을 뜻함(예: 墟, 咳, 沆 등).

25   次第는 음이 차제인데 '차례'라 하고, 牧丹은 음이 목단인데 '모란'이라고 우리나라에서 발음되는 현상을 지적한 것이다.

세로로 보면 칠음七音의 짜임이 뒤얽힘에 기강과 짜임이 제대로 되지 못하며 경중의 차례가 뒤바뀌어, 성운聲韻이 변한 것이 극도에 이르렀다.

세상에 학생들의 스승 된 자들 중에 더러 잘못된 것을 알고도 제멋대로 바꿔서 학생들을 가르치는 사람도 있지만, 바로잡는 것을 어렵게 여겨서 지금까지 해오던 잘못을 그대로 따르는 이들도 많다. 크게 바로잡지 않으면 오래 갈수록 더욱 심해져서 장차 구해낼 길이 없는 폐단이 될 것이다.

대개 옛적에 시를 짓는 데는 음에 부합하도록 했다. 『시경』 3백 편 이후로 한漢·위魏·진晉·당唐의 시인들 또한 언제나 같은 운에 구애받지 않았으니, 예컨대 '동東'운을 '동冬'운에도 쓰고, '강江'운을 '양陽'운에도 씀과 같은 것이다. 어찌 운이 다르다고 해서 서로 통하여 쓰지 못할 것인가?

자모字母를 제정한 것 또한 소리에 맞게 할 따름이었다. 설두음舌頭音·설상음舌上音과 순중음脣重音·순경음脣輕音과 치두음齒頭音·정치음正齒音 같은 것들이 그것이다. 우리나라의 글자음에서는 분별할 수 없으니 이 또한 자연스럽게 된 현상인데 어찌 꼭 36자모字母에 구애받을 필요가 있겠는가.

삼가 생각건대 우리 주상전하께옵서 유학을 숭상하고 도를 소중히 여기어 문文에 역점을 두어 교화를 일으킴에 있어 지극히 하지 않음이 없었다. 만기萬機를 살피시는 여가에 이 문제에 관심을 두어 신숙주와 집현전 직제학 최항崔恒, 집현전의 성삼문成三問, 박팽년朴彭年, 이개李塏, 이조정랑 강희안姜希顏, 병조정랑 이현로李賢老, 승문원 교리 조변안曹變安, 승문원 부교리 김증金曾 등에게 명하여 속음의 관습을 두루 수집하고 전해오는 문헌을 널리 고찰하여, 광범하게 쓰이는 음에 기본을 두고 옛 음운의 반절법에 맞추어서 자모의 칠음과 청탁과 사성을 근원에서 말단까지 궁구하지 않은

---

26 어(魚)와 로(魯)가 글자 모양이 비슷해서 착오를 일으키는 것. 어로불변(魚魯不辨)도 이와 비슷한 말이다.

27 경위(涇渭): 경수는 물이 흐리고 위수는 물이 맑은데 이 두 강물이 합류해서 청탁이 뒤섞임을 비유한 말.

것이 없이 하여 바른 음운을 회복하고자 했다.

신들은 재주와 학식이 부족하며 학문이 고루해서, 뜻을 받드는 데 미달하기로 매번 번거롭게 지적하고 돌아보도록 만들었다. 이에 옛사람들이 편성한 운과 제정한 자모字母에 의거해서 병행할 것은 병행하고 구분해야 할 것은 구분하되, 병행하는 것 하나하나, 구분하는 것 하나하나, 성운聲韻 하나하나까지 모두 성상의 판단을 물으면서, 한편으로 각기 고증을 했다. 그리하여 사성으로 조절하고, 91운韻과 23자모字母로 정해서 어제御製 훈민정음을 가지고 그 음을 표시했다. 또한 질質·물勿 같은 운韻은 영모影母(ㆆ)로 래모來母(ㄹ)를 덧붙이는 방식[28]으로 했다. 속음을 가지고 바른 데로 돌아가게 했으니 구습의 오류가 이에 이르러 모두 고쳐진 것이다.

책이 완성되자 서명을 '동국정운'이라고 내려주셨다. 그리고 신에게 명하여 서문을 짓도록 하셨다.

신이 가만히 생각하옵건대 인간이 생겨날 때에 천지의 기운을 받지 않음이 없거늘 성음聲音도 기운에서 생겨나는 것이다. 청탁은 음양의 유형으로서 천지의 도요, 사성은 조화의 발단으로서 사계절의 운행이다. 천지의 도가 어지러워지면 음양이 자리가 뒤바뀌어, 사계절의 변화가 문란해져서 모든 조화가 질서를 잃게 된다. 지극하도다, 성운의 미묘함이여! 음양의 움직임이 심오하고 조화의 작용이 은미함이로다.

더구나 글자가 만들어지기 이전에는 성인의 도가 천지에 붙어 있었는데, 글자가 만들어지고부터는 성인의 도가 서책에 실리게 되었다. 성인의 도를 궁구하고자 하면 마땅히 먼저 글의 뜻을 알아야 할 것이다. 글의 뜻을 아는 요령은 마땅히 성운으로부터 시작해야 할 일이다. 성운은 도를 배우는 첫 출발이다. 이 또한 쉽게 능통할 수 있는 일이겠는가. 이것이 우리 성상께서 성운에 마음을 쓰시는 까닭이다. 고금을 참작하여 지침을 만들어

---

28   원문은 '以影補來'인데 영모, 즉 음에 래모의 ㄹ음을 덧붙인다는 말이다. 이는 15세기 당시 음운이 변화하는 質이나 勿 같은 글자들의 음을 표기하려는 노력으로 해석되고 있다.

만대의 후생들을 깨우칠 길을 열어주려는 뜻이다.

옛사람들이 운서를 짓고 도설을 만들고 하여 음화音和다, 유격類隔이다, 정절正切이며 회절回切로[29] 그 법이 매우 자상했다. 그럼에도 배우는 자들이 어물어물 더듬거림을 면치 못해 음운을 맞추기에 어두웠다. 『훈민정음』이 제작되어서 역대의 일체 성음이 털끝만큼도 어긋나지 않으니, 실로 음을 알리는 표준이 되는 것이다. 청탁이 분별되어 천지의 도가 정해지며, 사성이 바로잡혀 사계절의 운행이 순조롭게 될 것이다. 참으로 조화가 충만하여 우주에 펼쳐서, 미묘한 뜻이 현관玄關(바른 도리로 들어가는 문)에 부합하고 신비한 기미幾微가 대자연의 소리에 통하지 않으면 어찌 충분히 여기에 도달할 수 있으랴. 청탁이 구르고 돌며 자모가 서로 밀어서 칠음七音이 고르게 되고 12율律로 나아가 84조調를 이루니 성악聲樂의 정도正道와 함께 크게 조화를 이룰 수 있게 되었다.[30]

아아, 소리를 살펴서 음을 알고, 음을 살펴서 음악을 알며, 음악을 살펴서 정치를 알게 되는 것이다. 후세에 이 책을 보는 이들은 반드시 얻는 바가 있으리라."

『동국정운』을 지방의 여러 도와 서울의 성균관과 사부학당四部學堂(서울 안의 네 지역에 설치했던 학교)에 보급했다. 그리고 상이 지시하기를 "우리나라 사람들은 속운俗韻을 익힌 것이 오래되었다. 갑자기 바꿀 수 없는 노릇이므로 억지로 가르치지 말고 배우는 자들이 마음대로 하게 할 것이다"라고 했다.

—『실록』, 세종 29년(1447) 9월 29일

---

29 음화(音和), 유격(類隔), 정절(正切), 회절(回切): 반절법상에서 자음을 표시하고 가려보는 여러 가지 용어.

30 이 문장은 『동국정운』이 지향하는 이상을 음악에 결부시켜 표현한 것이다. 『예기』 「악기(樂記)」에 "큰 음악은 천지와 아울러 함께 화합한다(大樂與天地同和)"라는 말이 있다. 음악의 7음, 12율과 호응해서 84조를 이룬다는 논법이다.

3장
기술문화
인쇄, 의약, 천문 역산과 의기, 무기, 음악

인쇄출판

경자자본 제작

주자소에 술 120병을 내려주었다.

이전에 책을 인쇄하자면 동판에다 활자를 배열해놓고 밀랍을 녹여 부어서 굳어지면 찍었다. 그래서 밀랍이 아주 많이 들어가는데 하루에 찍는 분량은 몇 장에 불과했다. 이때에 상이 직접 지도해서 공조참판 이천李蔵과 전 소윤 남급南汲에게 명하여 동판을 다시 주조하게 했다. 동판에 활자가 꼭 들어맞게 되어 밀랍을 채워 넣지 않고도 활자가 움직이지 않고 아주 해정楷正했으며, 하루에 수백 장을 찍어낼 수 있었다. 상이 그 공력의 노고를 치하해서 종종 술과 고기를 하사했던 것이다.

명하여 『자치통감강목資治通鑑綱目』을 인쇄하도록 하고 집현전에서 교정을 보게 했다. 경자년(1420) 겨울부터 시작한 일이 임인년(1422) 겨울에 끝이 났다.

갑인자본 제작

중추원 지사 이천을 불러서 의논하고 다음과 같이 지시했다.

"태종께서 처음 주자소를 설립하고 대자大字를 주조할 때 조정의 여러 신하들은 일이 성공하기 어렵다고 반대했으나 기어이 주조하도록 해서 많은 책을 인쇄하여 중앙과 지방에 널리 보급했다. 이 얼마나 대단한 일인가. 다만 처음 해보는 일이어서 찍어낸 것이 정밀하지 못했고 매번 찍을 때는 반드시 먼저 동판 아래 밀랍을 깔아놓고 그 위에 활자를 꽂은 다음 찍어내니 밀랍은 성질이 부드럽기 때문에 활자가 고정되지 않아서 몇 장 찍어내지 못해 활자가 동요하기 쉽다. 활자가 삐뚤어져서 그때마다 바로잡아야 하니 인쇄하는 자들이 곤란을 보고 있었다. 내가 이 폐단을 걱정하여 일찍이 경에게 개선해보도록 했으나 경은 어렵다고 말했다. 내가 강하게 말하니 경은 지혜를 짜내서 새로 판을 만들고 활자를 제조하여 모두 다 고르고 빈틈없이 반듯하게 되어 밀랍을 쓰지 않고도 많이 찍어낼 수 있고 글자가 삐뚤어지는 폐단이 없게 되었다. 나는 이 일을 매우 훌륭하게 여긴다.

지금 대군들이 대자를 다시 주조해서 책을 찍어내자고 주장한다. 내 생각에 근래 북방을 정벌하느라 병기를 많이 잃어버려서 구리와 철의 수요가 많아졌다. 게다가 지금 공인들이 각처에 분산되어 일을 하고 있으니 업무가 심히 복잡하다. 그렇더라도 이는 불가불 해야만 할 일이다."

그리하여 이천에게 명해 이 일의 감독을 맡기고 집현전 직제학 김돈金墩, 직전直殿 김빈金鑌, 호군 장영실蔣英實, 사역원 첨지 이세형李世衡, 사인 정척鄭陟, 주부 이순지李純之 등에게 각각 관장하도록 했다.

경연經筵에 보관하고 있던 『효순사실孝順事實』『위선음즐爲善陰騭』『논어』 등 책을 활자의 체로 삼게 했으며, 이들 책에 없는 글자는 진양대군(=

수양대군) 유瑈에게 명하여 쓰게 했다. 이때에 주조한 활자가 20여만 자였다. 하루 인쇄하는 데 들어간 종이가 40여장 정도였는데 글자 형체도 선명하고 반듯했으며 노력에 비해 효과도 좋아 전보다 배나 되었다.

—『실록』, 세종 16년(1434) 7월 2일

『자치통감』의 인쇄용지를 조지소造紙所에서 5만권, 경상도에서 10만 5천권, 전라도에서 7만 8천권, 충청도에서 3만 3천5백권, 강원도에서 3만 3천 4백권, 도합 30만권을 마련하도록 명했다. 이어 지시를 내렸다.

"닥은 국고에 저장된 쌀로 바꾸도록 하며, 경내의 중들에게 역사를 시키되 의복과 음식을 지급할 것이다. 귀릿대, 밀짚, 보릿대, 대껍질, 겨릅대 같이 얻기 쉬운 것들을 닥과 5분의 1로 섞어서 제조하면 종이가 더 질겨질 뿐만 아니라 책을 찍는 데도 적합하다. 닥도 그만큼 적게 들어간다."

—『실록』, 세종 16년(1434) 7월 17일

의약: 『향약집성방』

『향약집성방鄕藥集成方』이 완성되었다. 권채에게 명해서 서문을 쓰도록 했다. 그 서문은 이러하다.

"신농씨神農氏와 황제黃帝 이후 역대에 의관을 두어서 만민의 질병을 맡아보게 했다. 그런데 명의들이 병을 진찰하고 약을 쓰는 것은 다 기질에 따라 시술을 했으니 처음부터 일률적인 법에 구애되지 않았던 것이다.

대개 백리에 풍속이 같지 않고 천리에 풍토가 같지 않다. 초목이 생장하는 데도 저마다 적합한 곳이 있고 사람이 먹고 마시고 좋아하는 것 또한 습관이 있기 마련이다. 그래서 옛날 성인은 온갖 초목을 맛보고 각 지방의 실정에 따라서 병을 다스렸다고 한다.

생각건대 우리나라는 하늘이 한 구역을 나누어 대동의 땅을 차지하도록 한 것이다. 우리의 산과 바다에는 보배로운 것들에 풀과 나무 약재가 산출되니 백성들을 먹여 살리고 백성들의 질병을 치유할 수 있는 재료들이 없는 것 없이 구비되어 있다.

그럼에도 예로부터 의학이 발달하지 못해 약재를 적절히 채취하지 않기 때문에 가까이 있는 것들을 버려두고 멀리서 구해오는 형편이다. 사람들은 병이 나면 으레 중국에서 구하기 어려운 약을 찾으니, 이야말로 7년 장병에 3년 묵은 쑥을 구하는 격이다. 약을 얻지도 못하고 병에 대처할 방도가 없게 된다. 반면에 민간에서는 고로들이 능히 하나의 약초로 어떤 증세를 치료하여 효험을 보기도 한다. 이 어찌 토양의 성질에 약과 병이 맞지 않아 그런 것이 아니겠는가.

무릇 천리를 멀다 하지 않고 굽은 손가락을 펴려고 의원을 찾아가는 것은 일반 사람들의 심정이다. 더구나 제 나라를 벗어나지 않고도 병을 치료할 수 있다면 더 말할 것이 있겠는가. 사람들이 알지 못하는 것이 걱정이다.

예전에 판문하判門下(고려시대 고위 관직) 신 권중화權仲和가 『향약간이방鄕藥簡易方』[1]을 지었고 그 뒤로 또 평양백平壤伯 조준趙浚 등과 관官약국에 명하여 여러 처방들을 다시 조사하는 한편 동인들이 경험한 처방들을 수집해가지고 부문별로 나누어 편성해서 간행했다. 이로부터 약도 구하기 쉽고 병도 치료하기 쉬워져서 사람들이 편하게 여겼던 것이다.

그런데 중국에서 들어온 의학서는 많지 않은 데다가 약명이 중국과 우리가 다른 것이 많다. 이 때문에 의술을 업으로 하는 자들의 탄식이 없을 수 없다. 오직 우리 주상께서 이 문제에 특히 고민하여 의관을 뽑아 매번 사신을 따라 중국에 가서 의서를 널리 구하도록 했으며, 거듭 요청하여 태

---

1   『향약간이방(鄕藥簡易方)』: 태종 연간에 권중화(權仲和, 1322~1408)와 서찬(徐贊)이 고려 때부터 전해오던 『삼화자향약방(三和子鄕藥方)』을 개편, 증보한 의약서로서 현전하지는 않는다.

의원太醫院을 찾아가 약명의 오류를 조사해서 바로잡을 수 있었다.

선덕宣德 신해년(1431) 가을에 집현전 직제학 유효통兪孝通, 전의감정典
醫監正 노중례盧重禮, 부정副正 박윤덕朴允德 등에게 명해, 다시 향약방편鄕
藥方編을 수집하도록 하고 여러 종의 의서들을 빠짐없이 찾아 검토하여 분
류하고 증보했던바 한 해 남짓 걸려서 작업을 마쳤다. 이에 전의 병증상이
338종이었는데 이번에 959종이 되었고, 전의 처방이 2,803종이었는데 이
번에 1만 706종이 되었다. 또한 침구법針灸法 1,476조에 향약본초 및 제조
법을 덧붙였다. 도합 85권을 만들어 올리니, 서명을 '향약집성방'이라 했
다. 이를 발간하여 널리 보급하도록 하시면서 신 권채에게 서문을 쓰도록
명했다.

신이 생각건대 군왕의 도는 인仁보다 더 큰 것이 없다. 인도仁道는 지극
히 광대한데 그 방도 또한 여러 가지이다. 지금 우리 전하께서는 거룩한 덕
으로 지치至治를 일으켜서 정사를 펴나가심에 도의 지대함을 온전히 체현
하신바 의약으로 우리 백성을 구제하는 일에 이르기까지 이처럼 관심을
기울이신 것이다. 인정仁政의 본말本末을 크고 작고 없이 아울러 다 실행해
서 빠짐없이 갖춰진 것을 볼 수 있다.

또한 옛날 임금 중에는 몸소 약을 지어주거나 혹은 자기 수염을 깎아 약
에 타 먹이는 등 은혜가 한 사람에게 미친 경우에도 후세에 칭송을 받은
일이 있었다. 지금 훌륭한 의서를 편찬하여 치유법을 널리 알려서 억조 백
성들에게 은혜를 미치고 만년토록 혜택이 돌아가게 한 것과 어떻게 같으
리오. 그 규모며 미친 은택이 견줄 수조차 없다.

지금부터는 이 의서에 의거해서 약을 먹고 효험을 보아 신음하는 사람
이 일어나고 죽어가는 사람이 소생할 것이다. 그리하여 이 땅이 수성壽城
으로 바뀌면서 화목한 기운이 영구히 펼쳐지리라. 이 또한 거룩한 나라에
서 어진 마음으로 베푼 인정仁政으로 비롯된 것임을 어찌 모르겠는가."

—『실록』, 세종 15년(1433) 6월 11일

역법과 천문 의기, 시계

『칠정산』[2]의 머리글

고려 최성지崔誠之가 충선왕을 따라 원나라에 가 있다가 『수시력법서授時曆法書』[3]를 구해 돌아왔다. 이후 우리나라도 그 법을 따라 썼다. 그런데 술자術者가 역서를 만드는 법은 터득했음에도 일식 월식이 일어나는 현상이나 오성五星의 운행 도수 등의 이치는 알지 못했다.

세종께서 정흠지鄭欽之, 정초鄭招, 정인지鄭麟趾 등에게 명해 추산, 궁구하여 그 묘리를 다 터득했다. 그런 중에 완전히 밝히지 못한 부분은 성상의 판단을 거쳐서 비로소 분명해졌다. 또 『태음태양통궤太陰太陽通軌』[4]를 중국에서 구해 왔는데, 그 법이 약간 이와 차이가 있었으므로 수정 개작하여 『내편內篇』을 만들었다.

그리고 『회회력법回回曆法』[5]을 구해 이순지李純之와 김담金淡에게 살펴보도록 했다. 이에 중원의 역관들에게 착오가 있는 것을 알게 되어, 재차 수정을 가해 『외편外篇』을 만들었다. 이제 역법은 부족함이 없다고 말할 수 있게 되었다.

——『실록』 제156권(『세종대왕실록』에 부록 형태로 수록되어 있음)

---

2   『칠정산(七政算)』: 세종이 명해서 편찬한 역법서. 내편과 외편으로 편성되어 있다. 『세종실록』의 맨 끝에 부록으로 실려 있으며, 따로 또 간행된 책이 전하고 있다. 서명의 '칠정'이란 천문학상의 용어로 해와 달, 금·목·수·화·토의 오성을 가리킨다. 이 말이 『서경』에서 정치의 중요한 의미로 나와 있다.(『서경』「순전(舜典)」: "在璇璣玉衡, 以齊七政.")

3   『수시력법서(授時曆法書)』: 원나라 때 반포한 역법. 원 세조(元世祖)가 허형(許衡), 왕순(王恂), 곽수경(郭守敬) 등을 명하여 만든 것이다. 줄여서 '수시력'이라고 이른다.

4   『태음태양통궤(太陰太陽通軌)』: 명나라에서 반포한 역서임. 일명 '대통통궤(大統通軌)'. 홍무(洪武) 갑자년(1384)을 역원으로 삼고 있다. 세종 때 갑인자로 인쇄한 책이 전한다.

5   『회회력법(回回曆法)』: 회교국가인 아랍에서 만들어진 역법. 명나라 홍무 18년(1385)에 서역 출신 마사역흑(馬沙亦黑) 등이 한역(漢譯)한 회회력법서가 있었다.

『칠정산』에 관한 『열조통기』의 기록

상이 정인지·정초·정흠지에게 명하여 『칠정산』의 '내·외편'을 편찬했다. 명나라의 『대통통궤』를 취해 수정 개작하여 『내편』을 만들었으며, 다시 『회회력법』을 구해서 이순지와 김담 등에게 명해 재차 수정을 가하도록 해서 『외편』을 만든 것이다.

『내편』은 지원至元 신사년(1281)을 역원曆元**6**으로 삼았다. 역원 이전으로 올라가서 지나간 시간을 돌아보아 살필 때는 100년마다 주천周天**7**을 1초秒씩 줄이고 세실歲實**8**을 1분分씩 늘린다. 역원 이후로 내려오는 시간은 100년마다 주천을 1초씩 늘리고 세실을 1분씩 줄인다.

또한 한양漢陽(서울 지역을 가리킴)에서 하지와 동지 때의 해 그림자에 근거하여 매일 해가 뜨고 지는 데 따라 밤낮의 각분刻分을 구해 우리나라에서 쓰는 기준으로 정했다.

『외편』에서는 윤월閏月을 쓰지 않으며, 365일을 1년으로 하여 12궁宮**9**으로 나누는데 여기에 윤일이 포함된다. 대개 128년**10**이면 윤일은 31일이다.

---

6 역원(曆元): 역산(曆算)에서 기준으로 삼는 해.

7 주천(周天): 하늘의 별자리가 한 바퀴를 돌아 복귀하는 데에 걸리는 항성년(恒星年)의 일수(日數)를 도수로 변환한 값. 즉 태양이 적도에서 하루를 이동하는 거리를 1도(度)로 하여 항성년을 표시한 것으로 365도 25분 75초이다.

8 세실(歲實): 1년의 길이가 얼마나 되는지를 태양이 동지점으로부터 이듬해의 동지점에 이르기까지 걸리는 시간으로 나타낸 값. 지구 자전축의 세차운동으로 인해 황도 위의 동지점이 태양이 움직이는 방향과 반대로 조금씩 이동하므로 주천분보다 약간 작은 값을 가진다.

9 궁(宮): 옛날 역법에서 하늘을 주회하는 360도의 12분의 1이 30도인데 곧 1궁이 된다. 황도(黃道)를 기준으로 1년 360도를 열두개의 궁으로 나누면 1궁은 대략 30일이 된다. 태양력으로 윤일을 계산할 때 궁에 윤일이 포함된다.

10 원문에는 二百二十八年으로 나와 있는데 一百二十八年의 오기로 추정된다. 1년은 365와 31/128일이므로, 128년간의 윤일은 31일이 된다(노상직盧相稷의 『소눌집小訥集』 권22의 「역고曆攷」에 이에 관한 기록이 보이는바 여기에도 "凡百二十八年而宮閏三十一日"로 나와 있다).

354일이면 1주周가 되는데 1주면 12개월이 되어 월에 윤일이 포함된다.[11] 무릇 30년이면 월윤일이 11일이다. 1,941년을 지나면 궁월宮月과 일진日辰이 다시 만난다.

수시력은 지원 신사년(1281)을 역원으로 하고 대통력은 홍무洪武(중국 명 태조 때의 연호) 갑자년(1384)을 역원으로 하고 있는데도 『칠정산』에서 신사년을 기원으로 하는 것 또한 수시력과 대통력의 법수法數가 다르지 않은 때문이다.

— 안정복 『열조통기』

물시계: 자격루自擊漏

이날부터 새로 만든 물시계를 사용했다. 상이 전에 사용한 물시계가 정밀하지 못하다 하여 다시 만들 것을 지시했던 것이다.

"물시계는 물이 떨어지는 용호龍壺가 둘인데 크기에 차이가 있고, 물 받는 용호가 둘인데 물을 교체할 때에 맞춰 바꾼다. 길이는 11척 2촌, 둘레의 직경은 1척 8촌이다. 살대〔箭〕가 두개로 길이는 10척 2촌인데 전면에 12시時가 나누어져 있다. 매 시는 8각刻이고 초初와 정正을 아울러서 100각이 되며[12] 매 각은 12분分이 된다.

전에는 밤에 쓰는 살대가 21개였는데 바꾸어 쓰기가 번거로웠다. 그래서 수시력授時曆에 의거해서 밤과 낮에 오르고 내리는 것으로 구분하여 대

---

11   이 단락은 태음력으로 윤일을 계산한 것이다. 태음력에서 윤일을 '월분윤일(月分閏日)'이라 불렀다. 태양력의 윤일은 '궁윤일(宮閏日)'이라 불렀다.

12   시(時)는 다시 초(初)와 정(正)으로 나뉘는데, 이때 초와 정에 4와 6분의 1이 각각 균등하게 배분되었다. 1/6각(1분)을 소각(小刻), 1각(6분)을 대각(大刻)이라고 했다. 소각은 매 시의 초와 정 끝에 붙이는데, 매 시의 초는 초초각(6분), 초1각(6분), 초2각(6분), 초3각(6분), 초4각(1분)이며, 정도 이와 같이 하여 하루가 100각으로 나누어진다. 『칠정산 내편』도 이런 방법을 쓰고 있다.

략 음양의 두 기氣를 살대 하나에 해당시키니 살대가 모두 열두개가 되었다. 『간의簡儀』와 대조해본바 털끝만큼의 오차도 없었다.

상은 또 사람이 시각을 알리면 아무래도 착오가 생길까 하여 호군護軍 장영실蔣英實에게 명하여 '시간을 알리는 인형〔司辰木人〕'을 제작하도록 했다. '사신목인'이 시時에 따라 자동으로 알리고 사람의 힘은 전혀 빌리지 않게 되었다.

그 제도는 이렇다. 먼저 전각 3칸을 세우고 동쪽 칸에는 2층으로 자리를 만들어 위층에는 신神의 형상 세개를 세웠는데, 하나는 시에 맞춰 종을 치고 다른 하나는 경更에 맞춰 북을 치며 또 하나는 점点에 맞춰 징을 친다.[13] 중간층의 아래에 평평한 바퀴〔平輪〕와 돌아가는 바퀴〔循輪〕를 설치하고 열두개의 신을 세웠다. 12신은 각각 철선으로 줄기를 만들어 오르내리면서 저마다 시패時牌를 들고 번갈아가며 시각을 알린다.

그것이 움직이는 법은 이와 같다. 중간칸을 다락으로 만들어 위에는 '물이 떨어지는 병播水壺'을 설치하고 아래에는 '물을 받는 병〔受水壺〕'을 설치한다. 병 위에 사각의 나무를 세우는데 가운데가 비고 겉면은 다를 것이 없으며 길이는 11척 4촌, 너비는 6촌, 두께는 8푼, 깊이는 4촌이다. 빈 속에는 칸막이를 두어 겉면으로부터 1촌쯤 들어가 그 왼쪽으로 동판을 댔는데 길이는 살대만 하고 너비는 2촌이다. 동판에는 열두개의 구멍을 뚫고 구리로 만든 작은 구리구슬을 받는데 구슬 크기는 탄환만 하다. 구멍에는 열렸다 닫혔다 하는 장치를 만들어서 12시를 맡도록 한다. 그 오른쪽에도 동판을 댔는데 길이는 살대만 하고 너비는 2촌 5푼이며 동판의 면에는 25개의 구멍을 뚫어 작은 구리구슬을 받는데, 왼쪽과 같게 한다. 동판은 열두개의 살

---

13 시(時), 경(更), 점(点): 시는 하루를 12로 등분한 단위. 이를 12지(支, 子丑寅卯辰巳午未申酉戌亥)로 나타내는데 1지가 지금의 2시간에 해당한다. 그래서 오(午)시는 12시 전후가 된다. 경은 밤 시간을 나타내는 단위. 하룻밤을 5로 나누는데, 1경은 현재의 오후 7시경부터 시작하고 5경은 지금의 오전 5시경까지이다. 점은 경을 5로 등분한 단위. 1경이 2시간이므로 1점은 30분이 된다.

대에 준하여 열두개가 되고 절기에 따라 바꿔 쓰면서 경과 점을 맡는다.

물을 받는 병에 살대를 띄우는데 살대 머리에는 젓가락처럼 생긴 가로 쇠가 있으며 길이는 4촌 5푼이다. 병 앞쪽으로 움푹한 데가 있는데 그 가운데 넓은 동판을 비스듬히 설치했다. 그 머리는 사각의 속이 빈 나무 밑에 닿고 그 꼬리는 동쪽 칸의 자리 아래에 이른다. 거기에 네개의 칸막이를 두어 용도甬道(복도식으로 만든 통로) 모양으로 설치하고 칸막이 위에 달걀만 한 쇠구슬을 올려놓는다. 왼쪽 열두개는 시를 맡고 가운데의 다섯개는 경과 매 경의 초점初点을 맡으며, 오른쪽 20개는 점을 맡는다. 그 쇠구슬을 올려놓는 곳은 모두 열렸다 닫혔다 하게 만들고 그 위에 장치를 가로질러 설치한다. 그 장치는 숟가락 모양인데 한쪽 끝은 구부려 고리에 걸리게 하고 다른 쪽 끝은 둥글게 하여 철환을 받을 수 있게 한다. 그 중간허리에는 모두 둥근 축軸이 달려서 오르내리게 되어 있는데, 그 둥근 끝이 구리통의 구멍에 닿는다.

구리통은 두개이며 칸막이 위에 비스듬히 설치했다. 왼쪽 구리통은 길이가 4척 5촌이고 둘레의 직경은 1촌 5푼이며 시를 맡는데, 아래에 열두개의 구멍이 뚫려 있다. 오른쪽 구리통은 길이가 8척이고 둘레 직경은 왼쪽과 같고 경과 점을 맡는데, 아래로 스물다섯개의 구멍이 뚫려 있다. 구멍마다 장치가 있어 처음에 구멍이 활짝 열리면 동판의 작은 구슬이 내려가서 건드리고 저절로 구멍이 닫히면서 다음 구슬이 굴러가는 길이 된다. 모두 이렇게 차례차례 진행된다.

동쪽칸 윗층의 아래에는 왼쪽으로 짧은 통 두개를 매달아 하나는 철환을 받고 다른 하나는 안에다 숟가락 모양의 장치를 설치해놓는다. 숟가락 모양의 둥근 끝이 반쯤 나와서 쇠구슬을 받는 통의 밑바닥에 닿아 있다. 윗층의 오른쪽에는 원형 기둥과 사각 기둥을 각각 두개씩 세운다. 원형 기둥은 속이 비어 있고 그 안에 숟가락 모양의 장치를 만들어놓아 반은 나오고 반은 들어가게 하는데, 그런 장치를 왼쪽 기둥에 다섯개, 오른쪽 기둥에 열개를 설치한다.

사각 기둥에는 비스듬하게 만든 작은 통을 기둥마다 네개씩 만들어놓는데, 한쪽 끝은 연잎 모양이고 다른 한쪽 끝은 용의 입 모양이다. 연잎으로는 쇠구슬을 받고 용의 입으로는 쇠구슬을 토해내서 용의 입과 연잎 위아래가 서로 닿게 한다.

그 위에 따로 짧은 통 두개를 달아 하나는 경을 알리는 쇠구슬을 받고 다른 하나는 점을 알리는 쇠구슬을 받는다.

오른쪽 사각 기둥에는 연잎마다 아래에 각각 바로 놓인 짧은 통 두개와 비스듬히 놓인 짧은 통 한개가 달려 있다. 비스듬히 놓인 통의 한쪽 끝이 왼쪽의 사각 기둥에 있는 연잎 아래와 맞닿게 된다. 왼쪽 원형 기둥에 있는 다섯개의 숟가락과 오른쪽 원형 기둥에 있는 다섯개의 숟가락은 모두 둥근 끝이 각각 용의 입과 연잎 사이에 가서 닿는다. 오른쪽의 원형 기둥에 있는 다섯개의 숟가락은 그 둥근 끝이 반쯤 곧은 통〔直筒〕 안으로 들어간다.

병에서 떨어지는 물이 물 받는 병에 쏟아짐에 따라 떠 있는 살대가 점점 올라가 시에 맞추고 왼쪽의 구리판 구멍에 있는 장치를 건드린다. 그러면 작은 쇠구슬이 아래로 떨어져 구리통으로 들어가서 구멍을 따라 그 기계를 건드리면 기계가 열리면서 큰 쇠구슬이 떨어져서 자리 밑에 달린 짧은 통으로 들어간다. 쇠구슬이 떨어져 숟가락 장치를 건드리면 장치의 한쪽 끝이 저절로 통 안의 위에 있는 사시신司時神의 팔꿈치를 건드려 즉시 종을 울리게 만든다. 경이나 점을 알리는 방식도 이와 같다.

다만 경을 맡은 쇠구슬은 매달린 짧은 통으로 들어가 떨어지면서 숟가락 장치를 건드려 왼쪽의 원형 기둥 안에서부터 위로 올라가 사경신司更神의 팔꿈치를 건드려 북을 울리게 한다. 그리고 점통点筒으로 굴러들어가 또 초점의 장치를 건드려 오른쪽 기둥 가운데서 위로 올라가 사점신司點神을 건드려 징을 치게 하고 연잎 아래에 있는 곧고 작은 통에서 멈춘다. 그것이 굴러들어가는 곳에도 일정한 장치를 설치하여 처음에 경을 맡은 쇠구슬의 길이 닫혀 있다가 쇠구슬이 다 들어가면 들어간 길이 닫히면서 경의 길이 열린다. 나머지 경도 모두 이와 같다.

5경이 지나면 빗장을 뽑고 쇠구슬을 내보낸다. 매 경의 2점 이하의 쇠구슬은 달아맨 짧은 통으로 떨어져 연잎으로 굴러 들어가서 그 점을 맡은 장치를 건드리고 멈춘다. 다음 점의 쇠구슬이 굴러 지나가면 역시 그 점의 장치를 건드리고 멈춘다. 그 쇠구슬이 멈춰 있는 통에 구멍이 있어 빗장을 걸 수 있다. 5점의 쇠구슬이 맨 아래 장치에 떨어져 건드리면 그 장치에 이어진 철선이 차례로 빗장을 열고 앞에 있는 3점의 쇠구슬까지 함께 일시에 내려간다.

시를 맡은 큰 쇠구슬은 매달린 짧은 통으로 떨어져 붙어 있는 둥근 기둥통으로 굴러 들어가서 횡목橫木의 북쪽 끝으로 떨어지는데, 횡목은 길이 6척 6촌, 너비 1촌 5푼, 두께 1촌 7푼이다. 횡목의 중간허리에 짧은 기둥을 세워 횡목을 끼고 둥근 축과 연결하여 오르내릴 수 있게 했다. 횡목의 남쪽 끝에는 손가락 크기의 둥근 나무를 세웠는데 길이는 2척 2촌이다. 이것이 시를 알리는 신神의 발아래 닿는데, 발끝에 작은 바퀴 축이 있다.

큰 쇠구슬이 나와서 북쪽 끝을 누르면 남쪽 끝이 올라가면서 신의 발을 들어 중간층의 위로 올라가고, 횡목 북쪽 끝에 세운 조그만 판이 열렸다 닫혔다 할 수 있게 한다. 그 판에 철선이 달렸는데 이것은 시를 맡은, 위로 매달린 통의 숟가락 장치와 연결되어 있다. 숟가락이 움직이면 판이 열리면서 앞의 쇠구슬이 나오게 되고 횡목의 남쪽 끝이 낮아지면서 시를 알리는 신이 바퀴 앞으로 돌아가며 다음 시를 알리는 신이 즉시 이어서 올라온다.

바퀴가 돌아가는 방식은 다음과 같다. 바퀴 밖으로 1척쯤 되는 작은 판을 가로로 놓고 그 가운데를 4~5촌 파서 그 위에 구리판을 가로로 걸쳐 놓으면 형세가 저절로 한쪽으로 기울어진다. 그 한 끝에 축을 설치해서 열렸다 닫혔다 하게 하고 시를 알리는 신의 발이 처음 구리판 아래로 반촌쯤 들어가서 올라가면 구리판이 열리면서 올라가고, 올라가면 도로 닫혀서 그 시가 다 끝나면 다시 바퀴 앞으로 돌아온다. 그러면 발끝에 있는 쇠바퀴가 구리판을 따라 빙 돌아서 내려가 잠시도 멈추지 않는다. 다음 시를 맡은 신도 이와 같이 한다.

모든 기계장치는 다 속에 가려져 있어서 보이지 않고 다만 겉에는 의관을 갖춘 나무인형만 보일 뿐이다. 이것이 그 대략에 대한 설명이다."

김빈金鑌에게 명하여 자격루의 서序와 명銘을 아울러 짓게 했다. 그 서와 명은 이러하다.

"제왕의 정치는 때에 맞춰 날짜를 정확하게 잡는 것보다 더 중요한 일이 없다. 이를 고찰해서 알리는 의상儀象[14] 및 해시계·물시계가 있다. 대개 의상이 아니고서는 천지의 운행을 살필 수 없고 해시계와 물시계가 아니고는 밤과 낮의 시각을 가늠할 수 없다. 천년의 성과는 한 시각도 어긋나지 않는 데서 시작되니 여러 공적을 훌륭하게 잘 이루자면 촌음寸陰을 허송하지 말아야 할 것이다. 그러므로 역대의 성군은 대개 하늘의 뜻에 따라 빼어난 정치를 해나감에 이 점을 각별히 조심했다.

우리 주상 전하께서는 요임금을 본받아 천문에 관심을 두고 순임금처럼 의상을 갖추어 힘쓰던 일을 본받아 해당 관서에 지시를 내려 천문기기를 제작하여 관측에 이용할 수 있게 했다. 이와 함께 물시계를 새로 제작하여 시각을 제대로 알 수 있게 하기 위해 대궐의 서쪽 한편에 전각 3칸을 세우고 호군 장영실에게 명하여 사신목인으로 3신과 12신을 제작했다. 이는 주나라 계인鷄人[15]의 직을 대신하게 한 것이다.

동쪽 칸은 두 층으로 만들어, 시각을 알리는 3신을 윗층에 두었는데 하

나는 앞에 놓인 종을 쳐서 시를 알리고 다른 하나는 북을 쳐서 경을 알리며 또 하나는 징을 쳐서 점을 알리게 했다. 12신이 각각 신패辰牌를 들고 평륜平輪에 둘러서서 중간층 아래 숨어 있다가 제 시각이 되면 번갈아 올라온다. 중간칸의 가운데에 병을 놓아두고 장치를 만들어서 쇠구슬을 이용해 그 장치에서 튕겨 나오게 하여 제 시각이 될 적마다 해당하는 신이 출현한다.

의상을 참작해서 강구하면 하늘과 어긋나지 않으니 참으로 귀신이 있어서 맞추는 듯하다. 보는 사람들이 모두 다 놀라고 탄복하니 참으로 우리 동방에서는 전고에 없었던 거룩한 제작이다. 드디어 이 전각의 명칭을 보루각報漏閣이라 붙이고 신 김빈에게 명하여 후세 사람들이 분명히 알 수 있도록 하라고 하셨다. 이에 신은 절하고 명銘을 지어 올리노라.

음양이 차례로 바뀌어 밤과 낮이 엇갈린다.
천도는 말없이 운행하는데 자연의 조화 흔적도 보이지 않네.
성군이 명철한 치적으로 해시계 물시계를 만드시니
황제黃帝로부터 역대에 걸쳐 제도가 바뀌었다네.

우리 동방의 땅은 옛 제도가 허술하더니
조선이 경무景武[16]로 개국하고 임금님 현철하사
처음에 천문 의기, 다음엔 물시계를 만드셨네.
물 떨어지는 병이 넷이요 물 받는 병이 둘인데
낮밤이 바뀜은 시각의 차이에서 비롯되거늘
산가지[17]를 놓아 열두시를 알려서
딱따기 치고 순찰을 도니 어긋나기 쉽더라.

---

16 경무(景武): 위대한 무용을 뜻하는 말. 지금 청와대 자리를 전에는 경무대라고 불렀다.

17 산가지: 셈을 하기 위해 쓰는 나뭇가지.

나무 신상을 세우니 지키는 사람 필요 없고
신상이 물시계를 맡아 전각이 우뚝 섰구나.
상하층에 기계를 설치하니 동쪽 칸에 있고
위로 세 신이 종과 북과 징을 쳐서 구분하니
계인의 역할을 대신하는 소리, 차례가 있도다.
아래로 12신이 시각의 패牌를 각각 소지하여
평륜 위에 섰다가 차례로 시각을 알리누나.

기계 이치 궁구하려면 가운데 칸을 살펴야 하리.
위아래 사이로 병을 몇 개 놓아 받는데
동판 둘에 구멍을 뚫어 살대를 설치하고
쇠구슬 받는 것을 병에 장치했네.
살대가 올라와 장치를 움직이면 철환이 떨어져 굴러
비스듬한 길 따라 신상 밑에 닿는다.
두 갈래가 네 가닥 나뉘어 용도처럼 되어
통이 좌우로 움직여 쇠구슬을 받아들이네.
통에는 기계와 구멍이 있어 구리판 수와 같으니
따로 큰 쇠구슬이 통 옆으로 늘어섰구나.

장치가 번갈아 작동하면 번개같이 빠른데
장치에 따라 각기 직분대로 시각을 알리니
귀신의 조화인가 다들 놀라고 감탄하네.
신묘하다 이 규모, 하늘을 본받았으니
조화를 본떠 제작하여 어긋남이 없어라.

이제 촌음을 아껴 모든 일 잘 이루어가리니

버들가지로 울타리 삼아도 백성은 현혹되지 않거늘[18]

이제 표준이 섰으니 다함없음을 환히 알겠도다.

보루각에는 새로 제작한 물시계를 비치해놓고 서운관書雲觀의 관원이 돌아가며 입직하면서 관리하도록 했다.

경회루의 남문, 월화문月華門, 근정문勤政門에 각각 종과 북을 설치하고 광화문에는 큰 종과 북을 달아놓았다. 밤이 되면 각 문에서 종과 북을 담당하는 자들이 목인이 시각을 알리는 소리를 듣고 그에 따라 쳐서 널리 알렸다. 영추문迎秋門에는 큰 북을 달아두고 오시에 목인의 북소리에 따라 북을 치고 광화문의 북 담당자 또한 이어서 친다. 경회루, 남문, 영추문, 광화문은 서운관 관원이 맡고 나머지의 문들은 그 문을 수직하는 갑사甲士가 담당했다.

장영실은 동래현의 관노였는데 천성이 정교해서 항시 대궐 안의 공장工匠의 일을 맡아 했다."

—『실록』, 세종 16년(1434) 7월 1일

흠경각

상이 일찍이 여러 가지 천문의 의상儀象을 제작하라고 명했다. 크고 작은 간의簡儀, 혼의渾儀, 혼상渾象, 앙부일귀仰釜日晷, 일성정시日星定時, 규표圭表, 금루禁漏 등의 기구이다. 모두 극히 정교했는데, 그 규모와 제도는 다

---

18   원문은 '절류기번(折柳其蕃) 민자불혹(民自不惑)'이다. 백성은 규정을 지키려는 경향이 있으니 시각을 제대로 알리면 그에 맞춰 활동할 것이라는 의미를 함축한다. 이는 『시경』 제풍(齊風) 「동방미명편(東方未明篇)」에서 "折柳樊圃, 狂夫瞿瞿. 不能晨夜, 不夙則莫"의 뜻을 따온 것이다.

성상의 생각에서 나온 것이었다.

그리고 천추전千秋殿 서쪽 정원에다가 한칸의 작은 누각을 지어놓고, 종이로 높이 7척쯤 되는 가산假山을 만들어 그 누각 안에 들여놓았다. 그 속에는 옥루기륜玉漏機輪을 설치하고 물로 작동시켰다. 또 사신四神과 십이신十二神, 고인鼓人, 종인鐘人, 사신司辰, 옥녀玉女 같은 각종 기구들이 인력을 빌리지 않고 자동적으로 치고 움직이는 것이 마치 신이 그렇게 시키는 것 같았다. 하늘에 뜬 해의 각도와 시각을 재는 눈금이 천체의 운행과 조금도 차이가 나지 않았다. 또 옥루에서 남는 물을 이용하여, 의기欹器[19]를 만들고 그 그릇에 물이 비면 기울고 중간 정도면 바로 서고 가득 차면 엎어졌다. 이는 옛 말씀과 같이 천도의 '차고 비는 이치〔盈虛之理〕'를 볼 수 있게 한 것이다.[20]

가산의 사방으로는 『시경』 빈풍 「칠월편(七月篇)」에서 취해 사계절의 풍경을 만들어놓고 인물, 조수, 초목의 형상을 나무로 깎아서 각 계절에 맞게 배열하여 농부들이 농사짓는 어려움을 눈앞에 보여주었다.

이 누각의 이름을 흠경각欽敬閣이라고 붙였다.

—『국조보감』 제7권, 세종 20년(1438)

『제가역상집』

『제가역상집諸家曆象集』이 완성되었다. 모두 4권이다. 동부승지 이순지李純之가 발문을 지었다.

"제왕의 정치는 역상曆象 수시授時[21]보다 중요한 일이 없다. 그런데 우리

---

19   의기(欹器): 비스듬한 모양의 용기.

20   여기서 '옛 말씀'은 "넘치면 손해를 부르고 속을 비우면 이익을 받는다(滿招損 謙受益)"라는 『서경』 「대우모(大禹謨)」에 나오는 구절로 이것이 곧 '차고 비는 이치'이다.

21   역상(曆象) 수시(授時): 천체의 운행을 관측해서 백성들에게 일상과 생산에 요망되는 시간을 알려준다는 의미.

동국의 일관日官들은 전문 지식이 허술하기 짝이 없었다. 선덕宣德 계축년 (1433) 가을부터 우리 전하께서 거룩한 마음을 발휘해서 여러 가지 의상儀 象이나 해시계·물시계 같은 기구, 천문 역법의 서책 등에 관해 두루 강구 하여 모두 정치한 수준에 도달했다.

의상으로는 크고 작은 간의簡儀와 일성정시의日星定時儀·혼의渾儀·혼상 渾象이 있고, 해시계·물시계로는 천평일귀天平日晷·현주일귀懸珠日晷·정남 일귀定南日晷·앙부일귀仰釜日晷·대소규표大小圭表 및 흠경각루欽敬閣漏·보 루각루報漏閣漏·행루行漏가 있다.

천문에 있어서는 칠정七政과 28수宿와 중외관성中外官星[22]에 대한 입수 도분入宿度分[23]과 거극도분去極度分[24]을 모두 측정했다. 또한 고금의 천문도 들을 가지고 같고 다름을 참작 구별하여 28수宿의 도분度分 및 12차수次宿 의 도수를 일체 수시력授時曆에 의거해 수정하여 석본石本[25]으로 간행했다.

역법에 있어서는 대명력大明曆·수시력·회회력·통궤通軌·통경通逕[26] 등 책들을 아울러 비교 교정하여 『칠정산 내·외편』을 편찬했다. 그러고도 미 진하게 여겨서 신에게 명해 천문·역법·의상이나 해시계·물시계에 관한 언급이 전기류傳記類에 섞여 나오는 것까지 두루 찾아서 중복된 부분을 깎 아내고 요긴한 부분만 취해 분류해서 한부의 책을 편찬해서 열람에 편리 하게 하라고 하셨다. 실로 이 한부의 책을 가지고 이치를 탐구하면 성과가

---

22 중외관성(中外官星): 중성(中星) 밖의 별자리. 중성은 28수 가운데 해가 질 때와 돋을 때 하 늘의 정남방에 보이는 별이다.

23 입수도분(入宿度分): 어느 천체가 28수의 어떤 영역에 포함되며 그 수의 거성(距星)을 통과 한 후 얼마나 지났는지를 나타내는 각도를 말한다. 천체가 천구의 어느 위치에 있는지를 나 타내기 위해 적도 주변에서 하늘을 둘러 늘어선 28수마다 각기 별 하나씩을 택하여 경도(經 度) 측정의 기준으로 삼았고, 위도(緯度)는 북극을 기준으로 삼았다. 이렇게 각 수를 대표하 면서 경도 산정의 기준이 되는 별을 거성 또는 수거성(宿距星)이라 일컬었다

24 거극도분(去極度分): 북극에서 천체까지의 각도를 말한다.

25 석본(石本): 돌에 글이나 그림을 새겨서 인쇄하거나 후세에 전하는 것.

26 통경(通逕): '通經'의 오기로 추정된다. 명나라에서 회회력을 참고해 만든 『태양통경(太陽 通經)』(『緯度太陽通經』이라고도 함)이 있었다. 이에 대해 『칠정산』에 나와 있다.

배가될 것이다. 더욱이 전하께서 하늘을 공경하고 백성을 부지런하게 하려는 정치의 극치를 보게 될 것이다."

—『실록』세종 27년(1445) 3월 20일

무기 제작

의정부에 하교를 내렸다. 그 말씀은 이러하다.

"태종이 자주 성문 밖에서 화포 발사하는 것을 참관하셨다. 이숙번李叔蕃과 최해산崔海山 등이 이 일을 관장했는데 마음을 다하지 않은 바 아니었으되 지자포地字砲와 현자포玄字砲는 화약이 많이 들어가면서도 사거리가 5백보 이상을 나가지 못했다. 그리고 한방에 여러 발이 나가는 법을 힘써 강구했으되 끝내 성공하지 못했다.

태종께서 낙천정樂天亭에 거둥하셨을 때에는 나에게 이르시기를 '화포는 군국軍國의 중대한 사안이다. 유은지柳殷之가 총명하고 재주가 있으니 그를 군기감 제조提調로 기용하는 것이 좋겠다'고 하셨다. 유은지는 제조가 되고 나서 태종께 '신이 화포 발사하는 것을 보았는데 현자포는 힘 센 사람이 맡아야 발사할 수 있지 힘이 약한 사람은 두세 발도 쏘지 못하고 어깨가 아파서 쏘지 못합니다'라고 아뢰었다. 내가 태종께 '포의 규격을 좀 작게 하면 어떻습니까' 하고 말하자 유은지도 내 말을 옳다고 했다. 그래서 태종께서 시험해보게 했던 것이다. 제작이 다 된 다음, 태종께서 직접 참관을 하셨는데 탄알이 지자포나 현자포보다 1백여보나 덜 나갔다. 태종이 '힘이 약해 쓸 수 없구나' 하여, 포기하고 말았다.

뒤에 명나라에서 화포를 구해 왔는데 그것은 현자포보다 작으면서 포신이 길었다. 군기감에 지시하여 그 규격대로 제조하게 했으니 지자포나 현자포에 비해 화약이 적게 들어가면서도 멀리 나갔다. 황자포黃字砲라고 부르는 것이 이것이다.

임자년(1432)경에 처음으로 탄알 두개를 한꺼번에 쏘는 화포를 만들었는데 포탄이 2백보까지 나갔다. 의정부와 6조가 모여 참관하고서 '훌륭하다'고 칭찬했다. 파저강婆猪江의 싸움[27]에서 크게 효과를 보았던 것이다. 뒤에 또 네개의 탄알을 연속해 쏘는 화포를 만들었으나 탄알의 힘이 약해서 곧 포기하고 말았다. 다시 가자화포架子火砲를 제작했는데 변방의 장수들이 이구동성으로 훌륭하다고 말했다. 또 세화포細火砲를 만들었다.

지난해 가을에는 화포의 제작법에 대해서 다시 토론하고 군기감에 지시하여 각종 화포를 시험해보도록 했다. 그 결과 황자포는 4, 5백보까지 나갔고, 지자포와 현자포는 화약이 많이 드는데도 그만큼 나가지 못했다. 가자화포는 더러 2, 3백보까지 나갔으나 2백보도 나가지 못하는 것이 많았다. 세화포는 모두 2백보를 나가지 못했다.

이순몽은 '지자포와 현자포는 무겁고 화약도 많이 드는데 황자포만큼 나가지 못하니 폐기하는 것이 좋겠습니다'라 말했고, 이천은 '현자포는 많이 있어서 국내에 만 문이나 배치되어 있습니다. 지금부터 다시 제조하지 않으면 그만이지 이미 만들어놓은 것을 폐기하는 것은 불가합니다'라고 말했다.

이순몽은 '세화포는 한 사람이 3, 4십문을 소지할 수 있으며 부녀자들도 쏠 수 있으니 아주 유리한 점이 있습니다'라고 했다. 이천은 '편전片箭은 비록 약하지만 3백보를 나갈 수 있고 세화포는 2백보도 못 나가는데 유리한 점이 어디 있습니까? 폐기하는 것이 좋습니다'라고 주장했다.

내가 '지자포나 현자포는 화약이 많이 드는 만큼 응당 황자포보다 더 나가야 하는데 그렇지 못한 것은 탄알의 무게가 알맞지 않기 때문이다. 다시 방법을 찾아보는 것이 좋겠다. 가자화포와 세화포 중에 2백보도 못 나가는

---

27 파저강(婆猪江)의 싸움: 세종 15년 최윤덕을 도절제사로 임명하여 야인을 정벌한 일. 이 책 제4장 서북 지방 부분 참조.

것이 많은데 유감이다. 이 또한 탄알의 제조법을 다시 시험해보는 것이 좋겠다'고 하여, 군기감에서 여러 달 시험해보았으나 끝내 좋은 방법을 얻지 못했다.

이순몽이 '두 편 군사가 맞붙어 싸울 적에 서로 거리가 1백보도 넘지 못합니다. 화포가 2백보를 나가지 못해도 이로운 점이 큽니다'라고 하기에, 내가 다시 이렇게 일렀다.

'기병은 활을 들고 화살을 차고 말을 달리면서 화살을 비오듯 날릴 수 있으니 활의 이로움도 아주 크다. 화포는 한 사람이 열개밖에 소지하지 못하는데 한번 쏘고 나면 금방 다시 쏠 수가 없다. 다시 쏘려면 먼저 화약을 재고 격발장치를 다시 놓은 다음 나무자루를 밀어 넣고 나서야 탄알을 꽂아 쏠 수 있게 되니 사용하기가 불편하다. 그러나 탄알의 힘이 맹렬하여 적중에 떨어지면 탄알 하나에 3, 4명을 쓰러트릴 수 있다. 이 때문에 적군이 두려워하니, 공격의 유리함으로 말하면 세상에 화포 같은 것이 없다. 지금 적과 맞부딪치는 거리가 백보에 지나지 않으므로 세화포는 탄알의 힘이 약하다 해도 쓸모가 있다고 한다면 편전으로도 충분한데 무엇 때문에 굳이 화포를 써야겠느냐?'

그러고 나서 곧 군기감에 지시하여 행궁行宮의 옆에 대장간을 설치하고 다시 화포를 주조하도록 하면서 멀리 나갈 수 있는 기술을 알아내게 했다. 전의 천자포는 4, 5백보를 넘지 못했는데 이번에 만든 것은 화약이 아주 적게 드는데도 탄알이 1천 3백보나 나가고 한번에 4방을 쏘아 모두 1천보나 나갔다. 전의 지자포는 5백보를 넘지 못했는데 이번에는 화약을 전과 같이 쓰고도 탄알이 8, 9백보나 나갔으며 한발에 4방을 쏘아도 6, 7백보를 나갔다. 전의 황자포는 5백보를 넘지 못했는데 이번에는 화약을 같이 쓰고도 탄알이 8백보나 나갔으며 한발에 4방을 쏘아도 다 5백보를 나갔다. 전의 가자화포는 2, 3백보를 넘지 못했는데 이번에는 화약을 같이 쓰고도 탄알이 6백보나 나갔으며 한발에 4방을 쏘아도 다 4백보를 나갔다. 전의 세화포는 2백보를 넘지 못했는데 이번에는 화약을 같이 쓰고도 탄알이 5백보를 나갔다.

그리고 전의 화포들은 탄알이 빗나가서 몇십보 내에 떨어지는 것이 태반이었는데 지금은 하나도 빗나가 떨어진 것이 없다. 이렇다 해도 더 정밀한 것을 강구하느라고 아직 확정 짓지 못했다.

나는 지금 28년을 왕위에 있으면서 화포에 관심을 두어 계속 강구해서 제도를 많이 개선하여 신하들로부터 좋다는 평을 들었다. 이번에 제작한 것을 보건대 전의 화포들은 모두 쓸모없어서 폐기해야 할 것이 되었다. 전에는 제작법을 제대로 알지 못한 상태였기에 그때 만들었던 것을 썩 좋다고 생각했는데, 오늘에 와서는 가소로운 것이었음을 알게 된다. 후일에 가서 오늘을 본다면 지금 우리가 이전 것을 보는 것과 같을지 모르겠다.

최해산은 그의 아버지가 나라에 공이 있었던 데다가 그 사람됨이 부지런하고 태만하지 않기에 태종께서 이 일을 맡기셨던 것이다. 그 아들 공손功孫에 대해 조부의 공을 인정해서 이 일을 맡기고 있으나 내가 듣자니 이 사람은 별 재주가 없다고 한다.

현재 제조로 있는 사람들은 다 늙어 근력이 쇠해 아무래도 맡은 일을 감당하기 어렵다. 정3품이나 종3품으로 나이 마흔이 못 되는 사람 1인을 골라서 당상관으로 임명하여 군기감 제조를 맡기려고 한다. 이 사람은 외임外任으로 내보내지 말고 여기서 종신 일을 보도록 하면 군기감의 일처리 면에서 반드시 다른 자들과 달라서 크게 이로움이 있을 것이다. 하지만 반드시 적합한 사람을 얻어야 하니 적임자를 얻지 못하면 관작을 가볍게 쓰는 것이 되고 만다.

최공손도 저의 조부의 직을 이어받았으므로 그의 마음가짐이 틀림없이 다른 사람과는 다를 것이다. 역시 관직을 좀 올려주어서 제 스스로 여기서 일생을 마칠 것으로 생각하면 기여함이 반드시 있지 않겠는가. 지금까지 제조를 맡길 만한 인물을 구했으나 아직 얻지 못했다. 경들은 문무관원 중에서 4, 5인을 택하여 보고할 것이다."

의정부에서 대호군 박강朴薑을 추천함에 그를 드디어 군기감 정正으로 임명하고 특별히 품계도 통훈대부로 올려주었다.

—『실록』, 세종 27년(1445) 3월 30일

음악 정비

경연에서 세종이 음악에 대해 한 말

"지금 박연朴堧이 조회악을 개정하려고 하는데 바르게 한다는 것은 어려운 일이다. 『율려신서律呂新書』도 형식만 갖추어놓은 것일 뿐이다. 우리나라의 음악은 진선盡善하다고 할 수 없지만 중원에 비해서 손색이 없다. 중원의 음악인들 어찌 꼭 바른 것이라고 할 수 있겠는가."

—『실록』, 세종 12년(1430) 12월 7일

아악 제정

상이 근정전에 납시어 신년 회례연會禮宴을 의례식에 맞춰 거행했는데 이때 처음 아악을 사용했다.

당초 고려 예종 때 송나라 휘종이 제례악으로 쓰는 종과 석경石磬을 각각 한 틀씩, 금琴·슬瑟과 생笙·우竽·화和·소簫·관管 등 악기를 각각 두 조씩 내려주었다. 이들은 모두 정치하게 만들어진 것이었다. 홍건적의 난리 때 사람들이 이를 지키지 못했는데 한 늙은 악공이 나서서 종과 석경 두가지를 못 속에 넣어 숨긴 덕분에 보존이 될 수 있었다.

명나라에 이르러 태조 고황제와 태종 문황제(영락제를 가리킴)가 종과 석경을 내려주었으나 만든 솜씨가 심히 거칠고 소리도 아름답지 못했다. 가장 귀하게 여길 만한 것으로는 오직 송나라에서 온 악기뿐이었다.

우리나라에서 제례에 쓰는 음악은 8음이 제대로 갖추어져 있지 못했고 악공들도 단지 봉상시에 전부터 있었던『십이관보十二管譜』로 익혔을 뿐이고 음률이 무엇인지 알지 못했다. 매번 제례 때에 석경은 기와로 만든 것을 썼고 종도 뒤섞여 달렸을 뿐만 아니라 개수도 제대로 갖추지 못했다. 잡스럽게 연주하는 것이 일상처럼 되었다.

을사년(1425) 가을에 검은 기장이 해주海州에서 나왔고 병오년(1426) 봄에 석경 만드는 돌이 남양南陽에서 나왔다. 상은 분연히 옛것을 고쳐 새로 만들려는 뜻을 세우고 이에 박연에게 명해 석경을 편성하도록 지시했다.

우리나라에는 본디 음률의 표준을 맞출 악기가 없었다. 박연이 해주의 검은 기장을 가져다가 치수대로 쌓아 옛 설을 따라 황종黃鐘 하나를 제작해서 불어보니 그 소리가 중국의 종과 석경의 황종 음이나 당악唐樂의 필률觱篥 합자보合字譜[28]보다 조금 높았다. 그래서 옛 학자들의 견해를 상고해보니 "토지는 비옥한 땅과 척박한 땅이 있어서 기장 알도 큰 것과 작은 것이 있으므로 소리의 높낮이가 시대마다 같지 않다"는 말이 있었다. 진양陳暘[29] 또한 이르기를 "대나무를 많이 잘라서 불어보아 가장 바른 것을 찾는 것이 좋다"라고 했다.

그런데 우리나라는 땅이 동쪽에 치우쳐 있어서 중국과 풍토가 크게 다르기 때문에 불어보아 맞는 음률을 찾는 것은 아무래도 증명이 될 수 없는 것 같았다. 이에 해주의 검은 기장을 모양에 따라 밀랍을 써서 조금 큰 알을 하나하나 쌓아서 관을 만들었다. 그 모양이 우리나라 붉은 기장의 작은

28　필률(觱篥)은 피리, 합자보(合字譜)는 현악기의 연주법 내지 악보를 지칭하는 말이다. 여기서는 어떤 의미인지 미상이다.

29　진양(陳暘): 북송 휘종(徽宗) 때 인물. 벼슬은 예부상서에 이르렀고 그가 저술한 악서(樂書)는 내용이 구비된 것으로 평가를 받았다.

알과 꼭 같았다. 바로 그 알을 1푼으로 하여 10알을 쌓아 1촌으로 잡았다. 이 방법으로 해서 9촌을 황종의 길이로 정했다. 곧 90푼인데 거기에 1촌을 더해 황종척黃鐘尺을 만들었다.

원지름은 3푼 4리釐 6호毫의 법으로 취하고 이에 해죽海竹으로 튼실하고 큰 것을 골라 구멍을 뚫어 원지름의 푼수를 정확히 얻으니 관의 길이와 비교하여 정확한 촌법을 얻었다. 밀납으로 만든 기장 알 1,200개를 관 속에 채워 넣었더니 조금도 넘고 줄지 않았다. 그것을 불어본 결과는 중국의 종과 석경의 황종 소리나 당악의 필률 합자보와 서로 맞았다.

이에 의거해서 이 율관을 가지고 '3분을 줄이고 더하는 식〔三分損益〕'[30]으로 조절하여 12율관을 만들어서 불어보니 소리가 잘 어울렸다. 이 악기가 일단 완성되자 제례악의 8음 악기들이 기준음에 맞았다.

새로운 석경의 두개 틀이 1개월이 걸려서 완성되었다. 임금 앞에서 석경을 올리자 지신사 정흠지鄭欽之 등이 박연에게 "형태와 제도 성음을 어디에 표준을 두었는가"라고 물었다. 박연은 "형태와 제도는 하나하나 중국에서 보내준 편경에 의거했고, 성음은 신이 스스로 만든 12율관을 가지고 거기에 맞춰 만든 것입니다"라고 대답했다.

여러 대언代言(승지) 등이 박연을 꾸짖어 "중국의 성음을 버리고 마음대로 율관을 만들어서 되는가"라고 하면서 모두들 황당한 행위라고 보았다. 박연이 임금께 글을 올려 다음과 같이 해명했다.

"이번에 제조한 편경은 형태와 제도로 말하면 하나하나 중국에 의거한 것입니다. 성음으로 말하면 중국의 석경은 대려大呂라고 새겨 표한 것이 도리어 태주太簇의 음이 나오고, 유빈蕤賓으로 표한 것이 임종林鐘보다 도리어 소리가 높으며, 이측夷則은 남려南呂와 같고, 응종應鍾은 무역無射보다

---

30 삼분손익: 율관은 12율의 기준음을 정하는 데 필요한 도구이다. 율관의 길이는 9촌(寸), 안 둘레는 9분(分)인데 가장 긴 율관으로부터 얻는 음을 황종이라 했고, 이 황종음을 기조음으로 잡고 이 관을 덜고 더하여 12율관을 정하는데 이 계산법을 삼분손익(三分損益)이라고 한다.

낮아서 응당 높아야 할 것이 낮고 낮아야 할 것이 도리어 높으니 아마도 일대의 표준으로 삼을 악기로 제작된 것이 아닌 듯합니다.[31] 만약 이에 의거해 만든다면 결코 음률에 어울릴 이치가 없겠기에 중국의 황종의 소리에 의거하여 황종음을 내는 관을 만들고 거기에 따라 조절하여(損益) 12율관을 제작한 다음 이를 불어보아 음률을 맞추고, 이에 의거해서 제작한 것입니다."

상이 중국 석경 한 틀과 새로 만든 석경 두 틀, 소簫·관管·방향方響 등 악기를 아울러 새로 만든 율관과 함께 협주해보도록 했다.

상이 이르기를, "중국 석경은 과연 어울리지 않고 이번에 만든 석경이 바르게 된 것 같다. 석경 돌을 얻은 것이 다행인데 지금 소리를 들어보니 매우 맑고 아름답구나. 뜻밖의 일이어서 나는 매우 기쁘다. 다만 이측 하나는 소리가 조금 높으니 무엇 때문인가?"라고 물었다.

박연은 즉시 살펴보고서 "나무에 썼던 먹이 그대로 남아 있는 것으로 보아 완전히 다듬어지지 않은 것 같습니다"라고 아뢴 다음 즉시 들고 나가서 먹 흔적을 다 갈아 없앴더니 소리가 바르게 나왔다.

편경이 완성되고 나서 박연에게 악기 제작의 임무를 전담하도록 했다. 병오년(1426) 가을부터 무신년(1428) 여름까지 남양에서 돌을 채취해서 종묘와 영녕전永寧殿의 편경 및 여러 제례에 통용하는 편경과 등가편경登歌編磬, 특경特磬 등 모두 528매를 만들었다.

상이 또 박연에게 다음과 같이 말씀하셨다.

"나는 조회 아악을 창제하고자 했다. 법을 세워 창제하는 일은 자고로 어렵다고 했다. 임금이 하려는 것을 신하가 저지하는가 하면 신하가 하려는 것을 임금이 듣지 않기도 한다. 상하가 다 하려고 해도 시운이 불리한

---

31 이 대목에 나오는 대려(大呂)·태주(太族)·유빈(蕤賓)·임종(林鐘)·이측(夷則)·남려(南呂)·응종(應鍾)·무역(無射)은 모두 12율에 속하는 것이다. 이외에 대창(大昌)·고선(故洗)·협종(夾鍾)·중려(中呂)를 포함하면 12율이다.

경우도 있다. 지금 마침 나의 뜻이 먼저 정해졌고 국가가 무사한 때여서 의당 마음을 다해 이룰 수 있었던 것이다."

당시 마침 조회 음악에서 쓰는 석경을 남양에서 제작하고 조회악과 제례악에서 쓰는 종을 한강에서 주조했는데 역시 박연에게 감독을 맡기고 대호군 남급南汲이 보좌하도록 했다.

이에 비로소 헌가악軒架樂과 무동舞童의 재주를 썼다. 여악女樂은 쓰지 않았던바 이웃나라의 사신을 접대하는 연회에서도 역시 여악은 쓰지 않았다.

—『실록』, 세종 15년(1433) 1월 1일

4장
국제관계와 국방

세종이 치세하던 시기 조선의 대외관계는 중국-명을 중심에 놓고 주변 지역과 교류하는 틀이 잡혀 있었다. 즉 사대교린事大交隣으로 국제관계를 안정시키는 것이 조선왕국이 취한 외교의 기본 방침이었다. 그래서 이번 4장에서는 사대외교에 해당하는 '대중국관계의 기본 방향'을 첫머리에 제시하고, 다음에 '여진족과의 관계'를 제시했다. 바깥의 위협으로부터 국토와 인민을 지키는 국방이 당연히 중대한 과제였던 만큼 최고통치자로서 가장 고심하여 적극적으로 대응했던 사안 또한 바로 여기에 있었다. 국방문제는 세 방향으로 구분하여 비중을 크게 잡았다. 남쪽 바다 건너의 대마도를 거점으로 출몰하는 왜구가 전부터 부딪친 두통거리였으므로 가장 먼저 '국방(1) 대마도 정벌'이 들어갔다. 압록강을 사이로 한 서북 방면과 두만강을 사이로 한 동북 방면은 당시 여진족이 분열된 상태로 분포해 있으면서 때없이 우리 역내를 침범해 들어왔으므로 '국방(2) 서북 지방'과 '국방(3) 동북 지방'이 들어갔다. '여진족과의 관계'는 기실 동북 지방에 이르기까지 공세적으로 대응한 결과로서 정리된 상황이지만 전체의 구성을 고려해서 앞부분에 들어갔다.

대중국 관계의 기본

수학 공부를 위해 인원을 뽑아 중국으로 보내자

상이 공조판서 정초鄭招에게 지시했다.

"역서曆書는 지극히 정밀한 것이어서 일용日用의 일이 빠짐없이 갖추어져 있다. 다만 일식, 월식의 이치는 자세히 알 수 없다. 옛날 사람들 역시 잘 알지 못했던 것 같다. 우리나라는 여기에 정통하지 못하더라도 실상 해로울 것이 없을 듯싶지만 옛부터 문헌의 나라로 일컬어졌다. 지난 경자년(1420)에 성산군星山君 이직李稷이 역법曆法을 바로잡을 것을 건의한 지도 이미 12년이 지났다. 만약 지금 정밀하게 바로잡지 못해 후세 사람들에게 비웃음을 사게 된다면 시작하지 않은 것만도 못하다. 의당 진심진력해서 정밀하게 바로잡지 않으면 안 될 것이다. 우리나라 사람으로 수학에 밝아 방원법方圓法[1]을 상세히 아는 자가 드물다. 나는 글을 잘 알고 한어에 능통한 자를 택해 중국에 파견해서 계산법을 배워오도록 하고 싶은데 어떤가?"

정초가 아뢰기를 "성상의 하교가 옳습니다"라고 하자, 상은 대언代言(승지) 등을 돌아보고 지시했다.

"계산법은 역서에만 필요한 것이 아니다. 군사를 일으킨다거나 토지를 측량하는 일에도 이것을 버리고는 달리 구할 방도가 없다. 원민생元閔生과 김시우金時雨로 하여금 통사通事(역관)들 중에서 총명하고 슬기로운 자를 선발하여 보고하게 하라."

이에 사역원 주부司譯院注簿 김한金汗과 김자안金自安 등을 추천했다. 그리하여 김한 등에게 산법을 학습해 오도록 명했다.

— 『실록』, 세종 13년(1431) 3월 2일

---

1   방원법(方圓法): 기하학의 용어로 사각형과 원을 가지고 넓이를 구하는 방법.

중국에 학생들을 유학 보내는 문제

천추사千秋使로서 공조참판 박안신朴安臣이 하전賀箋을 휴대하고[2] 중국으로 떠났다. 상은 몸이 불편하여 친히 하지 못하고 백관들이 하전에 배례拜禮하는 의식을 거행했다.

거기에 덧붙여 나라의 자제들을 중국에 보내 입학시킬 것을 주청奏請(임금이나 황제에게 아뢰어 청하는 일)하는 글을 보냈다. 그 글 내용은 이러하다.

"소방小邦은 바다 동쪽으로 외진 땅에 있어서 인재가 드문 편이며, 문학으로 말하면 와전과 오류가 계속 이어져서 정통하지 못해 매우 불편합니다. 삼가 역사를 상고하옵건대, 신라와 고려는 동한東漢 이후 당·송에 이르는 기간인데 자제들을 보내 학교에 들어가 학업을 닦도록 할 것을 요청했던 것입니다. 홍무洪武 5년간에도 고려 역시 일찍이 주청을 하여 태조 고황제의 성지聖旨를 받았는데, 다음과 같이 이르셨습니다.

'고려 국왕이 자제들을 보내 국학國學에서 독서를 시키고자 하는데, 내가 전에 들으니 당 태종 때에도 고려국이 역시 자제들을 보내서 입학을 시켰다고 한다. 이는 훌륭한 일이다. 또한 생각해보건대 자제들이 멀리 와서 학업을 닦아 반년이나 1년 혹은 1년 반을 있다가 돌아가고자 하면 그들의 편의대로 들어줄 것이다. 다만 그 본국이 멀리 바다 동쪽에 있어서 경사(京師, 당시 명나라 수도인 남경)에 닿으려면 수로를 건너서 해양과 육로로 1만여 리가 넘는다. 고향 땅에서 멀리 떨어져 있게 되니, 부모로서는 자식을 못 잊어하고 자식으로서는 부모를 그리워하는 것이 인지상정이다. 중서성中書省에서 회답 문서가 가게 되면 고려국왕은 그 신하들과 잘 숙의해서 그의 부모 된 자가 자식을 입학시키기를 소원하고, 자식으로서 부모의 허락

---

2   천추사(千秋使), 하전(賀箋): 천추사는 황제의 탄신일을 기해 보내는 축하사절. 하전은 축하하는 한문의 형식.

을 받아 배우려고 하는 자들을 잘 뽑아 보내도록 할 것이다. 흠차欽此.³'

그런데 본국에서 남경南京까지는 해양을 건너게 되어 왕래하는 곤란이 크기 때문에 진작 파견하지 못했던 것입니다. 지금은 신이 생각하옵건대 북경北京의 국자감國子監이나 요동遼東의 향학鄕學은 길이 훨씬 가까우므로 자제들의 공부를 위해서 파견할 것을 청하옵니다. 감히 마음대로 하지 못하고 삼가 갖추어 아뢰옵니다."

이에 예조에 전지傳旨하여 "입학시킬 자제들의 선발 조건을 승문원 제조提調와 함께 논의하여 보고하라"고 했다.

─ 『실록』, 세종 15년(1433) 9월 3일

중국어 역관의 실력을 배양하는 문제

예조에서 승문원 제조와 함께 한어漢語 통역인을 권장하고 격려할 대책을 논의하여 보고했다.

1. 한어훈도漢語訓導의 사정司正으로 서사영徐士英과 장현張顯 등을 추가 임명함.

2. 이전에 통역하는 사람들에 대해 무역의 이권을 주었기 때문에, 행역行役(병역, 노역, 공무로 인하여 외부로 나가는 일)의 노고를 꺼리지 않고 다투어 어학공부를 열심히 했고 경쟁적으로 북경에 가려고 했음. 사적인 무역을 금한 뒤로는 종사관從事官으로 뽑히게 되면 갖가지 이유를 내세워 회피하며 다시는 어학공부에 힘쓸 마음이 없음. 매번 사행길에 북경에서는 무역을 못하게 할지라도 요동에서는 할 수 있도록 허용할 것임.

3. 역학생도譯學生徒 중에 지방에 거주하고 있는 자는 당번 갑사甲士의

---

3   흠차(欽此): 황제가 내리는 조칙 결미의 투식어.

예에 따라서 그 본가를 온전히 돌보아주고 서울에서 거주하는 비용도 지급할 것.

4. 나이 어리고 총명한 자제 열명을 추가로 선발해서 역학譯學에 입학시킬 것.

위 4개조를 그대로 따랐다. 서사영과 장현은 본디 당인唐人(중국인을 가리키는 말)이었다.

—『실록』, 세종 16년(1434) 1월 4일

여진족과의 관계

의정부에서 예조의 건의에 의거하여 다음과 같이 아뢰었다.

"여러 종류의 야인野人[4]들이 매년 왕래가 잦아서 역로驛路가 피폐해졌습니다. 그렇다고 내조來朝(여진 쪽에서 서울로 오는 것을 이르는 말)하는 것을 금지하면 친하게 보살피려는 뜻에 어긋납니다. 지금부터는 매년 내조하는 횟수를 제한해서 올량합兀良哈(우디거)은 10회, 골간骨看과 오도리吾都里는 7회로 정합니다. 추장酋長이 오는 경우 정관正官 하나, 반인伴人(수행하는 인원)[5] 넷으로 하고, 그 나머지는 정관正官 1인, 반인 2인으로 하여 이를 규정으로 정합니다. 같은 사람이 번번이 오지 못하도록 하여, 드물고 잦은 것을 헤아려서 만 3년이 되기를 기다려서 순서대로 올려 보내도록 합니다.

---

4   야인(野人): 여진족을 셋으로 나누어 불렀는데 하나는 건주(建州)여진, 다른 하나는 해서(海西)여진, 또 하나는 야인여진이었다. 건주여진과 해서여진은 그들의 주거지에 따른 지칭임에 비하여 야인여진은 문화적인 특성을 뜻하는 것으로 보인다. 야인여진은 중국으로서는 가장 동북쪽으로 멀리 떨어져 있는데 우리나라의 두만강 유역에 거주해서 접촉이 잦았다. 야인이란 말은 우리나라에서는 대개 여진족에 대한 통칭으로 쓰였다.

5   정관(正官)은 정식 관원, 반인(伴人)은 따라오는 자를 일컬음.

또한 홀랄온忽剌溫은 거주 지역이 동떨어져 있으므로 우직개亐直介[6]가 친히 내조하는 경우는 드문데 여진인이 거짓으로 아들이나 사위, 아우나 조카라고 일컬으며 거짓 이름을 대고 내조하여 상을 내려달라고 요구합니다. 말이 내조이지 진심에서 나온 것이 아니므로 받아들이지 말아야 사리에 맞습니다. 하지만 갑자기 거절하는 것도 불가하오니, 1년에 내조하는 회수를 5회 넘지 못하게 합니다.

변경 가까이에 거주하는 임아거林阿車, 우미거亐未車, 대소거절大小居節, 남눌南訥, 고열高說, 고칠高漆 등등 여러 부족의 우지개亐知介[7]가 내조하는 경우 1년에 2회를 넘지 못하게 하되, 정관과 반인의 수는 위와 같이 합니다. 그 나머지 여진인이 우지개를 사칭하여 거짓 이름을 대고 오는 자는 도절제사都節制使가 거절하고 받아들이지 말 것입니다. 만일 추장이 보낸 것이라면서 문인文引(통행증)을 받아 가지고 오는 자는 도절제사가 후하게 대접하고, 토산물을 주어서 돌려보냅니다. 만일 여러 족속들이 일시에 올라오게 되면 역로에 곤란이 있습니다. 수가 많고 적고를 헤아려서 반드시 농한기를 틈타서 나누어 올려 보내도록 해야 할 것입니다."

상은 이대로 따랐다.

— 『실록』, 세종 27년(1445) 11월 3일

---

6   우직개(亐直介): 미상. 홀랄온 부족의 높은 지위에 있는 자의 호칭으로 추정됨.
7   우지개(亐知介): 앞의 '우직개'와 같은 말로 추정되지만 미상. 이 말이 야인의 한 부족 명칭으로 나오기도 함.

국방: 대마도 정벌

도체찰사가 대마도 정벌에 앞서 보낸 글

도체찰사都体察使 이종무李從茂에게 명하여 먼저 사람을 보내 대마도 수호守護 도도웅와都都熊瓦[8]에게 글을 보내게 했다. 글은 이러하다.

"의리를 사모하여 정성을 다 바치는 자는 자손에 이르기까지 후한 보답이 있으려니와 은혜를 배반하고 노략질을 일삼는 자는 그 처자까지 도륙을 당하는 법이다. 이는 천리의 당연한 바요, 왕도의 대원칙이다.

대마도는 우리나라와 물 하나를 사이에 두고 있는 땅이어서 우리가 보살펴주는 가운데 있다. 그런데 전 왕조 말기에 쇠잔하고 어지러운 틈을 타 경인년(1350) 이래로 우리 변경을 침입해서 군민을 살해하고 가옥을 불 지르며 재산을 약탈하여 연해 지역은 사상자가 널려 있는 지경이었다. 벌써 여러 해 전부터의 일이다.

우리 태조 강헌대왕康憲大王께서 하늘의 뜻을 받들어 새로 나라를 세우시면서 이웃에 대해서도 믿음을 주었던 것이다. 그럼에도 과오를 고치지 않고 병자년(1396)에는 동래東萊로 들어와 병선을 약탈하고 군사를 해쳤다. 우리 성덕신공聖德神功 상왕(태종을 가리킴)이 즉위하신 이래로 병술년(1406)에는 전라도의 조운선을 빼앗아 갔고 무자년(1408)에는 충청도에서 병선에 불을 지르고 그곳 만호를 해쳤으며, 제주도에 재차 침입하여 살상한 사람이 많았다.

그럼에도 우리 전하께서는 추하고 더러운 것까지 포용하는 아량을 베풀어 다투려 하지 않고 오면 예절을 갖추어 대접하고 가면 선물을 후하게 주어 전송했다. 그뿐 아니라 흉년이 들면 진휼해주고 문을 열어서 교역할 수

---

8   수호(守護) 도도웅와(都都熊瓦): 수호는 대마도의 통치를 맡은 자의 직명. 당시 수호의 이름
     이 도도웅와였다. 수호를 맡은 가문은 종(宗)씨였다.

있게 허락하셨다. 무릇 제반 요구사항에 부응하지 않은 적이 없었다. 우리가 무엇을 저버린 것이 있었던가?

그럼에도 근래 또 배 32척을 거느리고 와서 우리의 형세를 엿보고 충청도 비인庇仁 포구로 잠입하여 선척을 불 지르고 군사를 거의 3백명이나 죽였다. 그리고 황해도를 거쳐 평안도로 올라가 장차 중국 경내를 침범하겠다고 했다. 은혜를 저버리고 의리를 배반하여 천도와 인륜을 어지럽힌 일보다 무엇이 더 심하다 할 것이냐!

이 때문에 우리 변경을 지키는 장수들이 벌써 사로잡거나 몰아냈던 것은 물론, 만호萬戶 승僧 소오금小吾金을 도두음곶都斗音串에서 죽였고, 만호 승 요이饒伊를 백령도에서 목 베었으며, 구라仇羅 등 60여명을 붙잡아서 대궐 아래 바쳤다. 우리 전하께서 대노하시어 용서하지 않고 신에게 그 죄를 성토하라고 명하셨다.

'수호의 부친은 우리 왕조에 마음을 기울여 정성을 바쳤기에 나는 매우 가상하게 여겼노라. 지금 그는 이 세상에 없으므로 내 그를 생각해보았자 소용없지만 그래도 그 아들이 있으니 바로 그 사람처럼 생각한다. 비록 토죄를 하려고 출정했으되 삼가 조심하여 수호의 친족 및 전날에 귀순했던 자들과 지금 순순히 투항한 자들은 죽이지 말고 다만 노략질하러 나온 자들의 처자식들과 거기에 부역한 무리들을 붙잡아서 돌아오라.'"

아, 우리 성덕신공 상왕 전하의 지극히 인자하심과 큰 의리는 고금을 초월하여 천지와 귀신을 감동시킬 것이다. 수호는 우리 전하의 뜻을 온몸으로 받들어 대마도에 있는 노략질한 무리들을 남김없이 찾아내 잡아다 바쳐야 할 것이다. 이리하여 그 부친이 우리에 대해 정성을 다 바친 뜻을 이어 길이 화친·우호를 다진다면 어찌 온 섬의 복이 되지 않겠는가. 이처럼 이행하지 않으면 후회해도 소용없으리라. 오직 수호는 대의를 아는 대마도 사람들과 더불어 의논할지어다.

—『실록』, 세종 1년(1419) 5월 29일

두모포에서 출정 행사

상왕(=태종)과 상(=세종)이 두모포斗毛浦[9]의 백사장으로 나아가 이종무 등 여덟 장수를 전송했다.

상왕이 직접 여러 장수들에게 술을 내렸으며, 군관들에게는 환관인 최한崔閑을 시켜서 술을 따르게 했다. 그리고 여러 장수들에게 활과 화살을 하사했다.

상왕이 박성양朴成陽에게 이르기를 "경이 광주廣州 목사로 있을 적에 잘 못한 일이 있었으나 작은 문제이기 때문에 용서했다. 만약 큰 문제라면 어찌 용서할 수 있었겠느냐?"라고 했다. 그리고 이종무 등 여러 장수들에게 다음과 같이 하교했다.

"명을 잘 받들면 조상에게까지 포상이 있을 것이거니와 명을 이행하지 못하면 사직 앞에서 죽임을 당할 것이다. 예로부터 상벌은 이와 같다. 우리나라는 비록 금과 은은 부족하지만 땅과 백성과 벼슬로 상을 내리는 일은 시행하기 어렵지 않다. 이 점을 여러 장수들은 군사들에게 알려서 각자 진심진력하도록 할 것이다."

—『실록』, 세종 1년(1419) 6월 18일

태종이 대마도에 보낸 글

상왕이 병조판서 조말생趙末生에게 명해 대마도 수호 도도웅와에게 글을 보냈다. 그 글은 이러하다.

"본조本曹(병조)는 위의 뜻을 받들어 이르노라.[10]

---

9 두모포(斗毛浦): 두뭇개. 지금 서울의 성동구 쪽 한강변에 있는 지명.

10 이 대목의 원문에는 '本曹啓奉宣旨'로 되어 있다. 『국조보감』에는 '本曹奉宣旨'로 쓰여 있어 이를 따라 번역했다.

하늘이 이 백성을 낼 때 기氣로써 형체를 이룸에 아울러 이理가 부여되는 것이다. 선한 일을 행하면 백가지 상서가 내리고 악한 일을 행하면 백가지 재앙이 내리는 법이라. 옛날의 제왕은 천도를 받들어 백성들에게 농사짓기를 가르쳐 오곡을 가꾸어 먹고 살아가게 했으며, 고유한 의리에 기초해서 깨우치고 인도하여 사람들의 마음을 선량하게 했다. 만약 완강하여 순종하지 않고 재물로 인해서 사람을 살상하고도 어리석게 벌이 내릴 것을 두려워하지 않는 자가 있으면 이런 자에 대해서는 작은 경우 형률을 가하고 큰 경우 정벌을 했던 것이다. 요순堯舜과 하·은·주夏殷周 삼왕三王이 사람을 다스리는 도리가 이러했을 따름이다.

대마도는 본래 경상도 계림鷄林(신라를 가리킴)에 예속된 우리나라의 땅이었다. 이는 문헌에 나와 있어서 분명히 증명할 수 있다. 그런데 땅이 아주 비좁은 데다가 바다 가운데 있어서 왕래가 막혀 백성들이 살지 않았다. 이에 저희 나라에서 쫓겨난 왜인들로 갈 데 없는 자들이 밀려들어 소굴처럼 되었다. 그러더니 간혹 몰래 침입하여 우리 인민을 괴롭히고 전곡을 약탈할 뿐 아니라 고아나 과부, 남의 처자를 마구 죽이는가 하면 인가를 불지르는 등 악독한 짓을 저지른 것이 벌써 오래되었다.

우리 태조 강헌대왕께서 지극히 어진 덕과 신령한 무용으로 하늘의 뜻에 호응하사 혁명을 했으되 백성을 혼란에 빠트리지 않고도 건국 대업을 이루었다. 이는 은나라 탕왕과 주나라 무왕의 거룩함으로도 더할 수 없는 공덕이다. 나라의 형세가 크게 떨치고 군사의 힘이 치솟아 바다와 산악을 꿰뚫고 천지를 뒤흔들 듯 높고 위대했다. 무릇 생명을 가진 것이라면 두려워 굴복하지 않을 자 있겠는가?

이때를 당하여 한 지역의 장수에게 명해 대마도의 추악한 무리들을 없애라 하시니 이야말로 태산으로 새알을 누르고 맹분孟賁, 하육夏育[11] 같은

---

11   맹분(孟賁)·하육(夏育): 중국 고대에 힘이 세기로 유명한 인물.

장사가 갓난애를 치는 격이다.

　우리 태조께서는 아무쪼록 문덕文德을 펼치시고 무위武威를 거두시어 은혜와 신의, 회유의 방도를 보이셨느니라. 내가 대통을 계승하여 왕위에 앉은 이래로 선대의 뜻을 받들어 더욱 보살피기로 마음을 썼거늘 너희들은 약탈을 일삼아 불공한 짓을 벌였다. 그래도 도도웅와의 부친 종정무宗貞茂가 의리를 사모하여 정성을 다 바친 것을 생각하기에 심히 책하지 않았던 것이다. 그리고 사명을 받은 사람이 오면 객관에 유숙시키고 예조에 명하여 후하게 대접하도록 했다. 또한 먹고살기 어려운 점을 염려하여 이득을 도모하는 상선의 왕래를 허용하는 한편 경상도의 양곡을 대마도로 실어 보내 도와준 것도 해마다 수만 석에 이르렀다. 이만하면 굶주림을 면해 생존할 수 있으니 충분히 양심을 보전하여 도적질을 부끄럽게 여기고 천지간에 아울러 살아갈 것으로 기대했다. 나의 마음 씀씀이 또한 부지런하다 할 것이다. 그럼에도 근래 뜻밖에 은혜를 잊고 의리를 저버리고 스스로 화란을 불러일으켜서 망하는 길로 나아갔도다.

　그렇지만 평상시에 순화가 되었거나 교역과 통신을 하느라고 오고 간 자들 및 이번에 대세를 보고 투항한 사람들에 대해서는 모두 다 죽이지 않고 여러 지역에 나누어 보내 옷과 양식을 지급하여 살아갈 수 있도록 하겠노라.

　또한 변방의 장수들에게 명하여 병선을 거느리고 진격하여 섬을 포위, 섬 전체가 항복하기를 기다리라고 하였노라. 지금 섬사람들이 아직 미련하게도 깨닫지 못하고 있을까, 나는 이 점을 매우 안타깝게 여기노라.

　섬 안의 사람들은 모두 계산해도 수천 명 정도이다. 이들이 살아갈 도리를 생각하니 실로 안타깝다. 섬 안의 지형이 대부분 석산으로 기름지고 평평한 곳이 없어 농사를 짓고 과수를 심자 해도 그럴 방도가 없기에 도적질이라도 하기로 작정하고 틈을 타서 남의 재물이나 곡식을 훔치려고 들었던 것이다. 대개 평소 저지른 죄악이 벌써 가득 차 넘치는지라, 보이지 않게는 천지산천의 귀신이 앙화를 내릴 터요, 드러나게는 좋은 말과 큰 배에 날카로운 무기와 용맹한 군사들로 수륙의 준비가 매우 삼엄한데 어디로 도망친들 주륙당하는 환란을 면할 수 있겠는가.

너희는 기껏 고기 잡고 미역이나 따면서 장사하는 한가지 일만이 살아가는 방도가 되어왔는데 지금 이미 은혜를 저버리고 의리를 어김으로써 그 방도를 스스로 끊어버린 것이다. 우리가 먼저 끊을 마음을 가졌던 것은 아니다. 이제 살아갈 방도를 잃어버리고[12] 굶주림을 면치 못하게 되었으니 죽기만 기다릴 수밖에 없다. 이에 이르러 장차 먹고살아갈 도리를 생각해 보면 또한 어려우리라.

만약 크게 깨닫고 뉘우쳐서 섬 전체로 항복해 온다면 도도웅와에게는 좋은 벼슬을 내려주고 녹봉도 후히 줄 터이요, 대관代官 등도 평도전平道全의 예와 같이 해줄 것이다.[13] 그 밖의 여러 무리들에 대해서도 모두 옷과 식량을 넉넉히 주고 기름진 땅에서 농사짓는 이로움을 얻어 우리 백성들과 함께 일시동인一視同仁을 누려서 모두 도적질이 부끄럽고 의리를 좋아할 줄 알도록 할 것이다. 이는 스스로 잘못을 고쳐나가는 길인 동시에 살아갈 방도가 있는 길이다. 이 방향으로 계책을 세우지 않는다면 온 섬의 사람들을 거느리고 본국으로 돌아가는 것도 좋으리라.

만약 본국으로 돌아가지도 않고 우리에게 항복하지도 않으면서 도적질할 마음을 가지고서 그대로 섬에 남아 있다면 응당 크게 병선을 갖추고 많은 군량을 싣고서 섬을 포위하고 공격할 것이다. 시일을 오래 끌면 필시 멸망하고 말리라.

그리고 만약에 또다시 우리가 용사 10만여명을 선발해서 여러 방면으로

---

12 살아갈 방도를 잃어버리고: 원문이 '失此三者'로 되어 있는데 『국조보감』에는 '失此生業'으로 되어 있다. 『국조보감』을 따라 번역한 것이다.

13 대관(代官), 평도전(平道全): 대관은 일본의 관직명으로 특정 지방이나 특정 임무를 관장하는 자다. 평도전은 일본인으로 태종 때 조선으로 넘어온 자이다. 세종 원년 왜구와 싸울 때 그를 조전병마사(助戰兵馬使)로 삼은 일이 있다.

쳐들어간다면 주머니 속의 물건처럼 오갈 데 없이 될 것이다. 이렇게 되면 필연코 어린애와 여자들까지 씨도 남기지 않아 육지에서는 까마귀와 솔개의 밥이 되고 바다에서는 물고기의 뱃속을 채우리라는 것은 의심할 바 없다. 아, 이 어찌 가련한 일이 아니랴!

이제 화복이 어디에 달려 있는지 너무도 환해 뚜렷하니, 애매하여 따져볼 필요가 있는 일도 아니다.

옛사람 말에 '화복은 자기로부터 나오지 않은 것이 없다' 했고 또 이르기를 '아무리 작은 마을이라도 반드시 충성스럽고 미더운 사람이 있다'고 했다. 지금 대마도 사람들 역시 다 하늘로부터 받은 떳떳한 마음을 가지고 있으니 어찌 때를 알고 형세를 판단하고 의리에 밝은 자 없겠는가.

병조에서 대마도에 문서를 보내 나의 이 지극한 뜻으로 깨우쳐서 스스로 고쳐나가는 길을 열어주어 멸망의 화를 면할 수 있게 하노니 나의 생민生民을 사랑하는 뜻에 부응하도록 하여라.

나의 이 말을 공경히 받들라.

지금 상왕의 지시를 글로 적어 보내니 귀하는 잘 생각해볼 것이다."

귀화 왜인 등현藤賢 등 5명에게 이 문서를 가지고 대마도로 가게 했다.

—『실록』, 세종 1년(1419) 7월 17일

대마도 정벌의 전체 경위

세종 원년 5월 도체찰사 이종무 등이 군대를 거느리고 대마도를 정벌했다.

대마도의 왜구가 비인현庇仁縣(현재 서천군 비인면)을 노략질하러 왔는데 만호萬戶 김성길金成吉이 술에 취해 대적하지 못했다. 그의 아들은 적과 맞서 힘껏 싸우다가 물에 빠져 죽었다. 얼마 후에 또 해주 연평곶延平串을 침범해서 절제사 이사검李思儉이 포위를 당하자 쌀과 술을 저들에게 제공했다. 저들이 "우리는 조선을 목적으로 온 것이 아니고 중국으로 가려 한다" 고 하면서 포위를 풀고 떠났다.

상왕(＝태종)은 유정현柳廷顯, 박은, 조말생 등을 불러 의논하되 "적의 허점을 노려서 대마도를 섬멸하고 적이 돌아오는 길을 막아 치는 것이 어떻겠는가"라고 말했다. 모두들 "불가합니다"라고 아뢰었으나, 상왕은 "지금 쓸어버리지 않으면 번번이 침략을 당할 터이니 후일의 두통거리가 끝이 있겠는가" 하고 결단을 내린 것이다. 이에 장천군長川君 이종무를 삼도체찰사로 삼아 중군中軍을 거느리고, 유습柳濕과 이지실李之實로 좌우 도절제사를 삼았다. 그리고 영의정 유정현을 도통사로 정해 경상·전라·충청 3도의 군대를 거느리고 적군(중국으로 향했던 왜구)이 돌아오는 길을 차단하도록 했다.

대마도 정벌에 동원한 선박은 227척이고 군졸이 1만 7,285명이며, 준비한 군량은 65일분이었다. 마산포에서 출발하여 선봉이 대마도에 다다랐을 때 적들은 바라보고 자기네 사람들이 이익을 얻어 가지고 돌아오는 것으로 생각하여 소를 잡는다, 술을 빚는다 하며 기다렸다. 우리 대군이 두지포豆地浦에 배를 댔을 때 저들이 크게 놀라 도망쳐 숨고 겨우 50여인이 맞서 싸우다가 궤멸되었다.

우리 군대가 길을 나누어 진격, 수색하여 적선 129척을 포획하고 1,939호의 집을 불태웠으며, 인원 134명을 참수, 21명을 생포했다. 이노군尼老郡까지 진출하여 3군三軍이 상륙했다. 이때 좌군이 적의 복병에 걸려들어 편장 박홍신朴弘信은 힘껏 싸우다가 죽었다. 우군 절제사 이순몽李順蒙과 병마사 김효성金孝誠이 공격을 해서 무너뜨렸다. 이에 적이 물러났다. 대마도 우두머리 도도웅와가 화친을 청해서 7월에 이종무 등이 군사를 이끌고 돌아왔다.

상은 상호군 구익생具益生에게 명해, 법온法醞(임금이 내리는 술)을 싣고 가서 위무했다.

—『조선사강목朝鮮史綱目』14, 상권, 세종 1년

등현藤賢[15]과 변상邊尙 등이 대마도에서 돌아왔다. 대마도 수호 종宗씨 도도웅와가 도이단도로都伊端都老를 파견해서 예조판서에게 글을 올려 항복을 빌고 인신印信[16]을 내려주기를 청했다. 그리고 토산물을 바쳤다.

—『실록』, 세종 1년(1419) 9월 20일

대마도 문제를 어떻게 처리할 것인가

상이 이르기를 "대마도가 지금 몹시 곤궁한 때문에 항복을 하겠다고 빌지만 그 속셈은 속임수를 쓰려는 것이다. 섬 전체로 항복하겠다(卷土來降)면 좋거니와 그렇지 않을 것 같으면 어떻게 믿을 수 있겠느냐"라고 했다.

이에 이원李原이 "섬 전체를 가지고 항복한다 하더라도 처치하기 곤란합니다"라고 아뢰었다.

상이 "몇만 명도 되지 않은 걸 처치하기에 무엇이 어렵단 말인가"라고 하자 이원은 "몹시 궁하니까 겉으로 좋게 지내자고 하는 것입니다. 틀림없이 섬 전체로 항복하지는 않을 것입니다"라고 아뢰었다.

상도 "그건 그렇다"고 했다. 이에 허조許稠는 아뢰었다.

"당초에 일본에서 오는 사신이 얼마 되지 않았는데 근년에는 칼 한 자루 들고 와서 바치는 자도 자칭 사신이라고 합니다. 장사를 목적으로 하는 자들이 물화物貨를 싸들고 와서 도로에 줄을 잇고 있어 역참驛站의 관리들이

---

14   『조선사강목(朝鮮史綱目)』: 편년체 조선사인데 조선을 중심으로 세계 각국의 역사를 엮은 점이 특이한 형태이다. 저술자는 이병희(李炳憙, 1859~1938). 상중하 3책으로 1982년 아세아문화사에서 영인본을 간행했다.

15   등현(藤賢): 태조 때 귀화한 일본인이다. 위의 태종이 병조판서를 시켜 대마도 수호에게 보낸 서신에서 "등현 등 귀화한 왜인 5인을 보내 대마도로 가지고 가게 했다"라는 기록으로 미루어 변상(邊尙) 역시 같이 귀화한 왜인으로 추정된다.

16   인신(印信): 인장과 같은 말인데, 여기서 도장을 내려주는 일은 상국의 입장에서 인정하는 의미를 담은 것이다.

적지 않게 피해를 입고 있습니다. 때로는 예조에까지 와서 공로를 내세우며 소리 지르는 자도 있습니다. 우리나라에서 한 해 동안에 주는 양식만 해도 만여섬에 달합니다. 지금 만약 서로 통하도록 하자면 왜관을 도성 밖에 만들어놓고 성안으로는 들어오지 못하게 해야 합니다. 도도웅와나 종준宗俊 등의 서신을 가지고 오는 자들은 예의를 갖추어 대우할 것이요, 물화를 매매하려는 자들도 이를 운반할 수 있도록 허용합니다. 그 밖의 등차랑藤次郎 같은 자들은 접촉하는 것을 불허하여 교류가 시작될 처음부터 금해야 할 것입니다."

상이 이르기를 "만약 서로 통하도록 한다면 경의 말처럼 하는 것이 옳다"라고 했다.

—『실록』, 세종 1년(1419) 9월 21일

국방: 서북 지방

여진을 대처하는 문제

평안도 도절제사 최윤덕崔潤德, 도진무 김효성金孝誠, 경력 최치운崔致雲 등이 사조辭朝(떠날 때 임금께 인사드리는 일)를 함에 상이 불러보고 다음과 같이 말했다.

"이적夷狄을 방어하는 방도는 옛적에도 특별한 대책이 없었다. 하·은·주의 제왕들도 오면 받아주고 가면 놓아두고 하며 적절히 다룰 따름이었다. 그러나 분명한 자료가 없어서 상세히는 알 수 없다. 한나라 이후로는 역사에서 살펴볼 수 있다.

한나라 고조는 영명하고 빼어난 자질로서 천하를 평정하고 나서 흉노를 치는 것쯤이야 마른 풀 베는 정도로 여겼다. 그런데 마침내 위험에 빠져서 겨우 죽음을 면하고 화친할 것을 청했다. 여태후呂太后 또한 여자 군주로 영특했으되 묵특선우冒頓單于의 서신이 매우 무례했지만 끝내 치지 못하고 화친을 이어갈 수밖에 없었다.[17] 다음 한 무제에 이르러는 사방의 이적들과 싸움을 많이 벌여서 천하가 고갈될 지경에 이르렀다.

당나라와 송나라 시대의 일은 너무도 명백하다. 그렇기에 옛사람들은 모기에 비유해서 쫓아버리기만 하면 그만이라고 말했던 것이다. 옛사람들이 이와 같이 대처했던 이유는 나라가 크고 작고 간에 어쨌건 벌에 독이 있듯이 피차간에 무죄한 백성들이 피해를 입기 마련이어서가 아니었겠는가.

그런데 파저강婆猪江[18]의 적들은 홀랄온忽剌溫[19]에게 쫓겨서 자기네 살터를 잃게 되자 가족들을 이끌고 내려와 압록강 가에서 살게 해달라고 애걸했다. 국가에서 그들을 동정하여 우리 땅에 살도록 허용했으니 보살펴준 은혜가 적지 않았다. 그럼에도 이번엔 은덕을 잊어버리고 공연히 침범해서 백성들을 죽이고 약탈하는 등 극히 악독한 짓을 저질렀으니 용서할 수 없는 일이다. 토벌하지 않으면 후일에 가서, 후회할 겨를도 없이, 매년 이런 일이 생길 것이다.

더구나 지금은 태평한 날이 오래고 사방변경에 근심이 없다. 맹자가 이르기를 '적국이 없어 외환이 없으면 나라가 늘 위태롭다〔無敵國外患者 國恒亡〕'라고 했다. 오늘의 형편은 비록 야인들이 벌인 일이기는 하지만 실로 하늘이 우리를 경계하는 뜻이기도 하다.

---

17 여태후(呂太后)는 한 고조의 부인을 가리킨다. 고조 사후에 태후로서 권력을 한 손에 쥐고 휘둘렀다. 그 전에 고조가 흉노를 치려다가 포위를 당해 굴욕적인 화친을 한 일이 있었다. 묵특선우는 흉노의 통치자인데 묵특이 여태후에게 보낸 서신이 극히 불쾌감을 일으키게 했으나, 그 답서를 매우 공손하게 했다.
18 파저강(婆猪江): 혼하(渾河). 압록강에서 멀리 떨어지지 않은 지역으로 여진의 부족들이 이곳에 거주하고 있었다.
19 홀랄온(忽剌溫): 본디 흑룡강(黑龍江)의 지류 이름인데 이곳에 여진족이 거주해서 그들을 가리키는 명칭이 되었다.

지금 이만주李滿住[20]·동맹가童猛哥[21]·윤내관尹內官[22]의 서신에 모두 이르기를 홀랄온의 소행이라고 한다. 그러나 자세히 따져보면 끌어들인 자가 왜 없었겠느냐. 근래 임합랄林哈剌이 여연閭延[23]에 와서 하는 말이 '우리 노비를 감추고 내놓지 않으면 뒤에 반드시 화를 보게 될 것이다'라고 협박했다. 이 말에는 무슨 까닭이 있을 것이다.

전에 경원慶源에서 있었던 한흥부韓興富의 일[24]에 대해, 하륜河崙은 여진을 정벌해서는 안 된다고 했고 조영무趙英武는 정벌해야 한다고 했다. 이에 태종께서 조영무의 계책을 좇아 정벌할 것을 명했던 것이다. 뒤에 또 대마도 문제를 두고도 어떤 사람은 정벌해야 한다고 하고 어떤 사람은 정벌해서는 안 된다고 했다. 태종께서 대의로 결단하여 토벌에 나서도록 명했다. 이때의 일은 비록 마음에 아주 시원스럽게 되지는 못했어도 적들이 두려운 마음을 갖게 만들었던 것이다."

최윤덕이 아뢰었다.

"대마도 정벌은 100년이나 준비한 일이었고 이번에 출동한 것은 겨우 10년 동안 준비한 일입니다. 더구나 저들은 같은 야인이라도 동쪽과 서쪽으로 구별이 있으며, 이만주는 요동에 가까워 동맹가와는 비교가 되지 않습니다."

"경의 말이 옳다. 다만 저들이 와서 노략질을 하는 실정을 자세히 안다면 군대를 정비해서 주야로 행군하여 한두 마을을 치기만 해도 충분하다."

최윤덕이 다시 아뢰었다.

---

20 이만주(李滿住): 파저강 유역에 거주하는 여진 부족의 추장 이름.

21 동맹가(童猛哥): 두만강 유역에 거주하는 여진 부족의 추장 이름. 童孟哥帖木兒로 표기되기도 한다.

22 윤내관(尹內官): 명나라 황제가 이 지역에 파견한 환관으로 추정되는데 구체적 사실은 미상이다.

23 여연(閭延): 평안북도 자성군에 이 지명이 남아 있다.

24 한흥부(韓興富): 태종 10년(1410) 경원 병사로서 침략군을 방어하다가 전사했다.

"옛날의 훌륭한 장수들이 어찌 무력으로만 했겠습니까. 역시 시운에 따라 승패가 엇갈리기도 하였습니다. 지금은 땅이 얼고 물이 넘치는 때이니 4, 5월경 봄물이 빠진 다음에 출동해야 합니다. 만약 일을 벌일 계제가 되면 용사 20여 명을 청하겠습니다."

상은 "경의 말을 내가 왜 듣지 않겠는가. 군사가 나가고 물러남에 있어서는 오직 경의 뜻을 받아들이겠노라" 하고, 이어서 지시했다.

"최치운은 나의 곁에 오래 있었으므로 경이 그를 막부에 두고 있으면서 옛날 일들을 돌아보아 상의하는 것도 좋을 것이다."

최윤덕이 아뢰기를 "만약 적의 경내를 정찰할 일이 있게 되면 최치운도 함께 보내려고 합니다"라고 했다.

상이 또 김효성에게 "너는 군사에 관한 일들을 알고 있는 만큼 조심하고 조심하라"고 하교한 다음, 말 한필을 하사했다. 최윤덕에게는 안장을 갖춘 말 및 활과 화살을 하사했다.

—『실록』, 세종 15년(1433) 1월 19일

평안도 도절제사 이천에게 내린 세종의 지시

평안도 도절제사에게 다음과 같이 전지傳旨했다.

1. 계축년(1433) 파저강 전투에서 최윤덕 등은 심타납노沈吒納奴가 살고 있는 곳을 보전해주면서 좋은 말로 대하여 사람 하나도 죽이지 않고 물건 하나도 손대지 않았다. 이는 족히 감동할 만한 조처임에도 저들은 도무지 느낄 줄을 모른다.

대신들은 잡혀 온 부녀자들을 모두 사졸들에게 나누어주는 것이 마땅하다고 했으나 나는 가엽게 여겨, 남녀를 뒤섞이지 않게 하고 관곡館穀을 주어 손님처럼 대접했다. 이만주의 아들 야다호也多好에게는 옷과 음식을 넉넉히 제공하고 예우를 했으며, 마침내 모두 본토로 돌려보냈다. 이 또한 감복할 일임에도 감복하지 않았다.

그 뒤로 이만주가 파견한 사람을 혹자는 서울로 올려 보낼 것은 없다고 말했으나 나는 역로에 끼칠 폐단을 계산하지 않고 올려 보내도록 했으며, 의복 음식을 넉넉히 주고 그가 원하는 것들도 다 들어주었다. 또 저들이 흉년이 들었다고 하여 곡식을 내려주길 청하기에 나는 불쌍히 여겨서 연달아 곡식을 보내서 살아갈 수 있게 했다. 하지만 사람의 마음을 가진 자라면 의당 감복하고 좋아할 일임에도 그렇지를 않고 해마다 우리 변경을 침범하여 무고한 백성을 죽이고 잡아가는 등 포악한 행동이 전보다 배나 더했다. 나는 이런 일을 보고 야인 종자란 짐승과 같은 성질을 지녀서 덕으로 감화시키기 어려운 줄을 알았다. 아무리 잘 대해주더라도 고약한 마음은 마찬가지고 잘 대해주지 않더라도 그런 마음은 마찬가지이다. 그렇기에 올 가을에는 부득이 죄를 성토하는 조치를 취하게 된 것이다. 비록 우두머리는 사로잡지 못했어도 저들 무리로 붙잡힌 자들이 많았다. 더구나 저들의 소와 말이 손실을 입었고 곡식이 다 불탔으니 역시 족히 징계가 되었을 것이다.

그럼에도 저 짐승처럼 부끄러움을 모르는 자들이 어떻게 능히 잘못을 뉘우치고 고쳐서 덕화에 감복할 수 있으랴! 저들은 틀림없이 사람을 보내면서 행인行人(부림을 받아 온 사람)이라 하고, 혹은 양식을 요청하며, 혹은 정세를 살피려고도 할 것이다. 그 관할 아래 있는 자들이 혹시 변경 고을에 와서 서울로 올려 보내달라고 청하더라도 응당 "너희들이 전에 여러 번 상경하여 우리 임금님의 은덕을 입었으되 마음을 고치지 않고 홀랄온을 유인해 와서 우리 변경의 백성들을 전처럼 살상했다. 지금 혹시 이만주가 직접 와서 귀순하겠다면서 자기 아들을 서울로 보내어 시위侍衛(임금을 호위하는 직책)로 삼도록 원한다면 우리가 후하게 대해서 서울로 보낼 것이다. 하지만 이 밖에 그의 관할 아래 있는 사람들은 올려 보낼 수 없다. 너희들이 홀랄온을 끌어들였던 것은 우리나라에서 그냥 짐작해 하는 말이 아니고 이를 알려준 사람이 많았다"라고 답변할 것이다.

그리고 저들이 요청하는 약간의 식량이나 소금을 제공할 것이며, 동시에 통역을 시켜 음식 대접을 하고 돌려보내는 것이 좋다. 경이 참작하여 시행할 일이다.

2. 파저강에서 도망쳐 와서 귀화한 자들이 상당히 많은데 "농토를 주든지 벼슬을 주든지 하여 살아갈 길을 열어주자"는 의견도 있었다. 그러나 대신들은 모두 "저들은 도망쳐 온 자들이니 응당 추장의 요청대로 다 본토로 돌려보내야 합니다"라고 주장했다. 나도 그렇게 생각하고 돌려보내도록 했는데 얼마 후에 물어보니 귀화하려 했던 사람들을 데리고 강을 건너가자 이내 모두 쏘아 죽였다고 한다. 나는 후회를 했다. 지금 동두리불화童豆里不花는 귀화해 온 지 여러 해 되는데 처를 얻어 살면서 우리의 향도嚮導가 되어 야인을 공격하는 일을 돕고 있다. 그는 필시 도망쳐 다시 돌아갈 생각이 없을 것이다. 이만주가 돌려보내달라고 청한다 해도 물론 돌려보낼 것이 없으며, 이미 정주定州(함경도 정평)에서 장가들어 안착해 살고 있다. 그의 마음 역시 그대로 계속 살아갈 뜻이 없지 않을 것이다.

만약에 귀화하여 시위가 된 사람들이 특별히 벼슬과 노비를 받아서 살고 있다는 말을 저들이 듣게 되면 어찌 서울에 와서 시위가 되고 싶어 하는 자 없겠는가? 경은 잘 살펴보고 보고할 것이다.

3. 이만주 관하의 사람들 중에 소와 말을 잃었고 곡식이 불에 탄 자가 있다. 필시 살아가기 어려울 터이므로 귀화한다 하고서 도망쳐 오는 사람도 더러 있을 것이다. 그들을 후하게 먹여주고 안주할 수 있도록 하여 굶주리고 추위에 떨지 않게 하며, 사실을 갖추어 보고하라.

4. 조명간구자趙明干口子[25]는 강굽이에 위치해 있어서 지세가 심히 고립

되어 구원하기에 어려울 것 같다. 최윤덕이 강계(江界)에 있을 때는 방어 배치에 필시 결함이 없었을 테지만 지난 병진년(1436)에 저 적들이 침입해 오자 그곳을 지키는 장수가 잘못하여 사람들이 죽고 마소들을 빼앗겼다. 만일 전번에 박안신朴安臣이 직접 조명간구자로 가서 감시대와 방패 등 방비 대책을 철저히 갖추지 않았더라면 전체 목책을 지켜낼 수 있었을지 알 수 없다.

경 또한 조명간구자의 방어는 필시 배치에 결함이 없도록 했을 것이다. 그러나 금년 5월 1일에 적이 다시 침략해 왔을 때 봉화대의 망을 서는 사람들이 모두 적이 오는 줄을 알지 못하고 있다가 적이 강을 반쯤 건너왔을 무렵에야 목책 안의 사람들이 비로소 알고 놀라서 어쩔 줄을 몰라 했다. 마침 비가 온 뒤여서 강물이 크게 불었고 초하룻날 상번 하번이 다 모여 있을 때이고 그곳을 지키는 장수 신귀申貴가 용감하게 대응했기에 능히 방어를 할 수 있었다. 그렇지 않았더라면 승패는 알 수 없는 노릇이었다.

최윤덕은 조명간구자를 포기하자고 청했으나 나는 조종祖宗의 강토를 줄일 수 없다고 생각하여 그대로 유지하고 포기하지 않았다. 경이 또 포기하자고 청하는데, 만일 그곳이 워낙 고립된 지형이어서 구원병이 닿을 수 없기 때문에 하는 수 없이 포기해야 한다면 포기하는 것도 꼭 어렵지는 않다. 그러나 조종의 강토를 줄이는 것은 불가한 만큼 조명간 목책의 방어 포치布置에 힘을 다하지 않을 수 없다.

조명간구자 같은 요긴한 목책이 많이 있을 것 같으면 힘을 나누어야 하기 때문에 어려울 것이지만 조명간구자 1개소의 목책을 가장 중요시하여 전력으로 방어한다면 역시 어렵지 않을 것이다.

경은 재차 더 빈틈없이 살펴보고 전심전력으로 배치하여 조명간구자의

---

25   조명간구자(趙明干口子): 압록강의 물굽이에 형성된 군사적 요충지. 근대에는 이곳이 평안 북도 자성군 장토면(長土面) 하장동(下長洞)이 되었다. 그곳에 방어 목책이 설치되어 있기 때문에 조명간책이라 부르기도 했다.

백성들이 영구히 침략을 당하는 우환에서 벗어나도록 힘쓸 일이다.

─『실록』, 세종 19년(1437) 9월 29일

평안도 도절제사에게 내린 지시와 사목

평안도 도절제사에게 전지傳旨를 내렸다. 내용은 이러하다.

"지난 계축년(1433) 야인을 정벌할 때에 여러 대신들의 의논 중에는 '평안도 국경의 연변에는 적이 침입할 곳이 많아 방어하기가 다른 곳보다 열배나 어렵습니다. 잘못했다가 후회하지 않으려면 모름지기 위력으로 억눌러야만 복종시킬 수 있습니다. 전에 경인년(1410)과 기해년(1419)의 일이 그렇습니다'라는 말이 있었다.

오늘날 논하는 자들은 걸핏하면 흉노를 들어 야인 정벌의 큰 계책을 저지하려고 한다. 내가 생각하기에 흉노는 수많은 이적 가운데 대종족인 데다가 중국과의 거리가 워낙 멀고 인적이 미치기 어려워서 제어하기 곤란한 점이 확실히 있다. 그러나 이들 야인으로 말하면 많아야 5~6백명밖에 안 되는데 산골짝에 잠복해 있으니 우리나라와 견주어보면 한개 고을밖에 되지 않는다. 그뿐만 아니라 우리 변경과의 거리도 몇백리에 불과하다. 흉노와는 전혀 같지 않은 것이다.

저 적들이 우리를 두려워하지 않고 압록강 주변에서 날뛰고 있음에도 우리는 지나치게 겁내어 끝내 병사 한명도 출동시키지 않고 성안에서 움츠리고만 있는 형편이다. 이야말로 '먼저 나서면 남을 제압하고 뒤에 나서면 남에게 제압을 당한다'는 격이다. 이처럼 하다가는 뜻을 이루게 될 날은 끝내 기약할 수가 없다. 계축년의 일은 본래부터 이렇게 하려 하지 않던 것이다.

이전에 경이 장계로 올린 내용은 나의 생각에 꼭 맞는다. 그렇기는 하나 근래 천도天道가 순조롭지 못하고 사람이 도모하는 일에 차질이 한두가지가 아니다. 내가 쉽게 얼른 허락하지 못하는 까닭이 여기에 있다.

천도와 인간이 도모하는 일은 이미 그렇다 치고 우선 정벌하는 문제에 대해서 말해보겠다. 계축년에는 저들이 예상하지 못했을 때 우리가 강을 건너서 저들의 대비가 없었던 틈에 소굴을 덮쳤기 때문에 그들을 제압할 수 있었다. 지금은 그렇지 않다. 필시 자기들의 처자식을 옮겨놓고 재산도 숨겨두었을 것이며, 서로 구원해줄 약속과 방어할 수단을 빠짐없이 예비해놓았을 것이다. 그래서 멋대로 흉악한 짓을 감행하고 있다.

저 적들은 도덕적으로 보면 고약하지만 간계로 말하면 넉넉하다. 김장金將이 가서 적의 소굴을 탐지해낸 것은 다행이라고 할 수 있다. 하지만 저들도 자기들 소굴을 김장이 탐지해 간 사실을 알면 틀림없이 새떼처럼 옮겨 갈 것이다. 우리가 저들이 있는 곳을 알기 어려운데 군대를 거느리고 들어간들 어디를 칠 것인가.

또 정탐하러 간 사람들 중에 적을 죽이고 온 자도 있고 저들에게 사로잡혀서 돌아오지 못하는 자도 있다. 저들은 이미 우리 의도를 알아서 숨고 달아날 계교를 전보다 더 잘 세웠을 것이다.

만약에 대규모로 출동을 하자면 반드시 저들의 소굴을 알아야만 가능할 터인데 정탐하는 일이 지금은 여의치 않게 되었다. 장차 무슨 수로 알아낼 것인가?

나는 경이 올린 내용을 매우 좋게 여기고 있으니 여러 사람들의 의론을 물리치고 단행하고 싶다. 다만 이처럼 불리한 형세가 있으니 경은 비밀리에 변방의 노련한 사람들과 휘하에 의논할 만한 사람들과 함께 숙의해서 보고하도록 하라. 내가 다시 생각해보겠다.

지금 군사를 출동하자면 어느 때가 좋겠는가? 군사는 몇 명이면 충분하겠으며, 길은 몇 갈래로 나누어야겠는가? 기병은 몇 명, 보병은 몇 명으로 가능하겠는가? 적의 소굴은 무슨 방법으로 알아내겠는가? 우선은 참고 출동하지 않는다면 앞으로 몇 년을 더 기다려야 할 것인가?

공략에 뜻을 두지 않고, 전적으로 방어만 할 경우에 적이 쳐들어오면 반드시 철저히 응징하여 저들이 함부로 침입할 수 없도록 해야 한다. 이 점을 더욱더 마음 써야 할 일이다.

또 적의 소굴을 정탐하러 가는 사람들은 빠른 길로 가지 말고 숲속을 뚫고 가서 때때로 출몰하여 적의 소굴을 엿보면 저들이 어떻게 알겠는가. 혹 발각이 되더라도 도망쳐서 숨기도 어렵지 않을 것이다.

방금 듣자니 이숙림李肅林이 적을 죽일 적에는 두 갈래로 가던 사람들이 한곳에 모였다고 한다. 이번 8명의 정찰이 돌아오지 않은 때도 역시 두 갈래로 가던 사람들이 한곳에 모였었다. 만약 정찰을 나간 자들이 명령대로만 두 갈래 길로 나아갔다면 아무리 동무들이라 해도 한데 모이게 되었겠는가. 김장이 갔을 때도 말을 탄 적들과 들판에서 조우하여 서로 추격하면서 활을 쏘았다고 한다.

이상의 세가지 점을 보건대 사람들이 큰길로 버젓이 간 것이 분명하다. 이처럼 어리석은 사람들을 써서 이처럼 큰일을 시행하자면 마땅히 그들에게 분명히 주의시켰어야 한다. 지금 이렇게 된 것을 보면 경이 일을 주선하는 데 미진한 면이 있는 것 같다. 아니면 진영의 장수들이 명령을 이행하는 데 태만했기 때문인가?

강을 건너가서 정탐하는 일이 요긴해 보이지만 적의 소굴을 속속들이 알기 위해 너무 멀리 깊숙이 들어가는 것은 오늘의 급선무가 아니다. 당면해서 해도 늦지 않은 일이었다. 내가 중지시키고 싶었으면서도 미처 말하지 않았던 것이 매우 후회된다.

그리고 다음과 같은 의견이 제출된 바 있다.

'이적들을 상대하는 방법은 인의로 감복시킬 도리는 없으며, 날과 달로 계산할 수도 없고 지구전을 벌여야 합니다. 정예병을 몇백명 혹은 몇천명을 뽑아서 해마다 토벌작전을 벌이되 소굴을 불지르기도 하고 곡식을 짓밟아버리기도 하며, 번갈아 쳐들어갔다 나오고 하면 2, 3년을 지나지 않아서 저들은 필시 피폐하게 될 것입니다.

　수나라가 진陳나라를 취할 적에도 고경高熲[26]의 계책을 써서 적대국이 추수할 즈음에 군마를 몰아 진격하겠다는 말을 퍼뜨리니 저들은 군사를 집결시켜서 지키느라고 추수철을 놓치고 말았습니다. 또한 강남 지방은 가옥을 대체로 짚과 대나무로 얽었고 곡식들을 한데 쌓아두고 있었기에 몰래 인력을 파견해서 바람을 이용해 불을 질렀던 것입니다. 복구를 하면 다시 또 불을 질렀습니다. 이렇게 몇 해를 계속하자 저들은 인력과 물력이 고갈되어 금방 무너질 형세가 눈앞에 보였습니다.

　지금 파저강의 적은 사냥하기를 좋아한다지만 대체로 날것을 먹고 농사를 지어서 생계를 이어가는 형편입니다. 만약 정예병 2~3천명이 있어 살진 말을 타고 두툼한 옷을 입고 우비를 갖추고서 매년 추수할 무렵 불시에 습격해서 저들 집을 불태우고 곡식을 짓밟고 하여 몇 해를 이처럼 계속하면 적들의 소굴을 거의 소탕할 수 있게 될 것입니다.'

　나 역시 북방 지역은 일찍 추워지고 가을비가 올까 걱정되기는 하지만 살진 말에 두툼한 옷을 입은 군사를 뽑아서 제안한 계책대로 실시하면 무슨 큰 낭패야 보겠는가 생각된다. 저들은 소굴을 잃게 되어 우리 북방이 안정될 것이다. 경의 생각은 어떠한가? 아울러 가부를 헤아려 아뢰도록 하라."

　당초에 상이 직접 쓴 전지를 도승지 신인손申引孫과 좌부승지 김돈金墩에게 보이며 "이 글 내용을 너희들은 어떻게 생각하느냐? 만일 고쳐야 할 것이 있으면 고쳐도 좋다"고 말했다.

　이에 신인손 등은 "말씀이 아주 타당해서 고칠 것이 없습니다"라고 대

26　고경(高熲): 본디 발해 출신으로 양견(楊堅, 수 문제)을 도와 수나라가 천하를 통일하는 데 공이 컸던 인물. 여기에 거론된 내용은 수나라가 통일 과정에서 남조의 진나라를 멸망시킬 때의 일이다.

답했다. 김돈은 덧붙여 아뢰기를, "파저강의 적은 해마다 변경을 침입하여 우리 인민들을 죽이고 붙잡아 가는데 변방의 장수들이 누차 방어에 실패하였습니다. 방어하기가 정벌하기보다 힘듭니다. 신은 원하옵건대 수나라가 진나라를 취했던 계책을 쓰되 도내의 정병을 뽑아 번갈아서 들어가고 나오고 하며, 저들의 소굴을 불 지르고 들판의 곡식을 짓밟아버리기를 몇 년 동안 계속하면 저들은 필시 곤경에 빠지고 우리는 뜻을 이루게 될 것입니다"라고 했다. 신인손도 "신의 생각 역시 김돈의 말과 같습니다"라고 아뢰었다.

이에 상이 말씀하기를 "내가 토벌하려고 생각한 것이 오래전이었다. 너희들도 찬성을 했으니 이것을 다시 정리해서 내려 보내도록 하라"고 지시했다.

그날 상이 재차 사정전으로 나와서 신인손과 김돈을 다시 불러 일렀다. "내 마음을 경들은 이미 알았을 것이다. 계축년에 정벌할 때도 뒤에 또 정벌할 생각이 없지 않았으나 지금까지 참아왔다. 저들은 잘못을 뉘우치지 않고 더욱 악독한 짓을 일삼고 있다. 더구나 황제의 칙서에도 저들을 소탕하라고 하지 않았던가. 나는 정벌하지 않는 편이 유리하다는 생각을 전혀 하지 않는다. 이천이 올린 글에도 도내의 정병만 동원하자고 했으니 이렇게 하면 큰 폐단은 없을 것이다. 그런데 우리나라 사람들은 성격이 경솔하고 조급하여 매사에 떠들고 숨길 줄은 모른다. 너희 두 사람 이외에 어느 누구도 알지 못하게 할 일이다."

신인손 등은 "외부 사람이 알면 계책에 아무 도움이 없고 비밀이 누설될 우려가 있습니다. 큰 계책을 알게 해서는 안 됩니다. 유의하겠습니다"라고 아뢰었다.

상이 말했다. "원로의 신하들은 모두 선유先儒의 뜻을 따라 '오면 달래고 도망가면 쫓지 않는다'는 옛말만 고수하여 매양 정벌해서는 안 되고 강역을 지켜야 한다고 주장한다. 이 말이 좋기야 하지만 이만주가 살고 있는 곳은 우리 국경과의 거리가 하루이틀 길밖에 되지 않는다. 그런데 홀랄온을 핑계 대면서 해마다 고약한 짓을 하고 있다. 우리는 애써 참는데도 저들은 전의 악행을 고칠 줄 모른다. 변경 백성들의 고통은 이루 다 말할 수 없다. 저들을 방비하는 어려움은 실로 정벌하는 것보다 더 힘들다. 지난번에 찬성贊成 신개申槩도 '토벌하지 않을 수 없다'는 취지로 건의했다. 너희 두 사람은 날이 어둡거든 신개의 집으로 가서 자세한 계책을 정하도록 하라. 다른 사람은 절대로 알지 못하게 하라."

신인손과 김돈이 저녁에 신개의 집으로 가서 함께 군사를 출동할 계책을 논의하여 모두 12조목을 정했다.

1. 싸우는 현장의 일은 장군이 전결함. 변경 가까이 있는 작은 도적들은 변경의 장수가 그때그때 사정대로 처리할 것이고 조정의 지휘를 기다릴 필요 없음.

2. 저 적들이 벌써 여러 번 침략했으니 토벌하지 않을 수 없음. 나아가 토벌하면 여러 차례 출동해야 할 터인데 그때마다 불시에 움직여야 할 것임. 얼마나 자주 할 것인가는 형세에 따라 결정할 일임.

3. 본도의 병마를 쓰되 정예로 뽑아야 하며, 3개 번으로 나누어서 먼저 번의 병마가 나가면 다음 번의 병마가 이어서 나가게 되며, 다음 병마가 당도하면 앞의 병마가 물러서 서로 성원聲援(엇물려 협력을 이룸)이 되게 함. 이와 같이 두세번을 하게 되면 저들은 필시 멀리 달아나거나 귀순할 것임.

4. 내금위, 별시위, 갑사 중에서 용맹과 지략이 있는 자들을 뽑아 변경의 각 고을마다 10여명씩 방어에 나가는 명목으로 7월 보름께 보내주는 문제.

5. 화포 훈련관과 화약 장인을 절제사의 보고를 기다려서 적절히 더 보내주는 문제.

6. 도내의 수령 중에서 군사를 거느리기에 부적합한 자를 바꾸어 임명하는 문제.

7. 조련을 시켜 탈 수 있는 말 100여필을 도내의 각 고을에 나누어 보내 기르도록 하는 문제.

8. 근래 각 고을에서 정찰을 보낸 인원들이 또 붙잡혔으므로 저들이 필시 작심하고 무리를 지어 나올 것임. 마땅히 기병정찰 50~60명을 파견하여 50~60리, 혹은 1백여리쯤 들어가되 밤에는 가고 낮에는 숨어 있으면서 높은 곳에서 엿보다가 저들을 보면 곧장 달려가서 나포해 돌아오도록 함. 저들이 사는 곳을 알자는 데 목적이 있으므로 많이 붙잡을 필요는 없음. 그런데 정찰은 비밀로 하는 것이 필수이므로 기병을 쓰면 말을 여러 필 숨기기 어려울 것이고, 보병을 쓰면 비밀을 유지하기 좋으나 기병이 추격해 올 경우 벗어나기 어려울 것임. 이 문제를 생각해야 할 것임.

9. 마른 식량은 도절제사가 적절히 준비하도록 함.

10. 강을 건너는 배는 도절제사가 맡아 제조하도록 함.

11. 양식과 말먹이, 우비와 무기 등은 도절제사가 마련할 것임.

12. 상으로 줄 포화布貨를 절제사의 보고에 따라 적절히 내려보내는 문제.

이를 다음 날 올리자 상이 "좋다" 하고서 몇 조목을 추가해 넣도록 했다.

추가 1. 계축년처럼 대규모로 출동을 한다면 한번은 해볼 수 있지만 재차 그렇게 하기는 어렵기 때문에 북쪽 변경의 문제를 전적으로 경에게 맡기는 것이다. 의당 도내의 정병을 1백여명 혹은 1천여명을 뽑아서 수색하되, 혹은 드물게 혹은 자주 적의 소굴을 수시로 출동해서 강 건너로 들어가 산과 들에서 사냥을 하든지 근방을 돌아다니면서 토벌할 것처럼 하면 저들은 반드시 농사를 폐하고 방어에만 겨를이 없을 것이다. 저들이 군사를 집결시키면 우리는 곧 군사를 파해 물러나고, 이렇게 하기를 계속하면 저들은 마침내 해이하게 될 것이다. 그때를 틈타서 기습을 하면 우리 뜻을 이룰 수 있게 될 것이다.

추가 2. 수시로 군사를 동원해 보내자면 여름철에는 본래 방어를 맡은 군사의 수가 적기 때문에 남도의 군졸들을 더 징발하지 않을 수 없게 된다. 겨울에는 남도의 군사들을 추가로 더 많이 올라오게 하는데 그렇다면 아직 동원하지 않은 남도의 군사들까지 다 징발해야만 가능하겠는가? 아직 징발하지 않은 남도의 군사는 쓰지 않더라도 가능하지 않겠는가.

추가 3. 나는 초목이 아직 시들지 않아 말을 먹이기 좋을 때에 군사를 출동하고 싶은데 경의 생각은 어떠한가? 깊숙이 들어가서 칠 때에 들에 곡식을 짓밟아버리고 마당에 있는 곡식을 태워버리든지 집들을 파괴하고 마소를 노획해 오면 우리가 적군을 하나도 만나지 못하고 돌아오더라도 좋다. 저들이 우리의 기병이 연이어 자기네 소굴 근처에서 횡행하고 있는 줄을 알면 반드시 겁을 집어먹고 불안해할 것이다. 어느 겨를에 우리를 침범하려 들겠는가. 이렇게 되면 우리에게 이로운 일이다.

추가 4. 대규모로 출동을 하려고 하면 우리가 적의 소굴을 몰라서는 안 될 것이다. 우리가 적의 소굴을 모르고 함부로 군대를 출동시켰다가 아무 성과 없이 돌아오는 경우 상국上國(명나라)이 듣게 되면 웃음거리만 되지 않겠는가. 반드시 적의 소굴을 파악한 다음 출병을 하는 것이 옳다. 장차 무슨 방법으로 알아낼 수 있겠는가?"

신인손 등이 신개의 초안과 함께 써서 올리니 상이 또 손수 한 조목을 더 써넣었다. "경은 이상의 16개 조를 여러 번 생각해보아 좋다든가 나쁘다든가 느리다든가 빠르다든가 혹은 별도로 딴 계책이 있다든가 하면 자세히 비밀보고를 하도록 하라."

드디어 이 사목事目(일에 관한 규칙)을 이천에게 내려주도록 명했다.

—『실록』, 세종 19년(1437) 6월 19일

국방: 동북 지방

북쪽 야인을 제압하기 위해 간첩을 쓰는 문제를 의논함

함길도咸吉道(함경도) 감사 정흠지鄭欽之에게 다음과 같이 전지했다.

"근래 야인野人들이 해마다 변경을 침입하는데 혹은 이만주는 '홀랄온忽刺溫이 변경에 침략한 일은 자기와 무관하며 우리 파저강 사람들도 저들의 노략질을 당한다'고 말하지만 나는 변경을 침략한 자들이 과연 누군지를 모르겠다. 그 도道(함길도)에 살고 있는 오량합吾良哈, 알타리斡朶里, 올적합兀狄哈 등에서 홀랄온과 상통하는 자들이 당연히 많을 것이다. 그래서 도절제사 김종서에게 인편을 통해 사실을 알아보게 했다. 김종서金宗瑞의 보고는 이러했다.

'알타리의 태수와 올량합의 복아한卜兒罕 등이 하는 말이 홀랄온, 올적합, 사롱합沙弄哈, 내이거모도도호乃伊巨毛都好 등이 5월에 군사 500명을 거느리고 파저강에서 떠나 사롱합은 여연閭延으로 침입하고 내이거모도도호는 이만주가 살고 있는 지역을 침입했다 합니다. 두 사람의 말이 이구동성이므로 믿을 만한 것 같습니다. 그러나 이곳 야인들은 이만주나 그의 아래 있는 자들과 혈연으로 연결되기도 하고 혹은 혼인관계로 맺어지기도 하여 좋고 나쁘고 간에 같이 누리고 있으니 이 말을 그대로 믿을 수 없습니다.

예로부터 적국을 상대할 때는 반드시 적국의 정상과 허실, 도로가 직통인가 우회인가, 평탄한가 험악한가 등의 형편을 알아야 합니다. 그러자면 우리를 위해서는 당연히 간첩을 잘 이용해야 합니다. 사롱합과 내이거모도호 등은 함께 군사를 일으켜서 두 패로 나누어 한쪽은 우리 변경을 침입했고 다른 한편은 이만주를 침입하였습니다. 이렇게 움직인 데는 필시 내막이 있을 것이니 이를 몰라서는 안 됩니다. 이만주는 우리에게 감정이 있어 홀랄온에게 군사를 청한 것이니 내실은 같은 마음이면서 겉으로는 서로 원수인 듯이 꾸미는 것입니다. 저들의 드러나지 않은 속마음을 몰라서는 안 될 것입니다. 홀랄온이 살고 있는 지역의 산천이 험악한지 어떤지, 부락이 많고 적은지, 군대의 강약허실 및 우리 땅과의 거리, 도로 사정 등도 몰라서는 안 될 것입니다.

되놈들은 성질이 탐욕이 많아 잇속으로 유인하면 부자 간이라도 그 실정을 알아낼 수 있습니다. 올량합과 알타리가 홀랄온과 어떤 관계에 있는지를 알아내려고 하면 뇌물을 후하게 주어서 저들의 마음을 사야 합니다. 또 우리나라의 통역 중에서 신중하고도 저들과 친밀한 자를 택하여 호복胡服을 입히고 왕복의 비용을 넉넉히 주어서 홀랄온 부족 쪽으로 들여보내되 날짜에 구애됨이 없이 마음대로 오가게 하면 저들의 실정을 탐지할 수 있을 것입니다. 이와 같이 몇 년을 하면 저들의 내막을 모두 파악할 수 있습니다.'

나는 '김종서가 올린 계책이 참으로 좋다. 이제 의정부에서 대신들과 의논해보라'고 했다.

혹자는 말하기를 '올량합과 알타리 중에 홀랄온과 인연이 있는 자를 구하기 어려운데 구하더라도 그 속셈을 짐작하기가 어렵습니다. 그리고 통사通士(통역자)를 보냈다가 만일에 탄로가 나면 이를 장차 어떻게 하겠습니까? 매우 위험한 계교로 봅니다'라고 했다.

혹은 말하기를 '예로부터 적정을 알기 위해서는 당연히 첩자를 썼습니다. 첩자가 홀랄온에게 직접 들어가지 못하더라도 어떤 인연으로 이만주나 심타납노沈吒納奴 림합라林哈剌 등의 처소에 자주 드나들면서 관하에 있는 자들에게 몰래 뇌물을 바치면 저들이 필시 다 이야기하게 될 것입니다. 이런 식으로 하여 세곳의 말을 종합해서 맞춰보면 실정을 파악할 수 있을 것입니다'라고 했다.

혹은 말하기를 '변방의 방비를 빈틈없이 하더라도 저들의 실상을 모르고 있으면 장님이나 귀머거리와 다름없습니다. 예로부터 모름지기 반간反

間(첩자를 이용해 이간질하는 것)의 계교를 써서 효과를 보았던 것입니다. 그런데 우리나라의 통사들은 다 사리에 밝지 못하기 때문에 이런 일을 도모할 사람을 찾기 어렵습니다. 만일 탄로가 나고 보면 장차 어떻게 되겠습니까. 차라리 홀랄온이나 파저강의 야인들 가운데서 우리와 서로 가깝게 잘 지내고 가히 일을 더불어 도모할 자가 있으면 그의 처자식들을 친히 돌보아주면서 재물을 많이 주어 들여보내 저들의 인력과 허실이 어떤지, 언제 쳐들어올 것인지를 탐지해서 알려주도록 하며, 과연 그의 말이 적중하면 공로에 대해 보상을 후하게 합니다. 그러면 야인들이 다투어 첩자가 되겠다고 나설 터이니 저들의 움직임을 어느 정도 알아낼 수 있을 것입니다'라고 했다.

이처럼 의론이 분분해서 나는 요령을 잡을 수가 없었다. 생각에 이만주가 매년 침략해서 무고한 백성을 죽이고 잡아가고 있으니 마땅히 죄를 물어야 할 테지만 흉년을 만난 지금 많은 군사를 움직이기 곤란하기 때문에 우선 내버려두고 있다. 그런데 자고로 장군이 적과 대치해 싸울 적에는 반드시 간첩을 썼다. 그렇지 않고는 적정을 알아내고 임기응변을 할 도리가 없다고 한다.

이만주가 누차 변경을 침략하면서도 홀랄온의 소행이라고 떠넘기는데 우리나라에서는 그 진상을 모르고 저들의 술수에 넘어가는 것 같다. 누가 우리나라에 지모가 있는 사람이 있다고 하겠는가? 김종서가 말한 대로 해야만, 방어하는 데 있어서나 정벌하는 데 있어서나 제대로 된 계책을 세워나갈 수 있을 것이다.

그런데 우리나라의 통사 중에는 신중하고 치밀한 자는 아주 드물다. 혹시 붙잡히는 일이 있더라도, 왕숭王嵩이 원호元昊에게 사신으로 갔다가 매를 맞고 극도로 고통을 당하여 다 죽게 되어서도 끝내 실토를 하지 않았던 것처럼[27] 할 자가 과연 있겠는가? 저 홀랄온이 혹 붙잡아 가두고 갖은 위협을 가하면 어쩔 수 없이 간첩을 한 정황을 토로하게 되어 변경의 계책이 누설될 수 있다. 그렇게 되면 홀랄온의 무리들이 앞으로 소요를 일으킬 뿐 아니라 혹시 이를 명나라에서 듣게라도 되면 웃음거리가 될 것이다.

옛날 장수들도 적 편의 사람을 이용해서 적정을 알아낸 일이 허다했다. 역사책을 상고해보면 분명히 알 수 있다. 저 야인들은 의리를 생각지 않고 성질이 본디 재물을 탐내니 변경 가까이 연해서 사는 야인으로 홀랄온과 파저강에 인연이 있는 자들을 골라서 베와 비단, 곡식과 소금 등속으로 유혹을 하고 처자들을 잘 돌보아주면서 사적으로 내왕하게 한다면 몇 해 안 가서 홀랄온과 이만주 사이의 내막을 죄다 알아낼 수 있을 것이다. 만일 붙잡히더라도 우리가 공격하는 것도 아니고 그가 우리나라 사람도 아닌 바에야 우리에게 어떻게 하겠는가?

경이 김종서 및 회령부사 이징옥李澄玉 등과 한자리에 모여서 계책이 적절한지 숙의해서 자세히 보고할 것이다. 만약 다른 계책이 있으면 감추지 말고 아울러 보고하도록 하라."

정흠지, 김종서, 이징옥 등이 함께 의논하고 나서 다음과 같은 장계를 급히 올렸다.

"훌륭한 장수인지 아닌지의 여부는 다른 것이 없고 첩자를 잘 써서 적정을 알아내고 기강을 엄히 세워 아군의 계교는 새나가지 않도록 하는 데 달려 있습니다. 적정을 먼저 아는 자는 승리하고 알지 못하는 자는 패배하는 것이 고금의 통상적인 일입니다. 또한 병법에 이르기를 '여러 해 서로 대치한 상태에서 승기를 잡을 결정적 기회에 백금의 재화를 아끼다가 적정을 알아내지 못하는 자는 장수가 될 수 없고 군주를 보좌할 수 없으며 승리를 주도할 수 없다'고 했는데, 바로 이를 두고 한 말입니다.

27　원호(元昊)는 서하국(西夏國)을 세운 이원호(李元昊)를 말한다. 서하국은 북송과 대립관계에 있었다. 왕숭(王嵩)은 북송에서 서하국에 사신으로 들어갔다가 붙잡혀 끝내 실토하지 않고 죽은 인물로 추정되는데 자세한 사적은 미상이다.

우리나라는 사면이 적과 경계를 이루고 있습니다. 큰 바다를 사이에 두고 있는 동남방은 우리가 전함을 구비한 이후로 왜인들이 침범하는 일이 없게 되었습니다. 이는 50년이 됩니다. 서북쪽의 변경은 온통 적들의 소굴과 연접되어 있어 오고 가는 것을 금할 수 없는 형편입니다. 그럼에도 저쪽의 도로 상태가 어떠하며 산천의 형세가 어떤지 하나도 탐지하지 못하고 있습니다. 적들은 우리의 허술함을 노려서 불시에 쳐들어오곤 합니다. 매년 노략질을 당하지 않는 때가 없음에도 여러 진의 변장들이 언제 적군이 쳐들어올지 모르고 있는 형편이니 어떻게 때에 맞춰 적을 대응할 수 있겠습니까?

서쪽의 압록강과 동쪽의 두만강 이북으로는 산천이 험악한지 평탄한지, 도로가 굽었는지 곧은지, 적군의 허실이 어떠한지 등에 대해 변경에 오랫동안 있었던 노련한 장수나 고참 병사들도 아는 자가 거의 없습니다. 그러니 나머지 사람들이야 말할 것이 있겠습니까? 이처럼 적을 알지 못하는 상태에서 이미 우리를 익히 알고 있는 적을 상대하는 까닭에 언제고 저들에게 낭패를 당하는 것입니다.

지금 시급한 걱정거리는 이만주입니다. 범찰凡察과 홀랄온이 화살을 날려 서로 연락해서 비밀히 결탁하고 있다고 하는 말이 있으니 이 실정도 모두 다 몰라서는 안 될 것입니다. 이 문제는 의당 성상께서 말씀하신 대로 홀랄온이나 파저강과 제각기 인연을 맺어온 변경 지역의 야인들을 큰 이익으로 유혹하고 저들의 처자식에게까지 뇌물을 쓰고 나서, 저들이 일가나 친척들을 만난다는 구실을 만들어 서로 왕래하면서 저편의 실정을 알아보도록 하는 것이 좋겠습니다. 이렇게 두번 세번 하다 보면 두곳의 정황을 자세히 얻어낼 도리가 생길 것입니다. 이와 같이 하는 것이 지금 정황에 맞을 뿐만 아니라 옛사람들이 첩자를 이용했다는 뜻에도 맞습니다.

신등의 소견에도 다른 계책이 없습니다. 또한 저희들에게 홀랄온이나 파저강에 인연을 맺고 있는 야인도 있습니다. 하지만 너무 서두르다가는 일이 제대로 안 될 우려가 있고 설사 일이 이루어진다고 하더라도 노출될 우려도 있습니다. 노출이 되지 않아야만 첩자를 이용하는 방도가 됩니다.

이징옥에게 이 일을 관장하도록 맡기고 김종서에게 계책을 총괄하도록 하시되, 기일을 한정하지 말고 기회를 엿보면서 잘 도모하면 반드시 계책이 성공할 것입니다.

대저 일에 당해서는 첩자를 잘 이용하는 것이 제일 중요하고, 그러자면 비밀을 유지하는 것이 제일 중요하며, 그러자면 보상을 후하게 하는 것이 또 제일 중요합니다. 논의한 내용은 사람들이 절대 알지 못하도록 비밀로 해야 할 것이요, 재물을 마음대로 충분히 쓸 수 있도록 해야 합니다. 신들의 얕은 소견은 여기까지입니다."

상은 즉시 의정부에 의논하도록 했다.

영의정 황희 등은 "가까이 있는 야인 중에 자기 동족과 등을 지고서 우리나라에 정성을 다 바칠 자가 있다면 해볼 수 있겠습니다. 그러나 저들은 배반을 잘하여 믿기 어렵습니다. 만약 우리나라의 실정을 먼저 그들에게 넘겨주고 저희에게는 거짓 정보를 전하면 아무 이득이 없이 손해만 입게 됩니다"라고 말했다.

참찬 하연河演 등은 "예전에 왜적이 한참 설쳐댈 적에는 북쪽의 적들보다 더 대단하였습니다. 나라에서 윤명尹銘[28] 등을 보내 쌀과 물화를 넉넉히 주고 적의 소굴 속으로 드나들면서 장사도 하고 적의 우두머리에게 선물도 바쳤습니다. 이에 저들은 이익을 탐내서 노략질을 하지 않게 되어 우리 백성들이 비로소 소생할 수 있었습니다. 이는 기왕에 있었던 사실입니다. 지금 성상이 말씀하신 대로 평소 왕래가 있는 변경 근처의 야인 중에서 사

---

28 윤명(尹銘): 태종 6년(1406)에 검교 공조참의로서 일본에 보빙사(報聘使)로 갔던 인물. 그가 갈 때 은병, 은관자, 은종 등등 많은 예물을 가지고 갔던 것으로 기록되어 있다. 구체적인 사실은 미상이다.

람을 구해 저들이 귀하게 여기는 물건을 주어 마음을 산 다음, 처음부터 첩자 행위를 하려 들지 말고 장사를 하며 친숙해지기로만 힘을 쓰면 그는 필시 이익을 취해 오고 가고 할 것입니다. 실제로 반간의 행위를 하여 적정을 다 알아낼 수 있게 됩니다. 혹시 붙잡히는 일이 있더라도 저들은 별다른 의심을 않게 될 것입니다"라고 했다.

즉시 정흠지, 김종서, 이징옥 등에게 다음과 같이 전지를 했다.

"지금 경들이 올린 계책은 참 좋다. 대신들에게 의론을 붙여보았더니 가하다거니 불가하다거니 하여 의논이 분분했다. 나의 생각에, 저들 때문에 일어난 사건에다가 저쪽 사람을 첩자로 이용할 때는 고려할 점이 있다. 그자의 속마음을 우리가 알 수 없으니 우리나라의 내막을 누설시키기라도 하면 큰 문제이다. 그렇게 되어서는 안 되는 것은 너무도 명백하다. 반드시 그가 첩자라는 사실을 모르게 해야 가능한 일이다. 이제 야인 중에 저들과 관계를 가진 자를 택해서 그의 사적인 일처럼 해서 반간의 계교를 쓰되, 후한 보상에 현혹이 되어 그 자신 반간을 하고 있는 줄을 알지 못하도록 해야 한다. 그래야 그는 실정을 숨기지 않게 되고 우리도 계책을 성공할 수 있다. 상으로 쓰는 재화는 경들이 의논해서 적절히 마련하되 만약 여의치 않으면 즉시 보고할 것이다. 내가 바로 준비하게 해서 보내겠다."

—『실록』, 세종 18년(1436) 7월 18일

도절제사 김종서에게 내린 지시

함길도 도절제사에게 전지를 내렸다. 그 내용은 이러하다.

"신설한 네개의 고을은 우리 조종의 발상지인데 두만강으로 경계를 삼고 있다.

지난 경인년(1410)에 지키던 장수가 방어를 제대로 못해서 이곳이 드디어 되놈들이 놀며 사냥하는 땅이 되어버렸다.[29] 그 후로 동맹가첩목아童猛

哥帖木兒가 패망하는 데 이르러서 저들이 살고 있던 곳은 공한지空閒地가 되었다. 우리로서는 놓칠 수 없는 기회이다.

나의 생각은, 우리나라의 발상지를 빈 땅으로 버려둘 수 없는 노릇이다. 두만강은 하늘이 정해준 저들과 우리의 경계이다.

우리가 경원慶源에서 부거富居(부령)로 물러서게 되자 되놈들이 마음대로 강을 건너와서 멋대로 노략질을 하며, 혹은 며칠씩 머물기도 한다. 저들이 돌아갈 때까지 아무도 나서는 자가 없으므로 저들은 평지를 오가듯 하고 있다. 이 어찌 통탄할 노릇이 아닌가.

만약 우리가 다시 두만강을 경계로 회복하여 진지를 쭉 구축하고 북쪽 변경을 지키면 우리로서는 방어의 유리함이 있게 되고 저들은 두려운 마음이 생겨서 감히 두만강을 넘어오지 못하게 될 것이다.

또한 두만강 이남은 기름진 땅이 수백여리나 되어서 농사를 지으면 곡식이 무성해질 것이고 목축을 해도 우마가 필시 살져서 생민이 영구히 자리 잡고 살 고장이 될 수 있다. 그래서 지난 계축년(1433) 겨울에 경원부를 소다로蘇多老로 옮기고, 영북진寧北鎭을 아목하阿木河[30]로 옮겨서 남도 지방의 백성 2천 2백호를 이주시켰다. 그리고 강원도, 충청도, 경상도, 전라도 지역의 사람들을 모집해서 보충했던 것이다. 장차 부역과 조세를 경감시켜서 삶을 넉넉하게 해주고 군졸들을 양성하여 변경을 견고하게 하려고 함이었다. 그런데 마침 초년에는 일찍 가뭄이 들었던 데다가 큰 눈까지 내려서 가축들이 많이 폐사했고 이듬해에는 전염병이 크게 돌아서 사망자가 많았다.

새로 이주해 간 사람들은 안정하지 못하고 고향땅으로 돌아가기를 생각하여 간혹 도망을 친 자들까지 있었다. 이에 말을 만들어내는 부류들이 '새로 설치한 고을은 오래 유지할 수 없으니 금방 폐지될 것이다'라고 했

---

29 우디거 여진의 부족들이 오도리 여진과 결탁하여 경원부를 침입한 사건.

30 아목하(阿木河):『동국여지승람』에 회령의 별칭으로 나와 있다.

다. 몇몇 재상들까지 '고려 때에도 두만강을 경계로 하는 영역을 확정 짓지 못했으니 지금 역시 마천령摩天嶺을 경계로 삼아야 지킬 수 있다'고 주장을 했다. 중앙과 지방의 사람들이 허튼소리에 크게 동요되었으나, 나는 대원칙을 고수하여 잡스런 말들에 흔들리지 않았다. 그리하여 북쪽 관문에 대한 문제는 전적으로 경에게 위임해서 경이 계획하고 실행하도록 한 것이다.

지난해에는 농사가 자못 잘되어서 백성들이 비로소 안착할 마음이 생기고 살아가는 즐거움도 느끼게 되었다. 그러나 백성들이 자기 고향을 잊었다고 말할 수 있겠는가. 또한 윗사람을 가까이 생각하고 나라를 위해 죽을 뜻이 있는지는 더구나 알 수 없는 노릇이다.

또 지난해 9월에 올적합 부족이 경원부를 침입하여 사람을 죽이고 가축 300여두를 붙잡아 갔다. 이는 지키는 장수가 태만한 탓이지만 민심이 필시 놀라고 동요해서 더욱 불안해할 것이다.

회령 땅은 범찰凡察[31]의 부락들이 우리 백성과 섞여 있기 때문에 조금이라도 무슨 범죄가 있으면 태형이나 장형을 용서 없이 가하는 데다가 주민들이 야인을 구타하는 일도 발생해서 두만강 안쪽에 있던 그들의 부락들이 점점 강 건너로 이동하고 있다. 그러니 귀화한 범찰의 부락들이 진심으로 귀화한 것인지, 아니면 사세부득이해서 그런 것인지 모르겠다.

지난해에 회령진의 성을 쌓을 때 범찰이 말하기를 '석성은 쌓아 무엇하겠는가'라고 했으니 저들의 간계가 이미 단초를 드러낸 것이다.

경원에 침입한 올량합 부족 또한 그렇다. 저들은 우리의 4진鎭이 철수하게 되면 이 땅에서 농사도 짓고 목축도 하면서 자기들 마음대로 살아갈 수 있으리라 하여 간교한 꾀를 다 부리는 것이다. 지금 4진을 설치하여 군사

---

31 범찰(凡察): 동맹가첩목아의 동생으로, 그가 패망할 때 우리 변경으로 들어온 인물이다. 김택영의 기록에 의하면 범찰은 동맹가의 족인으로 뒤에 건주(建州)로 다시 돌아갔는데 청나라의 조상이라고 했다(『한사계韓史綮』 권1, 세종 정사조).

로 압박을 가하니 저들로서는 등에 가시를 지고 다니는 셈이다. 그들은 깊숙한 곳으로 피해 가고 싶겠지만 올적합의 여러 부족들에게 필시 노예처럼 부림을 당하게 될 것이다. 그대로 살자고 하니 마음에 편치 않고 피해 떠나자니 자신들이 욕을 당하게 되기 마련이다. 진퇴가 어려운 것이 이러하니 저들이 우리 4진의 병사를 두려워하는 것은 명백하다.

4진에 영구히 네 고을을 세워서 야인들을 압박하면 우리 백성들의 마음이 동요하지 않고 야인들의 마음도 역시 저절로 정해질 것이다. 변경의 적들이 침략을 하고 싶더라도 필시 길잡이로 나설 자가 없게 될 것이다. 어찌 중앙과 지방에서 시끄럽게 떠들어 우리 백성들의 의혹을 불러일으키고 야인들이 우리를 엿보도록 할 것이랴! 지난해 경원으로 침입한 적도 저들이 길잡이 노릇을 한 것이 아닐 줄을 어떻게 알 것인가?

야인들은 본디 탐욕스럽기가 한량이 없다. 이전에 변경을 침략했을 때는 재물만 요구하고 다른 것은 돌아보지 않더니 지난해 경원으로 쳐들어온 자들은 사람과 가축만 노략질한 것이 아니고 심지어는 곡식 노적에 불을 질렀고 사람들이 사는 움집에도 불을 질렀다. 그 화가 참혹하기 이를 데 없었다. 근방의 야인들이 올적합 부족을 끌어들여서 마구 살상을 하여 우리의 4진을 절대 건설하지 못하도록 하자는 속셈임이 분명했다.

이런 등으로 말하자면 우리 백성들은 심지가 아직 견고하지 못한데 저들은 엿보기를 그만두지 않고 있다. 새로 이주해서 안주하지 못한 백성들을 거느리고 저들과 대적해서 이긴다는 것은 가망이 없는 노릇이다. 비록 한두번 이긴다 하더라도 저들이 우리를 원수로 여기는 것이 날로 더 심해지고 계교를 쓰는 것도 더욱 커질 것이므로 우리의 방비는 필시 오늘날보다 배나 더 어려워질 것임이 물론이다. 주민들이 동요하는 데다 싸움과 부역의 피로를 이루 다 말할 수 있겠는가. 이는 가볍게 움직여서 안 되는 첫번째 이유이다.

대저 사람이 하는 일은 아무리 조그마한 일이라도 반드시 천시를 따른

다음에라야 성공할 수 있다. 더구나 군사를 움직이는 큰일이야 말할 것이 있겠는가.『주역』에도 '고종이 귀방鬼方을 칠 때에 3년 만에야 이겼다'³²고 나와 있다. 어찌 일거에 쓸어버리고 싶은 마음이 없었으랴만 3년이 걸린 까닭은 천시에 맞는 기회를 기다린 때문이었다.

금년 하삼도下三道에 든 기근은 국가적 재난으로 이보다 더 심한 예가 없었다. 천도가 순탄치 않은 것을 잘 알 수 있다. 이는 가볍게 움직여서 안 되는 두번째 이유이다.

경은 일거에 적의 소굴을 소탕하고 싶어 한다. 피차의 형세를 헤아리지 않고서야 감히 이렇게 말할 수 있겠는가? 생각건대 반드시 승패와 이利·불리를 따져서 요청했을 것이다. 조정의 대신들 중에도 적의 굴혈을 소탕할 계책을 말하는 사람이 있다.

그런데 위魏의 무제武帝가 강동江東으로 방향을 돌렸을 때 그의 안중에는 이미 오吳·월越 같은 것은 없었다. 하지만 결국 적벽대전에서 크게 패했던 것이다.³³ 부견苻堅이 남쪽으로 동진東晉을 치려고 할 때는 군사들의 채찍만 던져도 강물을 막을 수 있다는 말이 있었지만 결국에는 비수淝水에서 대패했다.³⁴ 전쟁에서 승패를 예견할 수 없는 것이 이와 같다. 더구나 위나라 무제의 지략과 전진 부견의 웅걸스러움에 미치지 못함에 있어서야 말할 것이 있겠는가.

나는 저들이 우리 변경의 백성들을 살상하고 약탈해서 그 죄악이 쌓여 넘치기 때문에 정벌하고 싶은 생각이 가슴속에서 하루도 떠날 날이 없다.

---

32 여기서 고종은 은나라의 임금이며, 귀방은 아주 흉악한 지역을 뜻한다. 그런 곳을 공격하자면 시일을 오래 소요해야만 성사할 수 있다는 의미이다("高宗伐鬼方, 三年克之, 小人勿用." 『주역』「기제旣濟」).

33 위(魏)의 무제(武帝)는 삼국시대 조조(曹操)를 가리킨다. 조조가 강동(江東), 즉 오나라를 치려다가 적벽대전에서 대패했던 사실을 말하고 있다

34 부견(苻堅)은 중국 남북조시대 전진(前秦)의 임금. 북쪽 지역을 통일하고 남쪽의 동진(東晉)까지 치려고 했는데 그 병력이 굉장하여 군사들의 채찍을 던지면 큰 강을 막을 정도였다고 한다. 그러나 결국 대패하고 말았다.

그럼에도 지금 위에서 말한 두가지 어려움이 있기 때문에 가볍게 움직이지 못하고 있다. 참는 것이 좋다. 우리가 참고 있는데도 저들이 악독을 부리는 마음을 고치지 않는다면 그때는 정벌할 수 있다.

대체로 서두르다가는 목적을 달성할 수 없고 조그만 이익을 탐내다가는 대사를 그르칠 우려가 있다. 조나라 장수 이목李牧[35]은 안문雁門에 주둔하고 있을 때 군사들을 잘 먹이고 말타기와 활쏘기 훈련을 시키면서 봉홧불이 오르는 것을 조심하며 첩자를 많이 써서 적정을 파악했다. 적군이 쳐들어오면 즉시 성보城堡에 들어가곤 하여 몇 해가 지나도록 싸우려 들지 않았다. 사람들이 이목을 겁쟁이라고 비난하자 조나라 왕은 노해서 장수를 바꾸었다. 새로 부임한 장수는 적군이 쳐들어옴에 즉시 나가 싸우다가 대패하여, 이목을 다시 기용하자 전과 같이 대응했다. 사졸들이 분전하여 이에 흉노 기병 10만여명을 크게 격파했다. 이후로 10년간 적군이 감히 접근하지 못했다.

한나라 장수 조충국趙充國[36]은 먼저 계략을 철저히 세운 다음 싸움에 나서되 지극히 신중을 기했다. 군사를 써서 깊이 진입하자는 계교를 저지하고 둔전屯田을 하면서 편의를 도모할 계책을 짜서 세월을 끌어 결국 강족羌族이 멸망하고 말았다. 처음에는 다들 너무 늦장을 부리다가 기회를 놓치는 것으로 의심했지만 나중에는 사졸들을 괴롭게 하지 않고도 적들이 자멸하게 된 것이다. 그의 말에 '되놈을 쳐서 소탕시키기로 기약한다면 작은 이익은 탐낼 것이 없다'라고 했다. 옛날의 현명한 장수들이 가볍게 움직이지 않았던 것이 이와 같았다.

지금 여연閭延 땅을 두고 말하면 파저강의 적들이 우리 영토를 침범할

---

35 이목(李牧): 전국시대 조나라의 명장. 안문(雁門)에 있으면서 흉노를 방어하는 싸움에 방어 위주의 지구전을 편 것으로 유명하다. 안문은 중국의 지금 산서성(山西省)에 있었던 관문.

36 조충국(趙充國): 서한시대 명장. 강족이 반기를 들어 침입하자 70세로 부름을 받고 나가서 지구전을 펴 군사들에게 농사를 짓게 했다. 이를 둔전이라 불렀는데 둔전제도의 시초가 되었다.

적마다 사람을 죽이고 마소를 빼앗아 갔지만 지키고 있는 장수들은 겁부터 내서 추격해 공격하지 못했다. 나약함이 심했고 적들도 우리를 힘이 없다고 얕본 것이다. 금년 5월 1일에는 대낮에 강을 건너면서 고함치는 소리가 땅을 진동했고 조명간구자의 목책 밑까지 달려들었다. 때마침 만호 신귀申貴가 불의에 적을 급습해서 돌격하니 사기가 절로 배나 올랐다. 적군이 강을 미처 다 건너기도 전에 맞아 싸워서 비록 크게 이기지는 못했으나 적의 머리 하나를 베고 말 세마리를 빼앗았다. 적들은 피해서 달아나다가 혹은 물에 빠져 죽었으며, 갑옷이나 물건을 내버리고 간 것도 많았다. 이는 처음에 약해 보이다가 끝에 가서 승리를 얻은 사례이니 충분히 귀감으로 삼을 만하다.

사마의司馬懿와 제갈량諸葛亮이 위수渭水 남쪽에서 대치하고 있을 때 누구나 사마의가 패할 것으로 생각했다. 그러나 사마의는 100여일을 꼼짝 않고 아무리 조롱해도 끝끝내 경솔하게 움직이지 않아 마침내 승전을 했던 것이다. 이는 다름 아니라, 사마의에게 지극히 중대한 책무가 있었기 때문이다. 자고로 장수노릇 하는 데는 싸울 때를 아는 것이 가장 어렵다고 했다. 지구전을 해야 할 경우에 속전을 하는 것은 군사를 아는 자가 아니다. 싸워야 할 경우에 싸우지 않는 것 또한 싸울 줄 아는 자가 아니다.

경원의 적은 정해진 기일대로 칠 것이 없다. 장차 농사에 힘쓰고 군사를 기르며 천시를 기다리다가 민심이 확고해진 연후에 의리를 세우고 군사를 일으켜서 적의 소굴을 소탕하는 것이 옳다.

저들이 만약 보복을 하겠다고 전처럼 침략해 오면 우리는 반드시 군사를 일으켜서 방비가 허술한 지점부터 칠 것이다. 이와 같이 두세번 반복하면 저들은 필시 몇 해가 안 가서 물력과 병력이 바닥나 우리들의 뜻을 이루게 될 것이다. 저들이 혹시 잘못을 뉘우치고 마음을 고쳐먹고 귀화를 하면 변경이 안녕을 얻게 될 터이니 이는 우리에게 최상의 성과이다.

경은 이숙치李叔時, 이징옥, 박호문朴好問 등과 더불어 숙의하도록 할 것이다. 옛사람들의 성공과 실패를 귀감으로 삼되 오늘의 이해관계까지 참작하여 당장 공적 올리기에 서둘지 말고 느긋하게 잡아서 신중하게 군사를 길러 적을 섬멸하기로 기약할 일이다. 나의 이 뜻을 체득하도록 하라."

─『실록』, 세종 19년(1437) 5월 20일

김종서에게 보낸 친서, 이에 김종서가 올린 글

세종이 직접 친서를 내린 데는 그 배경에 심각한 이유가 있었다. 이에 관해 김택영金澤榮이 『한사경韓史綮』에서 기록한 대목을 인용해둔다. "김종서가 북진을 경영한 이래 매년 올량합과 이만주 등의 침략으로 인해 논하는 자들의 말이 많았다. '김종서는 유한한 인력을 가지고 불가능한 역사를 벌여서 외적들로 하여금 일을 내게 만들고 있다. 장차 불러올 화가 예측키 어려우니 처벌을 해야 마땅하다'는 말을 왕이 듣고 우려하여, 김종서에게 밀령을 내려 이해를 따져 보고하도록 한 것이다." 참고로 김종서가 올린 글까지 함께 붙인다.

상이 내전에서 친히 글을 짓고 세자에게 쓰도록 한 다음, 내시에게 주어 김종서에게 발송했다.

"당초 부거富居와 경원慶源의 백성이 다들 조정에 고하기를 '옛 경원 땅은 목축하기도 좋고 농사짓기 좋을 뿐 아니라 두만강이 있어서 방어하기에 쉽습니다. 그곳으로 옮겨 가서 살 수 있도록 해주길 청원하옵니다'라고 했다.

그리고 윤대輪對에서 어떤 신하가 아뢰기를 '예로부터 나라를 다스리는 자는 영토를 넓히기에 힘썼으니 공검진公嶮鎭37 남쪽의 땅을 버릴 수 없습니다'라고 했다. 또 학생들에게 보이는 시험에서 책문策問의 제목으로 이

---

37   공검진(公嶮鎭): 회령에 있는 지명으로, 예전에도 이곳에 진이 있었다.

문제를 출제한 적도 있다.

계축년(1433) 겨울에는 마침 올적합이 관독管禿 부자를 공격해서 죽인 까닭에 아목하阿木河의 부족은 추장이 없게 되었다.[38] 이때 의정부의 신하들이 논하기를 '강토는 포기해서는 안 되며 기회는 놓쳐서는 안 됩니다. 의당 강을 따라서 진을 설치하고 성곽을 높이 쌓아 군사와 백성을 많이 머무르게 해서 농사를 짓고 지키도록 하면 수자리를 서기 위해 멀리서 오는 폐단도 없앨 수 있을 것입니다. 만약 명나라에서 이곳에 추장이 없다는 말을 듣고 혹시 따로 조처를 취하기라도 하면 그때 가서는 후회해도 소용없을 것입니다'라고 했다.

종전에 공주孔州(경원)의 성은 높이가 사람의 키를 넘지 못하고 거주하는 백성이 400호 미만이었음에도 수십년 동안을 능히 지켜냈으니, 오늘의 계책은 실로 근심할 것이 없다. 다만 오늘날같이 융성할 때에는 인재를 얻는 일을 걱정할 필요가 없겠으나 후세에 기강이 해이해져서 변방의 장수가 적임자가 되지 못하면 그 점은 우려할 일이다. 비록 그러하나, 나라가 잘 다스려지고 혼란스러워지는 것도 달라지기 마련이라, 백대를 행운으로 계속되는 일은 없다는 것이 고금의 어쩔 수 없는 이치이다. 말세에 이르러 일어나는 파탄이 변경의 일뿐이겠는가. 이 점은 논할 것도 없다.

그런데 소소한 노략질까지는 영영 없애기 어렵다 하여도 대단한 사태는 일어나게 해서 안 된다는 것은 무엇 때문인가? 혐진嫌眞(여진)의 족속들은 본래 많지 않으며 저들이 사는 곳은 우리나라에서 6~7일 정도의 거리에 있으니 필시 파저강의 일을 들었을 것이다. 어찌 한심하지 않은가.

내가 생각하건대 경인년(1410) 사변이 일어났을 당시 논의하는 중에 혹자는 '공주는 사방으로 터진 곳이어서 지키기가 극히 어려운 지형이므로

---

38 세종 15년의 일로, 올적합의 공격을 받아 죽임을 당한 관독 부자를 다른 데서는 '童孟哥帖木兒 부자'라고 썼다. 아목하는 회령의 별칭이기도 한데 이는 여진어라고 한다(『동국여지승람』의 회령도호부조).

혁파하는 편이 낫겠다'고 주장했으며, 또 혹자는 '강토의 수백리를 버리고 적에게 내주어서 되겠는가? 틀림없이 저들이 우 몰려와서 차지할 것이다' 라고도 주장했다. 태종께서 '우리 강역 안에 되놈들이 살게 하는 것은 결코 안 된다. 그때마다 쫓아내면 무엇이 근심이겠는가'라고 했다. 그래서 공주부를 혁파하자는 의론을 따랐던 것이다.

그 후로 명나라가 공주 지역에 위衛[39]를 설치하려 한다는 소문을 듣고 조정에서는 크게 놀라 즉시 부거 지역에 경원부를 다시 설치했다. 이 점을 보면 태종께서도 이 지역을 포기하려 하지 않았던 것은 분명하다.

근년에 와서 올량합 부족 수백호가 차츰차츰 공주 등지로 들어오고 있다. 저들을 쫓아내고 싶어서 여러 대신들과 의논하니 모두 '야인들은 강제로 몰아낼 도리가 없으며 그대로 두고 무마하는 편이 좋다'고 한다. 의정부 신하들의 말도 이렇게 나오는데 태종께서 '그때마다 곧 쫓아내라'고 하신 말씀의 뜻에 비추어보면 어떠한가? 수십년이 지나지 않아 야인들이 들어와 퍼져 살게 될 것이다.

근래 들자니 장내관張內官[40]이 공주 등지에서 겨울 동안 머물러 있으면서 해동청海東靑(매)과 토표土豹(스라소니)를 잡아가지고 돌아갔다는데, 아목하에는 계속 추장이 없었다고 한다. 지난번 들리는 소문이 그렇더니 지금 장내관과 아목하의 일이 또 그렇다 한다. 자주 명나라가 야인들을 제압하고 해동청을 잡아가려는 것이다. 명나라가 만약 추장이 없는 틈을 타서 이곳에 위衛를 설치하여 야인을 통제하면서 해동청을 잡아가고 우리나라는 이미 포기한 상태가 되면 다시 무슨 말로 우리 권리를 주장할 수 있겠는가? 기회를 놓쳐서는 안 된다는 주장은 내 뜻에 꼭 부합이 된다.

만약 태종께서 쓰지 않았던 계책을 지금 다시 시행할 수 없다고 말한다

---

39 위(衛): 명나라가 여진족의 지역에 설치한 통치 단위. 건주위(建州衛)가 대표적인 것인데 동북 야인이 있는 지역에 '좌건주위'를 설치하려는 움직임이 있었다.

40 장내관(張內官): 명나라 궁정의 환관으로 추정되는 인물.

면 그것은 그렇지 않다. 야인을 즉시 몰아내라고 하신 태종의 지시는 받들어 행하지 못하면서 이 말만 내세우는 것이 어찌 옳겠는가? 더구나 태조께서 이미 이룩해놓은 사업이므로 받들어 행하는 것이 당연한 일이다.

혹시 또, 용성龍城[41]은 극히 중요한 거점이니 이곳을 관문으로 삼으면 우리가 마음 편히 지낼 수 있다고 말한다면, 그것은 더욱 그렇지 않다. 용성을 경계로 삼고 보면 야인들이 들어와 사는 것도 용성을 경계로 하게 될 것이고 길주吉州를 경계로 삼고 보면 야인들이 사는 곳도 길주를 경계로 하게 된다. 한계가 없다. 더구나 용성 남쪽으로는 적들이 진입할 길이 한두 곳이 아니다. 내가 취하고 버리는 계책, 근본과 지엽의 계책이 어떻다는 점을 경도 잘 알 터이다.

지난해 9월의 사태는 지세가 불리해서 그렇게 된 것이 아니고 진영의 장수가 적임자가 아니어서 그렇게 된 일이다. 용성으로 경계를 삼으면 이곳은 군사 한명이 지켜도 만명을 막아낼 그런 요새도 아니고 오히려 사방으로 적을 맞아야 할 곳이다. 주민들이 들판에 널려 있으니 지난해와 같은 사태가 꼭 없으리라고 보장하기 더욱 어렵다. 바로 경인년의 일이 그렇다. 이런 점에 근거해서 말하건대 오늘날에는 변방을 개척해나가는 것이 제일 상책임은 의심할 여지가 없다.

그런데 뜻하지 않게 첫해는 큰 눈이 내렸고 이듬해는 크게 전염병이 돌아 사람과 가축이 많이 죽었다. 지난해에도 적의 침략으로 붙잡혀 가고 죽은 사람이 적지 않았다. 하지만 큰일을 이루자면 초기에는 좋지 않은 일이 생기더라도 후일에는 반드시 좋은 효과가 있을 것이다.

지금 당장에 또 우려되는 문제가 있기에 글을 써서 경에게 깨우치는 바이다.

오늘날 우리가 방비하는 것은 옛날에 비할 바 아니다. 적이 오지 않으면

---

41   용성(龍城): 경성부(鏡城)에 속한 지역으로 경성부에서 북쪽 35리 지점이다.

그만이지만 왔다 하면 으레 천이나 만으로 무리를 지어 거리낌 없이 횡행을 하니, 우리가 성곽을 지키고만 있으면서 저들과 싸우지 않으면 적의 야욕을 더 길러주는 모양이다. 뒷날에 일어날 화는 끝이 없어질 것이다. 반드시 꼭 징벌해서 뒷날의 야욕을 꺾어버리는 것이 제일 상책이다.

물론 이러한데 요즘 적의 침략을 알리는 자들의 말이 구구하다. '정월이다' '5월이다' '8, 9월이다'라고 하는가 하면 '얼음이 얼 때다'라고도 한다. 오는 곳도 '홀랄온이라'거니 '수빈강愁濱江42이라'거니, '흑룡강黑龍江이라'거니 한다. 그 규모를 두고도 혹은 '수천명이라'거니 혹은 '만여명이라'거니 한다. 이처럼 분분한 말들이 어느 해라고 없겠는가. 그렇다고 듣는 사람들이 이런 말들을 다 헛소리라고 여겨서는 참으로 옳지 않다. 그렇다고 다 사실이라 생각해서 사계절 내내 남도의 군사를 끌어 올리면 천명 이내로 되지 않을 것이며, 또 축성을 하는 데도 병졸이 2~3만명은 있어야 가능하다. 이와 같이 해나가다가는 10년이 못 가서 국고가 거덜나고 민력도 진이 빠져서 원망하며 도망하는 자들이 많아질 것은 필연의 이치이다. 뒷날의 성과는 전혀 기대할 수 없다.

함길도는 쓸모 있는 땅이 적고 사는 백성이 희소하지만, 부역도 본디 가벼운 편이었다. 선왕이 돌보아주신 어진 정사를 깊이 느꼈을 것이다. 그런데 나로 와서는 백성들에게 이로운 정사는 드물고 번거롭고 괴로움을 끼치는 일이 날로 늘어났다. 나는 심히 두렵게 생각하고 있다. (중략)

나는 매양 생각이 여기에 미치면 실로 두렵고 두려운 마음이 더해간다.

전에 경원 사람 김귀남金貴南이 아뢰기를 '후일에도 적이 대거 쳐들어오면 큰 성과 작은 진들을 다 지켜내지 못할 것이 틀림없습니다'라고 했다. 이 말을 들어보면 네 고을에 거주하는 사람들이 도무지 안심하지 못하는 것을 알 수 있다. 4진을 처음 설치했을 때 하경복河敬復과 심도원沈道源 등

---

42   수빈강(愁濱江): 경원 지역으로 흐르는 강 이름. 백두산에서 발원하여 동해로 빠진다.

의 회계回啓(임금의 물음에 신하들이 의논하여 대답하던 일)에, '이징옥李澄玉, 송희미宋希美 등이 이만한 군사를 가지고 적을 회유하기가 무엇이 어려우며, 적을 대해 두려워할 것이 무엇입니까 하며 좋아했다'고 한다. 그 후에 또 듣건대 경원 등지의 군사와 말들이 정예하고 강해서 동방의 최고인데 장병들이 한번 싸워보지 못한 것을 한스럽게 생각한다고도 한다. 그리고 경원부가 부거 땅에 있을 때에는 적들이 강을 건너 들어와도 우리 군사는 여러 날 걸려야 거기 닿을 수 있고 아군이 추격하는 것도 얼마 가지 않아서 그만두기 때문에 저들은 마음 놓고 들어왔다가 다시 강을 건너 돌아갈 수 있었다. 지금은 그렇지 않아, 저들의 돌아가는 길이 아주 험난한 만큼 우리 군사가 추격하면 바로 강에 다다르니 적들은 달아나다가 패하기 쉽다는 것이다. 이에 나는 크게 기뻐 마음을 놓았다.

그런데 오늘에 이르러는 스스로 지켜내기도 부족한 형편에 뜻을 이루게 되리라는 희망을 가질 수 있겠는가? 4진을 설치하기 전에는 남도의 병사들이 부거로 오는데 길이 오늘날보다 가깝고 병사의 숫자도 오늘날보다 적었으나, 곡산군 연사嗣宗 등이 아뢰기를 '방어하러 오는 병사들 가운데 말을 팔고 걸어오는 자가 열에 8, 9명이나 되니 참으로 장구한 계책이 될 수 없습니다'라고 했다. 지금 보자면 어떻다고 말하겠는가? 더구나 지금은 해마다 축성하는 부역까지 있다. 내가 밤낮으로 불안해하고 두려워하는 점이다.

처음 새 고을을 세울 때 여러 신하들의 의론이 같지 않았던 것은 경도 아는 사실이다. 지금은 그렇지 않다. 대신들은 모두 다 '서북 지역의 압록강이든 동북 지역의 두만강이든 경중을 둘 것이 있겠습니까. 거기 변경에 진영을 구축하여 강역을 공고히 하는 것은 지당한 주장입니다'라고 한다. 그리고 이에 대해 경솔하게 딴소리를 하는 자는 무식한 사람이라고 한다. 대신들의 말이 모두 이와 같지만, 나는 홀로 깊이 근심하고 있다.

대개 축성은 긴급을 요하는 문제요, 백성들이 이로 인해 당하는 폐해도 돌아보지 않을 수 없는 문제이다. 적의 침략이 있을 것이라고 와서 고하는 말들을 거짓으로 돌릴 수 없고 대부분 사실로 볼 수 있다. 남도의 병사들은 많이 불러오기도 어렵거늘 재원이 고갈되면 무엇으로 옷을 입히며, 식량이 떨어지면 무엇으로 밥을 먹이겠는가? 힘이 다하고 나면 어떻게 할 수 있으며, 모두 다 달아나고 나면 누구를 시킬 것인가? 더구나 귀화해서 말도 다른 사람들을 부역에 동원할 수 있겠는가. 마땅히 먼저 돌봐주어야 할 대상이다. 내가 아무리 생각해도 별 계책이 나오지 않으니 어찌할 것인가?

그럼에도 나는 대궐 안에 있으면서 멀리 함길도의 일을 헤아려볼 따름이요, 그 실정은 자세히 알지 못하고 있다. 경은 이 같은 문제에 대해 오랫동안 숙고해왔다. 4진의 설치가 앞으로 과연 효과가 있겠는가? 백성들의 재력이 장차 탕진되지 않을까? 백성들의 원망이 날로 더욱 끓어오르지 않겠는가? 4진의 민심이 장차 안정될 것인가? 야인들의 변란이 마침내 종식될 것인가? 지난날에도 함길도 내의 어리석은 백성들이 헛소리를 만들어내서 인심을 놀라게 한 것이 한두번이 아니었다. 오늘날에는 일이 전보다 더 커져서 백성들의 노고가 전보다 더 많아졌다. 나 또한 우려하지 않을 수 없는 노릇이다. 지금이라고 이런 일이 없겠는가? 경은 신중히 헤아려서 밀계密啓로 올릴 것이다."

김종서 또한 답하는 글을 직접 써서 밀봉하여 올렸다. 그 글은 이러하다.
"신은 엎드려 어찰을 받고서 여러 날 밤낮으로 읽고 생각하며 성상의 백성을 사랑하고 어지신 정치로 우국원려憂國遠慮하심을 깊이 체감하며 감격스러움을 억제키 어렵사옵니다. (중략)
신이 삼가 들건대 전 왕조의 태조는 삼한을 힘으로 통합할 수 있었지만 위엄이 북방에까지 미치지 못해 경계가 철령鐵嶺으로 한정되었습니다. 예종 때로 와서 지모 있는 신하가 지혜를 써서 되놈들을 몰아내고 드디어 9성을 설치합니다. 비록 얻었다가 잃고 하여 이익을 얻지는 못했으나 경계를 구분, 판도를 확정지어 후세에 은혜를 길이 남겨주었던 것입니다.

오직 우리 태조께서는 하늘이 내신 거룩하고 용맹한 인물로 북방에서 일어나 대동의 땅을 차지하여 남쪽으로는 바다 끝까지, 서북쪽으로는 압록강에 이르고, 동북쪽으로는 두만강에 이르러 여기에 공주, 경성, 길주, 단천, 북청, 홍원, 함주의 일곱 고을을 두었던 것입니다. 실로 동방에 나라가 선 이래로 초유의 대업입니다.

태종께서 계승하신 이후로는 도가 펴지고 정치가 잘 이루어져서 점차 개변을 시켜나감에, 되놈들까지 우리 백성이 되어 습속도 변해 차츰 순화되어갔습니다. 이처럼 공고하게 지켜온 결과 누구도 감히 얕잡아볼 수 없게 됩니다. 그러다가 평온한 시기가 진행되면서 방어를 담당한 장수들이 실수를 한 탓으로 경성鏡城 이북 땅이 적들의 소굴처럼 되어버린 것입니다. 태종이 이를 근심하사 임시로 경원부를 부거에 설치했으니 여기에는 옛 땅을 회복할 뜻이 담겨 있었습니다. 이적을 물리치고 강토를 완전히 회복하는 문제는 성상의 대를 이은 사업인 것입니다.

지난번 조정의 여러 신하들이 건의한 주장은 '경원에서 용성으로 경계를 축소시켜놓으면 북방의 배치가 제대로 될 것이며 백성들의 폐해도 다 없어질 것입니다'라는 것이었는데, 성상께서는 '조상 때에 회복한 강토는 한 치 한 자라도 버릴 수 없다'고 생각하시고 여러 신하들의 건의를 따르지 않으셨습니다.

이후로 그 논의가 다시 제기되어 계속 떠들썩했으므로 소신에게 지시하여 재상들과 토론해서 영북진寧北鎭을 석막石幕[43]에다 증설하여 경계를 정하도록 하셨던 것입니다. 신은 그동안 북방에 있으면서 가보지 않은 곳이 없고 들어보지 못한 말이 없습니다. 부거와 석막은 나라의 경계로 삼을 만한 곳이 될 수 없고 용성 또한 변경의 요새로 삼을 곳이 되지 못합니다.

---

43 석막(石幕): 전에 경성(鏡城)의 땅이었다가 부녕에 속하게 된 지명. 세종 13년에 여진을 방어하기 위한 요충지로서 석막 지역에 영북진(寧北鎭)을 설치했다.

논자들 중에는 '용성은 진秦나라 함곡관函谷關과 같아서 견줄 데 없이 험악하기 때문에 이곳을 지키면 되놈들이 감히 우리 쪽으로 와서 간교한 짓을 벌이지 못할 것이라, 우리 백성들은 마음 놓고 편안히 살 수 있다'고 말합니다. 이 점은 절대 그렇지 않습니다. 강이 없는데 무엇으로 방어할 것이며, 의지할 산이 없는데 무엇으로 방벽을 삼을 수 있겠습니까? 이곳은 실로 사방으로 터져서 적을 맞아들이는 곳입니다. 만약 네 고을의 요충지에 큰 진을 설치하여 주장의 지휘소로 정하고 네 고을의 지원을 받도록 한다면 이는 그럴듯합니다. 혹시라도 논자들의 주장처럼 용성으로 경계를 삼았다가 적의 침략을 면치 못하게 되면 후일에 가서 논자들은 또 마천령으로 경계를 삼자고 주장할 것이며, 그러고도 다시 침략을 면치 못하면 물러나서 철령으로 경계를 삼고야 말 것입니다. 고려조의 일을 귀감으로 삼을 수 있습니다.

신은 또 듣건대 역대의 제왕들은 누구나 자기 나라의 발상지를 소중히 여깁니다. 이는 한나라의 풍패豊沛나 당나라의 진양晉陽에서 볼 수 있습니다. 조상들의 땅을 지키지 못해 발상지를 잃어버리고 회복하지 않으면 어떻게 조상의 유업을 받들어나가는 자손이 있다고 하겠으며, 계승을 잘 해서 선열先烈을 이어간다고 하겠습니까.

지금 경계를 뒤로 물러서 용성으로 정해야 한다는 주장에는 또 한가지 옳지 않은 점이 있고 두가지 불리한 점이 있습니다. 조상으로부터 물려받은 땅을 축소시키는 것이 하나의 옳지 않은 점이며, 용성은 험한 산천을 끼고 있지 않은 것이 첫째 불리한 점이고 방어에 이롭지 못한 것이 둘째 불리한 점입니다.

반면에 두만강으로 경계를 삼는 것은 하나의 큰 의리에 관계되며, 두가지 큰 이로움이 있습니다. 우리 왕조를 일으킨 땅을 회복하는 일이 하나의 큰 의리입니다. 긴 강을 거점으로 삼게 되는 것이 첫째로 크게 유리한 점이고 방어에 편리한 것이 둘째로 크게 유리한 점입니다. 그러니 용성으로 경계를 삼자는 주장은 여기에 생각이 미치지 못한 것입니다.

하늘은 도의의 편이라, 흉악한 자들은 자멸하고 되놈 무리도 달아나기 마련입니다. 우리 성상께서 승기를 잡아 적절히 조처하시니 군사 하나 괴롭히지 않고 백성 하나 상하지 않고도 옛 강토를 회복하여 네 고을을 신설하였습니다. 이야말로 조상의 업적을 잘 계승하여 선열을 더욱 빛나게 했다고 말할 수 있습니다.

신은 또 듣건대 큰일을 이루자면 사소한 폐단은 돌아보지 않고 큰 공훈을 세우려면 하찮은 손해는 계산하지 말아야 한다고 합니다. 일이 거창하면 폐단도 생기는 법이며, 이루려는 업적이 광대하면 손해도 따르는 법입니다. 이는 오늘만이 아니고 옛날에도 그러했던 것입니다. 지금 네 군郡을 설치한 것은 확장을 좋아해서가 아니라 조상의 땅을 회복하자는 뜻이므로 이보다 중요한 일이 없습니다. 선대 임금의 업적을 계승하는 문제여서 의리상 이보다 더 중대한 일이 없으니 이 어찌 조그만 폐단을 우려할 것이며, 이 어찌 조그만 손실을 우려할 것입니까.

게다가 전해에는 눈이 엄청 내렸다지만 가축이 그다지 많이 죽지 않았으며, 다음 해에는 전염병이 심했다지만 사망자가 그다지 많지 않았습니다. 논자들의 말처럼 대단했다면 농우農牛들과 전마戰馬들이 어디서 나왔겠습니까. 병졸이며 여정餘丁이 수다해서 이전의 정원보다 별로 감소되지 않았으니 이는 어찌 된 일이겠습니까? 그들의 말이 실정보다 과장된 것임은 군이 설명할 필요도 없습니다. (중략)

우리나라는 북쪽 땅이 말갈과 연결되어 있어서 자주 저들의 침략을 받아 전 왕조로부터 지금까지 화가 컸습니다. 성곽을 보수하고 군사를 훈련하는 일도 다른 도보다 백배나 더 하였습니다. 금년에 성 하나를 쌓고 내년에 또 하나를 쌓고 하여 한 해라도 성을 쌓지 않는 해가 없다고 하더라도 의리에 무엇이 틀렸다고 하겠습니까?

지난번에 부거를 경계로 삼았지만 아직 몇 자 높이의 성곽을 하나도 쌓지 못하였습니다. 국경상의 고을이 이러한데 용성 이남의 주군들이야 말할 것이 있습니까. 지금 생각해보면 변경을 방비하기 위한 계책이 이처럼 허술했으니 중국 사람들이 비웃는 것은 당연하다 하겠습니다.

우리 성상께서 여기에 고민을 하시어 지모 있는 신하들이 계책을 올리고 백성들이 다 힘을 모아 회령에 성을 쌓았고 경원에도 성을 쌓기 시작하여 기일을 넘기지 않고 공사가 끝나갑니다. 더구나 갑산과 경흥은 자발적으로 쌓았는데도 모두 견고한 성이 서게 되었습니다. 이제 북방의 우환은 열에서 아홉은 줄어든 것입니다. (중략)

수자리를 사는 백성들의 고역은 중국뿐이 아니라 우리 고려도 마찬가지였습니다. 처음에 철령을 경계로 삼았다가 뒤에 쌍성双城을 경계로 정했는데44 남방의 여러 도에서 뽑혀 올라온 군사들이 이곳에서 번을 섰던 것입니다. 그리하여 다 늙을 때까지 집으로 돌아가지 못해 부자지간에 서로 얼굴도 모르는 지경이 되었다고 합니다. 먼 길에 수자리하는 기간이 얼마나 길었던가는 충분히 짐작할 수 있습니다. 지금 조선과 고려 때를 비교해보면 천양지차가 있다 하겠습니다.

갑인년(1434) 봄부터 병진년(1436) 가을까지 4진을 설치한 이후로 홍원洪原 이남은 평온하여 동원을 시킨 일이 없었습니다. 단지 지난해 겨울에 원근의 야인들이 동요하는 형세가 있었기 때문에 불가불 우리의 위력을 보였던 것입니다. 따라서 북청 이북의 진영 소속 군졸들이 쉬지 못하고 번을 나가야 했습니다. 이 때문에 첫 번에는 홍원·함주·정평·예원預原 네 고을의 정군正軍 500명이 겨울 동안 방어에 동원이 되었으며, 다음엔 영흥·고원·덕원·용성·안변·문천 여섯 고을에서 정군 500명이 나와 봄여름 동안에 방어를 섰습니다. 이처럼 번을 선 것은 이때뿐이었습니다.

신이 계축년(1433) 겨울 명을 받고 부임한 이후로도 부거와 갑산에는 유

---

44   철령은 강원도와의 경계인 안변에 있는 고개 이름이며, 쌍성은 함경남도 땅인 영흥의 별칭이다.

방군留防軍[45]이 있어서 남도에서 번을 서러 올라온 자들과 번을 서고 내려가는 자들로 길에 줄을 이어 말들이 주저않고 군졸들이 쓰러졌습니다. 신이 직접 눈으로 본 바입니다. 오늘의 실상과 견주어보면 백성들이 겪는 노고는 크게 다릅니다. (중략)

지금 사군을 설치한 것은 전적으로 북방을 방비하는 울타리를 만들자는 뜻이었고 지금 성곽을 쌓는 것은 전적으로 울타리를 공고히 하자는 뜻입니다. 지금 변방을 방비하는 것은 적들이 침입하는 것을 막아 우리 백성을 편하게 하자는 뜻임이 물론입니다. 그런즉 오늘의 일은 그만두어도 될 일을 그만두지 않고 경솔하게 백성을 동원하자는 것이 결코 아니요, 일을 크게 벌여 공 세우기를 좋아해서 끝없이 싸움을 일으켜 무력을 남용하는 것 또한 결코 아닙니다.

대체로 백성들은 지극히 어리석으면서도 신령하거늘 어찌 이런 뜻을 몰라서 마구 불평하겠습니까. '백성 가운데 십부'[46]가 신에게 말하기를 '회령과 경원에는 지금 이미 성을 쌓았고 앞으로 쌓아야 할 곳은 종성과 용성뿐입니다. 이 두 성만 쌓고 나면 우리들은 근심이 없겠습니다'라고 합니다. 이 말이 진심에서 나왔다면 다른 서민들의 마음도 따라서 알 수 있겠습니다.

지난해 경원 땅에 있었던 화는 참혹한 지경이었으나 백성들이 두려워하는 기색이 없이, 흩어졌던 자들도 모이고 달아났던 자들도 돌아와서 농사짓고 생업에 안착하여 평소와 다름이 없습니다. 오늘날의 일로 보건대 뒷날에 목숨을 걸고 떠나지 않을 것을 기대할 수 있습니다. 군사들이 적개심을 이기지 못해 스스로 적진에 뛰어들어 적군의 머리를 베어 온 자도 있었습니다. 지난날의 기세로 보건대 윗사람을 위해 목숨을 바치리라는 것 역시 기대할 수 있습니다. 경원 고을의 일로 유추해보면 세 고을 군민들의 마

45　유방군(留防軍): 국경에 머물며 방어를 맡은 군사.

46　'백성 가운데 십부'(民之十夫): 백성 중에서 10인이 의견을 제출했다는 의미. 『서경』「대고(大誥)」에서 유래한 표현으로 민간의 유지자를 가리킨다.

음도 대개 상상할 수 있습니다.

신이 북방에 오래 있으면서 야인들의 심리 상태를 익히 보아왔습니다. 야인들은 부자형제 간이라도 욕심이 생기면 서로 죽이고 해치고 하여 원수나 다름없습니다. 날마다 천금을 쓴다 해도 저들의 마음을 붙잡기 어려우며, 혹시 이익을 가지고 맺는다 하더라도 이익이 없으면 또다시 악독한 짓을 벌이게 됩니다. 저들과는 밖으로 회유하여 은혜를 보이더라도 안으로는 방비책을 철저히 세워야 합니다. 그래야 우리의 형세는 절로 강해지고 저들의 형세는 절로 약해질 것입니다. 강한 형세로 약해진 틈을 타면 우리가 뜻을 이룰 수 있게 될 것입니다.

신이 지금 성곽을 쌓고 병기를 수선하며 군사를 훈련시키고 식량을 비축하는 등의 일을 바삐 서두르는 것은 참으로 여기에 까닭이 있습니다. 만일 성곽이 완고하고 병기가 예리하고 군사들의 훈련이 잘되고 보면 4진의 사람들만 가지고도 충분히 스스로 지키고 스스로 싸울 수 있을 것입니다. 그런데 무엇 때문에 다른 지역 군사들의 도움이 필요하겠습니까? 적들의 변란이 영구히 종식되고 적들의 마음이 영구히 승복하게 되리라고 예측하기는 어렵습니다. (중략)

신은 또 듣건대 훌륭한 사람이 나라를 다스려도 백년은 지나야 폐해와 구악이 제거될 수 있다고 합니다. 아무리 훌륭한 사람이라도 백년이 못 되면 치적을 논할 수 없기 때문입니다. 더구나 새로 고을을 설치해 10년도 못 되는데 말할 것이 있겠습니까. 어찌 한가지 일이 잘 되고 못 되고 했다 하여 금방 기뻐하고 실망하고 할 것이겠습니까.

바라옵건대 성상께서는 속성速成을 기대하지 말고 작은 이익을 귀하게 여기지 않고 작은 폐단을 따지지 말며 작은 우환에 근심하지 말고 세월이 쌓이더라도 견지해서 꾸준히 버텨주시면 뜬소문은 저절로 사라질 것입니다. 그러면 백성들의 폐해도 자연히 없어지고 백성들의 원성도 자연히 끊길 것이요, 백성들의 먹을 것도 넉넉해져서 민력이 강해지고 적들도 자연히 굴복하며 새로 설치한 고을들 또한 길이 공고해질 것입니다. (하략)"

　상은 이 상소를 보고 나서 곧 중관中官 엄자치嚴自治를 보내 "내가 북방의 일로 해서 낮이나 밤이나 걱정이었는데 지금 경의 글을 보니 마음이 놓이노라"고 말했다. 그리고 어의 한 벌을 하사했다.

—『실록』, 세종 19년(1437) 8월 6일

5장
월인천강지곡

『월인천강지곡』은 전체가 582장 정도로 추정되는데 부처님의 전생담에서 탄생을 다룬 부분까지 27장을 여기에 수록한다. 원가의 어감과 분위기를 되도록 살리면서 현대역으로 제시했다. 독자들의 이해를 돕는 방향에서 꼭 필요하다고 여겨지는 어구에 한정하여 주석을 달고 내용의 해설을 붙였다. 해설은 편의상 두세장 내지 여러 장을 묶어서 혹은 한장씩도 했는데, 『월인석보』의 내용과 방식에 준해서 적절히 간략하게 했다.

서장

1.

높고 크신 석가불釋迦佛 무량무변無量無邊 공덕을 기나긴 세월에 어찌 다 표현하리.

2.

세존世尊 사적 아뢰리니 만리 밖의 일이나 눈에 보이는가 여기소서.

세존世尊 말씀 아뢰리니 천년 전의 일이나 귀에 들리는가 여기소서.

제1·2장은 전체의 서곡에 해당하는 내용이다. 시간과 공간을 넘어서 보편적인 존재로서 석가모니 부처를 뚜렷이 부각했다. 석가불釋迦佛의 석가는 부처님의 씨족 명칭, 즉 성에 해당하고 '불'은 Buddha(붓타)의 준말로 큰 깨달음을 얻은 존재를 뜻한다. 그의 계산할 수도 없고 한계도 없는 위대한 사적과 말씀을 노래하고자 하는바 만리 밖 일이지만 눈으로 보는 듯이, 수천년 전의 일이지만 귀로 듣는 듯이 생각할 것을 당부한다. 국문학의 양식으로 보면 동시기에 성립한 『용비어천가龍飛御天歌』와 동일한 악장에 속하는데 이 서장 또한 같은 방식이다. 첫머리에서 전체를 총괄하는 말을 꺼낸 다음, 곧 이어 대구를 써서 앞의 뜻을 다시 강조하고 있는 것이다.

부처님의 전생

3.

아승기阿僧祇[1] 전 세상에 임금 자리를 버리시고 정사精舍[2]에 앉아 있더니
오백 전대 원수가 나라 돈을 훔쳐내서 정사를 지나가더니

4.

형님인 줄 모르기에 발자취를 밟다가 나무에 꿰어 죽임을 당했으니
자식이 없기에 몸의 피를 모아 그릇에 담아 남자 여자를 내시니

5.

---

1   아승기(阿僧祇): 인도에서 발달한 수의 단위로 헤아릴 수 없이 많은 숫자. 하나부터 시작해서 십진급수로 올라가 아승기, 무량수, 불가사의에 이른다.

2   정사(精舍): 수행자가 거주하는 집. 곧 절을 가리킨다.

가련히 목숨 마침에 감자씨甘蔗氏가 계승하도록 대구담大瞿曇이 마련하셨습니다.

아득한 후세에 석가불이 되실 것을 보광불普光佛께서 말씀하셨습니다.

위 제3장과 4장에 압축된 서사를 간추리자면 정사에서 수행하는 중에 국고를 훔친 도둑으로 오인을 받아 살해된 사람은 기실 헤아릴 수 없이 오랜 옛적 부처님의 전신이다. 그를 지칭하는 주어가 문면에 나와 있지 않다. 그는 임금의 자리를 동생에게 물려주고 구담바라문瞿曇婆羅門(대구담)을 찾아가서 수도자의 길에 들어선다. 하여 그는 소구담으로 일컬어진다. 그런데 국고를 훔친 누명을 쓰고 죽임을 당하는 비극적 사건이 일어난 것이다. 이에 대구담이 소구담의 피를 모아 두 그릇에 담아 두었더니 열달 만에 왼쪽 그릇의 피는 사내가 되고 오른쪽 그릇의 피는 여자가 되었다. 그 자손이 남자 쪽은 감자씨甘蔗氏라고 일컫는데 석가족의 전체 조상이다. 여자 쪽은 처족이 되었다. 이렇게 될 기틀을 마련한 것은 소구담의 죽음을 안타깝게 여긴 대구담이며, 부처님의 탄생을 예언한 것은 보광불이라 한다. 이것이 제5장의 사연이다. 여기 보광불普光佛은 태어날 적에 몸에서 빛이 발하여 밝았다는 부처로 연등불燃燈佛이라고도 부른다.

6.

외도인外道人[3] 오백이 선혜善慧의 덕을 입어 제자가 되어 은돈을 바치니

꽃 파는 여자 구이俱夷가 선혜의 뜻을 알고 부부원夫婦願으로 꽃을 바치니

7.

다섯 꽃 두 꽃이 공중에 머물거늘 천룡팔부天龍八部[4] 대중이 찬탄하시니

---

[3] 외도인(外道人): 외도는 외학 혹은 이교를 뜻함. 인도에는 불교 이외에 수많은 외학이 있었다. 외도인은 이들을 가리킨다.

[4] 천룡팔부(天龍八部): 불법을 수호하는 신장(神將)들. 천·용·야차·아수라·가루라·건달파·긴나라·마후라가의 8종 가운데 천과 용이 으뜸이므로 천룡팔부라 일컫는다. 여기서 천(天)은 신의 총칭이다.

옷과 머리를 길 가운데 펴거늘 보광불이 또 예언하여 남기시니

8.

일곱 꽃으로 인하여 믿음과 맹세 깊기에 대대로 처족妻族이 되시니
다섯 꿈으로 인하여 미래의 일이 밝아졌기에 오늘날 세존世尊이 되시니

제6~8장의 주인공은 수도자 선혜와 꽃 파는 여자 구이이다. 선혜는 이교도 5백인을 교화시키고 헌금으로 받은 은돈을 선화에게 주고 최상품의 꽃을 구해 보광불에게 공양할 수 있었으며, 구이는 선혜와 어느 세상에서건 부부의 인연을 맺기로 약속하고 꽃을 제공했던 것이다. 당시 왕이 세상에 출현한 보광불을 맞기 위해 좋은 꽃은 다 자기에게 가져오도록 엄명을 내린 때문에 꽃을 구할 도리가 없었다. 선혜가 어렵게 얻은 꽃 중에 다섯 송이를 보광불이 오시는 앞에 던지자 공중에서 꽃방석을 이루었고 나머지 두 송이를 던지자 역시 공중에서 꽃방석을 이루었다. 천룡팔부와 대중들 모두 그 기적에 감탄했다. 선혜는 보광불이 걸어오시는 길이 몹시 질척질척하므로 자기의 녹비鹿皮 옷과 머리를 땅에 깔았다. 보광불은 이를 밟고 지나가면서 선혜에게 예언의 기록을 남겼다. 아주 먼 훗날 그가 오탁세五濁世를 구제할 부처님이 될 것이라는 내용이었다 한다. 구이 또한 꽃을 선혜에게 제공한 공덕으로 석가족의 처족이 될 것이라는 기록을 받았다.

9.

현자의 시대가 열릴 때 뒷일 드러나리라. 천개의 푸른 연蓮이 돋아 폈더니
사선천四禪天[5]이 보고 지나간 일을 헤아려 천명의 세존이 나실 것을 아니

제9장에서는 이 세계에 큰비가 내려 물이 가득 고였는데 푸른 연꽃 천 송이가 피었다. 연

---

5   사선천(四禪天): 네 선정(禪定)을 닦아서 이르는 색계(色界)의 네 하늘. 선정은 선(禪)과 같은 말로 마음을 한곳에 모아 고요한 경지에 드는 일. 색계는 욕망의 경지는 일단 벗어났으나 아직 무욕계에 이르지 못한 경지.

꽃은 우담바라와 같은 불교적 상징이다. 사선천이라는, 마음을 한곳에 모아 이르는 고요한 경지에서, 연꽃이 피는 경이로운 일이 일어나는 것을 보고 일천 부처가 나오는 현자의 시대가 열릴 것이라고 예고하는 대목이다.

10.

중생이 다투기에 평등왕不等王[6]을 세우니 구담瞿曇이 그 성이시니

첫째 부인이 헐뜯기에 이루尼樓가 나가시니 석가씨釋迦氏 이로부터 태어나시니

11.

장생長生은 불초해서 다른 아들이 나가거늘 백성이 이들을 다 쫓아가니

이루尼樓는 어질어서 그가 나가자 아버님이 그를 옳다 하시니

제10장의 "중생이 다투기에 평등왕 세우니"는 창세기에 해당하는 혼돈기의 서사가 압축된 내용이다. 인류의 태초에는 기쁨과 광명이 가득하고 남녀의 구별도 없이 모여 살아서 그야말로 중생이었다. 그러다가 차츰 남녀구별이 생겨나서 아이를 낳고 집을 짓고 살면서 성城을 쌓고 땅을 나누어 갖게 되었다. 하지만 그때까지도 쌀나무에 쌀이 열려 아침에 베면 점심 때 다시 자라 열리고 저녁 때도 그랬다. 그런데 사람들의 욕망이 차츰 커져서 사나흘 먹을 것을 벤 뒤로는 쭉정이도 생기고 쌀나무가 죽기도 했다. 이에 서로 몫을 나누게 되고 욕심도 자꾸 늘어나서 남의 것을 훔치고 빼앗아 다툼이 일어났다. 그래서 시비를 공정하게 가려줄 평등왕이 서게 되었다. 그의 성이 구담이다. 평등왕의 뒤로 고마왕이 나오는데 고마왕의 첫째부인의 아들이 장생이고 둘째부인의 네 아들 중에 막내가 이루尼樓였다. 이루로부터 석가씨가 유래한 것이다.

제11장에서는 고마왕의 첫째부인이 자기 아들 장생을 세우기 위해 둘째부인과 그 부인

6　평등왕(不等王): 염마왕의 별칭. 복을 받을 자와 벌을 받을 자, 시비선악을 공평하게 판결한다는 의미에서 붙여진 명칭이다.

소생의 네 아들을 참소하여 국외로 추방당하게 만들었다. 이에 백성들이 쫓겨난 쪽을 따라서 설산 너머까지 갔다. 이루에 대해서는 고마왕도 특별히 신뢰했다고 한다.

12.

보처補處[7]가 되어서 도솔천兜率天에 계시어 시방세계十方世界 불법을 이르시더니

석가족이 거룩할새 가이국迦夷國[8]에 나시어 시방세계에 법法을 펴려 하시니

13.

오쇠五衰 오서五瑞[9]를 살핀 끝에 염부제閻浮提[10]에 내려가려 할새 제천諸天이 모두 안타깝게 여기더니

법당法幢 법회法會를 세워 중생이 모일 것이기에 다 기뻐하시니

여기 12장과 13장의 시간적 배경은 부처님이 세상에 태어나는 전 단계로 보처補處, 예비 부처가 되어 도솔천에 대기하고 있을 적이다. 그가 보처가 되기 전의 이름이 선혜였다. 도솔천에 있을 때 이름은 성선聖善이고 호명대사護明大士라고도 했는데, 제천諸天, 즉 불법을 지키는 여러 하늘의 신들을 위해 설법하고 있었다. 그러면서 시방세계로 가서 불법

---

7   보처(補處): 후일에 성불할 보살을 이르는 말. 보살이 수행이 점점 나아가 최후에 도달하는 보살. 부처가 될 후보자.

8   가이국(迦夷國): 가비라국. 가비라위(迦毘羅衛) 등 여러 명칭으로 일컬어진다. 가비라는 누른빛이란 뜻이다. 누런 머리의 선인(仙人)이 이 나라에서 도를 닦는다 해서 가비라국이라 부른다.

9   오쇠(五衰), 오서(五瑞): 오쇠는 천인(天人)이 쇠퇴하려 할 때 나타나는 다섯가지 조짐으로, 머리에 꽃이 지고 겨드랑이에 땀이 나고 머리의 중심에 광명이 사라지는 등의 현상을 말한다. 오서는 반대로 좋은 조짐으로, 광명이 대천세계에 비치고 땅이 여덟 상(相)으로 움직이는 등 다섯가지 조짐이다.

10   염부제(閻浮提): 수미산 밖의 바다 남쪽에 있는 섬으로 곧 우리가 사는 공간이다.

을 일으키려 하고 있었다. 마침 석가족이 여러모로 적합하다고 판단하여 가비라국에 내려가기로 결심한 것이다. 그런데 인간 세상에 갖가지 나쁜 징조가 나타났는가 하면 좋은 징조도 있었다. 이에 제천들이 걱정했는데 부처님은 "내 석가씨에 태어나 출가하여 부처가 되어서 중생을 위해 크게 법당法幢을 세우고 크게 법회를 열 텐데 천인이 다 모이도록 할 것"이라고 한다. 이에 제천이 다 기뻐할 것이라고 한 것이다.

부처님의 탄생

14.

불성沸星[11]이 떠오를 때 흰 코끼리를 타시니 해의 광명光明을 드리우셨습니다.

하늘 음악을 연주하자 제천諸天이 따르니 하늘 꽃이 떨어졌습니다.

15.

마야부인摩耶夫人 꿈속에 오른쪽 옆구리로 들어오시니 밖의 그림자 유리 같더니

정반왕淨飯王이 물으시거늘 점 보는 이가 판단하되 성자聖子 태어나 정각正覺을 이루시리.

제14~15장은 부처님이 인간계로 내려오는 대목이다. 곧 마야부인의 잉태 과정이다. 부처님이 도솔궁兜率宮을 떠나 흰 코끼리를 타고 내려오시는데 하늘에서 음악이 울리고 하늘 꽃이 떨어졌다. 이날 마야부인의 꿈에 코끼리를 탄 부처님이 옆구리로 들어오더라는 것이다. 그 정경을 "밖의 그림자 유리 같더니"라고 언표한 것은 유리처럼 투명했다는

---

11   불성(沸星): 보사, 불사라고도 하는데 별자리 이름으로, 28수(宿)의 귀성(鬼星)에 해당한다.

뜻이다. 신기한 꿈을 남편 정반왕에게 이야기하자 정반왕이 점을 쳐보게 했더니 성스런 아들을 낳아 장차 출가하여 정각(正覺, 성불)할 것이라는 해몽이었다. 불성이라는 별을 당시 인도에서는 길조로 생각했던 모양이다.

16.

삼천대천三千大千[12] 밝아지며 누각이 세워지거늘 앉거나 걷거나 어머님은 모르시더니

여러 부처 보살이 오고 천天과 귀鬼도 와서 들으니 밤낮으로 법을 이르시니

이 16장은 부처님이 마야부인의 뱃속에 있을 적에 일어난 일을 축약해놓은 것이다. 그곳은 "삼천대천 밝아지며 누각이 세워"졌다고 했으니 그야말로 소우주이다. 『석보상절』은 이곳을 "천궁 같다"고 했다. 거기서 "(부처님이) 앉거나 걷거나 어머님은 모르시더니"라고 한다. 모태 경험을 천궁으로 상상한 것 같다. 『석보상절』에서는 부처님이 태중의 세계에 있을 때 "여러 부처 보살이 오고 천天과 귀鬼도 와서 (설법을) 들으니 밤낮으로" 했다는 것이다. 그런데 『석보상절』은 부처님을 보살이라고 지칭하고 있다. 그가 성불하기까지에는 아직 여러 과정이 앞에 있었기에 보살이라 이른 것이다.

17.

해와 달이 다 찼거늘 어머님 비람원毘藍園으로 가서 보시니

상서祥瑞가 많거늘 아버님 또한 무우수無憂樹[13]에 가시니

---

12 삼천대천(三千大千): 불교의 우주관으로 온누리를 뜻한다. 수미산을 중심으로 칠산대해(七山大海)가 둘러 있는 밖으로 소천, 중천, 대천의 세계가 있다. 이를 삼천대천세계 혹은 일대삼천세계라고도 한다.

13 무우수(無憂樹): 아쇼카나무의 번역어. 옛날에 비바시불이 이 나무 아래서 성도를 했다.

18.

본래 많은 길사 경사로 지옥도 비고 불성沸星도 내리셨습니다.

본래 밝은 광명에 여러 부처가 빛나고 명월주明月珠도 달렸습니다.

부처님이 탄생하는 대목이다. 제17장에서 마야부인이 동산의 비람원, 룸비니 정원으로
산책을 나갔다가 온갖 꽃이 만발하고 샘이 솟아나고 봉황이 날아오르는 등 상서로운 일
이 일어났다. 이 경이로운 소식을 정반왕에게 알리자 정반왕은 놀라 무우수 아래로 달려
온 것이다. 18장에서는 길사 경사가 세상에 가득 차고 광명이 천지에 환하여 제불에게
비쳤으며 신기한 구슬도 공중에 달렸다 한다.

19.

무우수 가지가 굽어지거늘 어머님이 잡으사 오른쪽 옆구리로 탄생하시
니 사월 팔일이라

연꽃이 피거늘 세존世尊이 딛고서 사방으로 일곱 걸음 걸으시니

20.

오른손 왼손으로 하늘 땅을 가리키며 나 홀로 존귀하다 하시니

더운물 찬물 좌우로 흘러내려 아홉 용이 모여 씻기시니

21.

삼계三界¹⁴가 괴로움을 받는구나. 인자仁慈 깊으시기에, 하늘과 땅이 크
게 진동震動하니

삼계를 편안케 하리라. 발원發願이 깊으시기에 대천세계大天世界 환히 밝
아지니

---

14 삼계(三界): 욕계(欲界), 색계(色界), 무색계(無色界)를 가리킨다. 일반 사람들이 살다가 죽
고 하기를 거듭하는 세계를 말한다.

22.

천룡팔부天龍八部 큰 덕을 생각하여 노래 불러 기뻐하더니

마왕魔王 파순波旬[15]이 큰 덕을 시기하여 앉아 있지 못하고 근심하더니

제19~22장은 부처님이 인간 세상에 태어나면서 일어난 가지가지 일들을 노래한 대목이다. 신화적 상상력으로 해석되는 기적이 일어났으나, 따지고 보면 부처님 역시 일반적 출산 과정을 통과하고 있다. 4월 8일 이날 해돋이 무렵, 마야부인이 비람원을 산책하다가 무우수 아래 발길이 닿았을 적에 그 나무의 가지 하나가 저절로 굽어져서 부인이 꽃을 꺾으려는데 부처님이 처음처럼 부인의 옆구리로 나왔다고 한다. 때마침 커다란 연꽃 일곱송이가 피어서 아기 부처가 그 연꽃을 밟고 사방으로 일곱 걸음을 걸었다. 그러고 나서 오른손으로 하늘을, 왼손으로 땅을 가리키며 "하늘과 땅 사이에 오직 나 홀로 높도다天上天下唯我獨尊"라고 외쳤는데 그 소리가 사자 울음 같았다는 것이다. 바로 이어 갓난아기를 씻기는 장면이 나오는데 여기서도 온수와 냉수가 흘러내리고 아홉마리 용이 씻기는 작업을 한다. 여기까지가 19, 20장의 내용이다. 21장에서는 부처님이 세상에 나온 뜻이 표현되는바 "삼계가 괴로움을 받는구나"라는 인식과 같이 자비심이 깊어서 하늘과 땅이 진동을 했다 한다. 다음 "삼계를 편안케 하리라"는 발원으로써 대천세계가 환해진다. 22장에서는 대천세계가 밝아짐에 따라 천룡팔부가 장차 일어날 큰 공덕을 생각하여 하늘의 음악을 울리고 기뻐하는데 마귀왕은 그 영향으로 자신이 위축될 것을 근심하여 좌불안석했다고 한다.

23.

궁녀가 비단에 안고 어머님께 오는데 큰 신들이 모시니

청의青衣[16]가 기별을 아뢰거늘 아버님 기뻐하사 종친들을 데리고 가시니

---

15 마왕(魔王) 파순(波旬): 마왕은 인명을 해치고 좋은 일을 방해하는 귀신 왕인데 파순은 그중의 하나.

16 청의(靑衣): 주로 신분이 천한 여자를 일컫는 말.

24.

제왕諸王과 청의와 장자長者[17] 아들을 낳으며 석가씨들도 아들을 낳고 코끼리와 소와 양과 마굿간의 말도 새끼를 낳으며 건특犍特[18]이도 태어났더라.

25.

범지梵志[19]와 이교도道들 부처의 덕을 입고 만세를 부르니 우담바라憂曇鉢羅[20] 부처의 태어나심에 다투어 금꽃이 피니

26.

상서가 생기며 광명도 가득 차 한이 없으니 오늘 다 이야기하지 못하겠네.

천룡도 많이 모이며 사람과 귀신도 많아 셀 수 없으니 오늘 다 말하지 못하겠네.

제23~26장은 부처님의 탄생 소식에 그 친족이 기뻐하는 데서부터 인간계와 동물계 그리고 자연에 온갖 상서가 나타나고 광명이 가득 찼던 일을 노래한 대목이다. 여기서도 일상의 영역에 초현실적인 일들이 교합되어 있다. 23장의 "궁녀가 비단에 안고 어머님께 오는데 큰 신들이 모시니"에서 앞부분은 현실적이고 뒤의 여러 신들이 모신다 함은 비현실적인 상상이다. 이 구절에 짝을 이룬 "청의가 기별을 아뢰거늘 아버님 기뻐하사 종친들을 데리고 가시니"는 일상적 행위이다. 24장에 나열되는바 제왕諸王과 청의와 부자들 그리고 석가족들 모두 아들을 낳았으며, 코끼리·소·말·양 같은 가축들까지 새끼를

---

17 장자(長者): 좋은 집안에서 태어나 재물도 많고 덕을 갖춘 사람을 이르는 말.

18 건특(犍特): 빛이 희고 갈기에 구슬이 꿰어져 있었다는 아주 특별한 말.

19 범지(梵志): 범사(梵士). 바라문의 생활 과정에서 제1기로 스승에 나아가 수행하는 단계.

20 우담바라(憂曇鉢羅): 상과(桑科)에 속하는 무화과의 일종. 3천년에 한번 꽃이 핀다는 아주 희귀한 나무.

낳은 것이다. 그 경사가 축생에까지 미치는데 사람들의 경우 남아선호 사상이 분명하게 드러난다. 25장에서 이교도들도 만세를 부르고 우담바라에 금꽃이 피는 기적이 일어난다. 26장으로 와서는 부처님의 탄생이 연출하는 상서와 광명이 천지에 충만하여 이루 다 표현하지 못하겠다는 말로 끝맺음을 한다.

27.

주周 소왕昭王 아름다운 상서를 소유蘇由[21]가 알아 아뢰자 남쪽 교외에 돌을 묻으시니

한漢 명제明帝 길한 꿈을 부의傅毅[22]가 알아 아뢰자 서천西天에 사자使者를 보내시니

인도에서 부처가 탄생한 시점은 중국의 시간으로는 주나라 소왕 때이다(기원전 977년 경). 그 상서를 태사太史인 소유蘇由가 감지해서 기념물을 남겼다고 한다. 그리고 나서 후일 불교가 중국에 받아들여진 것은 후한 명제明帝 때의 일이다(서기 64년). 이때 중국 최초의 사찰인 백마사白馬寺가 낙양洛陽에 세워진 것이다. 이후로 중국, 한국, 일본에까지 불교가 전파되기에 이르렀다. 제27장의 "서천西天에 사자使者를 보내시니"는 인도의 불교가 한자권에 수용되는 시발점을 드러낸 의미를 내포한다.

---

21   소유(蘇由): 주나라 소왕(昭王) 때 태사관(太史官)을 지낸 인물.
22   부의(傅毅): 한나라 명제 때의 문학가.

정조

『홍재전서』 전질(1787, 1799, 국립고궁박물관 소장)

1장
정조, 국왕으로서의 기본자세와 통치철학

정조의 인간과 행적에 관련된 기록들

총서

대왕의 휘諱는 산祘이고 자는 형운亨運이다. 영종대왕(영조를 가리킴)의 손자이며 장헌세자莊獻世子의 아들이고 어머니는 혜빈惠嬪 홍씨洪氏이다.【본관은 풍산豊山으로 영의정 홍봉한洪鳳漢의 딸이다.】영종대왕의 명으로 진종대왕眞宗大王[1]의 아들로 정했으니, 모비母妃는 효순왕후孝純王后 조씨趙氏이다.【본관은 풍양豊壤이고 좌의정 풍릉부원군豊陵府院君 조문명趙文命의 딸이다.】

—『정조실록』권1

---

[1] 진종(眞宗): 영조의 아들. 정빈(靖嬪) 이씨 소생으로 효장세자(孝章世子)에 봉해졌다가 일찍 죽었다. 추증되어 진종으로 일컬어졌다.

어머니 혜경궁이 지은 「행록行錄」

대행대왕大行大王(정조를 가리킴)은 임신년(1752) 9월 22일 축시에 창경궁 경춘전景春殿에서 탄생했다. 신미년(1751) 10월 경모궁景慕宮(정조의 생부인 장헌세자, 즉 사도세자를 가리킴)의 꿈에 용이 여의주를 물고 침실로 들어왔다. 꿈을 깨고 나서 그 꿈이 기이하여 틀림없이 성스런 아들을 낳을 길조로 생각했다. 이에 흰 비단에다 용을 그려 벽에 걸어놓았다. 탄생함에 첫 울음이 마치 큰 종소리처럼 우렁우렁하여 온 궁중이 놀랐다. 포대기에 싸여 있을 때도 기상이 늠름하고 우뚝한 콧날의 용안龍顔과 몸의 생김새가 특이해 보였다. 영종대왕(영조)이 보시고 기뻐 말씀하시기를, "네가 이런 아들을 낳았으니 종묘사직에 무슨 걱정이 있겠느냐"고 칭찬하셨다. 그리고 "이마와 뒤통수가 꼭 나를 닮았구나"라 하며 항시 좋아하셨다. 인원대비仁元大妃와 정성대비貞聖大妃[2]도 처음 보시고 놀라, 타고난 바탕이 빼어나다며 "이처럼 비범할 줄 생각이나 했을까"라고 감탄하셨다.

백일 이전에 일어섰고 일년이 못 되어 걷기 시작했다. 돌 때에는 돌상으로 걸어가서 맨 먼저 붓과 먹을 잡았고 책을 펴고 읽는 시늉을 했으며 몸놀림도 공손하여, 어린 나이에 자질이 특이한 것을 사람들마다 보고 놀라워 감탄해 마지않았다. 성학聖學(정조의 학문)이 탁월할 징조가 벌써 드러난 것이다. 계유년(1753) 섣달에 존호尊號를 올리고 경모궁과 내가 예禮를 거행하려 할 때 당시 돌 지난 지 겨우 몇 달밖에 안 되었지만 복장을 차리고 시립한 품이 의젓하여 어른 같았다.

어릴 적부터 책을 좋아해서 백일 전에도 글자를 보면 반기는 기색을 띠어 경모궁이 몸소 첩책帖册을 써서 주었는데 으레 그것을 가지고 놀았던

---

2   인원대비, 정성대비: 인원대비(仁元大妃)는 숙종의 계비인 김씨(1687~1757, 본관 경주)이며, 정성대비(貞聖大妃)는 영조의 정비 서씨(1693~1757, 본관 달성)이다.

까닭에 종이가 쉽게 해졌다. 효자도孝子圖나 성적도聖蹟圖[3]를 보기 좋아했으며, 공자가 제사 지냈던 일이나 옛날 효자들의 이야기를 흉내 내 놀기를 하나의 즐거움으로 삼았다. 도학과 효성은 하늘에서 타고났던가 싶다. 글씨 쓰기도 좋아하여 두살 때 벌써 글자 모양을 만들었고, 서너살 적에는 필획이 갖추어져서 날마다 놀이 삼아 했다. 대여섯살 적에 쓴 글씨로 병풍을 만들기까지 했다. 언서諺書(한글)는 능히 네다섯살 적에 이미 다 알아서 편지를 어른처럼 썼다. 세살 때 보양관輔養官[4]을 접견한 자리에서 능히 글을 읽고 뜻을 이해했으며, 네다섯 살부터는 일취월장하여 남에게 배울 것이 없을 정도였다.

천성이 검박하여 어려서부터 화려한 것을 좋아하지 않아 입은 옷이 더럽고 해져도 싫어하지 않았다. 놀 적에도 노리개를 가지지 않았고, 소박한 것을 좋아하여 오래 지나도록 싫증을 내지 않았다. 어려서도 공부를 좋아해 날이 새기 전에 벌써 일어나 서둘러 세수하고 머리 빗고 글 읽기를 시작했다. 내가 어린 나이에 몸을 상할까 싶어 일찍 일어나지 못하게 했으나 매번 등불을 가리고서 세수하고 빗질하곤 했다.

효성이 극진해서 영종대왕과 경모궁, 그리고 나를 섬길 때 상대의 기색을 살펴 뜻을 따라 털끝만큼도 교훈을 어기는 법이 없었다. 서로 간에 난처한 일이라도 생기는 경우 그 사이를 잘 주선하여 무사히 풀린 일이 셀 수 없이 많았다. 정축년(1757)에 국상이 두번이나 나서[5] 다른 곳으로 옮겨 가 있었는데 빈전殯殿(왕이나 왕비의 시신을 장례 전에 모시는 건물)과의 거리가 멀지 않아 곡성이 늘 들렸다. 더러 사람이 없는 곳에 제물을 차려놓고 제를 드리는 모습을 취했으니 당시 나이가 아직 예를 차릴 때가 못 되어 행사에 직접

---

3   성적도(聖蹟圖): 공자의 일생 행적을 그림으로 보여준 책.
4   보양관(輔養官): 원자(元子, 임금의 맏아들)나 원손(元孫)을 가르치고 보호하는 일을 맡는 벼슬.
5   인원대비와 정성대비의 죽음.

참여하지는 않았으나 마음이 스스로 거기에 미친 것이다. 천성으로 타고 난 효성의 일면을 볼 수 있다. 두 대비를 추모하여 끝내 변함이 없었다.

정축·무인(1758) 두해 겨울에 대왕이 병석에 계시는데 나이 겨우 대여섯 살이었으나 애태워하며 반드시 지성으로 문후를 하여 허리띠를 풀지 않고 옆에서 떠나지 않았다. 그 숙성함에 누군들 탄복하지 않았겠는가.

대왕께서 자주 곁에 앉히고 글을 읽게 하며 뜻을 물으셨는데 하나하나 분석하여 아뢰는 것이 이치에 맞지 않는 것이 없었다. 간혹 밤중에 불러 글을 외워보라 하시고 뜻을 물으시면 잠을 자다가 왔어도 조금도 틀림이 없었다. 대왕으로부터 총명하고 슬기로움이 남다르다는 칭찬을 종종 받았다.

기묘년(1759) 3월에 처음 책봉하기로 정하여 그달에 효소전孝昭殿과 휘령전徽寧殿에 참배하고 이어 진전眞殿⁶을 배알한 다음 윤6월에 명정전明政殿에서 책봉을 받았다. 예절에 따라 나아가고 물러서는 절차가 다 법도에 맞아 대왕이 가상히 여기어 종사 만세의 경사라고 하셨다. 신사년(1761) 3월에 입학을 하고 관례를 올렸으며, 임오년(1762) 2월에 가례嘉禮(혼인식)를 올렸다. 그해 화변禍變(사도세자의 죽음)이 나고부터 통탄과 애모에 천륜의 지극한 정으로 오직 망극하고 망극해할 따름이었다. 그때 나와는 처소를 달리해 있었는데 매일 새벽이면 글을 보내 내가 무량하다는 소식을 알고서야 아침을 들었다. 내가 항시 불안을 느끼고 병을 앓았기 때문에 내 곁을 떠나 있기에 직접 보지 못하는 것을 한스럽게 여겨 친히 약을 지어 보내고 병세가 좀 감해졌다는 소식을 듣고서야 수라를 들었다. 어린 나이에도 타고난 효성이 이러했다.

나와 떨어져 있는 후로는 선희궁宣禧宮⁷에서 침식을 하여 낮에는 대왕을 모시고 밤에는 선희궁을 위로하면서 밥 한 그릇 먹고 잠 한숨 자는데도 마

6 　진전(眞殿): 태조·숙종·영조 등 선왕의 초상을 모신 건물. 선원전(璿源殿)이라고도 부른다.
7 　선희궁(宣禧宮): 영조의 후궁으로 사도세자의 생모인 영빈(暎嬪) 이씨가 거처한 궁전. 곧 영빈 이씨를 지칭한다.

음을 놓지 못했다. 갑신년(1764)에 선희궁의 병환이 위독하자 아버지 대신 효도한다는 뜻으로 정성을 다해 보살피고 급기야 상을 당하자 슬퍼하기 임오년과 다름이 없었다. 병술년(1766)에 대왕의 환후가 위중하자 밤낮으로 애를 태우며 석달이나 침식을 폐했으니 성상의 체후가 회복되신 것은 기실 이 효성이 하늘을 감동시킨 까닭일 것이다.

대왕대비전[8]에도 효성을 바쳤으며, 대왕대비전 또한 자애가 지극했다. 무릇 대소사에 위로 의논을 드리고 아래로 묻는, 효성과 자애는 거리가 없었다. 이는 역사상에 드문 일이니 그야말로 대왕대비전의 거룩한 덕행과 대행대왕(정조를 가리킴)의 지극한 효성이 아니면 어떻게 그럴 수 있었겠는가.

이 밖에도 평소 하늘을 공경하는 지성과 선왕을 받드는 행실, 전궁殿宮을 모시는 순수한 효행, 검소를 숭상하고 사치를 멀리한 아름다운 범절이라든지 절용애민의 큰 덕은 낱낱이 기록하자면 한이 없다. 이 모든 사적들이 사람들의 귀와 눈에 훤히 있기에 바깥 조정의 신하들이 보고 들은바, 만에 하나나마 드러낼 것으로 기대한다. 나는 우선 어린 시절의 행적 및 사람들이 미처 모르는 사실을 대강 들어 적는다. 정신이 혼미하여 빠뜨린 것이 많아 망극하고 망극할 따름이다.

—『정조실록』권1

정조의 즉위와 서거

신사년(1776) 3월 병자일에 영종이 흥薨(임금이 돌아가신 것을 뜻하는 말)하시고, 6일이 지난 신사일에 왕이 경희궁의 숭정문에서 즉위했다. (중략)

영종이 돌아가심에 임금은 애통이 과도하여 물이나 미음도 들지 않고, 상사喪事에 관계되는 일 외에는 지시하는 말씀이 없었다. 대신들과 여러

8 　대왕대비전: 영조의 계비인 정순왕후 김씨(1745~1806)를 가리킨다. 본관은 경주이다.

신하들이 왕위에 오르기를 청했으나 왕은 곡을 하며 허락하지 않고, 여러 날을 정청庭請[9]을 하여 계사啓辭(임금께 아뢰는 글)를 올려도 곡만 했다. 그러다가 성복成服하는 날에야 비로소 마지못해 하교하시되, "여러 사람들의 뜻에 밀려 자리에 나아가겠으나, 면복冕服(임금의 복식을 갖추는 것)으로 예식을 거행하는 것은 나 자신 더욱 두려운 마음이 들게 한다. 이 예식은 『서경書經』의 강왕지고康王之誥에 나오는데, 소식蘇軾의 풀이에는 '상복 차림 그대로 관례를 행해야 한다'는 문구를 인용하여 예법에 어긋난 일이라고 비판했다. 이를 채침蔡沈이 『서경집전書經集傳』에 수록해놓았다.[10] 양암亮闇은 거행하지 못한다 해도, 최복衰服을 벗고 길복吉服을 입는 것이 어찌 옳겠는가"[11]라고 했다. 여러 신하들이 고례와 국제國制를 들어서 극력 청하자 이에 임금이 드디어 허락했다.

오시午時(낮 12시)에 대신들이 어보御寶를 받으시라고 청하니 또 왕이 굳이 사양하다가 마지못해, 면복冕服을 갖추고 부축을 받아 빈전殯殿 문밖의 욕위褥位[12]로 나아가서 사배례四拜禮를 거행했다. 영의정 김상철金尙哲은 유교遺教를 받들고 좌의정 신회申晦가 대보大寶를 받들어 올리니, 왕이 눈물을 흘리며 마지못해 받고 나서 다시 사배례를 거행했다. 자정문資政門으로 나가 대가에 올라 숭정문崇政門에 이르러 대가에서 내렸다.

종친과 문무백관이 동서로 나누어 서서 의식대로 시위侍衛를 하는데, 왕은 흐느끼며 차마 어좌에 오르지 못했다. 대신 이하 모두 힘껏 청하니 왕은 호곡하며 말했다. "이 자리는 다름 아닌 선왕이 앉으시던 어좌이다. 오늘

9　정청(庭請): 국가대사를 영의정이 백관을 거느리고 임금께 아뢰고 하교를 기다리는 일.

10　이 대목은 왕이 선왕의 사후 즉위하는 의식에서 상복(喪服)을 착용해야 하느냐 왕의 정식 복식을 착용해야 하느냐는 문제에 대해 논한 것이다. 길복(吉服)은 상례를 마치고 입는 평상시의 복장으로서, 정조는 상복 차림으로 의식에 임하고자 했다. 『서경집전』은 『서경』이라는 유교의 경전에 송나라 학자 채침이 주석한 책이다. 약칭 『서전』이라고 불렀다.

11　양암은 입을 다물고 말을 않는 태도. 제왕으로 즉위해서 3년 동안이나 양암을 했다는 고사가 있다. 최복(衰服)은 상복을 가리킨다.

12　욕위(褥位): 임금의 자리로 마련해놓은 좌석.

내가 어떻게 이 자리에 앉을 것으로 생각했겠느냐?"

대신들이 "해가 이미 기울어졌습니다"라고 우러러 누누이 청함에, 왕은 드디어 어좌에 앉았다. 백관들이 예식을 거행하고 나서, 면복을 벗고 다시 상복으로 갈아입었다.

—『실록』, 정조 즉위년(1776) 3월 10일

정조가 맨 처음 내린 하교

빈전殯殿 문밖에서 대신들을 불러 다음과 같은 윤음綸音을 내렸다.

"아! 과인은 사도세자의 아들이나, 선대왕께서 종통을 위해 나에게 효장세자孝章世子[13]를 계승하도록 명하셨다. 아! 전일에 선대왕께 올린 글에 '근본을 둘로 하지 않음不貳本'이라는 데 나의 뜻이 드러나 있다. 예禮는 엄격하지 않을 수 없으되 인정 또한 펴지 않을 수 없는 것이다. 향사饗祀의 절차는 의당 대부의 예로 지내는 법을 따라야 하니 태묘太廟와 동등하게 할 수 없다.[14] 혜경궁께도 또한 마땅히 서울과 지방에서 공물을 바치는 예절이 있어야 하지만 대비와 동등하게 할 수는 없다.[15] 담당자로 하여금 대신들과 의논해서 절목節目(의식 절차)을 찾아 정해 보고하도록 하라. 이 교시를 내린 다음에 괴물 같은 고약한 무리들이 여기에 빙자하여 추존하자는 의논을 내놓는다면 선대왕이 남기신 교시가 있으니, 마땅히 해당 조문으로 논죄하여 선대왕의 영령께 고하겠노라."

---

13 효장세자(孝章世子): 영조의 아들로 1719년에 태어나 어린 나이에 세자로 책봉되었는데 9세에 죽었다. 영조가 사도세자를 죽이고 나서 정조를 세자로 책봉하면서 효장세자의 뒤를 이은 것으로 만들었다. 정조는 즉위한 이후 그를 진종(眞宗)으로 추존했다.

14 정조 자신은 효장세자의 뒤를 이었고 사도세자는 세자에서 격하가 되었으므로 사도세자에 대한 제사는 대부의 예로 행한다는 의미이다.

15 여기서 대비는 영조의 계비인 정순황후 김씨를 가리킨다. 혜경궁 홍씨(1735~1816)는 왕위에 오른 자신의 어머니이지만, 서열상으론 정순왕후가 우위에 있으니 의당 차등을 두어야 한다는 의미이다.

정조가 세상을 떠날 때

이날 유시(오후 6시 전후)에 상이 창경궁의 영춘헌迎春軒에서 승하하시었다. 그때 햇살이 흔들리면서 삼각산이 울렸다. 앞서 양주와 장단 등지에서는 한창 자라던 벼가 갑자기 하얗게 변했다. 노인들이 보고서 "상복을 입은 벼다"라고 슬퍼했다. 얼마 지나지 않아 국상이 난 것이다.

──『실록』, 정조 24년(1800) 6월 28일

정조의 통치 방향과 통치철학

신년사

팔도와 양도兩都[16]에 다음과 같이 윤음을 내렸다.

"과인은 어렵고 지대한 왕업을 이어받아 밤낮으로 조심하고 두려워하여, 종묘사직의 임무를 저버릴까 하여 마음 놓을 겨를도 없었다.

왕위에 오른 이래 한두번 윤음을 내려 조정에 알리고 나라 안에 반포한일이 있었으되, 보는 사람들도 심상하게 여기고 듣는 사람들도 형식적인 것으로 돌려서 말이 아무리 간절해도 효과는 멀어지는 것 같다. 한 돌이 되는 사이에 교화가 이루어지기를 기대하기 어렵겠지만, 5년 7년이 걸리더라도 치적이 드러나기를 기필할 수 없는 형편이다.

어느덧 해가 바뀌었음에도 스스로 점검해봄에 부족함을 느끼게 된다.

---

16   양도(兩都): 여기서는 개성(＝개경)과 강화도(＝심도沁都)를 가리킨다.

그러니 사방의 신민들이 머리를 들고 목을 뽑아 기다리는 심정은 어떻겠는가. 이는 과인이 지성으로 풍속을 인도해서 진심으로 다스림을 구하지 못한 까닭이니 누구를 탓하랴!

아, 내 처음 국정에 임해 오직 책무를 다하기로 기약했으되 아술蛾述[17]의 노력이 부족해서 새롭게 바뀌는 아름다움을 보지 못했다. 이 까닭에 풍속이 해이해져서 인재가 출현하지 못하고 기강이 무너져서 재정도 궁핍한 상태이다. 이에 따라 반역을 꾀하는 무리가 자꾸 생겨나 나라의 정세가 안정되지 못했으니, 오늘의 형세를 예전에 비교해보면 어느 때에 해당될 것인가?

과인은 부족한 사람이라, 비록 큰일을 해낼 역량에 미치지 못하더라도 백관들은 어찌 감히 각자 자기 지위를 충실히 지키고 직분에 힘쓰기를 생각하여 이 한 사람을 받들지 않을 수 있겠는가? 더구나 지금 한 해가 지나가고 새봄이 시작되어 만물이 소생하는 때임에랴! 천도는 바야흐로 발육하는 계절에 다다랐고 왕정은 유신維新을 해야 할 계제이니, 모든 것이 소생하는 때로다.

하늘은 온화한 기운으로 만물에 생기를 불어넣고 임금 또한 인자한 은택을 베풀어 소민을 보살펴주어야 할 것이다. 『서경』에 이르기를, '백성을 대하길 아픈 사람 보살피듯〔視民如傷〕' '어린 아기를 돌보듯〔如保赤子〕'해야 한다고 했다. '아픈 사람 보살피듯' '어린 아기 돌보듯' 한다는 것이 어찌 허투루 될 일이겠는가. 아픈 사람은 반드시 회복이 되어야 하고, 어린 아기는 잘 길러야 한다. 회복이 되도록 하거나 잘 기르는 데는 방법이 있으니, 맹자孟子는 '항산恒産이 있어야 항심恒心이 있다'고 말했다. 무릇 생업이 넉넉해서 부유하게 사는 것은 꼭 많이 주어야 되는 일이 아니다. 우리 강토의 백성이 농사와 양잠을 부지런히 하고, 부역을 가볍게 해주어 위로 부모

---

17   아술(蛾述): 모두 함께 조술하여 펼쳐나간다는 뜻.

를 섬기고 아래로 처자식을 먹여 살릴 수 있도록 하며, 수탈을 당하는 괴로움이 없도록 하여 평안을 누리는 즐거움이 생기면, 백성의 재산은 의도하지 않아도 저절로 유족해지고, 백성의 마음은 강요하지 않아도 저절로 안정되는 법이다. '백성은 나라의 근본이니, 근본이 튼튼해야 나라가 안녕해진다〔民維邦本, 本固邦寧〕'라고 한 것은 이를 두고 이른 말이다.

이렇다 해도, 생업이 넉넉하고 재산을 유족하게 만드는 방도는 위에서 혼자 노력으로 가능한 일이 아니요, 실로 근심을 나누어 맡는 신하들에게 달려 있으니, 나의 이 지극한 심정을 생각하여 승류선화承流宣化[18]의 뜻으로 혜택이 아래까지 미치도록 해야 할 것이다.

바야흐로 농사철이 멀지 않아 밭갈이를 할 때가 되었다. 권농勸農하는 정사와 인민을 구제하는 방도를 마땅히 진심으로 강구하여 실효를 거둘 수 있도록 해야 할 것이다.

기호·관동·영남 지방의 백성은 이미 홍수와 가뭄의 피해를 겪었고 거듭 도적의 우환이 있었다. 기근으로 고통을 받는 형상이 눈앞에 보는 듯하니, 민생을 생각할 때 아픔이 내 몸 속에 있는 것 같다. 안타깝다, 나와 근심을 나누어 맡은 신하들은 공경하고 공경하여 항시 걱정하는 마음을 가져야 할 것이다. 아! 참으로 민생이 이미 안정되고 충분히 부양되었다면 의식도 충족해지고 예절도 차릴 수 있게 될 것이다. 대저 이렇게 되면 근본이 튼튼하고 나라는 안정을 얻게 된다. 그러면 풍속이 어그러지고 인재가 나오지 않을까 우려할 필요가 있겠으며, 기강이 무너지고 재정이 궁핍해질 것을 근심할 것이 있겠는가? 또한 반역을 꾀하는 무리들이 자꾸 생겨나 나라의 정세를 불안하게 만들겠는가?

아, 과인은 부족한 사람이라 백성을 보살펴 기르는 정치에도 부족하고 신민들을 감동시키는 말솜씨도 부족하다. 지금 이 글은 실로 나의 마음속

---

18   승류선화(承流宣化): 지방관의 도리를 이르는 말. 위로 임금의 은덕을 받들어 아래로 백성에게 흐르도록 한다는 의미.

에서 우러난 것이다. 안으로 삼정승과 백관들, 밖으로 방백·수령들은 내가 고하는 말을 밝게 듣고 나의 참뜻을 체득할지어다. 우리 온 나라의 신민들이 다 함께 온화한 봄기운의 혜택을 온몸으로 입어 저마다 자기의 살 곳을 얻지 못하는 탄식이 없어진다면, 과인만의 다행에 그치지 않고 실로 종묘사직과 생령들의 행복이 될 것이라, 힘쓰고 힘쓸지어다!"

—『실록』, 정조 2년(1778) 1월 1일

한강에서 얼음을 채취하는 문제[19]

윤대관輪對官[20]을 불러 다음과 같이 하교했다.

"올해 얼음 채취하는 장소는 경강京江에서 하던 곳과 크게 다르다. 서울과의 거리가 근 백리나 되는 곳인데, 경강 백성들이 가서 역사를 하는 것은 불가하고 지방 고을의 백성을 불러다 시키는 것도 불가하다. 백성의 실정을 헤아리고 국체國體를 참작하면 의당 위를 덜어 아래를 보태주는(損上益下) 정사를 생각해야 한다. 얼음 채취를 하는 장정의 정원은 호조와 선혜청 및 병조에서 적절히 계산하며, 그들에게 대가를 지불할 것이요, 얼음을 뜨고 운반하는 데 소요되는 인력은 고용을 하고 배와 말은 세를 내서 할 것이다. 그리하여 백성을 수고롭게 부리는 일이 일체 없도록 해야 한다. 날씨가 이상해서 겨울이 되어도 얼음이 얼지 않는 것은 오로지 내가 부덕한 소치이다. 이 때문에 백성을 어렵게 만든다면 어찌 스스로 수신·반성하는 본의가 될 수 있겠는가?

---

19   한강에서 겨울에 얼음을 채취하여 보관해두었다가 더운 여름철에 궁정 및 귀족의 집에서 사용했다. 얼음 보관소로서 서빙고와 동빙고가 있었는데 서빙고는 지금 서울에 지명으로 남아 있다. 그런데 그해 겨울에는 이상기온으로 얼음이 얼지 않아, 다른 해처럼 경강에서 하는 것이 아니라 한강의 상류까지 가서 얼음을 채취하게 되었던 것이다.

20   윤대관(輪對官): 문무관원이 돌아가며 궁중에 들어가 임금의 물음에 답하거나 국정에 대해 논하는 제도가 있었는데 그 순서가 되어 들어간 관원.

담당 신하들이 편의에 따라 거행하도록 할 것이다. 또한 내외 빙고氷庫에 소용되는 빙정氷丁은 어공御供부터 평년보다 절감해주면 여기서 덜어 저기에 보태주는 일단이 될 수 있다. 서빙고는 각전各殿의 진상을 6·7월에는 반을 감해주고 4·5월과 8월에는 3분의 2를 감해주며, 이 밖의 달에는 바치는 것을 모두 중지하도록 한다.

기타 각항의 빙정을 써야만 하는 곳에는 이에 견주어서 줄여준다. 내빙고內氷庫(궁정에서 쓰는 얼음을 보관, 관리하는 기구)는 원래 공상供上하는 빙정이 없는데도 공연히 호구를 주어서 호조와 병조에 폐단만 끼칠 뿐이다. 판부빙정判付氷丁·남염빙정藍染氷丁 따위의 명목은 내년엔 정원을 다 없애거나 줄이도록 하라.

각처에 나누어주는 얼음 또한 그 수량을 줄여서 거행하라. 이렇게 하면 내빙고 빙정은 평상시 장정 2만명 가까이 배정되던 데 비해 1만 5천여명이 감소될 것이다. 외빙고도 몇만명 가까이 줄어들 듯하다.

대개 이는 위에서 줄여 아래를 보태준다는 뜻이다. 내빙고 소속 빙호氷戶는 금년의 경우 한 조각의 얼음이라도 강가에 거주하는 백성에게 징수하여 피해를 주는 일이 절대 없도록 하라.

—『실록』, 정조 2년(1778) 12월 21일

만천명월주인옹의 자기 술회萬川明月主人翁自序

만천명월주인옹은 말한다.[21]

"태극太極이 있고 나서 음양이 있기에 복희씨伏羲氏는 음양으로 이치를 밝혔고, 음양이 있고 나서 오행五行이 있기에 우禹임금은 오행으로 다스리는 이치를 밝혔다.

21　만천명월주인이란 정조가 자호로서 쓴 것인데, 만천명월(萬川明月)은 군주로서 자신의 통치철학을 상징하고 있다.

물과 달의 현상을 보고서 태극과 음양오행의 이치를 깨달았던 것이다. 달은 하나뿐이고 물은 만 갈래도 넘는다. 그런데 물이 달빛을 받으면 앞 시내에도 달이요, 뒤 시내에도 달이다. 달의 수는 시내의 수와 같다. 물이 만 갈래면 달 역시 만개가 된다. 하지만 하늘에 있는 달은 분명히 하나뿐이다.

무릇 천지의 도는 바른 길을 보여주며 일월의 도는 밝음의 길을 밝혀준다. 만물이 서로 보는 것은 남방의 괘卦인데 남쪽을 향해 앉아 듣는 것은 밝은 쪽을 향해 다스린다는 뜻이다.[22] 그리하여 나는 세상을 다스리기 좋은 정책을 얻을 수 있다. 혁거革車가 바뀌어 관상冠裳이 되고 성곽과 관청이 훌륭하게 열리게 되었던 것이다.[23] 현자를 높이고 척신戚臣(국왕과 외척 관계의 신하)은 낮추며, 환관과 궁첩宮妾은 멀리하고 어진 선비와 대부를 가까이하게 된 것이다.

세상에서 일컫는 사대부가 하나같이 다 어질다고 말할 수 없겠으나, 아첨하는 시종들이나 얼굴색이 금방 뒤바뀌고 남쪽인지 북쪽인지 방향도 분간하지 못하는 무리와는 같이 견주어 논할 수 없다.

나는 수없이 많은 사람을 겪어보았다. 아침에 왔다가 저녁에 가고, 무리 지어 쫓아다니며 오는 듯 가는 듯 모양과 낯빛이 다르고, 눈과 마음이 어긋난 자가 있다. 그런가 하면 속이 열린 자나 막힌 자, 강한 자나 유한 자, 바보 같은 자나 어리석은 자, 소견이 좁은 자나 얕은 자, 용감한 자나 비겁한 자, 밝은 자나 교활한 자, 뜻만 높고 행실이 따르지 못하는 자나 개결介潔하면서 고집스런 자가 있으며, 성격이 모난 자나 둥근 자, 성글면서도 통달한 자나 간결하면서도 신중한 자가 있는가 하면, 말을 아끼는 자나 재간을 부리는 자, 날카롭고 거센 자나 멀리 밖으로 도는 자, 이름을 좋아하는 자나

---

22 군주는 북쪽에서 남쪽으로 향해 세상을 다스리는 존재라고 생각한 것이다. 이에 대한 논리가 『주역』에 보인다("聖人南面而聽天下, 嚮明而治." 『주역』「설괘(說卦)」).

23 혁거(革車)는 전쟁에 동원되는 전차 같은 것이며, 관상(冠裳)은 의관제도가 갖추어진 것을 가리킨다. 혁거가 관상으로 바뀌는 것은 전란이 수습되고 인문이 융성하는 시대로 전환되었다는 의미이다.

실속만 챙기는 자 등등 유형을 구분해보자면 천가지 백가지가 될 것이다.

내가 처음에는 저들 모두를 내 마음으로 미루어도 보고 내 뜻으로 믿어도 보며, 저들의 재능을 시험해보기도 하고 일을 맡겨 단련을 시켜도 보았다. 혹은 흥기시키고 진작시키는가 하면, 혹은 규제하여 바로잡아도 보고 교정해 곧게 만들어도 보았다. 마치 맹주盟主가 조약을 맺어 제후諸侯들을 통제하듯이 조처하느라 피로가 쌓인 것이 어언 20여년이 되었다.

근래 다행히 태극과 음양오행의 이치에 깨달음이 생겼다. 또한 사람들을 꿰뚫어 볼 수도 있게 되었다. 사람 쓰는 방법을 비유해 말하면 들보감은 들보로, 기둥감은 기둥으로 쓰는 것이다. 오리는 오리로서, 학은 학으로서 삶을 이루도록 해야 한다. 만물은 저대로 각기 생존하게 하면서도 거기서 단점을 버리고 장점을 취하며, 선한 것은 들춰내고 나쁜 점은 가려내며, 잘한 것을 굳히고 잘못한 것은 빼낸다. 규모가 큰 자는 진출시키고 좁은 자는 포용하되 뜻을 중히 여기고, 기교는 부차적으로 해서 양 끝을 잡고 거기서 중도를 택하는 것이다. 마치 하늘에 구천九天[24]의 문이 열리듯 앞이 탁 트이고 훤하여 누구나 다 머리를 들어 시원스레 볼 수 있도록 만든다.

그런 연후에 열린 자를 대할 때는 규모가 크면서도 주밀하게 관찰하며, 막힌 자를 대할 때는 여유를 두고 너그럽게 대한다. 강한 자는 부드럽게 대하고 부드러운 자는 강하게 대하며, 답답한 자는 열리게, 어리석은 자는 조리를 따져서, 속 좁은 자는 넓게, 속이 얕은 자는 깊게 대한다. 간척무干戚舞[25]로 용맹을 부리는 자를 대하고, 창과 갑옷의 차림새로 겁 많은 자를 대하며, 총명한 자는 차분하게, 교활한 자는 강직하게 대하는 것이다. 술에 취하게 만드는 것은 뜻만 높고 행실이 따르지 않는 자를 대하는 방도이고, 순주醇酒(순수한 술)를 마시게 하는 것은 개결하면서 고집스런 자를 대하는 방도이다. 둥근 것은 모난 자를 대하는 수단이요, 모를 세우는 것은 둥글둥

24 　구천(九天): 하늘을 중심과 팔방으로 나누어 구천이라고 했다.
25 　간척무(干戚舞): 방패와 도끼를 들고 추는 춤. 즉 무무(武舞)를 가리킨다.

글한 자를 대하는 수단이다. 성글면서 트인 자에게는 나의 깊은 면을 보여주고, 간결하고 무게 있는 자에게는 나의 온화한 면을 보여준다. 말을 아끼는 자에게는 민첩한 실천으로 힘쓰도록 하고, 재간을 부리는 자에게는 물러나 감추도록 하며, 뾰족하고 거센 자에게는 산이 숲에 싸인 모습처럼 보이며, 멀리 밖으로 도는 자는 끌어서 감싸주며, 이름을 좋아하는 자에게는 실질에 힘쓰기를 강조하고, 실속만 챙기는 자에게는 달통한 식견을 갖도록 할 것이다.

공자는 3천 제자들의 물음에 각각 다르게 대답했다. 봄이 되면 만물이 소생하는데 제각기 모양을 이룬다. 그렇듯이, 착한 말 한마디 듣고 착한 행실 한가지를 보는 데 이르러 옛날 순임금처럼 막힌 강물이 터지는 형세를 이룬다. 밝은 덕을 생각함에 있어서는 문왕文王이 서방의 땅에 임했던 것 같이 한다. 그리하여 한 치의 선행이라도 남에게 양보하지 않아 일만의 선이 다 나의 것이 되게 노력할 것이다. 만물은 하나하나에 태극이 있으니 각각의 본성을 어기지 않아 성성존존性性存存을 모두 나의 소유로 삼으리라.

태극으로부터 확대해가면 그것이 각기 나뉘어 만물이 되는바, 만물의 유래를 궁구해보면 다시 일리一理로 돌아간다. 따라서 태극이란 상수象數가 나타나기 이전에 이미 그 이치가 갖추어 있는 것이다. 형기形器가 이미 갖춰진 상태에서 그 속에 보이지 않는 이치를 지목하기도 한다. 태극이 양의兩儀(음양)를 낳아도 태극 자체는 태극이고, 양의가 사상四象을 낳으면 양의가 태극이 되며, 사상이 팔괘八卦를 낳으면 사상이 태극이 된다. 사상 위에 각각 획畫이 하나씩 생겨 다섯획에 이르게 되고, 그 획에 홀수와 짝수가 있게 된다. 그것이 쌓여 24에 이르기까지 제곱해가면 획수가 1,677만여개에 달한다. 그것은 모두 36분分 64승乘에 근본한 것으로서, 우리 백성의 수만큼이나 많다.[26]

거기에 한계를 지을 것도, 멀고 가까울 것도 없다. 이 모두 거두어 자기의 아량과 자기의 분수 내에 귀속되는 것이다. 거기에다 하나의 표준을 세위 그 표준에 준해서 왕도王道를 행한다. 이를 정당한 도리로 본받아, 또 모든 백성에게 펴서 적용해나가면 빼어나고 현철賢哲한 인물들이 배출되고 오복이 두루 갖추어져서 건강하고 평온한 빛을 발한다. 이를 내가 받으니 어찌 참으로 심오하고 원대하지 않는가.

공자는 『주역』 계사전繫辭傳을 지으면서 첫머리에 태극을 제시하여 후세 사람들에게 지침을 주었다. 또 『춘추春秋』를 지어서 대일통大一統의 원칙을 밝혔다. 세계 만국이 한 왕의 통솔을 받는 것이다.

천 갈래 만 갈래의 물이 큰 바다로 흘러가듯이 천자만홍千紫萬紅이 하나의 태극으로 합치되는 것이다. 땅은 하늘 가운데 놓여서 한계가 있으나, 하늘은 땅 밖을 싸고 있으면서 한도 끝도 없다. 공중에 나는 것이나, 물속에 노는 것이나, 꿈틀거리는 벌레며, 지각이 없는 초목들도 모두 저마다 각기 자라나고 시들기를 반복하면서 서로 영역을 지키며 침탈하지 않는다. 그러므로 큰 것으로 말하면 천하 어디에 더할 것이 없고, 작은 것으로 말하면 더 이상 쪼갤 것이 없다. 이는 대개 참찬위육參贊位育[27]의 공이니 성인의 능사이기도 한 것이다.

내가 바라는 바는 성인을 배우는 일이다. 물에 있는 달에 비유하건대 본디 달은 천연으로 밝다. 그 달이 빛나 지상에 임하여 물을 만나 빛을 발함에 용문龍門의 물은 넓고 빠르며, 안탕산雁宕山의 물은 맑고 여울지며, 염계濂溪의 물은 검푸르며, 무이산武夷山의 물은 굽이치면서 흐르고, 양자강揚子江의 물은 차갑고, 탕천湯泉(온천)은 따뜻하다. 강물은 담박하고 바닷물은 짜다. 경수涇水가 맑은 위수渭水를 탁하게 만들지만,[28] 달은 떠서 형태에 따

---

26 천지만물의 시원인 태극이 음양으로 분화되고, 음양이 사상(四象, 少陽, 老陽, 少陰, 老陰)으로 분화되고, 사상이 팔괘(八卦)로 분화되며, 거기서 계속 분화가 일어나는 과정을 말한 것이다. 그 각각에는 시원의 태극이 각인되어 있다는 논법이다.

27 참찬위육(參贊位育): 협조, 기획해서 질서를 세우고 만물을 양육하는 것. 위육은 『중용』의 "致中和, 天地位焉, 萬物育焉"에서 유래한 말이다.

28 경수(涇水), 위수(渭水): 중국의 섬서성에 있는 강 이름으로 경수는 물이 탁하고 위수는 물

라 비춰줄 뿐이다. 물이 흐르면 달도 따라 흐르고, 물이 멈추면 달도 따라 멈춘다. 물이 거슬러 올라가면 달도 함께 거슬러 올라가고, 물이 돌면 달도 함께 돈다.

종합해보건대 물의 근원은 달의 정기이다. 나는 알겠노라. 물이란 세상 사람들이다. 달이 비춰 드러나게 하는 것은 사람들의 형상이다. 달이란 태극이요, 태극은 곧 나다. 이 어찌 옛사람이 '만천명월'을 태극의 신비한 작용에 붙여 비유한 뜻이 아니겠는가.[29]

저 달은 빛이 닿는 곳이면 반드시 비춰준다. 하여 태극의 테두리를 어림잡아보려는 자가 있다면, 그건 물속에 들어가 달을 붙잡아보려는 것과 다름없이 아무 소용없는 헛수고임을 나는 알고 있다. 이에 드디어 내가 평소 거처하는 곳에 '만천명월주인옹萬川明月主人翁'이라 써서 붙이고 자호를 삼기로 한다. 때는 무오(1798, 정조 22년) 12월 3일이다."

—『홍재전서』 권10, 정조 22년(1798)

무武의 중시와 문신들과의 갈등

사하리에서 모의 전투

강릉康陵에서 제사를 드리고 태릉泰陵에 들러 참배했다.[30] 그리고 어가를 돌려 사하리沙河里[31]로 와서 각신閣臣, 승지, 옥당 등에게 음식을 베푼 다

이 맑은데 두 물이 합류하게 된다.

29 여기서 옛사람이란 주자를 가리킨다. 즉 주자의 '월인만천(月印萬千)'의 논법을 취한 것이다. 달이 모든 물에 비치는 현상에서 하나의 달은 우주 만물의 시원인 태극의 비유로 보았다. 이 경우 달, 즉 태극은 군주로서의 정조 자신의 비유이기도 하다. 이기철학의 이일분수(理一分殊)와 같은 논리다.

30 강릉은 명종과 왕비의 릉. 태릉은 중종비인 문정왕후의 릉. 지금 서울의 노원구에 있다.

음, 장전帳殿 앞에 용호영龍虎營의 초요기招搖旗를 세우자 금군별장禁軍別將 이득제李得濟가 금군을 거느리고 말을 달려 나왔다. 마병별장馬兵別將 조학신曺學臣에게 비밀히 후방을 차단하는 별대를 거느리고 오게 하여 서로 충돌이 일어났다. 상이 이르기를, "형세가 중과부적衆寡不敵이로구나" 하고 종을 쳐서 진을 파하도록 했다.

다시 남색 초요기를 세우고 깃발을 흔들며 북을 둥둥 울리자, 금위대장禁衛大將 서유대徐有大가 50기騎를 거느리고 말을 달려 서쪽에 진을 쳤다. 상이 금군별장 이득제에게 50기를 거느리고 동쪽에 진을 치게 했다. 장전 앞에서 북을 치고 천아성天鵝聲(태평소)을 불자, 남색 초요기를 왼쪽 금영진으로 돌려서 금군진으로 향해 고함을 치자 서로 충돌이 일어났다. 상이 비밀히 마병별장 조학신에게 휘하의 50기와 무예출신武藝出身을 거느리고 기습하게 하여 양 진 사이에 싸움이 벌어졌다. 이때 가전별초駕前別招와 가후별초駕後別招에게 명해 동쪽으로 나가서 포위하게 했다. 추격을 하고 난 시각에, 말을 붙잡은 자에게는 상으로 말을 주고, 사람과 말을 붙잡은 자에게도 똑같이 했으며, 깃발을 빼앗은 자에게는 면포를 지급했다. 조학신에게는 특별히 내구마內廏馬를 하사했다.

이어 대취타를 연주하고 모두 원위치로 가게 했다. 가전별초와 가후별초, 무예출신, 별대마병 등에게 명해 원진圓陣을 치고 큰 깃발로 사방 문을 만든 뒤, 금위대장 서유대와 금군별장 이득제에게 단신으로 달려 말을 몰아 채찍과 몽둥이를 들고 진중으로 달려들어 좌충우돌 무기를 빼앗도록 했다. 서유대와 이득제가 어울려 말을 몰고 나와 원진을 치자 모두들 고함을 지르며 말을 돌려서 빠져나가는 것을 막았다. 선전관宣傳官 김희金爔가 말을 달려 화살 끝을 쥐고 진문으로 들어가 신전信箭[32]을 받들어 어명을 전하는 것처럼 하다가, 뜻밖에 돌연히 이득제의 수기手旗를 빼앗아가지고 말

---

31 사하리(沙河里): 지금 서울의 정릉에서 가까운 미아리 지역으로 추정되는 곳이다.

32 신전(信箭): 명령을 전할 때 신빙으로 삼는 화살.

을 껑충 뛰어 돌아와 장전에 바쳤다. 이에 상께서 내취內吹(임금 행차 시의 악대)에게 개가를 울리게 하고 김희를 특별 승급시켰다.

이득제가 서유대의 깃발을 빼앗자, 서유대가 그것을 다시 빼앗아 두 진영 사이에서 말이 뛰쳐나왔다. 이득제 또한 말을 몰아 어가 뒤의 진으로 나왔다. 서유대와 이득제를 입시하도록 명하고 말했다.

"지금 추격하도록 한 것은 재주를 시험해보려는 일이었다. 근래 무장들이 말 타는 연습을 하지 않는데, 경들은 능히 말을 잘 달려 공격을 하니 아주 가상하다. 이제부터는 모름지기 말을 몰고 달리는 연습을 소홀히 하지 말 것이다."

이어 서유대에게 표범 가죽을 하사하고, 이득제는 공과가 비등했기에 포상하지 않았다.

—『실록』, 정조 9년(1785) 2월 10일

읍청루 앞 수군 훈련

정조 19년 3월 19일 읍청루 앞의 한강에서 수군 훈련이 있었다. 군사 훈련을 목적으로 한 일이었지만, 정조가 군신들의 반대를 무릅쓰고 강행한 데는 따로 의도한 바가 있었다. 정조가 강화도에 유배되어 있던 은언군恩彦君(이름 인祵)을 불러 만난 것 때문에 정조와 문신들 사이에 대단히 심각해 보이는 갈등이 연출되었고, 이 갈등은 봉합되지 않고 대립이 평행선을 긋는 모양이었다. 은언군은 사도세자(장헌세자)의 서자이므로 정조의 이복동생이며, 후일 왕위에 오른 철종의 할아버지다. 은언군은 권력을 둘러싼 정치적 암투 과정에 말려들어 귀양을 갔는데 정조는 아우를 생각하는 마음에 무리수를 둔 셈이었다. 그런데 대립갈등이 이처럼 심각해진 데는 아무래도 복잡한 배경이 있었을 터다. 정조가 끝내 거역하는 문신들을 향해 "근래 강화도 유배자의 일을 가지고 아첨거리로 삼고 있다"고 공박한 그 말에는 필시 깊은 곡절이 들어 있다. 여기서 '유배자'란 은언군임이 물론인데 '아첨'을 하는 대상은 정순왕후 김씨를 가리키는 것으로 짐작된다. 정조 사후에 정순왕후가 수렴청정을 하면서 은언군은 우선적으로 제거 대상이 되었고, 그와 함께 그 부인과 며느리까지 신유옥사에서 죽임을 당했다.

수군 훈련 지시

만팔문萬八門으로 납시어 문·무과 합격자들의 사은謝恩을 받고 술을 하사했다. 이 행사를 마치고서 다음과 같이 하교했다. "강물이 넘실거리는데 무부武夫들은 활력이 넘치도다. 물가의 꽃들은 비단을 펼친 듯 강가의 버들가지도 솜을 토해낸다. 곤명昆明에서 전투 훈련, 망원루望遠樓에서 강무 행사, 지금이 바로 그때로다. 일전에 팔강八江[33]의 선척을 점검하면서 3백 수십척을 남겨두었으니 충분히 대오를 편성할 수 있다. 군사에 대비하는 중요성은 수륙 간에 차이가 있을 수 없다. 근래 관례는 육군에 전력하고 수군에는 소홀하니 양자를 병행해야 한다는 뜻을 잃은 것이다. 내일 읍청루挹淸樓[34]의 공해문控海門으로 나가서 서로 대치하여 나아가고 물러가는 절차를 실시해볼 터이니, 오강五江[35] 건널목의 별장別將들은 모두 관하의 군대와 공사 간의 선척들을 거느리고 풍월정風月亭 앞의 넓은 물에 집결, 대기하도록 분부하라."

승지 남공철南公轍이 아뢰었다. "수군의 훈련을 거행하는 일은 담당자 한 사람에게 맡기면 충분합니다. 지존께서 몸소 임하실 일은 결코 아닙니다. 더구나 오늘 날씨를 보면 기온이 고르지 않으니 구중궁궐에 앉아 계시면서 조섭하는 도리를 차리시는 것이 마땅합니다. 그럼에도 굳이 강으로

---

33 팔강(八江): 서울 가까운 쪽으로 흐르는 한강을 그 지역에 따라 불렀던 명칭. 두무포, 뚝섬, 서빙고, 새남터, 용산, 마포, 서강, 덜머리를 팔강이라고 했다.

34 읍청루(挹淸樓): 지금 마포 쪽의 높은 언덕에 있던 누대. 훈련원의 별영(別營)이 있었다. 바로 그 아래로 한강이 넓게 펼쳐 있어 풍광이 아름답기로 유명했다.

35 오강(五江): 용산강, 마포강, 서강, 야와진강, 한강진강을 아울러 부르는 말. 경우에 따라서는 달리 일컫기도 했다.

행차하시겠다고 하시니 안팎으로 당황스러움이 어떻다 하겠습니까? 바라
옵건대 속히 취소 명령을 내리소서."

승지 이만수李晩秀도 아뢰었다. "전교 말씀을 받들어 쓰면서도, 이 하교
가 한번 나가면 필시 많은 사람들의 의혹을 불러일으킬 터여서, 신은 함부
로 반포하지 못하겠습니다."

"승지가 무엇을 안다고 감히 이런 식으로 말하느냐?"

이만수가 재차 아뢰었다. "신들이 어찌 감히 억측하여 뜻을 거스를 수
있겠습니까마는, 연전 강루江樓에 임하셨을 적의 일은 지금까지 꿈속에서
도 놀라곤 합니다. 이번에 거둥하시겠다고 명하시는 곳이 그 지역이니 신
들이 어떻게 명을 받들 수 있겠습니까?"

남공철이 다시 아뢰었다. "전하의 이런 거조는 만번 과도한 일입니다.
경강京江의 수군 훈련에 직접 임하시는 것은 태평시대를 빛내는 행사가 될
수 없습니다. 그리고 지금 지방의 여러 도에서도 이미 다 훈련을 중지하고
있는데, 서울에서 불시에 훈련을 거행한다면 이 어찌 보고 듣기에 난처함
이 없겠습니까? 속히 전교를 거두도록 명하옵소서."

"승지를 모두 교체시키겠다. 즉시 물러가라."

"신은 승지에서 교체되더라도 각신閣臣의 직으로 대기할 것이오니, 전
교를 거두시기 전에는 물러가지 않겠습니다." 남공철의 이 말에 상이 "각
신의 직도 면직시킨다. 속히 물러가라"고 거듭 엄한 분부를 내렸다. 이에
비로소 승지들이 물러갔다.

—『실록』, 정조 19년(1795) 3월 17일

수군 훈련의 경위, 이에 일어난 문신들의 반발과 군신 간의 갈등

별영別營으로 가서 읍청루에 납시어 수군 훈련을 거행했다. 선전관에게
명해, 신전信箭을 가지고 가서 후상後廂(거둥 시 후위 호위부대) 마병별장馬兵別

將에게 지시하여 갑사甲士(갑옷을 착용한 병사)를 거느리고 입구에 군문을 설치한 뒤 명령을 엄히 내려 한 사람도 감히 들어오지 못하게 했다. 대신 이하 모시고 나온 여러 신하들이 모두 들어가지 못하고 오직 승지 두 사람과 사관史官 두 사람만 따라 들어갔다.

상이 읍청루로 올라갔다. 읍청루 앞으로 띠처럼 두른 강물 위에 공사의 선박 3백여척을 집결시켜서 배를 나누어 편대를 지어 도합 5개 선단이 되게 했다. 그리고 고악鼓樂도 나눠 실어 일제히 음악을 울렸다. 수군 훈련을 마친 뒤에 별영의 직소直所로 어가를 돌렸다.

이때 비로소 대신들을 입시하도록 명했다. 좌의정 유언호俞彦鎬 등이 앞으로 나와 문후를 드리는데 다 마치기도 전에 상이 말했다.

"오늘 어가가 이곳에 임한 것은 실로 까닭이 있다. 경들이 차자箚子를 올려 명을 거두어들이라고 청한 것은 지나치게 걱정을 하는 점이 없지 않기에 비답批答에서 이미 상세히 설명했다. 이제 관행대로 불러서 접견하고 곧 환궁하려는데 경들이 우려하는 것은 지나친 일이었다.

옛사람이 이르기를 '군사 행동은 속임수를 쓰는 것도 마다하지 않는다' 했고 또 이르기를 '권도權道[36]를 쓰되 중도를 얻는다'고 했다. 군사가 아니라도 필요에 따라 혹 속임수를 쓸 수 있다. 더구나 권도야말로 성인이 아니면 쉽게 의논할 수 없는 일이다.

내 스스로 감히 성인이라고 말하지 못하지만 소원하는 바는 성인을 배우는 것이다. 권도를 써야 할 곳에 당해서 정도에 위배되지 않고 권도가 바른 데로 돌아간다면 이 또한 하나의 방법이다. 내가 강구하는 바는 오로지 여기에 있다.

지금 경들에게 이렇게 일렀으니 경들은 아마도 나의 마음을 이해할 수 있을 것이다. 혹여 따로 특별히 하교할 일이 있어서 들어오는 것을 허용하

---

36 권도(權道): 정당한 목적을 달성하기 위해 방편을 쓰는 것.

지 않았다고 생각했다면 지나친 생각이다. 일이 또한 잘 진행되어 이제 곧 환궁을 하니 모든 일이 순조롭게 된 것이다."

유언호가 아뢰었다.

"친히 타위打圍(사냥)를 하는 일이 『오례의五禮儀』에 실려 있긴 합니다만 옛사람 중에도 중지하자고 청한 일이 있었습니다. 오늘 거둥하신 일에 있어서는 신등이 죽을죄를 짓고 함부로 헤아려 지나치게 우려한 점이 과연 있었습니다. 어제 차자를 올려 명을 거두시도록 청했던바, 지금 지나치게 염려할 것이 없다는 분부를 받고 보니 저희들 마음에 기쁘고 다행이옵니다."

상이 다시 말했다.

"타위는 수렵을 일컫는 말이다. 고故 정승 남구만南九萬도 중지하기를 청한 적이 있었다. 그런데 수군 훈련에 임하는 것은 타위와 벌써 다름이 있다. 다투어 반대할 까닭이 어디에 있는가. 더구나 내가 오랫동안 궁리했던 일을 이제 겨우 이룬 것이다. 나로서는 중도에 어긋난 거조가 없었으니 조정에서도 시끄럽게 떠들 까닭이 없다. 이 어찌 다행이 아닌가. 내가 경들에게 숨길 말이 어디 있겠느냐? 금년의 큰 경사는 나에게 있어서는 천년에 한번 있을 경사이다.[37] 게다가 나로서는 다행히 경사스런 일이 이 한 해에 다 들어 있는 것이다. 이와 같은 경사에 나는 어떤 마음이 들었겠느냐? 자궁慈宮(어머니를 이르는 말)을 모시고 화성華城으로 가서 장락長樂(장수)의 축배를 들 때 아울러 경로연을 열고 구휼 행사를 벌인 것은 모두 다 함께 기쁨을 누리고 경축하는 뜻을 표하기 위한 방도였다. 그런즉 조수초목까지 더불어 즐거워했다고 말해도 좋을 것이다.

그런데, 유독 저 강화도에 유배 가 있는 사람[38]만은 단 한번도 즐거운 잔

---

37 '큰 경사'란 정조의 어머니인 혜경궁 홍씨의 환갑을 맞은 일이다. 경사가 겹쳤다고 한 것은 친부인 사도세자의 환갑도 같은 해이기 때문이다.

38 강화도에 유배 가 있는 사람이란 은언군(恩彦君) 이인(李祵)을 가리킨다. 앞서 언급한 것처

치에 참석하지 못했다. 그에게 죄가 있고 없고는 먼저 따질 것이 없다. 인정이나 천리에 비추어 나의 심경은 어떻겠느냐? 잔을 올리는 의식이 일곱 순배로 진행되었는데 한잔 올릴 적마다 나는 안주를 한 조각도 입에 대지 못했다. 이는 그 자리에 있던 사람들이 눈으로 본 사실이며 경들을 대해서 지어낸 말이 아니다. 술만 들고 안주는 입에 대지 못한 것은 내가 저를 안타까워한 때문이었다.

주야로 소원하던 일을 비로소 실행한 것이 오늘이다. 대저 성인이란 인류의 지극한 경지에 이른 분이다. 내 비록 감히 성인을 자부하는 바 아니로되, 경들은 나에게 인류의 지극한 경지를 어찌 기대하지 않겠는가. '잘못을 보고 그 사람의 어짊을 안다'는 것은 성인이 하신 말씀이다. 주공周公이 과오가 있던 일 또한 당연한 점이 있었다.[39] 내 이미 나의 마음을 털어놓았거늘 경들은 나의 마음을 이해하지 못하겠는가?"

유언호가 다시 아뢰었다.

"방금 '주공의 과오'라고 말씀하셨는데 아무리 성인이라도 과오가 있는 것은 과오가 없는 것과 같겠습니까? 그뿐 아니라 주공은 관숙管叔과 채숙蔡叔에게 엄형을 내렸습니다. 사적인 은혜를 베풀기 위해 공적인 법을 어기셨는데 어떻게 주공의 과오와 비교할 수 있습니까?"

"경의 말이 실로 정론이라 하겠지만, 중도에 맞으면 어찌 바른 도리에 해가 되겠는가. 지금 위에서 지나친 행동이 없었거늘 아래서도 지나친 걱정은 놓아버리고 날이 저물기 전에 행차를 돌리는 것이 좋겠다. 굳이 말을 많이 할 것이 어디 있겠느냐?"

"신들이 어제 청대請對(대면 요청)했다가 윤허를 받지 못했는데 지금 거

<hr />

렴, 후일 그의 손자가 왕위에 올랐는데 철종이다.

39 주공(周公)이 어린 조카인 성왕을 보필하여 주나라를 다스렸다. 주공에게 관숙과 채숙이란 아우가 있었는데 이들이 반기를 들어 이들을 정벌하는 데 이르렀다. 그 과정에서 주공이 관숙과 채숙을 빨리 억누르지 못한 과오가 있었다. 주공의 과오란 이를 두고 말한 것이다. 본문의 '觀過知仁'은 『논어(論語)』「이인(里仁)」에 나오는 구절이다.

우 속마음을 펼 수가 있게 되었으니 아뢰고자 한 일을 다 아뢸 기회를 주옵소서. 정치달鄭致達의 처[40]가 지금껏 한 하늘 아래 살고 있는 일이야말로 아랫사람들이 불충不忠한 죄라고 할 것입니다. 중간에 도망쳐 나간 변고를 이번 사건으로 인해서 비로소 알게 되었습니다. 다행히 대간의 계사啓辭를 윤허해주셨기에 여정輿情(많은 사람들의 뜻)을 펼칠 수 있으리라고 기대했으나, 전지傳旨가 내려간 지 지금 며칠이 지났습니다. 아직도 머뭇거리며 죄인을 못 잡아 성명成命(이미 내려진 명령)이 오랫동안 시행되지 못하는 결과를 빚고 말았습니다. 거행을 지연시킨 죄를 담당자에게 돌린다니 어찌 너무도 부실한 일이 아니겠습니까. 속히 명백한 분부를 내리시어 그가 자수하도록 해주옵소서. 이것이 신들의 바람이옵니다."

"저 사람은 여자인데 어떻게 조보朝報를 읽을 수 있겠는가. 그러니 자수한다 한들 얻어낼 것이 있겠는가. 또한 이 일은 급하지 않으니 그냥 놓아두어라. 이 일이나 다른 일이나 막론하고 조금 전에 '권도를 행하여 중도를 얻는다'거나 '잘못을 보고 그 사람의 어짊을 안다'고 한 것은 나의 고심에서 나온 말이다."

"신이 의거하여 임금을 섬기는 바는 오직 『명의록明義錄』[41]입니다. 지금 『명의록』에 의거해보면 의리가 곧 무너질 지경에 이르렀는데 어떻게 입을 다물고 날을 보내겠습니까?"

"경이 『명의록』에 의거하고 있는 줄은 나도 잘 알고 있다. 그런데 지금 이렇게 정치달의 처를 처리하는 것이 『명의록』에 비추어볼 때 흠이 되는

---

40 정치달(鄭致達)의 처: 화완옹주(和緩翁主, 1730~1808)이다. 영조의 딸로 사도세자와는 동복남매간이다. 정치달은 화완옹주와 결혼하여 일성위(日城尉)가 되었다. 정치달의 양자가 정후겸(鄭後謙)인데 정후겸이 반역을 도모하다가 죽임을 당했다. 이 때문에 정치달의 처, 즉 화완옹주는 '폐서인'의 조처를 받아 교동도에 유배 가 있었다. 여기서 화완옹주를 '정치달의 처'라고 칭한 것은 이 때문이다.

41 『명의록(明義錄)』: 정조가 세손으로 있을 때 세손의 대리청정(代理聽政)을 반대한 홍린한(洪麟漢), 정후겸 등을 사사(賜死)한 경위를 기록한 책. 정조 즉위년에 간행되었다. 정조 등극의 당위성을 천명한 내용이다.

일인가? 이런 일들에 대해서 옛사람은 임금의 뜻을 받들어 따르는 것을 아름다움으로 삼았다. 가령 송 선정宋先正(송시열을 가리킴)은 말할 것 없고 고故 정승 이경여李敬輿 같은 분도 단연 은혜를 온전히 하는 것으로 주장을 삼았었다. 이런 명철한 분들이 어찌 요즘 사람들에 미치지 못해서 그랬겠는가. 내가 이처럼 처분한 일에 대해서는 나 자신 후세에 당당히 할 말이 있다. 경은 나에 대해 기대하는 바가 성인과 같지 않은 것 같다. 그러니 이일은 더 따질 것이 없다. '권도를 써서 중도에 맞게 한다'는 말로 나의 뜻을 대개 보여주었다. 이제 저(은언군을 가리킴)를 돌려보냈으니 더 이상 말할 것이 없다. 경들이 우선 물러가 있으면 곧 나의 뜻을 알리는 교시를 내리겠노라."

이어 안팎의 신하들에게 다음과 같이 교시했다.

"금년의 경사로 말하면 한 해에 겹친 것이다. 8일 동안 자궁慈宮을 모시고서 장수를 기원하는 성대한 행사를 대규모로 거행하여, 하늘의 돌보심에 응답하고 나라의 행운을 크게 기렸다. 베푸는 음식이 백관에게 두루 미쳤고, 꽃을 나누어주는 것이 삼군三軍에까지 돌아갔으며, 낙남헌洛南軒에서 주연으로 여러 노인들이 취했는가 하면, 신풍루新豐樓에 쌓인 미곡으로 사민이 배불렀다. 헐벗고 굶주린 사람들에게는 죽을 쑤어 먹게 하는 한편, 큰 배가 파도를 헤치고 나아가 배에 실린 쌀로 흉년이 든 지방을 구제했다. 천필 말에 동전이 잔뜩 실려서 삼도三都[42]에서 팔도로 은혜가 미치기에 이르렀다. 그야말로 초목금수도 모두 저절로 기쁨을 느꼈으며 바다로 둘러싸인 우리 동방이 온통 환희 가운데 놓였다고 할 것이다.

그런데 유독 강화도에 귀양 가 있는 저 사람은 어떤 사람이기에 끝내 한자리에 끼어 술 한잔도 나눌 기회가 없단 말인가. 지팡이 짚은 시골 늙은이나 백발이 성성한 동네 사람만도 못하단 말인가. 내 마음이 얼마나 허전할

42　삼도(三都): 여기서 삼도는 서울과 개성·강화를 가리키는 것으로 추정된다.

것이며 얼마나 섭섭할 것이랴! 울적한 심사에 취한 듯 깬 듯하여, 식사를 들다가도 젓가락을 몇 번이나 놓고 잠을 자다가도 더러 일어나 방 안을 서성이곤 했다. 하지만 그를 한번 보려면 한번 풍파를 부른다. 지금 전에 없는 좋은 때에 즈음하여 전처럼 지나가고 말면 이 또한 여중동락與衆同樂[43]의 본뜻이 전혀 아니다. 옛말에도 군사의 일은 속임수를 마다하지 않고 권도를 쓰되 중도를 얻는다고 했다. 속임수는 임금으로서 할 일이 아니로되 권도는 성인도 쓰는 경우가 있다. 내가 원하는 바는 성인을 배우는 것이다. 더구나 한 해에 한번 만나기로 한 약속을 이때 지키지 않고 언제 실행에 옮길 것이랴!

그래서 어제 저녁 때 저를 도성 안으로 들어오게 하여 저의 집에서 밤을 보내고 아침에 읍청루로 나와, 비로소 손을 잡고 반가움에 눈물이 교차하여 마음을 가다듬을 수 없었다. 마침 오강의 선박들이 집결하고 8영營의 악대도 다 모였다. 궁중의 음식이 차려지고 액원掖垣(대궐)의 장막이 설치된데다가 악공의 연주, 기생의 가무가 앞뒤로 어울리고 화려한 비단과 기이한 음식으로 좌우에 아롱거렸다. 전날의 즐거움이 이어지고 이 밤의 환락이 영구할 것 같은데 바람에 물결이 일어 어느덧 돌려보낼 시각이 된 것이다. 허전했던 마음이 채워지고 섭섭했던 심정에 기쁨이 일었다. (하략)"

여러 신하들은 이 유시를 미처 반도 보지 않아 다투어 나서서 아뢰었다.

"이 무슨 지나친 거조입니까? 신들은 저도 모르게 온몸이 덜덜 떨리고 가슴속이 꽉 막힙니다. 오늘 거둥하신 데 대해 신들은 의혹을 가졌지만, 아까 연석에서 하교하셨던 까닭에 금석金石처럼 믿었습니다. 지금 전교傳敎를 보고 비로소 전하께서 이처럼 지나친 거조를 취하신 줄 알게 되었습니다. 이 어찌된 일입니까? 이 어찌된 일입니까?"

상이 말했다.

---

43 여중동락(與衆同樂): 모든 사람들과 더불어 즐거움을 함께 누림. 이 말은 『맹자』에 나오는 '여민동락(與民同樂)'의 뜻을 취한 것이다.

"아까 연석의 분부와 지금 전교를 통해서 이미 다 말했다. 올해처럼 전에 없던 경사에 당해 어가를 수행하는 군사들로부터 걸식하는 무리에 이르기까지 모두 은혜를 입어 취토록 마시고 배불리 먹었다. 유독 저 강화도에 유배된 자만은 좌석에 참여해 술 한잔도 들지 못했다. 내 비록 소중한 경사를 기리기 위해 애써 감정을 억누르기는 했지만 일곱 차례 술잔을 드는 동안 안주는 한번도 입에 대지 못한 것은 여러 신하들 눈으로 보았던 사실이다. 오늘 취한 거조를 나는 지나친 행동으로 생각하지 않는다. 이는 곧 권도로 중도를 얻은 일이라, 이렇게라도 해야만 내 뜻을 표할 수 있었고 내 마음을 풀 수가 있었다."

(중략)

대신들은 부득이 물러 나와서 승지를 시켜 들어가 품계稟啓(임금께 아룀)하게 했다.

"신들은 너무도 놀랍고 통분하여 어떻게 해야 할지 몰라, 방금 금오金吾(의금부의 관원)로 하여금 죄인을 압송하게 하였습니다. 이렇게 품계하오니 멋대로 처리했다고는 말할 수 없을 것입니다."

상이 승정원에 하교했다.

"오늘날 신하의 처지로서 감히 입에서 이런 말이 나와 품계를 한단 말이냐? 경들이 이렇게 하다니 장차 천하 후세에 왕망王莽, 조조曹操, 사마의司馬懿, 환온桓溫[44] 같은 자들의 길을 열어주려는 것인가. 생각건대 저 사흉四凶들도 감히 이런 마음을 품고 이런 말을 꺼내지는 못했다."

곧 행군을 명하고 말에 오른 다음, 다시 대신들을 앞으로 나오도록 명하여 일렀다.

"아까 이미 다 말했다마는, 내가 취한 거조는 나 자신 권도에 맞는 일로

---

44 왕망(王莽), 조조(曹操), 사마의(司馬懿), 환온(桓溫): 중국 역대에 신하로서 반역하여 제위를 탈취한 대표적인 네 사람. 이런 자들의 길을 열어주려는가란 역적질을 하려는 것이냐는 의미다.

생각하고 있다. 내 비록 성인의 경지에 미치지 못한다 해도 경들이야 임금을 요·순으로 만들기로 기약해야 하지 않겠는가. 내 심히 개탄하는 바이다. 근래 강화도 유배자의 일을 가지고 아첨 거리로 삼고 있다. 무슨 사단이 한번 일어났다 하면 명분을 돌보지 않고 절의도 능멸하고 미친 듯 소란을 피우는데 이 무슨 도리인가?"

유언호가 아뢰었다.

"신들이 만약 옛날 대신과 같은 기절氣節이 있었다면 필시 전하로 하여금 오늘의 지나친 거조를 있지 않게 했을 것입니다."

상은 드디어 환궁했다.

—『실록』, 정조 19년(1795) 3월 18일

심환지의 상소와 정조의 답변

규장각 제학 심환지沈煥之가 차자箚子를 올리기를,

"신은 읍청루에서 호종하고 돌아와서, 밤에 곰곰이 생각할수록 당황스럽고 두려운 마음이 들었습니다. 올해 축수를 올리고 경축했던 일은 과연 천년에 보기 어려운 아름다운 일이었습니다. 전하께서 지극한 어짊으로 성덕을 발휘하사 공도公道에서 사정私情을 차마 떨쳐내지 못한 나머지 내리신 지성측달至誠惻怛[45]의 하교에 신은 참으로 감격하고 탄복하였습니다.

그렇지만 생각하옵건대, 제왕의 가법家法은 여항의 사람들과는 달라서 종묘사직을 크게 여기고 관석화균關石和均[46]을 중히 여기는 법입니다. 지금 전하께서는 조종의 기초와 의도를 생각지 않으시고 느닷없이 험한 길로 행차를 돌려 강루에 친히 납시어 '군대를 사열(閱武)'한다고 하면서 온 나라 신민들을 두려움에 떨게 하고 의혹을 갖게 하였습니다. (하략)"

---

45 지성측달(至誠惻怛): 지극히 성실한 속마음에서 우러난 뜻.
46 관석화균(關石和均): 공평한 법의 집행.

정조의 비답

상이 비답하기를,

"경이 어찌 나를 속이겠는가. 올린 글을 읽어보니 절실히 깨우쳐주는 데 격앙된 곳이 있어 글이 남을 감동시키기는 충분하나 사소한 표현에서 나의 본뜻을 이해하지 못한 부분이 있다. 대체로 심각하게 논평할 것은 없겠다.

경의 글에서 정신을 담아 구성한 것은 강루의 행사 및 금조禁條(관리들의 출입을 금한 조항)를 환수하고, 분명한 유시를 내리라는 몇 가지이다. 끝에 가서 풍속을 바로잡고 무함誣陷을 해명하는 말로 전편의 관건을 삼았다. '금조의 환수'는 논할 성질이 아니며, '분명한 유시'는 내리고 싶지 않다.

강루에서 직접 사열을 하고 선상에서 주연을 베푼 일로 말하면, 대개 땅 위의 물과 하늘에 뜬 구름을 취한 것이었다. 이에 대해 나 자신은 내성외왕內聖外王[47]의 경지에서 권도를 써서 원칙에 합당한 일이라 생각하고 있다. 마치 해와 달과 별이 하늘에 높이 떠서 길을 비춰주는 것과 같으니 이는 제왕으로서 크게 펼 수 있는 도리이다. 내 스스로 잘났다고 하는 말이 아니요, 받들어 계승하고자 하는 우리 가법인 것이다.

옛날 세종조에 동교에서 강무 행사를 하시면서 양녕대군을 적소謫所에서 불러 연회를 베풀어 위로하신 일이 있었다. 그리고 연회가 끝나자 다시 적소로 돌려보내고 환궁하신 것이다. 그리고 망원·희우정望遠喜雨亭에서 수군을 훈련한 사실이 있었으니,[48] 모두 역사책에 실려 있다. 경과 같은 사람도 성인이 전에 행하신 일에 대해 이러쿵저러쿵 따진단 말인가.

경이기 때문에 이처럼 부드러운 비답을 내리는 것이다. 경의 말은 다른

---

47   내성외왕(內聖外王): 안으로 성인의 덕을 닦아 밖으로 왕자의 정치를 시행한다는 의미. 수기치인(修己治人)과 통하는 말이다.

48   세종 7년 5월 9일에 지금 마포구의 망원정이 있는 한강에서 수군 조련을 한 사실이 있었다. 희우정은 본디 효령대군의 정자였다가 후일 망원정으로 이름이 바뀌었다. 이 때문에 망원·희우정이라고 표현한 것으로 생각된다.

사람이 말하기 어려운 곳을 속마음까지 다 드러냈기 때문이다. 경 이외에 또 너절한 말들을 주워 모아 떠드는 무리들에 대해서는 나라의 교령教令이 있을 것이다."

―『실록』, 정조 19년 3월 25일

2장
규장각

규장각 설치

규장각奎章閣을 창덕궁 금원(禁苑, 비원)의 북쪽에 세우고, 제학提學·직제학直提學·직각直閣·대교待敎 등의 벼슬을 두었다. 국조에서 관직의 설치는 모두 송나라 제도를 본뜬 것이다. 홍문관은 집현원集賢院, 예문관은 학사원學士院, 춘추관은 국사원國史院 같은 것인데, 어제御製를 보관하는 용도각龍圖閣과 천장각天章閣 같은 제도는 두지 않았다.

세조 때에 동지중추부사 양성지梁誠之가 "성상의 어제는 하늘의 별처럼 만년토록 빛나는 것이라, 신자로서는 마땅히 건물을 세워 보배롭게 보관해야 하기 때문에, 송대에는 모두 으레 전각을 세워서 보존하고 관직을 두어 맡도록 했던 것입니다. 바라옵건대 신등으로 하여금 어제 시문을 교감해 올려서 인지각麟趾閣 동쪽의 별실에 봉안하되 규장각이라 부르고, 또 서적을 보관하는 내각은 비서각秘書閣이라 부르며, 각각 대제학·직제학·직각·응교 등 관직을 두되 당상관은 겸임을 하고 낭관(당하관)들은 예문관의 녹관祿官으로 겸임시켜 출납을 관장하도록 하는 것이 좋겠습니다"라고 아뢰었다. 세조는 곧 시행하려고 했으나 미처 겨를이 없었다. 숙종 때는 역대의 어제·어서御書를 봉안하기 위해 별도로 종정시宗正寺에 작은 건물을 세워 임금이 직접 쓴 '규장각' 세 글자를 걸었으나, 제도를 미처 갖추지 못한 상태였다.

상이 즉위하고부터 우선 선대왕의 편차인編次人(선왕이 남긴 유묵이나 글을 정리하는 일을 맡는 관원) 구윤명具允明, 채제공蔡濟恭 등에게 명해 부서를 설치하고 영조의 어제를 편찬하여 판목에 새기고 어서를 돌에 새기는 작업을 했다. 그리고 안팎으로 흩어져서 간행되지 못한 것들은 그대로 베껴서 한 부는 원릉元陵 옆방에 보관하고 또 한부는 대궐의 별전에 임시로 보관했다. 그리고 대신을 불러 다음과 같이 하교했다.

"우리 선대왕의 운장雲章, 보묵寶墨은 모두 어린 나를 가르치고 깨우치신 내용이다. 삼가 공경해야 하는 의미가 어찌 심상한 서찰에 비할 수 있겠는가? 의당 전각을 따로 세워서 송대의 제도를 본받아 열성列聖의 어제·어필御筆을 보존하도록 한 것이다. 다만 송나라처럼 대대로 건물을 달리 세울 필요는 없으니, 한 전각에 봉안奉安하면 경비도 덜고 번거로움을 없애는 방도가 될 것이다. 너희 담당자들은 창덕궁의 북쪽 정원에 세울 것을 계획해보라."

이에 건물을 세우고 단청을 칠하는 등의 일을 아무쪼록 검소하게 하여, 3월에 시작해서 이때에 완공이 되었다. 처음에는 어제각이라고 했다가 뒤에 숙종이 쓴 것에 따라 규장각으로 불렸다. 건물은 2층으로, 아래는 헌함軒檻을 만들고 뒷편에 지금 임금의 어진御眞·어제·어필·보책寶冊·인장印章을 보관했다. 규장각이라는 편액은 숙종의 어묵이다. 또 주합루宙合樓라는 편액을 남쪽 문 위에 걸었는데 지금 임금의 글씨다. 서남쪽으로 봉모당奉謨堂【곧 옛날 열무정閱武亭이다. 『여지승람輿地勝覽』의 궁궐지宮闕志에는 "옛날 제도 그대로 하여 고치지 않고 다만 설치대를 만들어 나누어 봉안하는 것으로 되어 있다"】이 있는데, 열성조의 어제·어필·어화御畫·고명顧命·

유고遺誥·밀교密敎 및 선원보璿源譜·세보世譜·보감寶鑑·장지狀誌 등을 봉안
했다.

정남방으로 열고관閱古觀이 있는데 상하 2층이며, 북쪽으로 꺾여 개유와
皆有窩를 두고 중국본 책과 문서를 보관했다. 정서쪽으로는 이안각移安閣이
있는데 어진·어제·어필을 옮겨다가 포쇄曝曬(서책, 문서 등의 보존을 위해 볕을
쪼이는 일)하는 장소이다. 서북쪽은 서고西庫로서 동국의 책과 문서를 보관
하는 곳이다.

상이 대신과 이조 당상·홍문관 관원을 불러 하교했다.

"우리나라의 여러 일들이 송나라 제도를 본받았는데 역대의 어제를 따
로 봉안하는 곳이 없었다. 이제 후원에 규장각을 설립하고 어제를 봉안하
는데 이를 관장하는 관원이 없을 수 없다. 당나라 이전에는 학사라는 명칭
이 드러나지 않는데 천자가 행차하는 곳에 글을 잘하는 경학지사經學之士
를 별원別院에 숙직하게 하고 때에 따라 불러서 조서를 초안하게 했다. 대
개 관제를 두어 직무를 나누어 맡김에 점차 제도가 정비되는 것은 형세가
그러하다. 선대왕 때에 편차인을 둔 것은 전적으로 어제를 관리하기 위한
조처였다. 그 일을 전담하는 관원이 없었던 것은 이 때문이다. 지금 열성의
어제를 봉안하기 위해 송나라 제도를 본떠서 한 전각을 창건하고 관원을
임명해 맡아 지키게 하되 편차인 명목으로 채우니 실로 점차 갖춰지도록
한다는 뜻에 부합하는 것이다. 우리나라의 제학은 송나라의 학사이고 직
제학은 송나라의 직학사에 해당한다. 또 당하관인 직각·대교는 송나라의
직각과 대제待制에 해당하는 것이다. 근거가 있는 데다가 변통을 하여 합
당하게 했다. 경들의 의견은 어떠한가?"

이에 모두들 "지금 일은 예전의 정책을 확장하여 문교를 진작시킬 수 있
습니다. 전각이 있으면 관원을 두어 맡도록 하는 것은 그만둘 수 없는 일입
니다"라고 아뢰었다. (하략)

—『실록』, 정조 즉위년(1776) 9월 25일

규장각 설치의 본의

상이 6년 5월 29일에 다음과 같이 교시했다.

"내가 규장각의 일에 관해 전부터 경들에게 한번 깊이 있게 일러두려고 했으나 매양 그럭저럭 미루다가 오늘에 이르도록 나의 속뜻을 밝히지 못했다. 지금 경제卿宰의 지위로 측근에 있는 사람들은 규장각을 설치한 뜻을 모르지 않겠지만 밖의 소원한 신하들은 나의 본의를 어떻게 알겠는가. 이는 나의 측근들이 먼저 널리 알리지 못한 때문에 바깥에 두루 알리지 못하게 된 셈이니, 경들도 의당 반성해야 할 일이다. 경들이 앞자리에 나와 있으므로 내 마땅히 조목조목 밝히겠다.

1. 규장각 설치는 멀리 당·송·명의 전례를 본뜬 것이다. 그뿐 아니라, 우리나라의 일로 말하건대 예전의 세조 때 처음 규장각을 설치하고 대제학·제학·직제학·직각·대교 등 관직을 두어 재주와 학식을 갖춘 신하들을 선발하여 일대 문명의 치적을 이루려고 했다. 그러다가 폐기되어 시행되지 못했다. 숙종 대에 옛 제도를 다시 실시할 뜻을 두어 갑술년(1694)에 어필로 규장각이라는 세 글자를 써서 종정시宗正寺의 환장각煥章閣에 편액을 봉안했으나 지극한 뜻이 이루어지지 못하고 마침내 중지되고 말았다.

나 소자는 즉위한 당초부터 이를 계승하려는 정성을 품어 비로소 궁중 안에 내각內閣[1]을 설치하고 숙종이 쓰신 현판을 여기에 걸고자 한다. 지금 이 내각은 곧 세조께서 벌써 시행하려 한 제도를 이어받고 숙종께서 미처 실현하지 못한 뜻을 추술追述하는 것이다. 그런데 이는 규장각을 설치하게 된 외적인 면으로 오히려 작은 문제이며 나의 본뜻은 따로 있다.

전에 이극貳極(세자, 정조의 경우 세손)으로 있을 때 온갖 어려움을 다 겪었

---

1   내각(內閣): 규장각의 별칭. 규장각이 궁정 안에 있기 때문에 붙여진 명칭이다.

다. 처음 국정을 담당하기에 이르러, 일차로 척족戚族으로서 조정을 제일 어지럽게 만든 자들을 제거하여 기필코 조정을 청명하게 만들고 세도世道를 안정시키고자 했다. 이는 곧 내가 가장 고심한 대목이다. 당시 국사를 좌지우지해서 군부君父의 관계를 원수로 만든 자가 척리戚里[2]였던바, 끝내 하늘이 우리나라를 도와 차례로 몰락하게 된 것은 척리였다. 척리가 나라의 화근이 되기는 옛날부터 있었으되 지금처럼 위기일발의 상황에 이른 적은 없었다.

환관은 은밀한 대궐에 있으면서 척리와 드러나지 않은 지름길로 처음부터 끝까지 연계되어 비밀 정보가 통하는 것이 실로 일조일석이 아니었다. 내가 어릴 적부터 저들의 연결고리를 속속들이 간파하여 일체 억제해서 기세를 부려 움직이지 못하도록 했다. 이런 까닭에 기세를 못 펴고 앙앙불락하는 무리들이 짐에 대해 증오심이 누적되어 은밀히 짐의 신체를 노렸던 것이다. 평소 가까이 지내는 몇몇 내시와 안팎으로 연결되고 앞뒤로 호응하여 비수를 품은 자와 통하여 어두운 밤에 방으로 들어오기도 했고, 혹 점방占房에서 통해 음모를 꾸며 흉측한 물건을 몰래 땅에 묻어놓기도 했다.[3] 홍상범洪相範, 홍상길洪相吉에서 발단하여 홍계능洪啓能이 앞장섰으며, 심지어 김귀주金龜柱, 홍인한洪麟漢, 정후겸鄭厚謙 이 세 역적은 서로 발톱과 이빨이 되어 한통속을 이루었다. 무릇 나의 동정과 언어, 음식, 기거 일체를 난보爛報[4]로 만들어 간첩들이 하는 듯이 전해져서, 칼날과 독침의 위급함이 호흡 간에 달려 있었다.

이때에 나는 실로 어디서 안전한 곳을 찾을지 알 수 없었다. 다행히도 선대왕의 해와 달처럼 밝으심에 힘입어 보전이 되어 오늘이 있게 된 것이

---

2   척리(戚里): 혼인 관계로 형성된 왕의 친척. 왕비의 친정 쪽이 대표적인 척리이다. 척족과 같은 의미이다.

3   점방(占房)은 '무당 점방'으로 기록에 보이는데, 이곳과 통해 왕을 해치려는 음모가 정조 초년의 기록에 더러 나온다.

4   난보(爛報): 단란조보(斷爛朝報)의 준말로 생각됨. 형식이 제대로 갖춰지지 않은 쪽지.

다. 지금도 그때를 생각하면, 아 역시 위태로웠다. 그 화란禍亂의 근본을 따져보면, 하나는 척리이고 다른 하나는 환관이다. 등극한 당초 맨 먼저 소탕해야 할 일로서, 매양 '척' '환' 두 글자를 생각하면 치가 떨리고 마음이 오싹함을 느꼈다. 안으로는 환관이 있고 밖으로 척리가 있다.

내가 믿고 의지할 곳은 오직 외정外庭의 신하들뿐이다. 돌아보건대, 지금 가까운 반열에 있으면서 뜻이 통해 의탁할 수 있는 것도 외정의 신하들이며, 조정의 반열에 배치되어 있어 울타리를 삼을 수 있는 것도 조정의 신하들이다. 척리 가운데서 왕실을 위한 마음을 가진 사람이 있다 해도 결코 다시 불러 쓰지 않겠다는 것이 나의 확실한 생각이다. 이는 바뀔 수 없고 빼앗길 수 없고 흔들릴 수 없는 생각이다.

(중략)

아! 교목세신喬木世臣의 후손으로서 나라의 동량을 자임하고 확고한 원기元氣가 되어 우리 4백년의 종국宗國을 지탱시켜온 것은 오직 이 사대부들이다. 풍재風裁(강직하고 정대한 자세)를 높이 숭상하여 조정의 모범이 된 것도 사대부이고, 청의淸議(투명한 의론)를 유지하여 정기를 부식扶植한 것도 사대부이며, 큰 계책을 보좌하고 문화를 빛낸 것도 사대부이다.

우리나라는 국가가 수립되고부터 오로지 사대부를 숭상했다. 군주가 정치를 하는데 사대부를 버려두고 어떻게 할 수 있으랴! 이 때문에 나는 두려운 마음을 가지고 먼저 규장각을 설립하고 조정의 신하들을 선발하여 임무를 맡겼던 것이다. 이택징李澤徵의 상소에서 '신하를 벗한다'고 말한 것은 내용이 같지 않으나 말은 맞다. 대저 국조에서 임금에 가까운 관직으로 둔 기관이 한두곳이 아니다. 하지만 승정원의 관직은 자리가 여섯뿐인데다가 자주 바뀌며, 문·음·무文陰武 삼색을 아울러 임명하기 때문에 애당초 최고의 선발이 되지 못했다. 옥당玉堂의 경우 제도를 마련한 당초에는 최고의 청화淸華를 겸하여 묘선妙選·극간極揀이 이루어졌다.[5] 근래 와서는 선발의 범위가 차츰 넓어지고 숫자도 늘어나서 조정의 신진들이 삼사三司

의 한 길을 통하지 않고서는 실로 나아갈 길이 없게 되었다. 지금 만약 옛 제도를 회복하여 규장각을 대신하려 해도 될 수 없는 노릇이다. 이에 부득이 옛 제도를 참고하고 오늘의 실정을 헤아려 별도로 규장각을 설치하게 된 것이다.

또한 내 본디 문묵文墨을 애호하는 취미가 벽을 이룬 정도여서 매양 정무를 보는 여가에 규장각의 여러 신하들과 경사經史에 대해 토론하고 생민의 실정이며 정치의 잘잘못이나 역사상의 문제점에 관해 마음 내키는 데따라 함께 섭렵하고 있으니, 실상 이들을 보필輔弼로 여기는 뜻도 있다. 내가 규장각을 설치한 큰 뜻이 오직 여기에 있으니, 경들은 이 점을 아무쪼록 이해해주기 바란다.

2. 요즘 세상 사람들은 나약하고 휩쓸리는 태도가 습속을 이루어 노력, 발분하기를 기대할 수 없다. 사대부의 명예와 절조, 문학은 땅을 쓸어버린 듯 없어지고 말았다. 내가 이 풍조를 아무쪼록 바로잡으려는 뜻으로 규장각을 특설하여 존중하고 권장하는 것은 오직 저들을 격려하고 권면시키기 위한 방도이다. 고도로 영광스러운 자리를 설치한 것은 분발 진작시키기 위한 수단이다. 또한 규장각의 선배들 스스로 출처出處를 바르게 하고 위의威儀를 갖추고 자존심을 세워서 모두의 표준이 될 수 있도록 만드는 것이 나의 지극한 의도이다. 어찌 공연히 헛된 직함을 주어 그네들에게 명예를 안겨주는 데 그치도록 할 것인가. 지난번 윤음에서 문예를 높이고 권장한 것이 부질없이 허문虛文으로 돌아갔다고 말한 것은 실효가 없을까 걱정한 때문이었다. 여러 신하들 또한 나의 이 마음을 이해하고 있는지 모르겠다.

---

5   옥당은 홍문관의 별칭인데 홍문관 소속의 벼슬은 맑고도 화려하다는 의미에서 청화를 겸한다고 한 것이다. '묘선·극간'이란 규장각의 관원을 최고로 정교하고 극히 엄정하게 선발함을 표현하는 말이다.

3. 자고로 '근신近臣'이라는 두 글자는 윗사람이 들으면 마땅찮게 여기고 아랫사람이 들으면 두렵게 여기는데, 전혀 그렇지 않다. 맹자는 '임금께서는 친신親臣이 없습니다'라고 말했으며, 또 '원신遠臣을 살피려면 반드시 근신으로부터 시작해야 합니다'라고 말했다. 근신이라는 말은 맹자 때도 있었던 것이다. 아주 가까운 것이 '친親'이다. 군주가 나라를 다스림에 있어 어찌 친근한 신하가 없어서 되겠는가? 대저 임금이 아랫사람을 대함에 있어 의당 멀고 가깝고 구별을 두지 않아야겠으나, 임금이 사람을 쓰는 것은 학문하는 과정과 같다. 가까운 데서 먼 데로 미치는 것과 먼 데서 가까운 데로 미치는 것의 구별이 없을 수 있겠는가? 예전에 집현전에서는 세종께서 유신儒臣에 대해 자字를 부르기도 했으며,[6] 달밤에 함께 거니는가하면, 초구와 옥배를 하사하고 어선御膳과 황봉주黃封酒를 나누어주기도하여 아름다운 일화로 전해 미담이 되고 있다. 인조, 효종, 현종, 숙종의 네 임금 때도 유신을 가까이 대하심에 예법의 규정에 구애되지 않는 일이 허다했다. 하지만 고금의 속상俗尙이 다르기 때문에 나는 염려하는 바가 깊고 멀어, 본 규장각이 금원禁苑에서 가까운 것을 꺼려 옥당의 옆으로 옮기게 했다.[7] 이 의도가 어찌 공연한 것이겠는가? 내가 집현전의 고사와 비슷하게 했다고 생각한다면 사람들이 이상하다고 말해도 상관없다.

(제4조 생략)

5. 내가 외조外朝[8]에 전적으로 비중을 두는 것은 어길 수 없는 원칙이며,

---

6   자(字)는 남자가 성인이 되면 부여하는 호칭으로, 가까운 사이에서는 으레 자로 불렀다. 이
    처럼 자를 통용한 데는 그의 이름을 존중하는 뜻이 있었다.
7   규장각의 건물이 현재 창덕궁 안에 있다. 이곳은 임금의 처소에서 가깝다. 당초에 규장각은
    주합루에 있었던바 주합루는 비원 내에 현재 그 건물이 남아 있다.
8   외조(外朝): 내조의 반대말. 내조는 궁정을 가리키는 데 대해 외조는 일반의 중앙 관서이다.
    따라서 외조에는 사대부들이 배치되어 있다.

관직의 품계를 나누어 정하는 데도 각각 깊은 뜻이 담겨 있다. 대개 제학·직제학·직각·대교 등 여섯 자리를 두었으며, 검교檢校라는 명목도 두었다. 제학은 대관인데 겸하게 했고, 직제학은 당상관에서 아경亞卿(참판급)에 이르기까지, 직각은 당하관에서 당상관에 이르기까지, 대교는 참하관에서 참상관까지 이르게 했다. 그런데 꼭 당색(사색당파를 가리키는 말)을 참작해서 기용했다. 군주가 당색에 따라 사람을 기용하는 것은 옳지 않으나, 굳이 이렇게 하는 것은 나 자신이 깊이 헤아리는 바가 있기 때문이다. 대신에서 참하관에 이르도록 한 것은 치우치게 한쪽 사람만 뽑는 까닭에 길이 좁아지는 것을 우려해서이며, 당색을 참작해서 배치한 것은 한쪽 당색에 치우쳐서 정선하는 것이 편협해질까 우려한 때문이다.

그렇지만 규장각을 설치한 지 얼마 지나지 않아서 조정의 신하들 가운데 이 직책을 역임한 자는 아직 열에 한둘도 되지 않는다. 바깥에서 먼저 진출한 사람을 보면 너무 치우쳤다고 생각할 수 있다. 여기에 그렇지 않은 점이 있다. 집현전을 처음 설치했을 때도 선발한 수가 극히 적었다. 오래 시행하고 보면 차츰 등용이 되면서 선발을 받은 사람이 저절로 많아져서 다른 기관과 다름없어질 것이다. 지금 규장각 또한 그렇다. 아직 선발되지 못한 사람 중에 재주와 학문이 구비되었고 문벌이 참으로 합당하면 직급에 따라 올라가게 될 터이니 등용되지 못하리라고 걱정할 것이 없다. 많고 적고를 가지고 불평한다면 그 말이 통하지 않을 것이다.

예전에 군주 중에 당초 척리로 인해 잘못되었다가 뒤에 외조에서 권병權柄(권력)을 잡은 사례가 있다. 반대로 당초 외조에서 잡았다가 뒤에 척리로 돌아간 사례는 들어보지 못했다. 대저 빼어난 신하들이 외정外廷에 많이 포진해 있다. 이 사람을 썼다가 불가하면 저 사람을 쓰면 되고, 또 이 사람을 썼다가 불가하면 다시 적당한 사람을 찾아 쓰면 된다. 이렇게 해서 안될 것이 무엇인가? 그런데 지금 만약 외조에서 사람을 시험해보았다가 혹 적합하지 않다 하여 온 조정에 도무지 쓸 사람이 없다고 말하면 말이 되겠는가. 이는 밥을 먹다가 목구멍이 막힌 때문에 먹는 것을 폐기하는 것과 마찬가지이니, 결코 시행될 수 없는 주장이다."

—『실록』, 정조 6년(1782) 5월 29일

규장각의 운용

검서관 제도

규장각에 처음으로 검서관檢書官을 두었다. 검서관은 서족庶族 중에서 문예에 능한 자로 뽑았는데 정원은 4명이었다.

그때 이덕무李德懋, 유득공柳得恭, 박제가朴齊家 세 사람이 글 잘하기로 당세에 이름을 날렸다. 임금은 이 3인을 쓰고 싶었으나 서족이어서 격식에 구애를 받기 때문에 교서관校書館을 단봉문丹鳳門 밖에 옮겨 세우고 규장외각奎章外閣이라고 불렀다. 그리고 검서관을 두어 서족이 맡는 자리로 하여 이 3인을 기용한 것이다.

—『한사경韓史綮』 권5

초계문신

초계문신抄啓文臣[9] 제도를 창설한 뒤로는 한겨울이나 무더위에도 매양 강론에 참여했고, 문목問目을 직접 조목조목 작성해서 그들로 하여금 집에서 답을 적어 오도록 했다. 언젠가 한여름 무더운 날씨에 상이 몸소 책장을 넘겨가며 종일 뽑아 적고 있었다. 어떤 신하가 '성인聖人도 질병을 조심한

---

9   초계문신(抄啓文臣): 정조가 규장각을 설치하면서 둔 제도. 당하관 문신 중에서 특출한 자를 뽑아 매달 제술과 강서(講書) 시험을 보여 우수자를 포상하고 승진의 기회를 주었다.

다'는 문구를 들어 경계하는 말을 올렸더니, 상은 "내가 처음 초계문신을 둔 뜻은 학문을 권면하는 데 있다. 내가 몸소 부지런히 하는 모범을 보이지 않으면 어떻게 여러 문신들을 다잡을 수 있겠느냐. 나의 버릇 또한 이러기를 좋아하여 종일 초록하는 일을 해도 피곤한 줄 모른다"고 했다.

—『홍재전서』 권161, 『일득록日得錄』, 1783년 서용보徐龍輔 기록

초계문신에 대한 친시 고식故寔[10]

상이 직제학 이만수李晚秀, 검교직각檢校直閣 심상규沈象奎와 김근순金近淳을 편전으로 불러 다음과 같이 지시했다.

"올여름은 삼복더위가 혹심한데 나는 정무를 보는 여가에 책을 보는 일을 한번도 그만둔 적이 없다. 초계문신들은 요즈음 별일이 없으니 이런 여가에 독서나 작문을 해야 하겠거늘 과연 허랑하게 시간을 보내고 있지나 않은지 모르겠다.

미처 시행하지 못한 친시親試가 여러 차례 남아 있다. 과거 시험의 틀에 박힌 형식적인 글은 다만 일시 재주를 겨루어 대충 때우는 데에 불과하다. 착실한 공부가 아니어서 장기적으로 진취하는 효과를 기대하기 어렵다. 또한 처음 진출하는 신진들을 한갓 실속 없이 기교에 빠져 사장詞章의 말기末技[11]로 떨어지게 하는 것은 인재를 기르는 방도가 전혀 아니다.

옥당과 춘방春坊(시강원)에서 고사故事를 써내는 예에 따라 금년 4월 초하

---

10 고식(故寔): 정조가 초계문신에게 시험을 보이던 제도. 홍석주의 「초계고식서(抄啓故寔序)」 에는 "대개 옛글을 인용해 지금의 일을 밝힘으로서 경계(警戒)하는 뜻을 표하는 것이 홍문 관의 고사이고 의문점을 설정해서 그 시비를 규명하는 것이 시강원의 앙질(仰質)이다. 이 두가지를 겸한 것이 '고식'이다. '고식'이란 옛일을 인용해서 실용에 부합되도록 하는 것을 이른다"라고 되어 있다.

11 사장(詞章)은 글 짓는 일 즉 문학을 말하며, 말기는 말단의 잔재주를 가리킨다. 즉 글 짓는 일이 기교로 타락했다는 의미이다.

루의 친시부터는 고식故寔을 제목으로 세워 과목으로 정해, 기일을 넉넉히 주어서 조용히 연구해서 각자 마음대로 서술하여 책자를 만들어 바치도록 할 것이다. 그 결과물들에 하나하나 비답批答을 하되, 우열을 평가하고 상벌을 내릴 계획이다.

이와 같이 하면 여러 문신들이 유용지학有用之學에 스스로 마음을 두어 경세經世의 글에 힘쓰게 될 수 있다. 당장 눈앞에서 보탬과 이익이 될 수 있을 뿐 아니라 후일에 필요한 인재를 확보하는 효과도 적지 않을 것이다. 실로 일거양득이라고 할 만하다. 이를 여러 문신들에게 상세히 일러 모두 알게 하라.

금년의 친시는 이것으로 나누어 시행하되, 시험 규정과 횟수 등에 대해서는 경연에서 물러간 뒤에 따로 한통의 조례를 작성해 올리고, 다시 내리기를 기다렸다가, 여러 문신들에게 일일이 써서 돌리도록 하라.

(중략)

고식의 대상 서적은 다음과 같다.

경서는 사서四書·삼경三經·삼례三禮·『춘추春秋』, 역사는 『사기史記』『전한서前漢書』『후한서後漢書』『당감唐鑑』『송명신록宋名臣錄』이며, 자집子集은 『송오자서宋五子書』『육선공주의陸宣公奏議』 등이다. 우리나라의 책으로는 『국조보감國祖寶鑑』『국조오례의國祖五禮儀』『동국문헌비고東國文獻備考』 등이다. 이 책들을 아울러서 월별로 차례를 정해, 어느 달에 어느 책으로 할 것인지와 어느 차례에는 몇 조로 할 것인지를 역시 모름지기 의논해 정해서 모두 기록해 보고하도록 하라."

이만수 등이 아뢰었다.

"지금 성상의 하교는 참으로 세상에 전에 없는 거조로서, 여러 문신들은 천년에 한번 만나는 행운의 기회가 될 뿐 아니라 신들 또한 함께 참여하는 영광을 감당하기 어려운 지경입니다. 우선 생각하옵건대, 지어 올리는 많은 저술들을 읽고 검토하자면 드는 노고와 쓰는 정신이 적지 않을 듯해서 걱정됩니다.”

“내가 이렇게 하는 것은 잠시도 안일하게 하지 않으려는 뜻이다. ‘나 자신이 참으로 즐기면 피로를 느끼지 않는다’는 것이다. 여러 문신들이 나의 이 뜻을 알면 잠깐이라도 태만하려 하겠는가.”

—『실록』, 정조 23년(1798) 6월 25일

규장각 문신들과의 대화: 『일득록』

‘일득록日得錄’이란 매일 얻은 바를 기록한다는 의미이다. 이는 정조의 문집에 해당하는 『홍재전서』의 161권부터 178권 사이에 수록되어 있다. 전부 18권의 적지 않은 분량이다. 정조가 측근의 문신들과 주고받은 대화를 정리한 방식으로 되어 있다. 측근의 문신들이란 곧 규장각의 관료들인데 이들이 임금으로부터 들은 내용을 제각각 정리한 것이다. 편차는 문학, 정사, 인물, 훈어訓語 순이다. 정조의 일상적 관심과 학술사상, 정치적 견해를 드러낸 흥미로운 자료이기에, 간추려서 여기 규장각 부문에 붙여 제시한다. 다른 장에도 『일득록』에서 관련되는 내용이 있으면 취해 여기에 실었다.

임금의 도리에 대해 성인들이 하신 말씀이 지극한데, 첫째 하늘을 공경하는 것〔敬天〕, 둘째 선대를 본받는 것〔法祖〕, 셋째 백성을 사랑하는 것〔愛民〕, 넷째 어진 사람을 존대하는 것〔尊賢〕이다. 이 네가지는 임금의 절실한 요목이다. 하늘의 뜻을 힘써 밝히는 것은 드러나지 않는 덕이 위로 알려지는 아름다움이고, 선대의 업적을 이어받아 펴는 일은 옛 전통의 훌륭함을 본받는 것이며, 백성들을 보호해 기르는 일은 나 스스로 절약하고 검소한 효과이고, 출중한 인재를 뽑아 우대하는 일은 사방을 다 귀의하게 하는 공덕이 된다. 말하기가 어려운 것이 아니요 행하기가 어려우니, 주자의 이른바 ‘묵은 말 가운데 저절로 묘리가 있다’고 한 것은 참으로 남 먼저 터득한 말씀이다.

—『홍재전서』 권167, 『일득록』, 윤행임尹行恁, 1789년 기록

제왕의 학문은 마땅히 경전을 위주로 해야 옳지만, 역사서 또한 급선무로 숙독해야 할 것이다. 성스럽고 어진 제왕의 법도와 정책, 이름난 신하와 훌륭한 보좌관의 위대한 업적과 충절은 어린 시절에 학습해서 알아두어야 한다.

—『전서』 권165, 『일득록』, 남공철南公轍, 1792년 기록

천하사天下事는 본本과 말末이 있으며, 바탕〔質〕과 형식〔文〕을 갖춰야 한다. "먼 길도 가까이서 출발한다"는 것은 본을 말함이요, "그림은 하얀 바탕을 준비한 뒤에 그린다"는 것은 본바탕을 우선시함이다.[12] 근세에 학문을 시작하는 사람들이 자기 몸을 가다듬어 수행하는 데 힘쓰지 않고 먼저 이발已發이니 미발未發이니 하고 있으니 이는 추상적 논리에 매달린 것이다.[13] 먼 길을 가려고 하면서 가까이부터 시작하지 않고 그림을 그리면서 바탕을 마련하지 않는 것과 같은 격이다. 무슨 사업을 이루어낼 수 있겠는가.

—『전서』 권164, 『일득록』, 서용보徐龍輔, 1797년 기록

나는 정무를 보는 중에도 삼여지공三餘之工[14]을 그만두지 않고 경사經史를 강론했다. 매년 겨울이면 반드시 한질의 책을 통독했다. 금년 겨울에는

---

12 "먼 길도 가까이서 출발한다(行遠自邇)"는 『중용(中庸)』에 나오는 말이고, "그림은 하얀 바탕을 준비한 뒤에 그린다(繪事後素)"는 『논어』 「팔일편(八佾篇)」에 나오는 말이다. 모든 일이 기본이 중요하다는 뜻이다.

13 이발(已發)과 미발(未發)은 성리학에서 사단(四端)과 칠정(七情)을 논하는 데서 제기된 용어이다. 초학자에게 단계를 뛰어 넘어 고도의 추상적인 문제를 따지도록 한다는 뜻이다.

14 삼여지공(三餘之工): 겨울은 한해의 나머지요, 밤은 하루의 나머지요, 비 오는 때는 시간의 나머지이므로, 이 겨를을 공부에 잘 이용하라는 의미이다.

『사부수권四部手圈』[15]의 편찬 사업이 있어서 교열을 맡은 초계문신들에게 날마다 과독課讀(매일 정해놓고 책을 읽는 것)을 시키고, 별도로 책자에 읽은 것을 기록하게 했다. 그 결과물의 서명을 『불기록不欺錄』이라고 붙였다. 이는 주자가 위응중魏應仲에게 준 편지의 뜻을 취한 것이다. '속이지 않는다'는 말은 위로 하늘을 속이지 않고 아래로 나의 마음을 속이지 않는다는 의미이다. 이는 비록 사소한 말이지만 큰 것을 깨달을 수 있다. 역시 인재를 양성하려는 고심에서 나온 것이다.

—『전서』권165, 『일득록』, 이만수李晩秀, 1798년 기록

문신들에게 한어漢語를 배우라고 강조한 뜻은 중요하다. 옛날에는 향어鄕語(우리말)를 금지하는 패牌(표지)가 있었다. 옛 정승 이원익李元翼과 최명길崔鳴吉은 한어를 잘하여 역관들이 미치지 못할 정도였다고 한다. 근래 젊은 문신들은 애당초 여기에 뜻을 두지 않아 한학전강漢學殿講을 시행하지 않은 지 오래되었다. 한어를 되놈 말로 아는 사람이 더러 있는데, 습속이 고루하기가 이같이 되었다.

—『전서』권164, 『일득록』, 이만수, 1797년 기록

근래 사대부들의 풍조가 매우 괴상하다. 우리나라 전래의 생활규범을 털어버리고 멀리 중국인들이 하는 것을 기어이 본받으려고 한다. 서책은 말할 것 없고 일용의 그릇과 집기까지 모두 중국 제품을 사용하여 이것으로 고상함을 다투고 있다. 먹, 병풍, 붓걸이, 의자, 탁자, 정이鼎彝(청동기류의 골동품), 술병 같은 기묘한 물건들을 좌우에 벌여두고 차를 마시며 향을 피

---

15 『사부수권(四部手圈)』: 정조가 여러 서적에서 중요한 내용들을 선별해 1798년에 편찬한 책. 사부란 서책을 경사자집(經史子集)의 넷으로 구분하는 것을 가리킨다. 『삼례수권(三禮手圈)』『양경수권(兩京手圈)』『오자수권(五子手圈)』『육고수권(陸稿手圈)』『팔가수권(八家手圈)』등이 있다.

우는 등등 고상한 취미를 뽐내는 태도를 다 열거하기 어려운 지경이다. 나는 궁중 깊이 앉아 있지만 풍문에 종종 들으니 이런 데 온통 빠져든 폐단은 말하지 않아도 알 만하다. 옛말에 이르기를 "오늘날 사람은 오늘의 옷을 입어야 한다"고 했으니, 절실하게 새겨둘 말이다. 우리 동방에 태어났으니 마땅히 우리 동방의 본색을 지켜야 하지 않겠가[生於我東, 當守我東本色]. 어찌 꼭 중국 사람을 본받겠다고 죽을힘을 쓸 것이 있겠는가. 이는 사치 풍조의 일단으로, 말류의 폐단은 말할 수도 구제할 수도 없이 되고 말았다. 실로 보통 걱정이 아니다.

—『전서』 권165, 『일득록』, 채제공蔡濟恭, 1790년 기록

선비는 국가의 원기元氣이다. 역대로 선비를 배양했던 거룩한 덕을 내 감히 공경히 받들지 않고 무너지고 넘치도록 방치하고 깨우쳐 바로잡지 않을 수 있겠는가. 이 또한 인재를 배양하는 뜻을 살리는 도리가 아니다.

근래 반시泮試(성균관 학생에게 보이는 시험)에서 선동하여 응시하지 않은 행위는 나라의 체모에 손상이 적겠는가. 역적을 성토하겠다는 요구를 들어주지 않는다 하며 응시할 마음이 없다고 하는 것은, 그런대로 뜻을 지키려는 태도라고 볼 수 있기에 밤에 원苑[16]으로 가서 위로하고 타일렀다. 요컨대 사기士氣와 국체에 크게 방애됨이 없게 하려고 한 것이었다.

나는 선비를 대함에 있어서 최선을 다하지 않은 적이 없었다. 그럼에도 유생들은 이 뜻을 알지 못하고 한 유생이 죄를 지어 유배 가는 것을 가지고 의리를 끌어대고 있다. 그럼에도 그만두지 않는다면 이보다 큰 죄가 있더라도 국가가 제정한 형벌을 유생들에게는 시행할 수 없게 될 것인가. 우리의 도는 날로 고립되고 선비의 취향은 날로 그릇되고 있다. 멋대로 나가고 멋대로 그치는 데 제어가 없어서 되겠는가. 내 비록 덕이 부족하다 해도

---

16 원(苑): 원이란 창덕궁에 속한 비원을 지칭하는 경우가 많다. 여기서는 성균관 학생들이 묵는 처소로 보이는데 확실치 않다.

어찌 스스로 사도師道[17]를 자임하지 않을 수 있겠는가.

—『전서』권165,『일득록』, 이병모李秉模, 1787년 기록

---

17   사도(師道): 스승의 도리. 국왕은 단순한 통치자를 넘어서 스승의 도를 세워야 한다는 정조
      의 통치철학에서 나온 표현이다.

3장
제도 개혁
신분제도 문제와 신해통공

신분제도 문제: 양반의 서자

서류의 등용 방안 강구

서류庶流 소통疏通의 방안을 강구해서 절목節目을 작성하도록 양전兩銓 (인사 담당의 이조와 병조)에 명했다. 그 내용은 이러하다.

"전에 우리 선조대왕께서 교시하기를, '해바라기꽃이 해를 바라보는 데 있어 곁가지라고 다를 바 없듯, 신하가 충성을 하고자 함에 적서를 구분할 것이 있겠느냐'라고 했다. 위대한 성인의 말씀이다. 그런데 우리나라는 나라를 세운 규모가 명분을 중히 여기고 문벌을 숭상하여 저들에게 요직은 허용하지만 청직淸職은 허용되지 않았다.[1] 이것이 예전에 정해놓은 규정이

---

1   조선왕조의 관료제도는 관행적으로 청직과 요직의 구분이 있었다. 청직은 문벌과 문학이 빼어난 자가 보임되는 벼슬로 홍문관과 예문관, 사헌부 등이 여기에 해당했다. 요직은 말 그대로 중요한 관직을 뜻한다. 이조(吏曹)의 인사 담당은 '청요'를 겸한 자리였다.

었다. 얼마 전에 대각臺閣에 통청通淸을 허용한 것[2]은 실로 선대왕의 고심 끝에 나온 조처였다. 그 일 또한 여러 가지로 구애받아 유명무실로 돌아가 반쯤 올라갔다가 떨어진 꼴이 되어버렸다.

아! 한 사내가 원한을 품어도 하늘의 조화가 깨진다고 했다. 허다한 서류들이야 관련자의 수가 얼마나 많을 것이랴! 그들 중에 빼어난 인재로 나라에 쓰임이 될 사람이 어찌 없겠는가? 그럼에도 인사를 담당하는 부서에서는 통청하여 시종侍從(임금을 모시는 벼슬)의 직에 올리지 않았으며, 봉상시奉常寺나 교서관校書館에도 배치하지 않았다. 진출하는 것이 막히고 침체 상태에서 소통될 길이 없어 몸이 여위고 누렇게 뜬 꼴로 창 앞에서 나란히 죽어가고 있다.

아! 저 서류 또한 나의 신하에 속하는 자들이다. 저들을 벼슬자리도 얻지 못하고 포부를 펴보지 못한 채로 버려두면 이 또한 과인의 허물이다. 인사 담당자들은 대신과 의논하여 소통할 방도와 발탁할 방안을 특별히 강구하라. 문신은 아무 직위까지, 음직蔭職은 아무 직위까지, 무신은 아무 직위까지 이를 수 있게 하여,[3] 계단을 정해 등위를 보존할 수 있도록, 이에 대한 절목을 소상히 작성해서 저들의 벼슬길을 넓혀주도록 할 것이다."

이조吏曹에서 다음과 같이 절목을 작성하여 올렸다.

"서얼들의 벼슬길을 가로막는 것은 유독 우리나라에만 있는 법이다. 처음 어떤 사람의 건의로 시작된 일이 마침내 백년의 고질적 폐단이 되었다. 아무리 재능이 빼어난 사람이라도 대부분 다 폐기되어 쓰이지 못했다. 어찌 하늘이 인재를 낸 뜻이겠으며, 왕이 어진 인재를 기용하는 도리이겠는가?

---

2   대각(臺閣)은 사헌부와 사간원의 통칭. 통청(通淸)은 청직에 속하는 곳에 임용되게 한다는 뜻이다. 즉 청직에 속하는 사헌부와 사간원을 통청하여 서자 출신도 임용될 수 있도록 한다는 의미이다.

3   음직은 조상의 공덕으로 하는 벼슬을 가리킨다. 전통시대에 관직은 문관과 무관, 그리고 음직이 있었다. 이를 줄여서 문·음·무라고 불렀다. 음직은 일명 남행(南行)이라고도 한다.

이 때문에 선정신先正臣 조광조趙光祖는 서얼을 차별하는 폐단에 대해 진술했고 선정신 이이李珥는 벼슬길을 터주어야 한다는 주장을 내놓았다. 이 밖에도 이름난 석학들이 올린 글과 아뢴 말씀에서도 살펴 증명할 수가 있다. 예컨대 요직은 허용하되 청직을 허용하지 않는 것은 인조 때 내린 절목인데 얼마 시행해보지 않아서 다시 폐기되었다. 습속은 바꾸기 어렵고 적폐는 제거하기 어려운 노릇이다. 참으로 어떻게 해볼 도리가 없었다.

우리 전하께서 역대에 행하려 했던 뜻을 이어받아 명신들이 제기한 정론을 채택하여 덕음德音을 펴시니 자상하고 간절하여 인재를 널리 들어 쓰고 나라의 기강을 바로잡는 두 길에 어긋남이 없었다. 아름답고 거룩하도다. 지난 시기를 상고해보건대 중앙의 낭관郎官(정3품 아래 당하관을 통칭하는 말)이나 지방 관직이 그 수가 한둘이 아니다. 비록 문벌이나 재학才學으로 인해 정상적 임용이 되지 않고 중간에 진로가 막히고 말았다. 이는 법을 제정해 금지했던 것이 아니고 담당자가 가로막아 시행하지 않은 때문이다. 그리하여 습속이 굳어진 것이다. 지금 이 성명成命(임금이 내린 명령)은 전에 없던 법을 창안한 것이 아니고 기실 옛법을 받들어 다듬은 뜻을 담고 있다. 이에 예조·병조의 장과 상의해 정해서 아래와 같이 조목을 세운다.

1. 문관의 분관分館, 무관의 시천始薦을 할 적에 전례대로 교서관이나 수부천守部薦 쪽으로 한다.[4]

2. 요직의 허용은 문관의 경우 참상參上까지로, 호조·형조·공조를 말하는 것이다. 음직과 무관은 해당할 것이 없으며, 그 기관의 판관判官 이하는 음직이나 무관이라도 구애될 것이 없다. 능陵·전殿·묘廟·사社·종부시宗簿

---

4   분관은 문과 급제자를 승문원, 성균관, 교서관으로 나누어 소속시키는 인사 절차이고, 시천은 무과 합격자를 처음 소속시키는 절차이다. 즉 교서관과 수부천 쪽으로는 각기 서족 출신을 분속시킨다는 뜻이다. 수부천은 무과에 합격한 자를 수문장이나 부장(部將)으로 배치하는 것이다.

寺, 이 다섯 기관의 상사上司와 낭관·감찰監察·금도禁都 등의 자리는 허용한다.

3. 문무 당하관은 부사까지, 당상관은 목사까지로 한정한다. 음직으로 생원 진사를 거친 자는 군수까지 허용하며, 그중에 치적이 있는 자는 부사까지 허용한다. 생원 진사가 아니거나 인의引儀(통례원 소속의 벼슬) 출신出身 (문·무과에 합격하고 아직 관직에 나가지 않은 사람)은 현령을 한계로 하며, 그중에 치적이 있는 자는 군수까지 허용한다.

4. 문관의 분관은 운각芸閣(교서관의 별칭)으로 한정하는데 직강直講 이하의 자리는 아울러 구애받지 않는다. 무관으로 도총부都摠府와 훈련원訓鍊院 부정副正은 논할 것이 없으며, 중추부中樞府는 구애받지 않는다.

5. 오위장五衛將은 문·음·무의 당상관의 경우 모두 구애받지 않으며, 무관으로 우후虞候를 지낸 자는 예에 따라 허용한다.

6. 지금 나열한 조목은 상례 규정에 의거하는 것을 이른다. 그 가운데 지식과 행실이 빼어난 자, 치적이 현저한 자는 의당 상례에서 벗어나 뽑는 길도 있어야 할 것이다. 이는 세상의 공론이 동의하기를 기다린 다음 조정과 전관銓官(인사 담당 관원)의 품의를 거쳐서 시행한다.

7. 우리나라는 사람을 쓰는 데 문벌을 숭상하고 있다. 다 같이 서류라 하여 구별을 두지 않으면 이는 신중을 기하는 뜻이 아니다. 그 본가의 문벌에 따라 차등을 두어야 할 것이다.

8. 서얼이 차츰 벼슬길에 나온 뒤로 혹시 적손嫡孫 쪽이 잔약해져서 명분을 어지럽힌 죄를 저지른 경우 '서얼이 적자를 능멸한 조문'을 적용한다.

9. 지방 향임鄕任의 경우 수석 이외의 다른 직책은 감당할 만한 사람을 택해 참여시키는 것을 허용한다. 만일 무지하여 분수를 범한 무리가 이를 빙자해 말썽을 부리는 폐단이 생기면 해당 도에서 그때마다 엄한 법규로 용서 없이 다스릴 것이다."

—『실록』, 정조 1년(1777) 3월 21일

태학의 식당은 신분 구분 없이 나이순으로

약원藥院(내의원)의 3제조, 시·원임 대신과 각신을 불러 보는 자리에서 좌의정 채제공이 상에게 아뢰었다. "태학(성균관)의 식당이 신분의 귀천을 따지지 않고 나이순으로 앉는 것은 실로 모든 사람을 똑같이 보는 정사입니다. 조정에서는 재능을 위주로 해야 하기 때문에 서류라 해서 재능이 있는데도 출로를 막는 것은 하늘이 인재를 내려준 뜻이 아닙니다. 다만 가문에서는 자연스럽게 적서의 구분이 있으므로 문란케 되어서는 안 됩니다. 서울에 사는 사람들이야 아무래도 식견이 있어 적자 쪽이 모욕을 당하는 일이 없겠습니다만, 먼 지방으로 가면 태학에서 나이순으로 앉으니 가문에서도 분별의 도리를 꼭 지키지 않아도 되는 줄 생각하기 쉽습니다. 그러면 폐단이 이루 말할 수 없게 됩니다. 이 문제는 한번 분명히 효유曉諭(알아듣도록 타이름)하여, 조정과 사가에 각기 정해진 한계가 있음을 밝히는 일은 그만둘 수 없겠습니다."

상이 말했다. "경이 아뢴 말은 아주 좋다. 학교는 학교이고 가문은 가문이다. 만약 이 일을 끌어다가 저 일에 붙여서 다툼의 꼬투리를 만들게 되면 지금 백년을 내려온 관행의 좋은 뜻이 도리어 폐단을 일으키는 단서가 될 것이다. 그러면 되겠는가. 조정에서 중앙과 지방에 알려 각기 예법으로 대해 분수에 맞게 몸가짐을 갖도록 하여 공히 평화로운 복을 누리게 할 것이다."

— 『실록』, 정조 15년(1791) 5월 8일

서류와 중인을 기사장에 진출할 수 있도록

상이 기사장騎士將[5]의 의망擬望(관직 후보로 올리는 것)을 서류와 중인에게도 허용할 것을 지시했다. 상이 기왕 태학의 식당에 나이순으로 앉도록 명하고 또 전조銓曹에 지시하여 문관은 돈녕도정敦寧都正에, 음직은 부령部令 (서울 오부에 속한 관직)에 의망할 수 있도록 했는데, 이때 와서 또 이 명을 내린 것이다.

—『실록』, 정조 15년(1791) 6월 4일

서류와 중인의 등용

상이 다음과 같이 전교했다. "무릇 일은 평등하고 공평하게 해야 할 것이다. 인사정책이야 말할 것이 있겠는가. 문·음·무에 진출할 길이 오래 막혔던 자들을 넓혀준다고 하여 이미 다들 거두어 썼는데, 이름이 관안官案에 올라 있어도 적자嫡子와 함께 거론하지 않는다면 이 어찌 차별 없이 대하는 도리이겠는가. 전조에 거듭 신칙申飭(타일러 경계함)하여 오랫동안 벼슬길이 막힌 서류들을 이번 인사행정부터 차차 거두어 쓰도록 하며, 중인 중에도 혹 있으면 모두 거두어 쓰도록 하라."

—『실록』, 정조 17년(1793) 5월 12일

신분제도 문제: 노비

시노寺奴의 폐단을 바로잡는 일

좌의정 채제공에게 다음과 같이 유시했다.

"내가 즉위한 초년에 먼저 노비의 폐해를 생각하여 추쇄관推刷官(노비에게 몸값을 받아내는 관원)을 없애 잡비를 덜어주어, 선대에서 저들에게 베푼 덕

---

5   기사장(騎士將): 금위영·어영청에 소속된 정3품의 무관직.

을 만에 하나라도 계승하고자 했다. 경은 당시 담당관으로 절목을 작성해 올렸다. 그 내용을 경은 필시 기억할 것이다. 천하에 호소할 곳 없이 극히 가긍하기로 우리나라의 시노비寺奴婢[6]보다 더한 것이 없다. 이 때문에 전의 열성조列聖朝(역대 임금을 가리키는 말) 때부터 저들의 고통스런 정상을 마음 아파하여, 신공身貢(몸값으로 바치는 것)을 노奴는 2필에서 1필 반으로, 비婢는 1필 반에서 1필로 감해주었다. 또 선대에는 양역良役[7]의 반이 되게 줄여주었고, 노비의 신공도 반 필을 줄여주었다. 갑오년(영조 50년, 1774)에는 비의 신공을 삭감하고 구전口錢[8]만 남겨놓았으니, 이에 이르러 노의 신공과 양역이 비슷해지고 비는 따로 신역이 없게 되었다.

그렇다고 저들에게 어찌 다른 폐가 없었겠는가? 추쇄관의 폐는 호랑이보다 무서워서 나는 다시 추쇄관을 없애고 그 일을 각 고을에 부여했다. 그럼에도 폐는 심해지기를 그치지 않아 폐해가 어린 아기에 미치고 백골에 미치고 있다. 저들은 이름이 대개 '놈이老昧'니 '연이連伊'니 하는데 나이가 1백세, 2백세로 친족에 징수되고 이웃에 징수되고 나아가 친족의 친족, 이웃의 이웃에까지 징수가 되는 실정이다. 또 혹은 이른바 두목배頭目輩는 제 가산을 기울여 대신 충당하며, 아무리 해도 뜯어낼 곳이 없는 데 이르러는 관에서 증인을 정해 받아내기도 한다. 아니면 양식을 빼앗고 부역을 대신 하는 등 백가지 작태와 천가지 수단으로 어지럽기가 고슴도치 털 같다. 시노라는 두 글자만 들어도 정신이 있고 움직일 수 있는 자라면 다 피하려 들기 마련이다.

저들은 자녀를 생산하더라도 형세가 자연히 숨겨 누락시킬 밖에 없는데, 빗질하듯 찾아내려고 나서게 되면 피해가 닭이나 개에까지 미쳐서 온 동네

---

6   시노비(寺奴婢)·시노(寺奴): 봉상시(奉常寺)·종부시(宗簿寺)·내자시(內資寺)·내섬시(內贍寺)·사도시(司䆃寺) 같은 중앙관서에 소속된 노비.
7   양역(良役): 노비 신분이 아닌 일반 백성이 지는 역을 가리킨다.
8   구전(口錢): 사람을 단위로 해서 부과하는 인두세 성격의 돈을 가리킨다.

가 소란하다. 그에 따라 두목배는 뇌물을 받고 부동符同이 되어 은닉을 시킨다. 이렇게 1년 2년 지나고 보면 태반이 허록虛錄(실제는 없고 장부에만 올라 있는 것)이 되고 말 것이니, 일이 이 모양으로 되는 것이 어디에 또 있겠는가.

서북 지방은 급복給復[9]의 규정이라도 있지만 삼남 지방은 폐단이 더욱 누적되었다. 일이 민막民瘼(백성이 당하는 고통)에 관련되면 백가지 천가지 건들이 바로잡아 구해야 하는 한가지 도리밖에 없거늘 노비의 질고를 두고는 관장들이 보고도 손을 쓰려 않고 조정은 보고도 거론하지 말아야 하는 듯 여긴다. 세상 어디에 이런 일이 있단 말인가.

실로 이 문제의 근원을 따져보면 노비라면 그 이름만 들어도 싫고 사람들이 어울리기조차 부끄럽게 여겨서 시집 장가를 제때에 가지 못해 인륜의 도리가 막히고 만다. '노비'라는 두 글자는 기자箕子 이래 몇천년 동안 내려오는 법으로 명분의 큰 경계가 그어진 것이다. 이 명목을 없애버리면 사천私賤[10]도 본받아 필경에는 명분이 아주 없어질 것이라 하여 이 명목을 없애는 문제는 거론하기조차 어렵다. 문제를 더욱 어렵게 만드는 까닭이 여기 있다.

이렇다면 노비가 신공을 바치는 폐단은 논할 수 없는 문제인가. 양역에 있어서 황구첨정黃口簽丁과 백골징포白骨徵布 같은 것은 한정閑丁(역에 나가지 않는 장정)에게 책임지게 해서 내도록 할 수 있지만,[11] 저 노비의 경우는 숫자가 한정되어 있어서, 장부와 실제 수가 맞지 않으면 논의의 여지가 없는 것으로 내버려두는데 결단코 이럴 수 없는 일이다. 그래도 몇 가지 생각

---

9   급복(給復): 백성에게 부역을 면제해주는 것을 '복'이라 하는데, 급복은 그 특전을 준다는 뜻의 말이다.

10 사천(私賤): 공노비에 대해 사노비를 가리키는 말. 노비에는 관에 소속된 관노비가 있는데, 여기서 논하는 시노는 그 일종이다. 이와는 별개의 사노비는 사가에 예속된 남녀의 종인데, 이 사노비 문제는 여기서 거론하지 않고 있다.

11 황구첨정(黃口簽丁)은 어린 아기를 역의 대상자로 뽑는 것을, 백골징포(白骨徵布)는 이미 사망한 자의 포를 징수하는 것을 뜻한다. 한정(閑丁)은 역을 지지 않는 자를 가리키는데 황구첨정과 백골징포의 몫을 한정에게 지운다는 뜻이다.

할 점이 있다.

1. 혹자는 이렇게 말한다. '지금의 노비안奴婢案은 갑오년에 정한 임진년의 실총實叢(노비안)이다. 수십년 사이에 늙어 죽고 태어난 자들로 장부상에 극히 문란하게 되어 있어 준거로 삼기 어려운 실정이다. 예로부터 실총을 다시 작성한 것은 한두번이 아니었다. 신해년에는 신해년에 고친 실총이 있고, 그 후로도 을해년에 신공을 감한 실총이 있다. 그사이에 또 경오년의 실총이란 것이 있다. 신해년에서 경오년 사이에 실총이 여러 번 바뀌었기 때문에 을해년 사목事目 가운데 경오년의 실총을 준거로 삼자고 청했다. 여러 해의 들쭉날쭉한 실총을 비교해 중간 정도로 헤아려 잡은 것이다. 지금 60년에 한해 신해년까지만 들어 말했다. 만약 소급해 두루 상고한다면 신해년 이전에 노비안을 바꾼 일이 몇십 몇백 번인지 알 수 없다. 더구나 추쇄관을 이미 없앴으니 조사해서 면제해주려 해도 길이 없다. 지금의 계책으로는 여러 도와 군현에는 소란스럽게도 말고 다그치지도 말고 서두르지도 늦추지도 말아서, 올해 안으로 성의껏 찾아내되 융통성 있게, 다소 늙었거나 사망한 자들은 필히 모두 면제해주고 새로 태어난 자들은 누락이 없도록 할 것이다. 읍비총邑比摠(각 고을에 있는 노비안의 부본)이 되돌리기 어려우면 도비총道比摠을 가지고 정리한다. 이 일의 처리를 잘하는가 못하는가에 대해서는 어사들을 파견해 조사한다. 신해년의 실총을 개정하게 되면 어느 정도 이로움이 있을 것이다.'

2. 또 혹은 이렇게 말한다. '사람들이 이를 혐오하여 피하는 까닭은 일단 노비라는 이름을 뒤집어쓰면 도저히 빠져나올 길이 없기 때문이다. 지금 만약 각 도의 노비안에 올라 있는 자들 가운데 업무業武(신분상 무학에 속하는 것으로 표시된 자)의 경우 서울의 내수사內需司 노비들을【지금의 사족이나 중인들 중에는 그 선대에 선두안宣頭案[12]에 들어 있던 자가 더러 있으며, 그 아래 족속들은 내수사의 노비안에 들어 있지 않았던 자가 거의 없다】속량

贖良해주는 것이나 북관의 시노들에게 허통許通(진출할 길을 열어줌)하는 규례에 따라 무과에 응시하도록 하되 향장관鄕長官(향청)의 수임首任(좌수) 외에는 모두 구애받지 말도록 할 것이다. 업무에 속하는 자가 아니라도 양인이 되기를 원하는 자는 연한에 따라 신공을 바치도록 하고 그 본인에 한해 양인이 되는 것을 허용하면【이를테면 나이 31세가 되는 자는 31필을 바치도록 하는 것이다】빠져나갈 길을 열어줄 수 있으니 싫어서 피하는 우환을 없앨 수 있다.'

3. 또 혹은 이렇게 말한다. '노가 신공으로 바치는 포와 비가 구전으로 바치는 돈을 거두어 위에 바치는 것은 폐단이 적지 않다. 북관에서 노비의 신공을 고을의 창고에서 받아들이는 예에 따라 모두 곡식으로 셈하여 받아들이면【규정에 의하면 노의 면포 1필은 쌀이 10말이고 비의 구전으로 3전은 쌀이 1말 5되이다】환곡을 받아들일 때 함께 받아들이도록 할 것이다. 그 곡물은 균역청에 회부하여 균역청에서 대신 지급한다. 이에 균역청에서 조정에 품의하여 각기 도내에 곡식이 많은 고을의 곡물을 규정에 의해 돈으로 바꾸도록 한다. 이러면 상납의 폐단도 없앨 수 있고 비용을 마련하기 어려운 문제도 없앨 수 있다.'

4. 또 혹은 이렇게 말한다. '노가 신공으로 바치는 포는 목화가 풍년이라도 품질로 까탈을 잡아 퇴짜를 놓기 때문에 드는 비용이 적지 않다. 목화 흉년이 든 해에는 더 말할 것이 있겠는가. 이후로는 목화의 풍흉을 물론하고 모두 돈으로 정해 바치게 하면 형편이 펴질 수 있을 것이다.'

5. 또 혹은 이렇게 말한다. '노의 신공 1필은 양역 1필과 같으니, 균등하게 보는 도리로는 더하고 덜하고를 말할 것 없다. 노비란 이름을 뒤집어쓰고 이 공포貢布도 바치니, 늙어 면제되는 연한을 줄여주는 것이 마땅하다. 노의 신공은 16세부터 55세까지 40필을 기준으로 하면 양역에 비해 5년이

12　선두안(宣頭案): 내수사 소속 노비들을 20년마다 조사하여 임금에게 올린 장부. 내수사는 궁중에서 사용하는 쌀·포목·잡물 등속과 소속의 노비를 관장하는 기관이다.

감해지는 것이다. 이러면 저들의 억울함을 풀어주기에 충분하다.'

6. 또 혹은 이렇게 말한다. '설령 저들이 면천을 하여 양인이 된다 하더라도 양역 1필을 바치는 것은 면할 수 없다. 노비를 회피해서 양인이 되려는 것은 그 명목이 싫어서다. 이제 만약 노비라는 명목을 바꾸어 보충대補充隊로 일컫고 16세부터 60세까지로 별도의 부대를 만들어 이작대吏作隊의 아래 붙여놓고 노작대奴作隊의 위에 두어 매년 면포 1필이나 돈 2냥을 신공이 아닌 신포身布라고 해서 양인 군대와 같이 받으면 명목이 달라짐에 따라 사람들이 싫어하지 않게 될 것이다.'

7. 또 혹은 이렇게 말한다. '이른바 두목으로서 10명 이상 맡은 자가 20년 동안 문제없이 관리하여 징수납부를 폐단 없이 한 자들은 특별히 신공을 면해주며, 뇌동하여 숨기거나 빙자하여 폐단을 일으킨 자는 적발하여 무겁게 처벌하면 또한 권장하고 징계하는 방도가 될 것이다.'

지금 이 여러 제안은 각기 일리가 있어 크게 뜯어고치는 데 비교해 말할 수는 없으나, 역시 조금이라도 바꾸면 조금의 이익이 될 수 있겠다. 그러나 내가 보기에 임시방편의 미봉책에 지나지 못한 것이다.

의견 1. 노비안을 바꾸는 것이 좋기야 하지만 찾아내는 과정에서 부정을 저지르게 되면 하나의 추쇄관을 내보내는 꼴이 될 터이니, 그 폐단은 묻지 않아도 알 수 있다. 또 혹 부정을 좀 범하더라도 해야 한다는 뜻으로 생각하여 그들이 하는 대로 맡겨두면 간교가 심해져서 혜택이 아래로 미치지 못할 것이다.

의견 2. 빠져나갈 수 있게 하는 하나의 길은 근거가 있지만 이 역시 부자에게는 행운이지만 가난한 자와는 무관하다.

의견 3. 쌀 10말을 마련해 납부하게 하는 것은 돈이나 포로 내는 것보다 어렵다. 보미군保米軍(군역으로 쌀을 내는 자)이 가외로 더 내게 하는 것도 엄히 금하지 못하고 있는데, 어떻게 쌀을 바치는 노의 폐단을 추가할 수 있겠는가. 쉽게 논의할 수 없는 것 같다.

의견 4. 쌀을 돈으로 납부하도록 하자는 것은 소소한 일에 지나지 않는다.

의견 5. 신공의 기한을 5년 감해주자는 것 역시 그만큼은 좋아하겠지만 저들이 싫어하는 호칭이나 피하려는 역은 그대로다.

의견 6. 보충대는 공사천으로 역을 면한 뒤에 소속을 붙여놓은 군액軍額이다. 그럴듯하지만, 양인들과 섞어 배정하지 못하고 보충대로 부르면 요즘처럼 분수를 지키지 않는 습속으로 미루어 좋아라고 다투어 나아갈 것인지는 기필하기 어렵다.

경은 경험이 많고 노련하니 나의 뜻을 이해하여 시행할 별다른 방안이 필시 있을 것이다. 앞에 든 여러 조의 견해들을 상세히 살펴서 하나하나 지적해 진술하여 선왕의 뜻을 계승하려는 나의 고심에 부응하도록 하라."

뒤에 다시 중앙과 지방 신료들에게 돌아가며 물었다. 채제공은 바로잡을 수 있는 대책이 없다는 의미로 아뢰었다. 선혜청 당상 서유린徐有隣이 헌의했다.

"찾아 조사를 한 다음 저들로 하여금 힘닿는 대로 속량을 할 수 있게 하여, 받아낸 돈과 물건을 곡식으로 바꾸어 각 고을에 비치해두고 그 절반을 이자로 길러 대납하는 비용으로 하되 부족분은 조정에서 보충해주면 명분에 어긋날 우려가 없고 고질적 폐단을 제거하는 유익함이 있을 것입니다."

충청도 관찰사 박종악朴宗岳이 헌의했다.

"그 명목은 그대로 두고 그 신공을 보충하며, 노비안은 옛 정원에 따라 신해년의 노비안을 정해 만들고 신공은 새 조목으로 하여, 사천을 봉족奉足[13]으로 정해줍니다. 대저 공사천公私賤(공노비와 사노비의 총칭)이 한가지이므로 사천으로 공천을 보충하는 것은 자연스러운 이치이고 노비로 노비를 대신하는 것은 매우 명분이 바른 것입니다. 공천 1인당 사천 2인을 봉족으로 정해준다면 공천은 지나친 고통을 면할 수 있고 사천 역시 반드시 즐겨 따를 것이니, 이것이 이른바 일거양편一擧兩便(하나의 조처로 양쪽이 이롭게 된다는 뜻)이 됩니다."

경상도 관찰사 정대용鄭大容이 헌의했다.

"시노 중에 자기 대신 다른 노비를 구해 납부하기를 원하는 자는 모두 허용해주면 노비의 명색은 그대로이고 정원의 숫자도 줄지 않을 것입니다. 대대로 종이 줄어든다는 원성도 풀 수 있겠습니다."

이 밖에 헌의한 신하는 없었다.

—『실록』, 정조 15년(1791) 3월 29일

노비에 관한 지시

상이 다음과 같이 전교했다.

"노비도 백성이다. 연전에 여러 도에 내노內奴[14]와 시노寺奴의 폐단을 두루 물어 진술하도록 했다. 내노의 폐단이 시노보다도 심한데, 여러 도 가운데 함경도가 가장 심하며, 함경도에서도 북청北靑·이성利城·단천端川·길주吉州·명천明川·경성鏡城·부령富寧의 일곱 고을 공노貢奴가 더욱 심했다. 공노 중에서도 해척海尺[15]이 더욱더 심하다는 것이다.

1인당 1년에 바치는 돈이 30냥에 이르니, 이름이 해척으로 올라가 있으면 수탈을 당하는 괴로움과 독촉을 받는 어려움은 피부에 사무치고 뼛골에 닿는다. 이러한 일이 벌써 오래전부터인데 저들을 살려내는 방도에 아

13　봉족(奉足): 역(役) 수행의 보조자. 여기서는 사가의 노를 시노(남자 종)가 신공을 바치는 데 보조자로 붙여준다는 뜻이다.

14　내노(內奴): 내수사 소속의 노비. 이들이 공물을 바치는 의무를 지기 때문에 공노(貢奴)라고도 불렀다.

15　해척(海尺): 바다에서 해물을 채취해 바치는 일을 맡은 노비. 해노(海奴)라고도 불렀다.

무리 손을 쓰려 해도 다만 명색이 각각 다름을 핑계 댄다. 그러고는 불법으로 징수하는 것이 응당 납부할 양보다 백배나 됨을 분명히 알면서도 감영이나 군현의 신하들이 애당초 그 폐단은 거론조차 않고 있다.

고칠 수 없는 폐단이 어디에 있겠는가. 제대로 고치면 되는 것이다. 나라에서 볼 때 소민小民도 다 같은 백성이다. 어디에 후하고 어디에 박할 수 있겠는가. 일반 백성이 당하는 폐단은 듣는 대로 곧 구하려 하는데, 유독 이들에 대해서는 매양 어찌할 수 없다는 식으로 방치하고 있으니, 나 스스로 심히 부족함을 느낀다. 더구나 함경도는 우리나라의 발상지이다. 왕가에서 돌아보는 것이나 이곳 백성들이 받드는 것은 과연 어떠해야 옳은가.

선두안宣頭案을 가져다놓고 수백년 동안 내수사에 보고된 내력을 자세히 검토해본바 소위 해산물을 4등급으로 납부해야 하는 것이 그 종류가 백가지나 되어 하나로 논할 수가 없다. 다소의 폐단을 바로잡을 조건에 대해서는 의당 경연에서 내린 지시에 따라 하나하나 실행해가되, 그중에 가장 큰 문제를 들어보면 네가지 중에서 책납責納(납부를 독촉함)이 가장 심한데 겨울 기간에 감면해주는 것보다 큰 것이 없다. 이렇게 해주면 해척들에게는 어느 정도 어깨를 가볍게 해주는 방도가 될 수 있을 것이다.

위 일곱 고을의 해척들이 바쳐야 되는 겨울철 공물을 모두 감해주도록 하라. 이 조처는 어찌 이들만을 위하는 데 그치겠는가. 이곳이 '풍패지향豐沛之鄕'임을 생각하면 칠저漆沮의 공물인 것이다.[16] 이를 영구불변의 법전으로 밝혀서 궁중과 부중府中이 일체라는 뜻을 보이도록 하라.[17] 이와 같이 폐단을 바로잡는 윤음을 내려서, 안으로 궁차宮差(여러 궁에서 파견한 사람)와 사속司屬(중앙 부서에 속한 하급 관원)으로부터 밖으로 감사와 수령에 이르기

---

16 풍패지향(豐沛之鄕)은 왕조의 발상지라는 의미이며, 칠저(漆沮)는 칠수와 저수의 준말로 이 또한 주나라 발상지에 있는 물 이름이다. 조선의 발상지인 함경도 지역의 해척(海尺)들이 물에서 나는 물건을 바친다는 뜻에서 '칠저의 공물'이라고 한 것이다.
17 궁중은 임금이 있는 궁궐, 부중은 중앙의 벼슬아치가 근무하는 조정을 말한다.

까지 모두 다 이 내용을 벽에 붙여놓고 각별히 준수하며 영구히 실효를 거
둘 수 있도록 할 것이다."

—『실록』, 정조 22년(1798) 4월 18일

신해통공

도고都庫란 독점적 상행위를 가리키는 말이다. 도거리라고도 한다. 도고가 관의 비호를
받았던 점에서 특권적이었던바 육의전(=육전)이 그 대표적인 것이었다. 육의전에 대해
국역國役이란 명분으로 궁중에 물품을 상납하는 대신 난전亂廛을 금지할 수 있는 특권이
부여되었다. 그런데 민간에서 도고 행위가 발생하여 차츰 발전했고, 그런 결과로 물가가
뛰어올라 서민들의 생활을 곤란하게 만들었다. 이에 대응책으로 도고를 금지하여 사고
파는 행위를 자유롭게 할 수 있는 조처를 취했다. 이것이 이른바 '신해통공辛亥通共'이다.
이 조처에서 육의전은 제외되었다.

도고 행위 금지

장사하는 사람들에게 육전六廛[18]【육전은 입전立廛·면포전綿布廛·면주전
綿紬廛·포전布廛·저전紵廛·지전紙廛이다】이외에 화매和賣[19]하는 것을 허용
했다.

좌의정 채제공이 건의했다.

"서울 도성에 사는 백성들이 당하는 폐해로 말하면 도고都庫가 가장 큰
문제입니다. 우리나라에서 난전亂廛을 금하는 법은 오로지 육전이 위로 국

---

18 육전(六廛): 국용 상점의 성격을 갖는 것으로 서울의 종각이 있는 근방인 종로에 있었다.

19 화매(和賣): 원매자와 구매자 사이에 거래가 서로 합의해서 성립하는 형태로서 억매(抑賣)
또는 강매와 반대되는 말이다.

역國役을 전담하고 있기 때문에 그들에게 전적으로 이권을 준 것입니다.

그런데 근래 일을 않고 노는 무뢰배들이 삼삼오오 무리를 이루어 멋대로 점포라 하여 제각각 사람들이 살아가는 일용물품들을 온통 좌지우지하는 형편입니다. 크게는 우마의 등이나 선상에 싣는 물화로부터 작게는 머리에 이고 손에 든 물건까지 길목에서 지키고 있다가 싼값으로 억지로 사들입니다. 만약 물주가 말을 듣지 않으면 곧바로 난전을 한다면서 묶어 형조나 한성부의 옥에 잡아넣습니다. 이 때문에 소지한 물종들을 본전을 밑지고라도 눈물을 흘리며 어쩔 수 없이 팔아넘기게 됩니다. 이네들이 저마다 점포를 차려놓고 배나 되는 값을 취하는 것입니다. 평민들은 사지 않으면 그만이지만, 어쩔 수 없이 사야 하는 경우에는 이들 점포 말고 다른 데서 물건을 구입할 도리가 없습니다. 이 때문에 물가가 날로 올라가기 마련입니다.

무릇 물화가 귀해져서 신이 젊은 시절보다 네다섯 배가 넘습니다. 근래에는 채소나 옹기그릇까지도 점포 이름이 붙어 있어서 화매가 이루어질 수 없게 되었습니다. 백성들이 먹는 음식에 소금이 없어졌고 가난한 선비는 더러 조상의 제사도 지내지 못하는 형편입니다. 이와 같은 도고 행위를 금지하면 응당 이런 폐단이 없어질 터임에도 입들을 꽉 다물고 있는 것은 원성이 자신에게 돌아올까 두려워 움츠리는 것입니다.

옛사람은 '온 지역이 통곡하는 것이 한 집안이 통곡하는 것과 비교해 어떠하냐'고 물었습니다. 간교한 무리들이 삼삼오오 무리 지어 남몰래 저주하는 말을 피하려고 하여, 도성 안의 수많은 백성들의 위급한 형세를 구하러 나서지 않는다면, 나라를 위해 원성을 책임진다는 뜻이 어디 있다 하겠습니까?

의당 평시서平市署로 하여금 20, 30년 사이에 새로 차린 허다한 점포들 명단을 모두 조사해내서 아울러 혁파하도록 하며, 형조와 한성부에 분부하여 육전 외에 난전이라 하여 잡아다 바치는 일을 하지 못하도록 할 뿐 아니라 반좌법反坐法(법을 어겨 남을 무고한 자에게 그만큼의 벌을 주는 것)으로 처벌하면 장사꾼들 사이에 화매하는 일이 널리 행해져서 백성들의 삶이 어렵고 가난해지는 우환이 없어질 것입니다. 원망이 생기는 것은 신이 스스로 감당할 수 있습니다."

상이 여러 신하에게 물으니, 모두 옳다고 하여 이대로 시행했다. (하략)

—『실록』, 정조 15년(1791) 1월 25일

일용생활 필수의 물종은 통공의 대상이다

좌의정 채제공이 상에게 아뢰었다.

"점포의 폐해를 바로잡아 개혁하는 일로 평시서의 장부를 조사해본즉 30년 이래로 생겨난 점포는 몇 곳에 지나지 않습니다. 개설한 햇수가 얼마나 되느냐로 한정할 수는 없습니다. 그 가운데 육의전六矣廛(육전) 이외에 백성들의 일상생활에 관계가 아주 밀접한 채소전, 어물전 등 점포는 마땅히 고려해야 할 것입니다. 원래의 점포를 혁파하든지 점포의 이름은 남겨두든지 하여튼 난전을 철저히 금지한 다음에라야 백성들이 살아갈 수 있습니다.[20] 또한 듣건대 신이 경연에서 이 문제를 건의한 뒤에 바로 어물 등의 값이 뚝 떨어졌다 합니다. 벌써 실효가 발생한 것을 이로 미루어 알 수 있습니다."

평시서 제조 김문순金文淳이 아뢰었다.

"여러 점포들 중에는 개설한 지 수백년에 가까워 뿌리가 이미 단단해졌고 위로 국역을 담당하는 곳도 있으니 지금 당장 난전 금하기를 엄히 하여

---

20 난전은 본디 관의 허가를 받지 않고 거래하는 상점을 가리키는 말이다. 지금 노점과 비슷한 형태다. 난전을 단속할 수 있는 권리는 육의전에 있었다. 그런데 도고상업의 발전과 함께 육의전 이외의 점포들이 마구 생겨나서 물가 등귀의 요인이 되었다. 여기서 '철저히 금지'하자는 난전이란 관의 공식 허가를 받지 않았지만 도고 행위를 하는 점포들을 가리키는 것으로 보인다.

제각기 사고팔도록 하게 하면 여러 점포들이 쇠잔해져서 장차 혁파하는 것과 다름없게 될 것입니다. 이 점이 실로 금하기 어려운 까닭입니다."

상이 교시했다.

"대신이 건의한 것도 역시 여러 점포와 난전을 싸잡아서 철저히 금지하자는 것이 아니다. 그중에서 일상생활에 가장 긴요한 물건을 취급하는 점포에 대해서 말한 것이다. 다시 더 깊이 생각해보아 신속히 폐해를 바로잡도록 하라. 난전을 금하더라도 사적으로 도고 행위를 하는 것은 형세상 필시 있을 수 있다. 다시 적절한 방도를 강구해서 변통할 수 있는 길을 찾아보라."

— 『실록』, 정조 15년(1791) 2월 12일

평시서 폐지 문제

좌의정 채제공이, 도고를 이미 단속했으므로 평시서는 불필요한 기구가 되어버려 한낱 이속들이 서울 백성들을 뜯어먹는 구멍일 뿐이라고 보아 폐지할 것을 누차 말했다. 그런 끝에, 호조에 소속시켜 판서가 겸임하도록 하며, 송사에 관한 건은 경조京兆로 이관하자고 청했다. 이에 상이 말했다.

"평시서를 폐지하면 시민市民(서울의 상인들을 가리킴)들이 과연 뜯기는 것을 면해서 옛 성현의 말씀처럼 관문이나 시장에서 세를 받지 않는다는 취지에 부합이 될 수 있겠는가. 이해가 어디 있는가를 분명히 안 뒤라야 비로소 의논할 수 있는 문제이다. '평시平市'21라는 뜻이 참으로 좋지 않은가. 지금 아무리 폐단이 있다고 하지만, 폐단을 일으키는 것은 오직 사람에게 달린 일이고 법이 나빠서 그런 것은 아니다. 또한 유래가 오랜 것이다. '너는 그 양을 아끼느냐? 나는 그 예禮를 아낀다'는 옛사람의 말씀도 있다. 나

---

21   평시(平市): 시장에서 물화의 거래가 공평하게 이루어지도록 한다는 뜻으로, 평시서는 이 취지에 따라 서울의 물화 유통을 관장하는 기관이다.

는 이 '존양存羊의 뜻'²²을 생각한다."

—『실록』, 정조 15년(1791) 6월 26일

---

22   존양(存羊)의 뜻: 현실적으로 필요 없는 것을 근본 취지를 살려 존치한다는 의미이다. 자공(子貢)라는 제자가 양이 제사에 필요 없이 되어 없애자고 한 데 대해 공자가 깨우친 말이다(『논어』「팔일편」에 나온다).

4장
서학과 문체의 문제

서학에 대한 논의

상이 좌의정 채제공에게 다음과 같이 말했다.

"'이단에 힘쓰면 해로울 뿐'이라고 한 데서 성인의 은미한 뜻을 볼 수가 있다. 중국은 이적夷狄과 상대하지 않고 오호五胡를 안으로 들어오지 못하게 했지만, 진나라와 한나라가 이적의 방비에 무력을 지나치게 써서 나라를 병들게 했던 것은 옳지 않았다. 그래서 일전에 대간臺諫에 대한 비답批答(신하가 올린 글에 대한 임금의 답변)에서 재량을 둔 점이 있었던 것이다. 외부 사람들은 이를 두고서 으레 내가 온건하게 대응한다고 말할 터인데, 이단 또한 이적과 같은 부류이다. 지나치게 대응해서 되겠는가.

홍낙안洪樂安의 장서長書[1]는 과연 무슨 뜻인가? 경에게 말로 설명하는

---

1   홍낙안의 장서(長書): 홍낙안은 정조 때 인물로 남인계에 속하면서 천주교 공격에 앞장서서 공서파로 분류되었다. 윤지충(尹持忠)과 권상연(權尙然)이 천주교를 신봉한 일로 진산사건이 일어나자, 이를 크게 문제시한 긴 편지를 좌의정 채제공에게 올렸다. 이것이 여기서 거론하는 장서이다. 이 자료는 『벽위편(闢衛編)』(서광사 1978)에 수록되어 있다.

것이 적절치 않기에 군이 길게 편지를 보낸 것인가? 우리나라는 다들 사적인 싸움에 용감하다. 홍낙안의 장서는 반드시 까닭이 있는데, 대간에 대한 비답에서 '기관機關(함정)'이란 두 글자에 의미가 있다. 경 또한 그 편지를 보고서도 말을 하지 않은 것은 무슨 까닭인가? 엊그제 경연에서 '쳐서 흔드는 것'이라고 아뢴 데서 나도 대강 숨은 뜻을 짐작했다. 지금 이미 드러난 것만 보더라도 바로 엄하게 다스려서 드러나지 않은 자들까지도 스스로 고쳐나갈 길을 여는 것이 필요하다.

경이 올린 글 가운데 장각張角[2] 등에 비견해서 말한 것은 너무 지나친 것 같다. 오늘날 정학正學은 날로 쇠미해가고 세도世道는 날로 그릇되어가는데, 이런 사설邪說을 가지고 설왕설래하다가는 일만 그르칠 따름이다. 경의 처지로서 만약 문제를 적절히 다스려 저절로 가라앉게 하자면 어찌 방도가 없겠는가. 군이 글로 써서 온 세상에 퍼지게 할 것은 없다."

채제공이 다음과 같이 아뢰었다.

"서학[3]의 내용은 실로 불교 서적과 대동소이합니다. 근래 시속이 경박해서 이상한 책을 좋아하기 때문에 더러 미혹되어 돌아올 줄 모르는 자들이 있습니다. 진산珍山의 두 죄인 문제는 그 고을 원이 저의 형에게 보낸 편지에 담긴 사연을 들어보았는데, 윤지충尹持忠이 신주를 불태우고 시신을 버렸다는 것은 와전이었습니다. 장례 절차에 예를 제대로 갖추지 못했다고 하는데 가난한 자가 예를 갖추지 못하는 것은 형편상 그럴 수 있는 일입니다. 사판祠版(신주)은 새로 만들지 않았으며, 전의 신주는 그대로 있다고 합니다. 지금 조사해보면 사실 여부가 가려질 것입니다.

권상연權尙然에 대해서는 그의 일가 사람인 권상희權尙熹가 신에게 와서

---

2   장각(張角): 후한 말의 인물. 태평도라는 민간종교를 일으켜서 따르는 무리들이 황건을 쓰고 난을 일으켰다. 그것이 역사상에 유명한 '황건적의 난'이다.

3   서학(西學): 서양에서 들어온 학(學)이라는 의미. 서양의 종교와 학술을 구분하지 않고 지칭했는데 여기서는 천주교를 가리킨다.

말하기를 '그 조상의 사판에 배례를 하려고 상연의 집에 갔는데, 사판이 보이지 않아 놀라 물었더니, 상연의 말이 무익하므로 이미 치워버렸다'는 것이었습니다. '어디 두었느냐'고 묻자, '물에 던졌다고 하는데 태운 것 같다'라고 하였습니다."

상과 채제공의 대화는 이어졌다.

"이미 죄상이 드러난 자는 법에 의해 처리할밖에 없다. 대간의 계문啓聞에 교주와 도당이란 말이 들어 있다. 조정에서 조사하지 않더라도 경이 만약 홍낙안에게 캐물으면 필시 알 수 있을 것이다."

"이 일은 다 알아내기 어렵습니다. 저들 중에 서학을 하는 자가 있더라도 유자의 모자를 쓰고 유자의 옷을 입고 있으니 외양으로 분간하기 어렵습니다. 홍낙안이 편지에서 말한 것처럼 엄히 꼭 다스리려고 든다면 변고가 생길 것임이 틀림없습니다. 크나큰 강상綱常의 변고를 가지고, 이제 만약 그 증거를 잡지 못한 상태에서 그 사람을 지적해 '네가 서학을 했지' 하고 따진다면 어찌 '예' 하고 자복할 이치가 있겠습니까. 이렇게 되면 대질시키고 묻는 과정에서 줄줄이 체포되어 큰 옥사가 일어날 것입니다. 지금처럼 맑고 공정한 세상에 이런 일이 있어서야 되겠습니까? 또한 남을 무함하면 반좌율反坐律(남을 무고한 자에게 적용되는 조문)에 걸립니다. 고발을 당한 자가 혹시 사면이 되어 죽음을 당하지 않으면 남을 무함한 자가 반좌율에 걸려 죽게 됩니다. 홍낙안의 편지를 보면 '벼슬아치와 선비들 간에 서학을 하는 자가 열에 여덟아홉이나 된다'고 했는데 어떻게 그렇겠습니까?"

"이른바 서학이 어떤 것이라고 인심을 현혹시킨 것이 이처럼 극도에 달했단 말인가?"

"그것은 오직 천당지옥설이 위주입니다. 본뜻은 악을 버리고 선을 행하자는 것 같지만, 그 폐단은 마침내 아비도 없고 임금도 없는 지경에 이르게 됩니다. 아비가 없다고 하는 까닭은, 저들이 아비로 섬기는 것이 세가지인데, 상제上帝로 받드는 것이 첫번째 아버지이니 이는 「서명西銘」의 '하늘을 아버지라 일컫는다〔乾稱父〕'4는 뜻과 같으며, 조물주는 두번째 아버지가 되고, 낳아준 아버지는 세번째 아버지가 됩니다. 그러니 윤리가 없고 이치에 어긋나는 것입니다. 임금이 없다고 한 것은, 그 나라의 습속이 본디 군장이 없어 일반 백성 가운데 순양자純陽者5를 택해 임금으로 세운다는 것입니다. 아주 흉악합니다. 또 이르기를 '사람이 죽으면 선을 행한 자는 천당으로 돌아가지만 악을 행한 자는 지옥으로 떨어진다'는 것입니다. 그러므로 아무리 제사를 지내더라도 천당으로 올라간 자는 반드시 흠향하러 오지 않을 것이요, 지옥에 빠진 자 또한 와서 흠향하러 올 수가 없습니다. 의미 없는 제사는 지낼 필요가 없게 됩니다. 우리나라는 예의지방임에도 이런 요망한 설에 현혹되다니, 참으로 돼먹지 못한 것입니다."

"오늘날 악한 설을 중단시키고 부정한 말을 막는 책임은 오로지 경에게 달려 있다. 어떻게 해야 저절로 일어섰다가 저절로 없어져서 모두 새 사람이 되는 길로 가게 할 수 있겠는가?"

"지금 서학은 특별한 행동을 하는 것도 아니고 조사할 형적이 있는 것도 아닙니다. 오직 드러나는 자부터 다스리되 그 책을 태우고 그 사람을 사람답게 만들면 저절로 잠잠해져서 사라질 것입니다."

"저들 책을 물이나 불 속에 던져 없애버린다 해도 몰래 숨겨둔 것들을 어떻게 낱낱이 찾아낼 수 있겠는가?"

"진시황이 위엄을 다 부려서도 서책을 완전히 없애지 못했거늘, 몰래 숨겨둔 것을 어떻게 다 금지시킬 수 있겠습니까? 그리고 금령을 너무 엄하게 세워 사형으로 단죄한다면 도리어 법이 시행되지 못할 것입니다. 금령을 명백하게 알려 저절로 없어지게 하는 것보다 좋은 방도가 없습니다. 홍낙안의 장서에 서학이 역마가 달리는 것보다 빨리 전파된다느니, 민간에 소

---

4   「서명(西銘)」은 송대의 학자 장재(張載)의 작품인데 그 첫머리가 "건칭부(乾稱父) 곤칭모
     (坤稱母)"로 시작된다. 여기서 '건'은 천, 하늘을 뜻한다.
5   순양자(純陽者): 결혼을 하지 않기에 붙여진 말로 교황을 지칭한 것으로 보인다.

란을 일으킨다느니 하는 등의 말은 참으로 과장된 것입니다. 매사가 과격하면 문제를 일으키는 법이니, 우선 놓아두고 불문에 부치는 편이 좋습니다."

"내가 경을 이 자리에 앉힌 것은 경이 견지하는 의리가 올곧아서 백년의 수치를 대번에 씻어낼 수 있다고 생각한 때문이다. 경이 재상으로 있는 지금 이단의 학이 뜻밖에 터져나왔다. 이를 믿는 자나 믿는다고 공격하는 자 모두 경이 아는 사람들이다. 경이 이 문제를 조정하지 못한다면 경이 그 책임을 면할 수 있겠는가. 진정시키는 방도도 오직 경에게 달렸다. 경은 모름지기 사학邪學(천주교를 가리킴)을 물리치고 이단을 배척해 발본색원함으로써 세도를 다시 진작하고 인심을 크게 안정시켜서 마구 때리고 뒤흔드는 사태에 이르지 않도록 해야 할 것이다. 홍낙안이 올린 장서의 내용은 오로지 이단을 배척하기 위한 것이니 망언妄言한 죄로 다스리기는 맞지 않으나, 직접 대면해 말하지 않고 이처럼 장서를 올린 행위는 참으로 좋지 못하다. 진산의 두 죄인은 사실을 조사해보아 만약 억울하다면 어떻게 죄를 줄 수 있겠는가? 그 고을 원은 노학구老學究라 하겠으니, 깊이 책망할 것은 없다."

"두 죄인의 죄는 신문해보면 밝혀질 것입니다. 만약 억울하게 죄를 받는다면 가련하지 않겠습니까? 그 고을 원은 경학으로 자부하는 사람인데 일찍이 예산禮山에 있을 때도 역시 이 문제를 가지고 엄히 금한 일이 있었습니다. 이번에도 이 문제를 잡아서 처벌을 했으니 그의 본심은 아닐 것입니다."

상이 여러 재상들에게 묻자 좌참찬 김화진金華鎭이 아뢰었다. "신이 을사년(1785) 당시 형조에 있을 때 이단에 빠진 자들을 모두 유배형에 처했는데 그때 10여인은 다투어 사실대로 자복하면서 벌 받기를 원하였습니다. 지금 진산의 두 적은 전에 비해 더 심하니, 엄히 다스리지 않을 수 없습니다."

수어사守禦使 정창순鄭昌順이 아뢰었다. "신이 대간의 말이 나온 뒤에 홍낙안의 장서를 얻어 보니, 벼슬아치와 선비들 가운데 감염된 자가 열에 여 덟아홉이라고 하는데 전부터 아는 사이들이라고 하였습니다. 어찌 온 세 상이 다 미혹되었을 이치가 있겠습니까? 책자를 간행한 일은 극히 놀라우 니 조속히 조사하는 것이 마땅합니다. 권·윤 두 죄인은 강상綱常(삼강三綱과 오륜五倫을 아우르는, 인간의 기본 도리)의 적이거늘 대신은 장서를 보고도 어찌 경연에서 아뢰지 않았단 말입니까?"

채제공이 아뢰었다. "막중한 경연에서 소문을 가지고 바로 주달奏達(임 금에게 아뢰던 일)할 수 있겠습니까? 자세히 알아본 뒤에 아뢰려고 하였습니 다."

상이 말했다. "서학을 믿는 자나 서학을 공격하는 자를 물론하고 한편으 로는 미혹된 것을 깨우치고 다른 한편으로는 진정을 시켜야 할 일이다. 양 편을 조처하는 문제는 좌상의 책임이다."

채제공이 아뢰었다. "진정시키는 일은 신이 사양하지 못하겠습니다만, 지금 이 사교는 필시 저절로 일어났다가 저절로 소멸될 것입니다. 지나치 게 염려하실 필요는 없는 것 같습니다."

이에 명·청문집 등 책자를 중국에서 사 오지 못하도록 사신에게 신칙할 것을 명했다.

—『실록』, 정조 15년(1791) 10월 25일

문체정책

상이 채제공에게 다음과 같이 말했다.

"돌아보건대 오늘날 온 세상이 주견 없이 한쪽으로 휩쓸리니 참으로 작 은 걱정이 아니다. 사람들의 능력이 점점 떨어지고 나약해져서 떨쳐 일어 서지 못하고 말 것인가? 아니면 인재는 어느 시대고 없지 않듯이 흥기할 날이 올 것인가? 인재만 이런 것이 아니고 요즘 보면 문체도 점차 타락하고 있다. 혹자는 '초계문신 제도를 실시한 이후로 온 세상이 본을 받아서 이렇다'라고도 말한다. 초계문신 제도를 시행한 뜻은 문풍을 크게 진작시키려는 데 있었다. 지금 도리어 이 때문에 폐단이 생겼다고 말하다니, 장차 어떤 방도를 강구할 것인가? 문체가 편협한 자들을 일괄해서 과거 시험에 합격시키지 않으면 자연히 바뀌게 될 것이다. 일반 문장을 짓는 것은 사륙문四六文⁶과 다른데도 어찌 볼만한 문장이 없단 말인가? 경은 학생들을 깨우쳐 나라에서 문체를 크게 바꾸려는 뜻을 알리도록 하라."

— 『실록』, 정조 15년(1791) 2월 12일

문체에 관련된 조처

상이 중국에 동지사冬至使로 가는 박종악과 성균관 대사성 김방행金方行을 불러 보았다. 박종악에게는 다음과 같이 지시했다.

"어제 책문 시험에 위서僞書의 폐를 논하는 문제를 내보았다. 근래 선비들의 취향이 점점 저하되고 문풍도 날로 떨어지고 있다. 공령문자功令文字를 보더라도 패관소품체稗官小品體를 사람들이 모두 모방하며 경전의 숙속지미菽粟之味는 무용지물처럼 취급하고 있다.⁷ 기교만 부리고 경박하여 옛사람의 체취는 전혀 느낄 수 없어 치세지음治世之音(잘 다스려진 세상의 음악)과 같지 않다. 이는 세도와 무관하지 않으니 실로 작은 걱정이 아니다. 내가 어떻게 바로잡아볼까 고심한 끝에 책문의 제목으로 내보았던 것이다. 한낱 그 폐해만 말하는 데 그치고 실효를 거두지 못하면 무슨 이익이 있겠

---

6   사륙문(四六文): 한문 문체의 일종. 문장을 대구(對句)로 쓰는 것이 특징인데 글자 수를 4자 6자로 짝을 맞추기 때문에 사육문이라고 부른다.

7   공령문자(功令文字)는 과거 시험에 쓰이는 글을 가리키며, 패관소품체(稗官小品體) 즉 소품은 소설을 비롯한 문예 취향의 문체이다. 숙속지미(菽粟之味)는 질박한 느낌을 주는 것을 가리킨다. 과거 시험에 제출한 글도 시속의 문체를 따른다고 우려한 의미이다.

는가. 발본색원拔本塞源하기로 든다면 애당초 잡서雜書들을 중국에서 들여오지 못하게 하는 것이 첫째이다. 전부터 사행이 떠날 때는 누누이 주의를 주었지만 이번 사행길에는 더욱더 엄히 단속하여 패관소품이나 잡서 따위는 말할 것 없고 경서와 역사기록이라도 당판唐板(중국본 책)이면 절대로 가지고 오지 못하도록 하여, 귀로에 압록강을 건널 때 일일이 검사해서 군관이나 역관이라도 휴대해 오면 발견 즉시 압수하여 교서관에 넘겨서 유포되는 폐단이 없게 하라.

경전이나 역사서는 잡서류와는 다르므로 이처럼 엄금하는 것이 지나친 듯하나, 우리나라에 있는 책도 빠진 것 없이 갖추어진 지경이다. 이것만 외우고 이것만 읽어도 무슨 일을 상고하지 못할 것이며, 무슨 글을 짓지 못할 것인가. 더구나 우리나라 책은 지질이 견고해서 오래 두고 볼 수 있으며, 글자가 커서 눈에 보기도 편하다. 하필 멀리서 책 모양도 작고 글씨도 조그만 당판을 구해 올 것이 있겠는가. 저들은 누워서 보기에 편하다고 굳이 당판을 찾는 것이다. 책을 누워서 보는 것이 성인의 말씀을 존중하는 도리겠는가."

박종악이 아뢰었다. "지금 성교를 받자온바 문교를 숭상하고 정학正學을 부양하시는 뜻이 만세의 영구한 계책이라, 훌륭합니다, 성상의 말씀이여! 우러러 받들어 신 또한 마땅히 엄금하여 만에 하나라도 이 뜻을 살리기에 힘쓰겠습니다."

상이 대사성 김방행에게는 다음과 같이 지시했다.

"반시泮試(성균관 학생들에게 보이는 시험)의 시험답안에 만일 패관잡기에 관련된 표현이 들어 있으면 아무리 전편이 주옥처럼 좋아도 하등으로 처리하고 그 사람의 성명을 적시해서 응시를 못하게 하여 용서치 말라. 내일 승보시陞補試(성균관 대사성이 학생들에게 정기적으로 보이는 시험)에 학생들을 모아 놓고 직접 이 취지를 알려 실효가 있도록 하라. 엊그제 유생 이옥李鈺[8]이 응제應製한 글은 순전히 소설체를 쓰고 있다. 선비들의 버릇이 대단히 우려된다. 방금 동지성균관사에게 명하여 매일 사륙문 50수를 채워서 짓도록 과제를 주었다. 나쁜 습관을 완전히 바꾼 다음이라야 과거에 응시할 수 있도록 했다. 일개 유생이 영향력을 크게 미칠 것은 없겠으나 만약 조관에 올라 문연文淵(글 잘하는 자들이 모인 곳)에 출입하는 사람이 되면 이런 문체를 모방하는 자들이 많아질 것이니 어찌 문제를 일으키지 않겠는가.

일전에 남공철南公轍[9]이 지은 대책對策 중에도 몇 구절 소품을 인용한 곳이 있었다. 그가 누구의 아들인가. 나 또한 문청文淸에게서 배웠는데 지성으로 가르쳐서 비로소 글의 방향을 알았다. 문청은 대개 글이 세련되고 전중典重하여 요즘의 문체에 비할 바 아니었다. 나도 아주 좋아한다. 이런 아버지의 아들로서 시속의 문체를 본받아 되겠는가. 오늘 이 하교를 듣고 나서 마음을 고쳐 바른 길로 돌아가기 전에는 그가 입궐을 하더라도 감히 경연에 나오지 못한다. 집에서 무슨 얼굴로 가묘家廟에 배알하겠는가? 남공철의 지제교知製敎(임금이 반포하는 글을 대신 짓는 임무를 맡는 신하) 직함도 우선 떼도록 하라. 그 밖에 문신들 가운데 몹시 이런 문체를 좋아하는 자들이 많은데 일일이 이름을 들고 싶지 않다. 정관政官(인사 담당관)으로 하여금 문신들 중에 이런 문체를 쓰는 자들을 자세히 살펴서 다시는 성균관 교수에 의망擬望(인사 후보자로 올림)하지 말라."

—『실록』, 정조 16년(1792) 10월 19일

---

8   이옥(李鈺, 1760~1812): 이때 견책을 받아 귀양을 가게 되었으며, 이후 다시 응시의 기회가 주어졌으나 또 탈락이 되었다. 정조의 문체반정책에 걸린 대표적인 문인이다. 그가 지은 작품들은 온전히 전하지 않으나 상당 부분이 김려의 『담정총서』에 수록되어 있고 그 밖에 이런저런 자료들에 산일되어 있다. 근래 발굴되어 문학적으로 주목을 받고 있다.

9   남공철(南公轍, 1760~1840): 정조 때 문과에 급제했고 정조 사후 부제학을 거쳐 영의정에까지 올랐다. 그의 부친은 문청공 남유용(南有容)인데 원손보양관으로서 정조 유년기에 교육을 담당한 바 있다.

문체반정과 박지원의 『열하일기』

이때 상이 문풍文風이 예스럽지 않은 것으로 누차 규장각의 여러 신하들에게 엄한 교시를 내렸다. 다들 과오를 반성하는 글을 제출했다. 어느 날 상이 규장각 직각 남공철에게 하교하기를 "근래 문풍이 이처럼 된 것은 모두 박모의 죄이다. 『열하일기』를 내 이미 열심히 읽어보았는데 감히 속일 수 있을까. 『열하일기』가 세상에 유행하고부터 문체가 이와 같이 되었다. 응당 결자해지結者解之가 있어야 할 것이다. 속히 한부의 순정醇正한 글을 지어 올려 『열하일기』의 죄를 용서받도록 하라. 문임 남행文任南行[10]이라도 아끼지 않고 임명할 수 있다. 그렇지 않으면 응당 중죄가 내려질 것이다. 모름지기 이 뜻으로 즉시 편지를 보내도록 하라"고 했다.

이에 남공이 보낸 편지는 대략 다음과 같았다. "이는 실로 우리 성상의 세교世教를 돈독히 하고 문풍을 진작하여 선비의 취향을 바로잡으려는 고심이자 지극한 덕이올시다. 어찌 만에 하나나마 받들어 시행하지 않으리까. 더구나 집사執事(상대에 대한 존칭)는 허물을 반성하여 속죄하는 방도에 있어 잠시라도 지체할 수 없음에야 더 말할 것 있으리까."

이에 대한 선군先君(박지원朴趾源을 가리킴)의 답서는 이러했다. "광대한 천지에는 자라지 않는 것이 없고 광명한 일월에는 비추지 않는 것이 없습니다. 토원兔園의 버려진 책[11]이 위로 궁중의 맑은 바람을 오염시킬 줄 생각이나 했겠습니까. 멀리 있는 일개 미천한 신하에게 내리신 교시가 측근의

---

10 문임(文任) 남행(南行): 문임이란 문학에 관계된 임무를 맡는 벼슬을 말한다. 예문관의 한림(翰林)이 이에 해당하는 벼슬이다. 남행은 문과를 거치지 않고 진출하는 벼슬이며 혹은 음직이라고 불렀다. 예문관이나 홍문관의 벼슬은 남행을 기용하는 전례가 없었다. 그래서 파격적이라고 한 것이다.

11 토원(兔園)의 버려진 책: 비속한 책을 가리키는 말. 자기 저술을 낮추어 하는 말로도 쓰였다. 토원은 원래 문인들이 많이 모이는 정원을 가리켰다.

신하와 다름이 없사오니 양관지주兩觀之誅[12]를 가하지 않으셨을 뿐 아니라, 도리어 한부의 순정한 글을 지어 올려서 용서를 받으라는 분부를 내리시니 하찮은 몸으로서 어떻게 감히 이 분부를 이행하지 않으리까. 하지만 저는 중년 이래로 낙척불우落拓不遇(불우하여 궁한 처지에 놓임)하여 자신을 소중히 여길 줄 모르고 글로 희롱했으니(以文爲戱) 때에 따라서는 궁한 심경에 무료히 나온 소리가 실속 없이 잡박한 말이었습니다. 성격 또한 산만하여 잘 단속하지 못했기에 스스로를 그르쳤을 뿐 아니라 남들까지 그르친 것입니다. 혹은 와전이 일어나 문풍이 이 때문에 떨치지 못하고 선비의 습속이 이 때문에 날로 무너지게 되었다니 이 실로 교화를 해친 재앙스런 백성이요, 문단의 폐물이라 할 것이외다. 법의 처단을 면하게 된 것만 해도 다행이라 하겠습니다. 이렇게 된 사정을 따져보자면 비록 타고난 버릇이라도 참으로 무슨 마음이었겠습니까? 스스로 자책하여 기과記過(과오를 기록하는 것)를 하며, 경월지보黥刖之補[13]를 도모하여 다시는 거룩한 세상의 죄인이 되지 않도록 해야 하지 않겠습니까."

이에 앞서 상이 『무예도보통지武芸圖譜通志』를 보고 이덕무가 지은 「어왜제론禦倭諸論」을 지적하시며 "여러 편이 다 좋다" 하고 또 "이는 '연암체'이다"라고 말씀하셨다. 그래서 서울의 공론이 대개 이는 실상 노여움에서 나온 하교가 아니요, 장차 파격적인 특전이 있으리라고 했다. 그리고 하교 가운데 여러 사람들의 허물을 쭉 열거하시면서 특히 박모를 '죄의 우두머리'로 든 것은 대성인大聖人(곧 임금을 가리킴)의 기를 누르면서 진출을 시켜서 문권文權[14]을 맡기려는 의도라고 했다. 더구나 『열하일기』를 특별히 들어 문제를 일으킨 장본이라면서 '열심히 읽었다(熟覽)'고 하신 것은 애

---

12 양관지주(兩觀之誅): 국가적으로 큰 재난을 일으킨 자를 처형하는 것을 말한다.
13 경월지보(黥刖之補): 죄책을 받은 사람으로서 스스로 반성하는 태도를 취함. '경월'은 고대에 인신에 가했던 형벌로, '경'은 얼굴에 문신하는 것이고 '월'은 발뒤꿈치를 잘라내는 것이다. 『장자』「대종사(大宗師)」에서 유래한 말이다.
14 문권(文權): 문학에 관련한 권한. 곧 문임을 맡는 것을 의미한다.

호의 뜻을 보인 것이다. 이는 필시 이미 지어놓은 글이 있을 것이니 서둘러 엮어 바치라는 의미라면서 모두들 편지를 보내 저작을 서둘러 올리라고 권했다.

─ 박종채, 『과정록過庭錄』15 권2, 정조 16년(1793) 무렵의 기록

서학과 문체에 관련한 정조의 논리

서학(서교)은 학으로서 어긋난 것이고, 소품小品은 글로서 어긋난 것이다. 처음 시작할 때를 보면 어찌 스스로 치우치고 지나치고 부정하고 숨기는 곳으로 빠져들려고 했을까마는, 한번 바뀌면서 그 피해가 홍수나 맹수보다 심하게 되었다. 또한 그 형세는 소품에서부터 으레 점점 사학으로 빠져드니, 길은 다르지만 맥락이 서로 이끌린 것이다. 오늘날 글을 공부하는 자들은 소품을 두려워하기를 사학처럼 해야만 이적이나 금수로 돌아가는 것을 면할 수 있다.

─『전서』 권164, 『일득록』, 정조 21년(1797), 이병모李秉模 기록

근래 서양의 사학이 치성해짐에 따라 공격하는 사람이 많은데, 이 역시 근본을 다스리는 방도를 몰라서는 안 된다. 비유컨대 사람의 원기元氣가 왕성하면 바깥의 기운이 침입하지 못하는 것과 마찬가지다. 정학正學을 제대로 닦고 밝혀서 사람들이 이것이야말로 참으로 즐거운 것이며 저것은 좋아하고 본받을 것이 못 된다는 점을 깨달으면 사학으로 귀의하라고 시키더라도 결코 하지 않을 것이다. 지금 제일 방법으로는 사대부들이 각기 자제들을 경계하여 경전을 많이 읽고 그 가운데 침잠해서 바깥으로 쏠리

---

15 『과정록(過庭錄)』: 박지원의 아들 박종채(朴宗采)가 자기 부친의 일생 행적을 연대기적으로 기록한 책(4권 2책).

지 않도록 해야 한다. 그러면 사학은 공격하고 배척할 필요도 없이 저절로
종식될 것이다.

— 위와 같음

문장과 세도世道의 오르내림은 시대에 따라 같지 않다. 명대 말로 와서
는 촉급하면서 기교적이고 어긋나서 눈을 뜨고 볼 수 없는 지경이다. 이는
전적으로 시세와 풍기가 그렇게 만든 것이다. 당시의 문장과 시대를 비추
어보면 나도 모르게 머리털이 일어선다. 근래 사대부의 자제들 중에 이 문
체를 배우기 좋아하는 자들이 많다 하니, 그 문체가 어떤지 물론하고 과연
어떤 시대였던가. 그럼에도 본받겠다고 하니 참으로 무슨 마음인가. 세도
에 해를 끼친 것이 사학보다도 도리어 더 심하다. 부형父兄 된 자들이 어찌
철저히 금하지 않는단 말인가. 연래에 당본唐本(중국본 책)의 수입을 금지한
것은 이 폐해를 바로잡고자 해서다. 사대부 자제라면 서책을 응당 책상 위
에 반듯하게 올려놓고 바른 자세로 앉아 읽어야 한다. 그런데 게으름이 버
릇이 되어 비스듬히 누워서 보기를 좋아한다. 당본은 누워서 보기에 편하
며 향본鄕本(조선본 책)은 불편하다. 그래서 대체로 당본을 선호하고 있다.
성현의 경전까지도 많이 누워서 보고 있으니, 사대부의 습속이 어떻게 이
럴 수 있단 말인가. 당본을 엄금하는 것은 게으른 습속도 아울러 바로잡고
자 하는 뜻이다.

— 위와 같음

내가 일찍이 소품의 해는 사학보다도 심하다고 말하자, 사람들이 정말
그렇다고 여기지 않았다. 그런데 지난번 일이 생겼다. 사학은 물리칠 수 있
고 처벌할 수 있으며, 사람들이 다 쉽게 볼 수 있다. 그러나 소품은 당초 붓
을 들고 글을 쓰는 데 불과하여, 식견이 얄팍한 젊은이로 상당한 재주를
지닌 자들은 글들이 평범한 데 염증을 일으켜 새로운 것을 좋아하기 쉽다.

다투어 모방한 나머지, 차츰 음란한 소리나 매력적인 여색이 사람들의 마음을 고혹시키듯, 그 폐해는 마침내 성인을 비난하고 경전을 위배하며, 인륜을 멸시하고 의리에 거역하기에 이른다. 더구나 소품의 일종은 명물名物을 고증하는 학술인데 한번 잘못 전환하면 사학으로 들어가는 것이다. 이 때문에 나는 사학을 제거하려면 마땅히 먼저 소품을 제거해야 한다고 말했다.

—『전서』권164,『일득록』, 정조 21년(1797), 이만수 기록

 이단을 공격하는 데 도리에 맞지 않으면 오히려 해로울 뿐이다. 지금 저들의 양학은 걸핏하면 하늘〔天〕을 들먹인다. 경전에서 하늘을 인용한 말은 '상제를 밝게 섬긴다〔昭事上帝〕'느니 '오직 상제라야 참 마음을 내려 주신다〔惟皇降衷〕'느니 '새벽이 크게 밝아진다〔昧爽丕顯〕'느니 하는 등이다. 모두 성인의 말씀을 인용한 것이다. 대저 삼대三代(하·은·주 시대) 이전에는 사람을 가르칠 때에 모두 이런 말로 했다. 성리性理의 뜻은 정주程朱 이후에 크게 밝혀졌다. 선비들은 너나없이 '성性이다 이理다'라고 말하지만 도의 큰 근원이 하늘에서 나온 것인즉 전성前聖과 후성後聖이 이 논리를 바꾸지 않았다. 그렇지만 하늘은 기화氣化로 만물을 낳지 못하고, 한번 형화形化를 하면서 부부가 있게 된다. 부부가 있어서 부자가 있으며, 부자가 있어서 군신이 있다. 또 군신이 있어서 장유와 붕우의 질서가 있게 되는 것이다.

 저 양학이란 것은 임금과 어버이를 도외시하고 곧바로 하늘에 붙인다. 이는 죄가 도리어 하늘을 기만하는 데로 돌아간다. 하늘을 기만하는 죄를 밝히지 못하고서, '너희는 어찌하여 하늘만 섬기느냐'고 한다. 말을 하는 데 약간의 논점 차이가 두려운 대목이다. 더구나 우리나라의 가법家法은 한결같은 마음으로 상제를 대해서 종이쪽에 '천지' 같은 글자가 적혀 있는 것만 보아도 절대 함부로 취급하지 않는다. 전에 우러러보았던 것이 어제처럼 눈에 선명하다. 나는 밤에 잠잘 적에도 하늘의 빛이 환히 비치는 곳에

는 함부로 눕지 못한다. 본래 보고 배운 바가 있어서 이러는 것이다. 나는 중앙과 지방의 여러 신하들이 양학을 배척하고 양학을 공격하는 일을 준엄하게 하지 못할까 걱정하지만, 변론함에 있어서 말을 잘 골라 하지 못하다가 망발이 되는 데 이를까 걱정하는 것이다. 요컨대 부자와 군신의 대륜大倫을 모르는 것만 공박할 것이요, 이 밖에 말을 붙이는 것을 섣불리 해서는 안 된다.

─『전서』 권165, 『일득록』, 정조 23년(1799), 이병모 기록

사학이 우리 학을 해칠까 걱정하지 말고 오직 우리의 학이 사학을 막아내지 못할까 걱정해야 한다. 진정 우리가 읽는 것이 경전이고 우리가 행하는 것이 효제孝悌여서 한가지 허위도 없이 십분 진실하여, 집에서도 이와 같이 하고 마을에서도 이와 같이 하며 조정에 나와서도 이와 같이 해서 표리가 철저하고 언행이 일치하면 벌써 근본이 확고해질 것이다. 그러면 바깥에서 들어온 사학을 염려할 것이 무엇이 있겠는가!

─위와 같음

이마두利瑪竇(Matteo Ricci)가 소위 야소교란 것을 창도하여 우리 도의 해충이 되고 있다. 오직 우리나라는 예의지방으로서 사대부들이 공자·맹자를 받들어 이단에 현혹되지 않았다. 근래에 와서 일종의 사학이 여기에 붙어서 교리를 손상시키고 인륜을 파괴하며 백성을 해치고 생을 망쳐 그 화가 참혹한 지경이다. 그런 중에도 제사를 폐지해야 한다는 저들의 주장은 차마 입에 올릴 수조차 없는 것이다. 그렇다면 『논어』에서 일컬은 "조상께 제사 지낼 적에는 조상이 계신 듯이 하며 신에게 제사 지낼 적에는 신이 살아계신 듯이 한다"는 말씀은 장차 치워버리겠다는 것인가? 이단을 물리치는 데는 정학을 부식扶植시키는 것보다 더 좋은 방도는 없다. 오늘날 사대부들이 마땅히 두려워하고 힘써야 할 일이다.

—『전서』 권165, 『일득록』, 정조 21년(1797), 남공철 기록

서양 종교 학문에 대한 정약용의 기록

기미년(1799) 봄에 채옹蔡翁(채제공)이 세상을 떠나자 공公(이가환)은 더욱
고립이 되어 의논할 사람이 없었다. 성상이 공에게 명해 수리와 천문 역법
曆法의 원리를 밝히는 책을 편찬하고 싶어 북경에서 관련 서적을 구해 오
려고 하면서, 어필로 자문을 구했다. 공이 성상께 "시속의 무리들이 워낙
식견이 어두워 수리가 어떤 학문인지, 교리가 무슨 내용인지 도무지 모르
고 혼동해서 화를 내고 꾸짖고 합니다. 지금 이런 책을 편찬했다가는 신이
비방을 더욱 뒤집어쓸 뿐 아니라 성상의 덕에도 누를 끼치게 됩니다"라고
아뢰어, 일이 그만 중지되었다. 그러나 성상은 꼭 그렇게 생각하지를 않았
다.[16]

— 정약용, 「정헌묘지명」, 『여유당전서』 문집 권15

---

16   이는 정약용이 지은 이가환(李家煥, 1741~1801)의 전기에 해당하는 「정헌묘지명(貞軒墓誌
銘)」에서 한 대목을 따온 것이다. 이가환은 금대(錦帶)라는 호로 알려졌으나 따로 정헌이란
호를 쓰기도 했다. 신유옥사에 걸려들어 고문을 받다가 옥사했다.

5장
화성 신도시

화성 건설 과정 1

수원을 화성으로 바꾸고 유수부로

수원부의 이름을 화성華城으로 바꾸고 어필로 현판을 써서 장남헌壯南軒
에 걸었다. 부사를 유수留守로 승격시켜서 장용외사壯勇外使와 행궁정리사
行宮整理使를 겸임토록 했으며,[1] 보좌역으로 판관 한 자리를 두었다. 장용
영병방壯勇營兵房을 고쳐 장용사壯勇使라 하고 도제거都提擧를 두었으며,[2]
호위대장도 소속을 시켰다. 그리고 다음과 같이 전교했다.

"왕위에 오른 이후로 재용財用의 비축을 많이 하는 것을 무엇보다 중요
한 일로 생각했다. 다행히 하늘에 계시는 조종祖宗의 도우심에 힘입어 용

---

[1]   장용외사(壯勇外使): 정조는 근위대로서 장용영(壯勇營)을 두었던바 수원을 화성부로 승격
       하면서 장용외영을 두어 호위를 맡도록 했다. 장용외영의 지휘관이 장용외사인데 이 직은
       화성유수가 겸임하도록 한 것이다. 장용영은 정조 사후에 곧 폐지되었다.
[2]   장용영병방이란 장용내영의 장인데, 장용사로 이름을 바꾼 동시에 도제조아문(都提調衙門)
       으로 승격시켰다는 의미이다.

이 서리고 범이 웅크린 지형의 길지를 잡아 천만년 영구히 누릴 운세를 정했으니, 실로 주나라의 풍豊이나 한나라의 패沛와 나란히 융성할 것이로다.[3] 오직 이곳을 호위하는 방도를 더 부지런히 더 치밀하게 세워 규모도 존엄하고 제도도 경건하게 하는 것이 이 소자小子로서 인정이나 예문禮文으로 미루어 당연하다. 비유컨대 종묘의 예식을 보아 먼저 백관의 아름다움을 말하는 것과 같다. 그 소중함이 이와 같은 것이다.

여기 수원부는 현륭원顯隆園(사도세자의 묘)을 설치한 이후에 관방關防(방위를 위한 요지)으로도 중요시되었다. 아름답다. 천연으로 된 아름다운 산천에 월출지의관月出之衣冠[4]을 길이 봉안하기로 하면서 미리 행궁을 세우고 그리워하는 마음을 붙이고자 한 것이다. 영정을 모셔두고 혼정신성昏定晨省(밤에 이부자리를 펴드리고 새벽에 안부를 살피는 것. 효자의 도리)을 대신하니, 슬픔이 가슴에 북받쳐 억제키 어려웠다. 1년 3백일에 어느 날 없이 손꼽아 바라고 바라던 이장移葬을 거행하는 날이었기에, 일을 다 마치고 환궁하는데 수원부 경계의 고갯마루에 어가를 멈추고 돌아보다가 나도 모르게 발걸음이 머뭇거렸다. 문득 이곳 지방관을 불러서 각별히 수호하라는 뜻으로 거듭거듭 당부하는 데 이르렀다. 하지만 그는 한 고을의 장에 불과하니 품계도 3품에 지나지 못하다. 적임자를 골라 임무를 맡기면 꼭 관작의 높낮이에 관계되는 바 아니로되, 조정의 행사는 지위가 높지 않으면 위엄이 서지 않는다. 관방은 우선 제쳐두고라도 행궁을 정리하는 여러 가지 임무를 어떻게 3품의 지방관에게 맡겨둘 수 있겠는가. 무릇 일은 옛일을 본받아 하는 것이 가장 좋다. 남한산성은 나라의 방위를 위한 곳일 뿐임에도 대신이 관장하여 유수는 오로지 문관으로 재상급을 임명하면서 방위를 고려

---

3   풍(豊)은 주나라의 발상지이고 패(沛)는 한나라의 발상지이다. 수원은 그런 의미에서 발상지는 아니지만 정조의 입장에서 친부의 능이 있기 때문에 이렇게 말한 것이다.
4   월출지의관(月出之衣冠): 왕릉을 지칭하는 풍수설의 용어인 듯하나 미상이다.

하여 무신으로 통의通擬⁵를 한 것이다. 더구나 지금 여기, 이 부의 의미를 생각하면 어떻게 해야 옳겠는가?

지금부터 수원부사는 유수로 승격시켜 장용외사와 행궁정리사를 겸임하며, 오직 대신이나 무장을 특지特旨(임금의 특명)로 유수에 임명하고 따로 판관을 두어 보좌하게 할 것이다. 장용영을 설치한 지 여러 해 되었으나 장용영 장수의 칭호를 아직 결정하지 못한 것은 외사外使가 나오기를 기다린 때문이다. 장용영 병방을 장용사라 하고 장용영 문서에서는 대장이라고 쓰는데 이는 마치 어영사御營使를 '어영대장'이라고 호칭하는 것처럼 하고, 도제거를 두어 법식을 갖추되 역시 경리영經理營의 도제거를 삼공이 으레 겸하는 것처럼 하며, 호위대장의 관청도 합해서 이에 소속시킬 것이다. 그리고 내영內營과 외영外營의 군수물자와 군량을 마련하고 조처하는 문제는 모두 경비에 의존하지 않도록 할 것이니, 이는 곧 재용財用의 비축을 중요하게 여기는 까닭이다.

나는 자나깨나 마음이 선대를 숭모하고 백성을 보호하는 데 있다. 이 두 가지가 서로 어긋나는 것 같지만 실제적인 면에서는 마찬가지이다. 이 백성은 곧 선왕의 백성이다. 지금 이 백성을 보호할 마음이면 의당 먼저 폐해로부터 구해야 한다. 큰 폐해로는 군영軍營이 많은 것보다 더한 것이 없다.

내가 신년 조참朝參(조회) 때에 네가지 문제를 들어 유시했는데, 네 문제점 중에 군과 민 두가지가 들어 있다. 이 문제를 들었던 것은 장차 실행하고자 함이다. 선왕이 드나드셨던 문을 통해 선왕이 앉으셨던 자리에 앉아 있으면서 말만 하고 말을 실천하지 못하는 것은, 내 비록 부덕하지만 결코 그렇게 하지 않을 것이다. 중앙과 지방이 이 교시를 익히 보고 숨은 뜻을 헤아려, 내가 경영해서 우리 후인들을 계도하여 우리 국운이 억만년토록 영구하기를 소원하는 나의 본뜻을 알도록 할 것이다."

---

5   통의(通擬): 관직을 통괄해서 맡도록 한다는 뜻의 용어. 즉 광주부의 유수는 남한산성 수어사의 직무를 통합해서 임명한다는 의미이다.

화성에 성가퀴와 옹성을 설치하는 문제

상이 감동당상監董堂上 조심태趙心泰와 경기관찰사 서용보徐龍輔를 불러 보고 조심태에게 다음과 같이 지시했다. "성곽의 제도에 대해 예로부터 경륜이 있는 학자들의 여러 가지 논의가 있는데 어떤 방식으로 구축할 것인가는 오직 담당자의 능력에 달려 있다. 대저 성을 쌓는 법은 기초를 견고히 하는 것이 제일 중요하다. 기초를 견고히 닦은 뒤라야 나머지 제도를 시행할 수 있는 것이다. 성곽에 성가퀴〔城堞〕가 없으면 쓸모없는 성이니 성가퀴는 결단코 만들지 않을 수 없다. 옛사람들은 다 옹성甕城을 중시했다. 성문에 옹성이 없으면 쓸모없는 성이니 옹성 또한 쌓지 않을 수 없는 것이다. 한갓 보기만 좋고 견고한 방도를 생각하지 않는 것은 실로 옳지 않으니, 보기에도 아름답고 적을 방어하는 데도 도움이 되어야 한다. 병법에 먼저 적의 기세를 꺾는 것을 가장 중요하게 여긴다. 그래서 소하蕭何는 미앙궁未央宮을 지으면서 '웅장하고 미려하지 않으면 위엄을 보일 수 없다'고 말했던 것이다. 그런즉 성루가 웅장하고 미려하여 보는 자들의 기를 꺾는 것 또한 성곽을 지키는 데 큰 효과가 있다. 현안懸眼[6]은 벽돌로 축조한 성이 아니면 설치할 수 없다고 하는데, 꼭 그렇지 않다. 벽돌로 쌓은 성에 현안을 설치할 수 있다면, 돌로 쌓은 성이라 해서 현안을 만들 수 없겠는가?"

조심태가 아뢰기를, "성에 성가퀴가 없거나 성가퀴에 현안이 없으면 모두 성을 지키는 좋은 제도가 되지 못합니다. 현안은 필히 설치해야 합니다"라고 했다.

상이 또 이르기를, "유형원柳馨遠의 『반계수록磻溪隨錄』「보유편補遺篇」

---

6   현안(懸眼): 성에 있는 총구와 같은 것으로 성곽의 방어 설비의 하나이다.

에는 수원의 읍치邑治를 북평北坪으로 옮기고 성과 못을 축조하는 논의가 들어 있다. 1백년 전에 벌써 이런 논의를 했으니 오늘의 일을 내다본 듯하다. 참으로 기특하다"고 했다.

—『실록』, 정조 17년(1793) 12월 8일

정조의 화성 구상

상이 높은 곳에 올라 화성의 터를 둘러보고 좌우 사람들을 보고 이르기를, "이곳은 본디 허허벌판으로 인가도 5, 6호뿐이었는데 지금은 천여호가 되어 집들이 즐비하구나. 몇 년이 못 가서 큰 도회지가 되겠다. 지리의 흥성은 자연히 때가 있는 모양이로구나."

그리고 팔달산八達山에 올라서 성을 수축할 자리를 둘러보고 말했다. "정상의 가장 높은 데 잡았으니 멀리 바라보기에 유리하다. 기세가 웅장하고 트였으니 하늘과 땅이 만든 장대將臺라 할 만하다. 지금 깃발을 꽂아놓은 곳을 보니 성을 쌓을 범위를 대략 알겠다. 북쪽 마을에 사람 사는 집들을 철거하자는 의논이 있다지만 결코 득책이 아니다. 현륭원이 있는 곳은 화산花山이고 관부가 있는 곳은 유천柳川이다. 화華 땅의 사람들이 요堯임금에게 세가지를 축원했다는 의미[7]를 취해서 여기 성 이름을 화성이라고 한 것이다. 화花와 화華는 통용되는 글자다. 화산의 뜻은 대체로 8백개의 봉우리가 이 한 산을 둥그렇게 둘러싸 호위하는 형세여서 마치 꽃송이 같다는 의미이다. 그러니 유천의 성이 남북으로 조금 길어 버들잎처럼 되면 실제로 의의가 있는 것이다. 지금 화성과 유천의 뜻을 영부사에게 언급한 터이지만, 이 성을 좁고 길게 만들어 버들잎 모양이 되게 하고 북쪽 모서리에 인가가 어울려 있는 곳을 세 굽이로 꺾이게 만들어 '내 천川' 자 모양이

---

7   요임금이 화(華)라는 곳을 갔을 때 그곳의 봉인(封人)이 세가지 소원하는 바를 말했는데 그 소원은 장수, 부자, 자식 많이 두는 것이었다(『장자』 「천하편天下篇」).

되게 하면 유천에 더욱 맞지 않겠는가."

이아貳衙(판관의 관아)에 당도한 뒤 모시고 온 시임과 원임대신 홍낙성洪樂性 등을 불러 다시 또 일렀다. "아까 팔달산을 멀리서 둘러보니 지금 건설하는 성곽이 웅장하고 여염이 즐비하여 참으로 대도회 모양이다. 이처럼 5, 6년 내에 취락을 이루고 도회를 형성한 것이 빨랐으니 내 마음이 기쁘기 한량없다. 성곽 기지의 형세에 대해서는 방금 감동監董 당상에게 하고 한 바 있다. 여기 성곽을 축조하는 일은 억만년의 유구한 계책이요 인화人和를 이루기 위해서도 소중하다. 응당 원대하고 바른 도리를 다하기 위해서 힘써야 할 일이다. 아까 성곽 기지의 깃발 세운 곳을 둘러보니 성 밖으로 내보낼 민가가 있다고 했다. 어찌 이미 지어놓은 집을 공사 때문에 철거해서 되겠는가. 이는 인화를 소중히 여겨야 한다는 뜻에 어긋난다. 성지城池의 남북 사이의 거리도 너무 가까운 결점이 있다. 원대하고 바른 도리를 생각하면 응당 이렇게 해서는 안 될 것이다. 화산과 유천이 서로 바라보고 있다. 우리나라 억만년의 태평을 이룰 유구한 대업으로 성을 쌓음에 있어 버들잎 형상으로 하며, 내 천川 자에 따라 집터를 정해주어서 인가들이 도성 안으로 들어올 수 있게 하려는데 경들은 생각이 어떤가?"

홍낙성 등이 아뢰었다. "성상이 설계하신 것은 신들이 미칠 바 아니옵니다."

그리고 이아 뒤쪽의 조그만 동산에 올라가서 여러 신하들에게 일렀다. "평지 가운데 이 언덕이 우뚝 솟아서 이아의 터가 되었으니 기이하지 않은가."

그리고 일자문성一字文星[8]에 이르렀을 때 신하들이 의논을 드렸다. "이곳은 일자문성이 두겹이고 용연사각龍淵砂角이 왼쪽에서 안으로 들어와 얕은 형국이 되었습니다. 내문성內文星에 성을 쌓되 성을 조금 축소하여 사

---

8   일자문성(一字文星): 풍수설의 용어로 산 정상이 한일자(一) 모양으로 평평한 지형이다.

각에 양보하고 외문성外文星에 따로 토성土城을 쌓아 내성을 보호하도록 하는 것이 마땅하겠습니다."[9]

상이 유수 조심태에게 일렀다. "지금 이 성은 바로 외문성에 쌓되 용연 사각을 넘어가서 내문성과 함께 나란히 성안으로 들어가게 하면 좋겠다."

이내 용연으로 옮겨 가서 귀봉龜峰을 가리키며 조심태에게 일렀다. "오른쪽이 귀봉이고 왼쪽이 용연이어서 거북과 용이 서로 마주보는 형국이다. 지명 또한 우연치 않다. 대개 용연의 산기슭은 전면이 석벽으로 되어 있고 아래로 작은 못이 있다. 물은 광교산光敎山에서 흘러와 석벽 아래에 이르러 감돌고 있다. 여기 돌아서 나와 북쪽으로부터 남쪽으로 읍치를 통과하는데, 기슭을 따라 꺾어지는 곳에 다리를 걸쳐놓고 성을 쌓으면서 수문水門도 만들려는 것이다."

조심태에게 상이 다음과 같이 일렀다. "일자문성이 두겹으로 되어 있으니 더욱 중후하고 공고한 기상이다. 용연의 기슭이 용의 머리를 하고 있어서 석벽이 웅크린 형상을 이루니 풍기가 한데 모여 정신이 뭉친 모양을 볼 수 있다. 아울러 수해를 막아 주는 공이 있으니 마치 이 성 쌓는 역사를 위해 만들어놓은 것 같다. 지리와 지세가 십분 만족스럽다. 성을 쌓는 역사의 대강령은 이와 같다. 보완해서 아름답게 만드는 일은 담당자들의 능력에 달려 있다."

상이 서울로 돌아오면서 미륵당고개(彌勒堂峴)[10]에 이르러 하마하여 잠깐 휴식하면서 승지에게 일렀다. "매양 현륭원에 갔다가 돌아올 적에 나도 모르게 발걸음이 더디어지고 배양재(陪養峙)를 지나 이곳에 이르면 절로 머리가 돌려져 서성거리게 된다."

---

9 풍수설의 논리에 의해 성 쌓는 위치와 방법을 말한 것이다. '용연'은 풍수설에서 필히 고려되어야 하는 물을 가리키며, '사각'은 그 주변의 뾰족뾰족한 산들을 가리키는 것 같다. 내문성과 외문성은 일자문성으로 지칭된 두 곳을 안팎으로 나눈 것이다.

10 미륵당고개(彌勒堂峴): 수원에서 과천으로 오는 길에 있는 고개. 이곳을 지지대고개라고 부른다.

사천沙川[11] 행궁에서 잠시 쉬고 과천 행궁에 이르러 오늘 밤부터 내일 밤까지 금령을 풀어주라고 명했다. 그리고 관광하는 사람들이 다 들어가기를 기다려 성문을 잠그라고 명했다. 망해정望海亭[12]에 이르러 잠시 쉬었다가 대궐로 돌아가니 밤 2경이 넘었다.

— 『실록』, 정조 18년(1794) 1월 15일

화성 건설 과정 2

화성 공사 중지에 대한 윤음

화성 공사를 중지하는 일에 관련해서 다음과 같이 윤음을 내렸다.

"화성의 공사는 중대한 일인데 그 일을 중지하는 일 또한 중대한 문제이다. 현륭원을 이곳에 모시고 나서 유수부로 승격시키고 행궁을 설치하여 존모하는 마음을 붙였다. 성과 해자를 만든 것은, 여기가 기호 지방의 요충지이기 때문이 아니요, 5천의 병마를 주둔시키고 있는 때문도 아니다. 그래서 경사卿士들과도 상의하지 않았으며, 비용을 묻지도 않았다. 직접 기획하고 운용하여 여기에 성을 쌓고 못을 판 것이다. 남북으로 망루가 이제 곧 준공될 수 있게 되었다. 흉년이 들지 않고 백성이 배고플 일이 없으면 이 공사는 진행되어 마무리될 것임이 틀림없다. 그런데 지금 삼남과 경기 지역이 가을철임에도 사람들이 굶주림으로 쓰러지는 지경이며, 서북의 변경 또한 먹고살기 어렵다는 보고가 올라오고 있다.

---

11 사천(沙川): 지금 의왕시에 있는 지명. 사근천(沙近川, 사그내)이라고도 부른다.
12 망해정(望海亭): 노량진에서 한강을 바라보는 위치에 있는 정자. 정조가 수원을 다니면서 한강에 배다리(舟橋)를 설치하고 건널 때 잠시 쉬던 곳이다. 지금 용양봉저정(龍驤鳳翥亭)으로 일컬어진다.

지금 궁정의 어공御供조차도 자교慈教(어머님, 즉 혜경궁의 말씀)를 받들어 정지하고 면제시킨 형편이다. 축성 공사가 아무리 중대하더라도 완급이 있다. 이 일을 중지하면서 저 일은 중지하지 않으면 식견이 있는 자의 말을 기다리지 않더라도 옳지 않은 줄 알 것이다.[13] 더구나 어용으로 들어가는 물량은 그다지 많지도 않다. 백성과 동고동락同苦同樂하는 뜻을 따라서 지출을 절감함으로써 백성이 내는 것으로 백성의 도움이 될 수 있도록 한 것이다. 더구나 성역에 들어가는 물력은 천배 만배나 된다. '성 쌓는 데 드는 비용은 없으면 만들어내면 되며, 흉년에 들어가는 곡식은 창고를 열고 진휼하면 될 일이다. 이 두가지는 길이 달라 서로 상관없는 일'이라고 말하지 말라. 일국의 재화는 일정한 수량이 있어서 위에 있지 않으면 아래에 있고 밖에 있지 않으면 안에 있기 마련이다. 농사짓는 백성들의 한해 살아갈 양식은 곧 굶주린 백성들이 입에 풀칠할 자원이 아닌가. 농사를 짓지 않으면 수확은 어디서 나올 것이며 진휼을 하지 않으면 백성이 어떻게 살아갈 것인가. 이럼에도 말하기를 '너희들의 농사짓기와 진휼하기를 버려두고 나의 성 쌓는 일만 하라'고 한다면 인화人和와 지리地利를 생각하더라도 이와 같이 할 수 없는 노릇이다.

내년은 다른 해와 다르다.[14] 다 함께 경축하는 마음으로 널리 은혜를 베풀기에 힘써 조세와 환곡을 평년의 반으로 줄이고자 한다. 한편으로 덜어주고 줄여주어 힘을 펴게 하면서 다른 한편으로 긁어내고 뜯어내서 이득을 취한다면 아무리 관중管仲 같은 사람이 재화를 관리하고 유안劉晏 같은 사람이 부세를 관장하더라도 백성을 병들게 하지 않을 자 거의 없을 것이다.[15] 이 어찌 자전의 마음으로 나의 마음을 삼는 도리이겠는가.

13　여기서 '이 일'은 어공을, '저 일'은 화성의 역사를 가리킨다. 궁중 내에서 위에 올리는 음식을 줄이면서 성곽 공사를 계속하면 지탄을 받을 것이라는 의미이다.

14　여기서 말하는 내년은 1795년을 말하며, 사도세자와 혜경궁의 회갑인 해였다. 그해에 정조는 혜경궁을 모시고 백관과 함께 화성에 행차하여 경축연을 거행했다.

15　관중(管仲)은 춘추시대 제나라의 재상으로서 재정을 잘 운용했으며, 유안(劉晏)은 한나라

설사 돈과 곡식이 어디서 따로 마련이 되고 자재가 공급되어 성이 훌륭하게 이루어진다 해도 백성이 굶주리는 우환으로 팔도에 시급한데 역사에 동원된 백성이 작업하며 고달프게 내는 소리가 그치지 않는다면 저 원망하며 떠도는 백성들이 '우리 임금님은 어찌하여 성 쌓는 마음을 백성 위하는 데 쓰지 않고, 성 쌓는 재물을 백성 살리는 데 쓰지 않는단 말인가' 하고 '대궐의 광명한 빛은 다 떨어진 옷에 구부정한 사람에게는 비추지 않고 거창한 성곽에만 비추나'라고 말하지 않겠는가. 또한 '성은 올해도 쌓을 수 있고 내년에도 쌓을 수 있고 10년을 끌 수도 있다. 백성은 하루 이틀도 굶기 어렵거늘 한달을 견디게 할 수 있으랴'라고 말하지 않겠는가. 이에 당해서 내 아무리 성 쌓는 일의 중요함을 들어 대답하고 싶어도 어찌 감히 선왕께서 백성을 사랑하고 돌보아 거둥하는 길에 곡식을 밟지 말도록 했던 덕음德音을 우러러 본받지 않을 것이랴!

논하는 자들은 '흉년에 공사를 일으키는 것은 구휼의 의미도 포함하고 있다. 주자가 남강南康에서 행한 일이나 범중엄范仲淹이 절서浙西에서 시행했던 일을 참고하고 실행할 수 있다'고도 말한다. 이는 사정이 다르다. 일개 수령이나 지휘자로서 한 고을, 한 진을 구제한 정사였다. 지금 나는 한 나라의 임금으로서 온 나라의 백성을 다스리고 있다. 가까이 도성과 경기 지역으로부터 멀리 바다와 변방 지대에 이르기까지 노인·어린이·부녀자에 절름발이·귀머거리·벙어리 할 것 없이 나의 적자赤子 아닌 사람이 없다. 이미 저 목을 빼고 바라보는 천만이나 되는 사람들로 하여금 농사도 못 짓고 장사도 못 해 고향을 떠나 꾸역꾸역 몰려와서 성 쌓는 역사에 품을 팔아서 살아가게 한다면 이르는 곳에 살아남을 자가 얼마나 되겠는가. 흉년이 든 해에는 노역을 일으키지 않으며, 제사에도 아래 등급의 희생을 쓴다는 말이 『예기』에 들어 있고, 흉년에는 누대정사樓臺亭榭를 꾸미지 않고

사람으로 궁핍한 국가 재정을 회복하는 데 공이 있었다.

도로를 닦지 않는다는 말이 『춘추전』에 들어 있다. 대소사에 권도權道건 정도건 간에 상황에 따라 방도를 달리 취하는 것이 이와 같다.

오늘을 위한 방도는 오직 구황 한가지에만 정신을 집중해야 하니, 한톨의 쌀이나 한자의 베라도 줄일 수 있는 것은 줄이고 모을 수 있는 것은 모아서 농사짓는 데로 돌리고 구휼하는 데로 돌려야 한다. 굶어가는 사람들이 모두 살아나고 나의 마음이 편안해지면 하늘 또한 복을 내려 백곡이 풍성해질 것이다. 노나라 삼수三遂의 백성들이 제 발로 찾아왔고[16] 주나라 백도百堵는 일꾼들이 즐겁게 일하여 담장이 저절로 높아진 것이다.[17] 일을 시키는 것이 온당하면 기운도 화평해져서 민심이 쏠리는 곳에 성도 함께 견고해지기 마련이다. 하필 아침에 수레 백대를 끌게 하고 저녁에 소 천마리로 실어 날라, 더위도 추위도 생각지 않고 배고픔도 돌보지 않은 채로 백성의 힘과 물력을 소진시키며 몰아쳐서 억지로 이루려고 덤벼들어 될 일인가.

대궐의 공물을 중지시키는 것은 우리 자전慈殿(임금의 어머니)을 위해 백성에게 은혜를 내림이요, 성 쌓기를 중지시키는 것은 현륭원을 위해 백성에게 은혜를 베풂이다. 성인이 나오더라도 결코 지금 나의 이 말은 바뀌지 않을 줄 안다.

여기 화성부를 위한 구황 대책은 내가 따로 요량해둔 바가 있다. 성이 후에 어떻게 될 것인가는 나무의 뿌리가 얼마나 단단히 얽혀 있고 건물의 기초가 얼마나 견고하냐에 달려 있다. 이 점은 명백하다. 내년 봄 땅이 풀릴 때를 기다려서, 북쪽 성 밖의 아주 가까운 곳은 척박한 땅인데 깊고 얕고를 살펴봐서 한길이나 반길 정도 파내 약 백곡斛 정도의 씨를 파종할 만한 면적을 헤아려 설정한다. 그런 다음 파낸 흙을 거두어 성 바로 옆에 말

---

16 노나라 삼수(三遂)의 주민들이 정벌 나가는 군사가 필요한 물자를 자발적으로 들고 와서 제공한 일이 있었다(『서경』「비서費誓」).

17 백도(百堵)란 높은 담장이다. 『시경』 소아 「홍안편(鴻雁篇)」에 백도를 쌓는 일이 수고롭긴 했으나 필경에 집이 평안함을 얻었다는 구절에서 뜻을 취한 것이다.

5필이 끄는 수레의 궤도 둘이 들어갈 만한 땅을 다듬어, 그 지대에 종과 횡으로 농지를 정리한 다음 깊이 갈고 잘 가꾸면 척박한 땅이 비옥하게 바뀔 것이다. 정국鄭國이 경수涇水의 물을 끌어 댄 것[18]과 사기史起가 업鄴 땅 몇 천경의 부곽전負郭田을 얻은 것[19] 같은 일을 한두해 지나지 않아 이루어서 장차 사람들이 삽을 들고 구름처럼 몰려들고 수로를 터서 물을 대는 광경을 보게 될 것이다.

이 공사를 진행함에 있어서는 날짜로 삯을 셈하지 않고 일의 성과로 표시하되 거리의 원근에 차등을 두도록 한다. 힘이 있는 자는 족히 백전錢을 받을 것이고 약한 자도 제 한 몸뚱이 살아갈 수 있게 할 것이다. 이곳 부민府民만 참여시킬 것인가. 동서남북의 거처 없이 품팔이로 연명하는 자들이 다들 소문을 듣고 몰려올 것이다. 그런 중에 움집도 짓고 가게도 차려 술이건 밥이건 서로 교역을 한다면 이 또한 홀아비 홀어미처럼 어려운 자들의 이득이 될 것이다. 무릇 이와 같이 되면 성은 만세토록 무너지지 않을 기초가 되고 창고에 만명이 먹을 양식이 저장될 것이다. 그야말로 일거에 여러 가지 아름다움이 갖추어지니 참으로 아름답고 훌륭하지 않겠는가.

아, 너희 화성 성역을 맡은 신하들은 나의 깨우치는 말을 조용히 듣고 모름지기 다들 힘쓸 일이다."

— 『실록』, 정조 18년(1794) 11월 1일

---

18 정국(鄭國)은 전국시대 인물로 치수에 능해 수로 300여리를 개통하여 진나라를 부강하게 만들었다.

19 사기(史起)는 한나라 사람으로 황하 지류의 물을 끌어와서 관개에 이용했다. 부곽전(負郭田)은 성을 끼고 있는 기름진 땅을 말한다.

화성 건설의 후속 사업

화성의 수리 개발과 농업 장려

전에 화성유수 서유린徐有隣에게 효유한 바 있었다.

"오행이 순환함에 토土의 공이 가장 크고 팔괘가 배치될 때 감坎이 앞자리에 놓인다.[20] 그래서 주나라 문왕은 기산岐山(주나라의 발상지)을 다스릴 때 땅을 배분하는 법을 세웠으며, 한나라 고조는 관중關中을 평정한 뒤에 조세 제도를 수립했던 것이다. 지금 나라에서 화성을 주나라의 기산이나 한나라의 관중과 다름없이 보고 있으니 근본을 생각하여 농업을 중시하는 정책 또한 조금도 소홀히 할 수 없다.

만석의 수로를 성 북쪽으로 개통하고 아홉 길의 보를 성 서쪽에 쌓음으로써 서쪽에서 남쪽으로 물이 흘러 마침내 온 경내에 미치도록 되었다. 한 지역에서 팔도로 두루 미친다면 그로 인한 이로움은 얼마나 크고 넓을 것인가.

팔달문 밖에서 유천柳川 이포泥浦 사이의 땅이 넓은데도 경작이 이루어지지 못하는 것은 경기도 백성이 농사에 게을러서 힘을 다하지 않는 때문이다. 그렇다고 어찌 저들의 마음과 힘이 미치지 못해서 그렇게 된 것인가. 한나라의 어떤 학자는 '마음을 다하지 못하면 힘을 다할 수 없고, 힘을 다하지 못하면 공을 이룰 수 없다'[21]라고 말했다.

그런데 마음과 힘이 있더라도 재력이 없으면 일을 이룰 수 없고, 재력이 있더라도 관의 도움이 미치지 않으면 일을 이룰 수 없다. 하물며 높고 건조한 땅은 물을 끌어오기 어렵고, 전야田野에 사는 백성은 힘을 모으는 것이

---

20 오행은 금목수화토인데 토는 끝에 놓이면서 중심이 되어 다른 네가지에 작용을 하는 것으로 생각했다. 감(坎)은 팔괘 중에 앞자리에 놓이는 괘이다.

21 『한서(漢書)』의 「가산전(賈山傳)」에 나오는 말이다.

어려운 데야 더 말할 것 있겠는가. 논밭의 모양이 갖춰 있고 씨만 뿌리면 먹을 수 있는 땅이라도 명을 내려 '백성들이 마음대로 경작해 먹도록 하며 관에서는 세를 거두지 않는다'고 해도 지금 민심으로는 선뜻 나서지 않는 실정이다. 오늘날 황폐하여 모래만 날리는데 아무리 10년간 세를 면제해 준다 한들 어느 누가 모집에 응해서 아침이면 땅을 갈고 저녁이면 거둬들여 노적가리가 즐비한 광경을 볼 수 있으리오!

한나라 때 조과趙過[22] 등은 백성을 위해 권농을 하여 농기구와 소를 모두 관에서 마련해주었으며, 수령이 삼태기나 삽을 들고 현장에 나간 성과로 황폐한 땅이 옥토로 바뀌고 빈둥거리던 자들도 농부가 되었다. 이른바 '백성과 더불어 즐긴다'는 것은 이를 두고 이른 말이다. 무슨 일이든 옛것을 본받지 않고는 어떻게 효과를 볼 수 있을 것인가. 오늘의 계책으로는 두가지가 있다.

하나는 영둔전營屯田에 인부를 모집해 경작하는 규정에 따라, 본부本府에서 재물을 들여 개간하여 이 일을 마친 뒤에 일정한 면적을 배정해주어 관용에 보탬이 되고 백성의 식량을 넉넉히 해주는 자원이 되게 하는 것이다. 다른 하나는 곡물을 바치면 벼슬을 주는 방식에 의거해, 얼마 정도의 땅을 개간한 자에 대해 당나라에서 공명고신空名告身[23]이나 송나라에서 적공랑迪功郞(하위 직급의 명칭) 이하의 품계를 주었던 전례와 같이 각기 원하는 대로 향품鄕品의 향임鄕任[24]이나 군교와 이속에 해당하는 자리를 주되, 만약 30일 갈이〔耕, 농지의 넓이 단위〕 이상으로 쌀 백석을 수확할 땅을 개간한 자에게는 중추부의 직책이나 변방의 장으로 그 공적을 따져서 임명할 수 있다. 이렇게 행하면 농토가 날로 늘어나는 효과를 기대할 수 있을 것이다.

22　조과(趙過): 농학가로 경작의 새로운 방법을 개발했는데, 대전법(代田法)이 있다.

23　공명고신(空名告身): 고신은 관리의 임명장에 해당하는 것이며, 공명이란 문서에 이름을 비워둔 것이다.

24　향품의 향임(鄕任): 지방 고을에 있는 향청의 좌수 별감. 향품은 시골의 벼슬자리란 뜻이다.

'수구水口가 공연히 크면 백성이 못 산다'[25]는 말이 있는 모양이나, 이는 폐일언하고 불경스러우며 근거가 없는 소리다. 먼저 수구에 관한 말을 생각해보자. 도읍처에는 관계가 없으니 풍수설을 보면 분명하다. 만약 성 밖으로 산을 조성한다면 그 형세가 성안을 내려다볼 것이며 물 아래쪽에 제방을 만들면 물길을 가로막기 쉽다. 전자는 성 둘레로 망루를 설치하므로 의미가 없고 후자는 물이 맑고 깨끗해야 명당明堂이라는 말에 어긋난다.

옛날 석학들의 큰 계책을 참고해보자. 평양성은 설계하면서 긴 숲을 강 오른편에 두었다. 그리고 선산善山의 읍치가 완성되었을 때도 시내 왼쪽에 역시 큰 숲을 배치했다. 옛말에도 '백 가구의 마을과 열 집이 사는 장터라도 반드시 산을 등지고 물을 둘러야 한다'고 일렀다.

금년부터는 나무를 심도록 할 것이다. 버드나무·뽕나무·개암나무·밤나무 등등 아무쪼록 많이 심어 숲을 이루게 해서 경관을 일신하도록 하는 일이 우선 조처해야 할 임무이다. 유수부와 역마을에는 집집마다 나무를 심을 것을 전에도 누차 지시했지만, 주택 안에 나무를 심지 않으면 세를 물린다는 것도 이미 주관周官(『주례』를 가리킴)에 나와 있다.

경은 모름지기 적절히 잘 조처하여 나라에서 화성 백성을 위해 밤낮으로 생각하는 지극한 뜻을 저버리지 말 것이다. 땅을 개간하는 문제는 사람들의 의론을 널리 수합하여 논리를 갖춰 보고하도록 하라."

이에 서유린이 권장하여 360일 갈이[耕]의 땅을 개간하게 했다고 보고하자 다음과 같이 지시했다. "중농정책에서 개간을 장려하는 일보다 더 중요한 것이 무엇이겠는가. 화성부는 여러 도의 모범이 되는데 360일 갈이 땅의 개간은 그것을 특별히 지시한 뒤에 실현되었으니 매우 훌륭한 일이다. 출발점에서 포상하여 장려하는 조처가 없을 수 없다. 판관 김사희金思義에게 내사內賜 녹피鹿皮 1령令을 지급하라. 관가에서 개간하는 이외에

25　수구는 물이 들어오고 나가는 출입구를 가리킨다. 풍수설에 수구가 크면 재물이 쉽게 빠져나간다는 말이 있었다.

30일 갈이를 스스로 개간한 자가 있으니 더욱 가상하다. 담당 부서로 하여금 가선대부 품계의 위장衛將에 임명하도록 하라. 이러한 사실을 조정이 각 도에 유시하되 이를 본보기로 삼아 힘써 공을 세우게 하며, 공적이 빼어나 장려하기에 합당한 자는 그 실적을 조사해서 장계로 보고하라."

—『실록』, 정조 24년(1800) 6월 1일

화성 신도시와 『반계수록』의 구상

고 처사 증집의겸진선贈執義兼進善 유형원柳馨遠은 그가 편찬한 『반계수록』의 「보유편」에서 "수원 도호부에 광주廣州 아래쪽의 일용면一用面 등을 붙이고 치소를 평야지로 옮겨 냇물을 끼고 지세를 이용하면 읍성邑城을 구축할 수 있다. 읍치의 규모와 평야의 이점을 살리면 실로 대번진大藩鎭의 기상이 될 수 있다. 이 지역의 안팎으로 1만호를 수용할 수 있을 것이다"라 했고, 또 이르기를 "성을 쌓는 역사는 향군鄕軍이 정번停番을 하여 내는 것으로 재원을 마련할 수 있다"[26]고 했다.

대개 이 사람은 유용한 학문을 해서 이처럼 경세에 관한 저술이 있었다. 기이하다. 그가 수원의 형편을 논함에 당해 읍치를 옮기자는 계책과 축성의 방안을 강구한 내용은 100년 전에 살면서 오늘날의 일을 비춰주는 것 같다. 다른 고을의 면을 합치고 정번의 재원으로 이용하는 등의 세부계획 또한 병부兵符처럼 착착 들어맞는다. 지금 그의 책을 읽고 그의 주장을 채용하게 되니 시대를 넘어서 만나는 감회가 있다. 책은 보지 못해도 본 것 같고 그의 말을 듣지 못해도 들은 것 같다. 그 사람의 품은 바가 실로 대단했다. 이 화성의 일로 말하면 내가 아침저녁으로 그를 만난 듯하다고 할 수 있다.

---

26 정번(停番)은 번을 서는 것을 중지한다는 의미. 지방의 장정, 즉 향군에게 군역을 중지시켜 주는 대신 납부케 하는 것으로 성을 쌓는 재원을 마련할 수 있다는 뜻이다.

그의 후손에게 추은推恩을 할 때 관례로서 호조참판의 증직을 하려 하자 상신相臣이 "관례로서 증직하는 직함이 도리어 특별 증직보다 못하니 이 유신儒臣에게 시행하는 것이 불가한 듯합니다"라고 주장했던 것으로 기억된다. 그때 이 말을 옳게 여겼는데, 지금 그에 대한 감회가 일어나니 어찌 드러내 면려하는 은전을 빠뜨릴 수 있으랴! 성균관 좨주〔祭主〕를 더해서 증직하고 그 사손嗣孫(대를 이은 후손)을 찾아 보고하도록 하라.【이미 찬선贊善, 그리고 참판參判을 증직했기 때문에 이조참판 겸 좨주찬선祭主贊善에 증직하는 것으로 시행했다.】

──『전서』 권34,「고처사유형원 가증좨주교故處士柳馨遠加贈祭酒敎」

6장
정조의 학문과 저술

정조의 학문과 저술을 다룬 제6부는 주로 「군서표기群書標記」에서 뽑은 것이다. 「군서표기」는 『홍재전서』의 권179로부터 권184까지 모두 6권에 걸쳐서 수록되어 있다. 여러 책을 찬술하게 된 경위와 취지를 밝힌 내용이다. 어정御定과 명편命編으로 구분되어 있는바 어정은 임금이 직접 정한 것이고 명편은 임금이 명해 편찬했다는 뜻이다. 어정이 85종, 명편이 62종이다. 실로 방대한 분량일 뿐 아니라 종류도 다양하다. 어정의 경우 문신들의 협력이 많이 들어가 있지만 정조가 직접 관여해서 저술된 것이다. 명편의 경우 담당 문신들이 엮은 책임에도 정조의 관심과 지침으로 이루어졌다. 정약용의 「상형고祥刑考 초본 말미에 붙인 글」은 연관되는 성격이기 때문에 뒤쪽에 붙여놓았다. 정약용의 『흠흠신서欽欽新書』라는 대작이, 인명을 중시하고 신중에 신중을 기하는 정조의 정신을 구현한 내용임을 확인할 수 있다. 맨 뒤의 「주자소」 또한 『일득록』에서 뽑은 것이다.

『사칠속편四七續編』【어정 1권, 영조51년(1775) 편찬】

사칠설은 사단四端과 칠정七情이 이발理發이냐 기발氣發이냐는 문제를 따지는 것이다. 이 학설은 퇴계退溪 이황李滉과 고봉高峯 기대승奇大升이 편지를 주고받으며 논쟁한 데서 비롯되었다. 서로 간에 끝내 의견의 합치를 보지 못했다. 후일에 또 우계牛溪 성혼成渾은 퇴계의 설을 주장하고, 율곡栗谷 이이李珥는 고봉의 설을 지지하여, 다투어 새로운 견해를 내놓으면서 동조하거나 배척하거나 했다.

후세의 학자들이 여러 설을 엮어서 한 책을 만들어 그 경위를 알 수 있게 했다. 근래에 통행하는 『사칠변四七辨』이 그것이다. 이로부터 이론을 펴는 학자들이 더욱 많아졌다. 졸수재拙修齋 조성기趙聖期, 창계滄溪 임영林泳, 농암農巖 김창협金昌協 같은 이들은 각기 이에 대한 논저가 있다. 그리고 남당南塘 한원진韓元震이 지은 『경의기문록經義記聞錄』과 『주자서동이고朱子書同異攷』, 외암巍巖 이간李柬과 수암遂菴 권상하權尙夏가 편지를 주고받으며 변론한 것이 나오고부터는 관련한 글과 책이 쌓여 마침내는 사문斯文(유학을 가리킴)의 일대 다툼거리가 되었다.

대체로 여러 학자들의 설은 실로 같고 다른 점이 있지만, 그 내용을 살펴보면 다 같이 유자의 학문이며 똑같이 주자를 받드는 논리이다. 서로 다투는 것은 단지 아주 미세한 차이에 있으며 명의와 형체를 두고 이렇다 저렇다 하는 것일 뿐이다.

나는 사단과 칠정, 인심人心과 도심道心을 분변하는 문제를 평소 깊이 탐구해보고자 하여 관련 문헌들을 거의 다 섭렵했다. 그런데 학설들이 각종 서책에 흩어져 있기 때문에 통관해서 살피기 어려웠다. 이에 『사칠변四七辨』 및 근세 학자들이 논한 것들을 일일이 조사해서 책으로 엮었다. 편차는 머리에 퇴계와 율곡의 심성정도心性情圖를 놓고, 다음으로 우계와 율곡의 왕복 서한 10편과 율곡의 인심도심설人心道心說을 놓고, 끝에 후세 학자들의 논의 가운데 요령을 얻은 글들을 붙였다. 이름은 『사칠속편』이라고 한다. 여기에서 사칠논쟁은 그 경위가 자연히 드러날 것이다.

—『전서』 권179, 「군서표기 1」

『황극편皇極編』【어정 13권, 정조 8년(1784년) 편찬】

직접 편찬하게 된 경위

우리나라 사대부들은 의론을 좋아하고 명분과 절의를 중시한다. 아름답고 세련되어 참으로 볼만했으나 한번 바뀌어 과격해지는 데 이르고, 과격해지면서 서로 반목하는 데 이르러 붕당으로 나뉜 것이다. 붕당은 군자의 다툼이 되지 못해, 당파가 선조 을해년(1575, 선조 8년)부터 갈라지게 되었다. 이후 백 갈래로 나뉘어 그 혼란은 막을 도리가 없게 되고 말았다.

군자와 소인이 구분되는 원인, 충신과 역신逆臣이 구분되는 유래를 탐구해보고자 해도 모호하여 근거를 물을 곳이 없다. 사람들의 입놀림을 따라 옳으니 그르니 하고 다투게 되니, 이 또한 매우 우스운 노릇 아닌가. 이에 공적·사적 기록류를 수집·정리해서 이 『황극편』을 만들었다.

옛 정승 이준경李浚慶의 「파붕당설破朋黨說」로부터 시작하여 조문명趙文命의 「탕평소蕩平疏」로 끝을 맺은 것은 은미한 뜻이 담겨 있다.[1] 각 당파 사이에 일어난 소소한 다툼으로 자기편의 기억에만 관계되는 내용은 수록하지 않았다. 혹시 자못 표방을 했더라도 심히 확대되지 않았던 문제는 모두 부록으로 시론時論 아래에 붙여서 역사기록의 부용附庸(옆에 붙인 것)처럼 처리했다. 또한 흉론凶論 중에 패악한 문자는 삭제해야 옳겠으나, 사실 관계로 시비를 가리는 데 필요한 것은 빼지 않고 다 실었다. 편목에 있어서는 동인 서인에다 남인 북인을 붙였으며, 서인 남인에다 대북과 소북을 붙였고, 노론 소론에다 준론峻論과 탕론蕩論[2]을 붙였다.

---

1 이준경(李浚慶)은 선조 때 영의정을 지낸 인물로 죽음에 임해서 「파붕당설(破朋党說)」을 남겼다. 조문명(趙文命)은 경종 1년에 당쟁의 폐해를 논하고 탕평을 주장하는 상소를 올렸다.

2 준론(峻論), 탕론(蕩論): 준론은 당파의 입장을 선명하게 주장하는 논리, 탕론은 탕평책을 지지하는 논리이다. 영조가 탕평책을 펼 때 이를 지지하는 입장을 탕평파라 했고, 이에 대해 원칙론을 내세우는 반탕평파가 있었다. 탕평론과 반탕평론=준론은 노론과 소론 양측에 다 있었다.

대저 내가 이 『황극편』을 엮은 까닭이 어찌 일부러 분란을 부채질하고 교노승목教猱升木[3]을 하기 위해서겠는가. 사군자士君子(사대부와 통하는 말)의 언론은 결코 떠돌아다니는 말을 듣고 관습적으로 해서는 안 되기 때문이다. 그리고 만약 공정한 안목을 가진 자들이 평정심을 가지고 이 책을 읽는다면 지난 과거를 교훈으로 삼고 미래를 경계하며, 심회를 활짝 열어가는 데도 도움이 없지 않을 것이다.

서문

아, 이 『황극편』은 붕당의 다툼에 관한 기록이다. 서명을 왜 '황극皇極'(최상의 표준을 뜻하는 말)이라고 했는가? 오직 황극만이 이 붕당의 다툼을 타파할 수 있기 때문이다. 그렇다면 붕당은 타파해야 옳다는 말인가?

옛날의 붕당은 타파해서는 안 되지만 오늘의 붕당은 타파해야 하는 것이다. 왜냐? 옛날에는 군자와 군자가 어울려 당을 만들고 소인과 소인이 어울려 당을 만들었다. 그렇기에 붕당을 타파하게 되면 반드시 군자가 해를 입고 소인은 뜻을 얻게 된다. 따라서 구양수歐陽脩는 「붕당론」을 지어 군주가 붕당을 혐오하는 것을 경계했고, 주자는 범순인范純仁의 조정설調停說을 비판했던 것이다. 이는 붕당을 타파해서 안 되는 이유이다.

그런데 지금의 붕당은 군자와 소인으로 나누어진 것이 아니요, 다만 의론에 의해 갈라진 것이다. 저편에도 시是와 비非가 있고 이편에도 시와 비가 있으며, 저편에도 군자와 소인이 있고 이편에도 군자와 소인이 있다. 반드시 당을 타파한 뒤에라야 군자를 모이게 할 수 있고 소인을 교화시킬 수 있는 것이다. 이 때문에 선정신先正臣 이이李珥는 사류士流를 조제調劑(조정)하는 일을 자기의 임무로 삼았다. 선대왕先大王(영조)의 50년 치세에 공적으로 황극을 세우신 것보다 큰 것이 없었다. 이것이 붕당을 타파해야 하는

---

3   교노승목(教猱升木): 사람을 사주해서 비행을 저지르도록 한다는 뜻이다("毋教猱升木, 如塗塗附", 『시경』 소아 「각궁편角弓篇」). 여기서 猱(노)는 긴팔원숭이를 가리킨다.

이유이다.

혹자는 주자와 구양수의 논리를 억지로 끌어와서 선대왕이 황극을 세우신 치적에 대해 "유감스러운 점도 없는 것이 아니다"라고 말한다. 이는 편견에 사로잡히고 사심에 빠진 나머지 고금의 구별을 하지 못하는 자이다. 여름 한철만 사는 벌레가 어떻게 겨울의 얼음을 알겠는가. 실로 지금의 붕당은 악성 붕당이다. 악성 붕당을 타파해서 안 될 것이 어디에 있겠는가. 성인이 다시 오신다 해도 나의 말은 바꿀 수 없다.

이 책에 의하면 당쟁이 일어난 것이 거의 300년이나 되었다. 그사이에 이편저편으로 파가 갈리고 앞뒤로 이어져 내려와서 요컨대 모두 처음에는 별것 아니었던 일이 마침내 커졌고, 사가私家에서 조정으로 밀고 올라온 것이다. 말다툼에서 점차 혐오하기가 극에 다다랐다. 그리하여 지키기를 맹서하듯이 하고 공격하기를 무기 발사하듯 하며, 저주하려면 귀신을 부르고 여우를 동원하는가 하면, 미워하는 자에게는 온갖 흠을 찾아내 집중공격을 한다. 이 형세는 서로 해치려 들면 씨를 말리지 않고는 그만두지 않는다. 선대왕께서 이를 우려하여 황극을 세워서 사방이 모두 귀의하도록 하신 것이다. 바다처럼 포용하고 태산 같은 위엄으로 진정시키니, 하늘처럼 덮어주고 땅처럼 품어서 조정의 신하들이 창칼 아래서 벗어나 안전을 누리게 된 것이다. 아아, 거룩하도다. 선대왕이 아니면 지금까지 살아남을 사대부가 과연 얼마나 있겠는가.

비록 그러했으나, 폐습이 워낙 고질이 된 까닭에 바로잡히는 것이 더뎠다. 덕으로 임했다가 따르지 않으면 예로 인도하고, 예로 인도해도 따르지 않으면 형정刑政으로 다스리셨다. 깊이 감화시키고 굳게 견지하기를 50년 계속해서야 큰 공을 이루었으니, 그 어려움이 이와 같았다. 이 때문에 고심혈성苦心血誠으로 팔십 고령에도 게을리하지 않으시고 항시 이 문제를 생각하시어 간곡하게 타이르고 경계하셨던 것이다. 이는 나만이 아니라 조정의 여러 신하들이 다 함께 우러러보며 받들던 바다. 『서경書經』에 이르기를 "내 어찌 나의 농사를 끝까지 잘 마치지 않으리오"라고 하셨고, 또 이르기를 "어찌 전대의 성왕께서 하시던 일을 마무리하기를 도모하지 않겠는가"라고 하셨다. 선대왕의 가르침과 공덕을 준수하여 조정의 신하들을 화합하도록 만드는 일은 확실히 나 소자의 책무이다. 이 어찌 조신들도 응당 삼가고 조심할 바 아니겠는가.

이제 바야흐로 상흔이 아물려 하는데 조정에 인물들이 얼마 남지 않았다. 만약 또다시 이 틈에 파란과 분쟁이 일어난다면 그 불행은 어떻겠는가. 옛날에도 당쟁으로 우·이牛李나 삭당朔党·촉당蜀党[4] 같은 것이 있었다. 그러나 우리나라처럼 분파가 거듭 일어나 한 가문에서 서로 창을 겨누고 같은 길을 달리 가며, 일가 간에 서로 경계를 나누고 가까운 친구가 원수로 바뀌는 사례가 어디에 있었던가. 우리 동방은 한쪽에 치우쳐 있어, 사람들이 받은 기운 또한 치우쳐서 이런 것일까.

아, 이 또한 생각을 잘못한 까닭이다. 설령 티끌만 한 혐의나 눈 흘길 정도의 원망이 있어도 그로 인해 집안에 화가 닥치고 그 때문에 나라에 어려움이 오게 된다는 것을 어찌 두려워할 줄 모른단 말인가. 실로 평정한 마음을 가다듬고 공정하게 사리를 살펴, 잘못이 자기에게 있으면 스스로 책망하고 남에게 있으면 용서하여 서로서로 깨우치고 뉘우쳐서 각각 자기의 도리를 다하는 이것이 바로 황극의 도이다. 당파가 어디에 필요하겠는가.

내가 이런 뜻으로 경계해 말한 것이 여러 차례였다. 돌아보건대 말만 번거로웠지 반응은 아득했고 마음만 수고로웠지 효과는 없었다. 나 홀로 장차 어떻게 하겠는가. 안타깝다. 선대왕 같은 성군도 짧은 기간에 해결하지 못하고 필경 긴 세월이 지나서야 성과가 나타났다. 하물며 나 소자로서 어떻게 쉽게 말할 수 있으며, 또 어찌 힘써 노력하지 않겠는가. 오직 선대왕께서 도모하신 공적을 무너뜨리지 않고 나의 세신世臣(대대로 관계를 맺은 신

4 　우·이(牛李), 삭당(朔党), 촉당(蜀党): 중국의 당송 시기의 당파 명칭. 우·이는 당나라 문종 때 우승유와 이덕유로 갈린 붕당이고, 삭당과 촉당은 송나라 철종 시기에 갈라진 붕당이다.

하)들과 더불어 크게 화합을 이루어 선대왕의 영광을 계승하는 것이 나 소자의 뜻이다. 이 뜻을 기록하여 『황극편』의 서문으로 삼는다.

—『전서』 권180, 「군서표기 2」

『국조시악國朝詩樂』【어정 5권, 정조 5년(1781) 편찬】

이 책은 우리나라의 제사와 연회에서 쓰는 악장이다. 서명을 악장이라 하지 않고 시악이라고 한 것은 시와 악이 하나임을 밝히기 위해서다. 대개 시와 악은 나누어 말하면 당상堂上의 현가絃歌가 시이고 당하堂下의 포죽匏竹이 악이며,[5] 합해 말하면 시 또한 악이고 악 또한 시이다. 전하는 말에 "공자가 위衛나라에서 노魯나라로 돌아온 뒤에 악이 바로 잡혔고, 아雅와 송頌이 각기 제 위치를 얻게 되었다"고 한 것이나, 『의례경전통해儀禮經傳通解』[6]에 「녹명鹿鳴」 이하의 시 12편을 수록하면서 '시악'이라고 한 것이 바로 이를 말해준다.

우리나라의 아악은 세종 때 처음 제작된 이후로 다시 전하는 것이 없어 증빙할 문헌도 없고 관련 기록이 잘못되어 있어, 그 성음聲音과 절주節奏에 관해서 자세한 내용을 제대로 설명할 수 있는 이가 없다. 선왕조先王朝 을유년(1765, 영조 41)에 『국조악장國朝樂章』을 편찬하도록 지시했으니, 이야말로 시악이 정리될 수 있는 좋은 기회였다. 그러나 안타깝게도 당시에 명을 받은 신하가 뜻을 잘 받들지 못하고 정밀히 고찰할 겨를도 없어서 단지 『열성지장列聖誌狀』과 『악학궤범樂學軌範』 등에 실려 있는 것을 초록하여 시기별로 배열해놓았을 뿐이고, 성조聲調와 강보腔譜는 다루지 못했다.

---

5 여기서 당상과 당하는 악기를 연주하는 장소를 가리킨다. 현가는 현악기의 반주에 맞춘 노래를 가리키며, 포죽은 악기의 재료를 바가지나 대나무를 이용해 만든 것이다. 대청마루〔堂〕에서 연주하는 악기와 당하에서 연주하는 악기의 구분을 두었다.

6 『의례경전통해(儀禮經傳通解)』: 주자가 지은 책. 처음 이름은 『의례집전전주(儀禮集傳傳注)』였다. 「녹명(鹿鳴)」은 『시경』 소아의 첫번째 작품이다.

내가 신축년(1781, 정조 5) 여름에 관예례觀刈禮를 앞두고 의주儀註에 실려 있는 악장을 가져다 보았는데 장절도 갖추지 못했고, 의미도 어긋난 것이 많았다. 그래서 을유년에 편찬한 원서를 가져다 놓고 이리저리 뜯어보니 아악과 속악의 구분도 있지 않은 데다가 풍운뇌우風雲雷雨 악장은 누락되었고 부묘祔廟 악장으로 와서는 없는 것을 있다고 하는 등 여러 가지로 착오가 많아, 오류를 이루 다 셀 수가 없는 지경이었다. 후세에 신뢰할 문헌으로 전할 것이 못 되는 점을 크게 두려워하여 범례를 새로 정해 다시 편찬했다. 그 편목은 아악·속악·당악唐樂·향악鄕樂·요가饒歌로 잡았다. 각기 장章 아래에 시를 지은 연월과 오류가 발생한 전말을 적어놓았는데, 내 감히 전대보다 잘하는 것처럼 보이기 위해서겠는가. 애오라지 영릉英陵(세종) 이후로 끊어진 실마리를 이어가고자 하는 마음에서며, 한편으로 우리 선대왕이 다하지 못한 뜻을 삼가 본받으려는 것일 뿐이다.

—『전서』 권179,「군서표기 1」

『팔자백선八子百選』【어정 6권, 정조 5년(1781) 편찬】

세상에 문장을 떠들어 논하는 자들은 걸핏하면 선진先秦과 양한兩漢을 본받아야 한다고 주장한다. 이는 가짜로 옥이 될 수 없고 고정古鼎(고대의 청동기)을 위조한 것은 가치가 없음을 모르는 것과 다름없다. 저들이 표절하는 것은 선진과 양한의 찌꺼기일 뿐이다. 지금과 가까운 당송唐宋에서 취하여 원류를 찾은 다음 넓은 바다로 나가는 것과 어찌 같겠는가.

당송의 문장은 팔가八家보다 훌륭한 것이 없다. 한유韓愈의 기굴奇崛함, 유종원柳宗元의 예리함, 구양수歐陽脩의 펼쳐나감, 소식蘇軾의 웅장·호방함, 왕안석王安石의 긍칙矜則(엄숙하고 법도에 맞음)함, 증공曾鞏의 근엄함 중에서 어느 한 수법만 얻어도 세상에 명성을 날리기에 충분하다. 문장의 기운을 떨치고 싶은 자는 필히 한유와 소식을 바탕으로 삼고, 법도에 유의하는 자는 필히 구양수와 왕안석을 상고하며, 유종원을 참작해서 단련에 힘쓰고, 증공을 참작해서 의논을 바로잡아야 할 것이다. 이들 중에 하나만 빠뜨려도 대가를 이루기에는 부족하다. 이에 나는 "일가一家를 보태도 안 되고, 일가를 빼도 안 된다"고 말한다. 귀유광歸有光[7]이 줄여서 육가로 한 것이나, 저흔儲欣[8]이 늘려서 십가로 한 것은 다 통론이 될 수 없다.

그런데 팔가의 전집은 너무 방대하여 집에 넘칠 지경이다. 모씨茅氏의 선집[9]만 해도 권수가 너무 많아 지방의 문인들 사이에는 이 전질을 구경한 자도 드물다. 대저 팔가는 참으로 예원藝苑의 모범을 삼아야 하지만 법을 운용하는 것은 정신이라고 하지 않았던가. 진정으로 저들의 정신을 터득하자면 어찌 꼭 많아야만 되겠는가. 나는 지금 한유의 글 30편, 유종원의 글 15편, 구양수의 글 15편, 소순의 글 5편, 소식의 글 20편, 소철의 글 5편, 왕안석의 글 7편, 증공의 글 3편을 뽑아 100편으로 그쳤다. 이른바 정수 중의 정수이다. 정유자丁酉字[10]로 인쇄, 반포하고 다시 내각內閣(규장각)에 지시해 목판으로 각해서 보관하도록 했다.

—『전서』 권179,「군서표기 1」

『자휼전칙字恤典則』【어정 1권, 정조 7년(1783) 편찬】

『관자管子』에서 거론한 구혜九惠[11] 가운데 두번째가 자유慈幼이다. 송나

---

7   귀유광(歸有光): 명대의 문장가. 당송과 산문가의 대표적인 문인이다.

8   저흔(儲欣): 명대의 문장가. 당송 산문가 10명의 글을 뽑아『당송대가전집록』을 편찬했다.

9   모씨(茅氏)의 선집: 모씨는 명대의 문장가인 모곤(茅坤). 그가 엮은『당송팔대가문초』는 모두 164권으로 우리나라에서도 간행되어 보급되었다.

10   정유자(丁酉字): 고활자의 일종. 금속활자로서 세종 때 제조된 갑인자가 대표적인 것이어서 후세에 여러 차례 다시 만들어졌던바 정조 초년에 만들어진 것을 정유자로 불렀다. 이 정유자로 정조 재위 중에 왕명으로 편찬된 책들이 많이 인쇄되었다.

11   구혜(九惠):『관자』의「입국편(立國篇)」에 나오는 사회복지에 관한 내용. 노노(老老)·자유(慈幼)·휼고(恤孤)·양질(養疾)·합독(合獨)·통궁(通窮)·문질(問疾)·진곤(振困)·접절(接

라 제도에는 고아와 자식 없는 늙은이로 자활할 수 없는 자들은 관에서 제공하는 집에 수용하고 상평식전常平息錢[12]을 지급했고, 주자는 조자직趙子直에게 보낸 편지에서 아이를 거두어 호적에 올리는 문제에 대해 더욱 강조하여 말한 바 있다.

우리나라의 광제원廣濟院과 육영사育嬰社[13]는 대개 송나라 제도의 뜻을 취한 것이었다. 『경국대전經國大典』에는 또 흉년에 버려진 아이를 거두어 기르는 것을 허용하는 조문이 들어 있다. 그런데 광제원과 육영사는 폐지된 것이 오래되었고, 『경국대전』의 조문도 재정비해야 할 것이다. 내가 즉위한 지 7년째인 계묘년(1783)에 흉년이 들어 백성들이 굶주리는 형편이었다. 이에 진휼청을 두어 구휼하고, 대신과 담당자를 불러 다음과 같이 지시했다.

"흉년에 굶주려 신음하는 우리 백성들도 다 임금이 구제해줄 대상이지만 그 가운데서 가장 가엾은 것은 어린아이들이다. 장성한 사람들은 품을 팔고 물을 긷고 땔나무라도 해서 그런대로 살아갈 수가 있겠지만 아이들은 이와 달라 몸을 가리고 입에 풀칠하는 일을 자력으로 해결할 도리가 없다. 울부짖으며 살기를 구해도 의지할 데가 없다. 더구나 길에 버려진 아이들은 그 까닭은 알 수 없지만, 요컨대 부모가 없어 이 지경이 된 것이다. 부모가 있더라도 춥고 배고픔이 절박해서 양쪽이 다 살아날 길이 없으리라는 생각에서 부모의 정을 끊고 길거리에 버려두면 누군가 불쌍히 여겨 구해주기를 기대한 것이리라. 혹시라도 착한 사람이 곧장 거두어다 기르게 되면 참으로 다행스런 일이다. 그렇지 못하면 시간이 지나서 죄 없이 죽게 될 밖에 없다. 천지가 만물을 낸 뜻이 어찌 이럴 수 있겠는가.

絶)의 9가지이다. '자유'는 어린이를 보살피는 것으로 주로 고아 문제를 다룬 내용이다.

12   상평식전(常平息錢): 상평전(常平錢). 관에서 비축해두었다가 흉년이 들면 민간에 대여하는 돈. 송나라 휘종 때 도입되었던 구휼 제도이다.

13   광제원(廣濟院), 육영사(育嬰社): 흉년 등 재난으로 어려운 처지에 놓인 백성이나 고아를 구제하기 위해 설치한 기관. 송나라 때 광제원, 명나라 때 육영사가 있었다.

나라에서 활인서活人署와 혜민서惠民署[14]를 설치했던 것은, 의약으로 죽어가는 사람을 구제하려는 뜻에서다. 백성이 질병이 들어도 이처럼 기관을 설치하도록 하여 구제했거늘 버려져 구걸하는 아이들이야 말할 것이 있겠는가. 광제원과 육영사 같은 아름다운 제도는 옛날과 지금 상황이 달라 하루 아침에 다 시행하기는 어렵다. 하지만 서울은 팔도의 모범이 되는 곳이니 이제 대략 옛 법을 본떠 우선 여기서 시작하여 차차 본보기로 삼아간다면, 실로 인정을 시행하는 첫 출발이 될 것이다. 충분히 강구하여 절목으로 만들고, 이어 중앙과 지방에 공시하여 각기 영구히 지키도록 하라. 다만, 풍년과 흉년에 따라 규례를 달리하는 문제와 나이에 따른 구제 기간을 정하는 문제라던가, 친척이 있고 주인이 있는 자는 두루 찾아서 맡기는 방도와, 자녀도 없고 하인도 없는 자의 경우 거두어 봉양하는 것을 허락하는 문제 등을 상세히 검토하여 조금도 빠진 곳이 없게 하여 처음부터 끝까지 혜택이 미칠 수 있도록 할 것이다."

이에 조정에서 절목을 만들어 올려서 재가를 받았다. 이 법을 시행하는 데 있어서 흉년이 든 해에 구제 대상이 되는 거지 아이는 10세까지로 한정하며, 유기아는 3세로 한정한다. 서울은 오부에서 보고 들은 대로 진휼청에 보고하며, 지방은 면임面任이 수령에게 보고한다. 흉년에 빌어먹는 아이는 흉년에 한해서 보리가 나기까지 거두어 기르며, 유기아는 풍년과 흉년을 가리지 않고 유모를 두어 기르되, 관에서 쌀·미역·솜을 지급하며, 거두어 자식이나 노비로 삼기를 원하는 자가 있으면 허용한다. 모두 9개조로 되어 있는데 한문과 언문으로 정리해서 정유자丁酉字로 인쇄, 오부와 팔도에 반포한다.

—『전서』 권179, 「군서표기 1」

---

14   활인서(活人署), 혜민서(惠民署): 활인서는 서울 성중의 병약자를 구제하기 위한 기관이며, 혜민서는 의약으로 백성의 질병 치료에 관한 일을 관장하는 기관이다.

『무예도보통지武藝圖譜通志』【어정 5권, 총보總譜 1권, 정조 14년 (1790) 편찬】

『무예제보武藝諸譜』에 실려 있는 곤봉·등패藤牌·낭선狼筅·장창長槍·당파鐺鈀·쌍수도雙手刀의 6종 무술은 본래 척계광戚継光의 『기효신서紀效新書』[15]에서 나온 것인데, 선조가 훈련도감 낭청 한교韓嶠에게 명해 당시 우리나라에 나와 있던 명군 장수들에게 두루 물어보아 편찬한 책이다. 선대왕 기사년(1749, 영조 25)에 소조小朝(사도세자를 가리킴)께서 대리청정을 하실 때, 죽장창竹長槍·기창旗槍·예도銳刀·왜검倭劍·교전交戰·월도月刀·협도挾刀·쌍검雙劍·제독검提督劍·본국검本國劍·권법拳法·편곤鞭棍의 12가지 무술을 증편하고 도해를 붙이도록 하여 『무예신보』를 만들었다. 내가 즉위한 처음에 이 뜻을 계승하여 비로소 앞의 18종 무예를 모두 연습, 시험해 뽑도록 했다. 그리고 기창騎槍, 마상월도馬上月刀, 마상쌍검馬上雙劍, 마상편곤馬上鞭棍의 4종 무술을 추가했다. 이후 다시 격구와 마상재馬上才의 2종 기예를 더해 모두 24종이 된 것이다. 또 규장각 검서관 이덕무 등과 장용영 장관 백동수白東脩 등에게 명해 원편과 속편에 도보圖譜를 합해 엮고 여러 전적을 두루 참고하여 원류에 대해 해설을 붙이게 했다. 또 여러 병기들의 특성과 다루는 방법이나 장단점과 관련해서 중간에 해명을 붙여 평가했으며, 별도로 『총보』를 작성하여 간결하게 요약했다. 그리고 언해를 붙여서 학습에 용이하도록 도모한 것이다. 3개월이 걸려 책이 완성되었다. 검서관 박제가에게 명해 정서하여 간행하도록 하고 그 판목은 장용영에 보관시켰다.

---

15 『기효신서(紀效新書)』: 명나라 때 명장인 척계광(戚継光, 1528~1588)이 지은 병법서. 왜구와 싸우는 전법으로 개발된 것이어서 임진왜란 때 우리나라에서도 많이 이용되었다.

친찬서親撰序

우리나라 군사훈련의 제도는 삼군은 교외에서, 위사衛士는 금원禁苑에서 실시하는 것이었다. 금원에서 하는 훈련은 세조 때부터 시행했는데 활쏘기 한가지에 그쳤다. 창이나 검 같은 무예를 연습했다는 말은 듣지 못했다. 선조 때는 왜구를 평정한 뒤에 척계광의『기효신서』를 구해 오게 하여, 훈련도감 낭청 한교에게 명해 우리나라에 나온 명나라 군사들에게 두루 자문하여 곤봉 등 6종의 무술을 배워 알아서 도보를 작성했다.

효종은 선왕들의 훌륭한 업적을 계승하여 종종 내열무內閱武를 거행했으니 몇 종의 무예와 수법이 확장되고 밝혀졌다. 이때에 치고 찌르는 법이 자못 개발되어 단련이 이루어졌으나 종목은 여섯가지에 그치고 늘어난 것은 없었다.

선대왕 기사년에 이르러 소조小朝께서 정사를 대신 처리하실 때, 죽장창 등 12종 무예를 증편하여 도보를 만들었던바, 전의 6종과 통합해서 강습하도록 했다. 이에 관한 사실은『현륭원지顯隆園志』[16]에 실려 있는데, 십팔기十八技란 명칭은 이때 처음 생겨났다. 내가 이 의식과 전형을 이어받아 더하여 말을 타고 하는 재주 등 6종을 보태서 24종의 무예로 편성했다. 얼마 후 고증에 밝고 익숙한 두세 사람에게 명해 원편과 속편을 합해 도보를 편찬하도록 했다. 전체 범례를 바로잡고 근본과 변천에 대해 설명을 달고, 제도에 대해 논평을 붙이게 했다. 그리하여 모든 종목이 각기 신묘한 활용까지 이 책을 펼쳐들면 한눈에 알아볼 수 있도록 한 것이다. 서명은『무예도보통지』라고 한다.

이 책으로 치고 찌르는 법을 더 늘리고 상세하게 했을 뿐 아니라 금원에서 군사를 훈련시키는 진수와 요령이 확립된 것이다. 교외 훈련의 교범으

16　『현륭원지(顯隆園志)』: 장헌세자(사도세자)의 저술 및 관련 기록을 정리한 책으로 추정되는데 그 뒤로 확인되지 않는다.

로, 오위진법의 『병장도설兵將圖說』[17]과 아울러 씨줄과 날줄로 엮어져서 나란히 아름답게 후세에 전해질 것이다.

그렇지만 나는 일찍부터 행진行陣이 맨 먼저이고 무예는 다음이라는 것이 병가의 상식이라고 생각했다. 병가의 오교에 무예를 연습하는 것[練藝]이 두번째에 있고 진법을 훈련하는 것[練陣]이 세번째에 있다. 이런 까닭은 어디 있는가? 무릇 해와 달과 별이 운행하는 이치에 밝고 모양과 작동의 변수에 능란하여 멈출 때는 장벽처럼 견고하고 움직일 때는 풍우처럼 빠른 것이 진법의 특징이다. 그런데 안으로 치고 밖으로 공격하는 데는 손발과 병기를 이용하지 않을 수 없다. 무적無敵의 행진은 오로지 얼마나 신속하게 치고 찌르느냐에 달려 있다. 병법을 논함에 있어서는 참으로 그렇지 않겠는가.

이 책이 간행되는 것을 계기로 중위中尉와 재관材官[18]은 날로 싸움의 비법을 익히고 인관궐장引關蹶張[19]으로 모두 날랜 군사가 되어, 국가에서 계속 인재를 육성하는 본뜻을 저버리지 않는다면 억만년 동안 군사를 양성한 실적이 참으로 여기에 있게 될 것이다. 장사들은 힘쓸지어다.

이는 경술년(1790, 정조 14)에 편찬한 것이다.

—『전서』 권180, 「군서표기 2」

---

17 『병장도설(兵將圖說)』: 영조 18년(1742)에 간행된 병법서. 문종 때 편찬된 『진법(陣法)』을 복간한 것이다. 오위(五衛) 편제를 따른 것이기 때문에 '오위진법'이라고 했다. 영조 25년 (1749)에 『속병장도설』이 간행된 바 있다.

18 중위(中尉) 재관(材官): 중위는 군주의 호위와 서울의 방어를 맡는 군사이고, 재관은 그 예비 병력을 뜻한다.

19 인관궐장(引關蹶張): 용력과 무예가 빼어나 병기를 잘 다루는 능력을 의미한다.

「도리총고道里撮攷」【어정 2권, 정조 21년(1797) 편찬】

친찬서親撰序

하늘에 도道가 있으니 경도와 위도가 그것이고, 땅에 도가 있으니 경계가 그것이며, 사람에게 도가 있으니 인의仁義가 그것이다. 옛날 복희씨伏羲氏는 위로 하늘을 관측하고 아래로 땅을 관찰하여 지극한 이치를 붙였으니, 사상四象의 획은 육·칠·팔·구의 할아버지이고, 사상의 다음은 육·칠·팔·구의 아버지이다. 귀기歸奇는 그 아들이고 과설過揲은 그 손자이다.[20]

무릇 도라는 것은 사람이 다니는 길이다. 요임금의 도읍지인 평양平陽[21]에서 시작하여 동쪽으로 가고 서쪽으로 가고 남쪽으로 가고 북쪽으로 가게 되었다. 한 길이 만 갈래로 갈라지니 이 또한 이치인 것이다. 상고의 세상에도 사람들이 오고 가고 했던바 늙어 왕래할 수 없게 되면 말할 것이 없다.

예컨대 건주建州 사람이 이르기를 천주泉州를 모르면 모름지기 남쪽으로 내려가 검주劍州에서 길을 물어야 할 것이라고 했다.[22] 길이란 곧 도다.

우리나라는 사방 6천리에 산도 있고 바다도 있다. 산은 수레를 이용해서 요동遼東의 심양瀋陽으로 갈 수도 있고 바다는 배를 이용해서 중국이나 일본까지 갈 수 있다. 하지만 조정이나 민간에 누구나 솔개처럼 날아다니는 재주도 없고 길을 아는 늙은 말의 지혜도 없다. 그러므로 참고해볼 책이 필수로 있어야 하는 것이다.

---

20 『주역』의 이치를 통해서 인문의 발전을 설명한 논법이다. 천지자연의 시원적인 것으로서 태극, 태극에서 음양으로 분화되고 음양이 태양·소양·태음·소음의 사상(四象)으로 분화되며, 나아가 팔괘(八卦)를 도출한 것이다. 귀기는 『주역』「계사」에 나오는 용어이며, 과설은 역점(易占)의 용어이다.

21 평양(平陽): 요임금의 도읍지로 일컬어진 평양이 어딘지에 대해서는 여러 설이 있는데 산서성(山西省) 임분시(臨汾市), 혹은 산동성(山東省) 태현(泰縣) 지역으로 추정된다.

22 여기서 건주는 복건성(福建省)의 복주(福州)의 별칭이며, 천주 역시 복건성의 복주 남쪽에 있는 지명이며, 검주(劍州) 역시 복건성에 있는 지명이다.

하여, 가탐賈耽의 『군국지郡國志』[23]를 본떠서 각 고을의 경계를 표시하고, 상흠桑欽의 『수경水經』[24]을 따라서 사방 연해까지 노정을 표시하고, 모원의茅元儀의 『변방고邊防考』[25]를 구해 보고 봉수烽燧와 역참의 위치를 표시했다. 기타 밀물과 썰물이 들고 나는 정보, 바람과 비의 기상, 장시의 이름 등등을 하나하나 기재했다. 그림을 들여다보듯이 알 수 있다. 장인의 옥척玉尺이나 의원의 동인銅人도 이보다 나을 것이 없는 정도이다.[26]

국토의 방비를 책임지는 사람이라면 이를 몰라서야 되겠는가. 인의의 도는 사서四書에서 길을 찾아야 하니, 온 힘을 다해 오르고 오르면 지름길도 찾을 수 있으리로다!

— 『전서』 권181, 「군서표기 3」

『심리록審理錄』 【어정 26권】

중대한 옥사는 반드시 심리가 있어야 한다. 우리 역대의 법이 이러하다.

옛날 현명한 임금들도 형벌을 쓰는 일을 신중하게 했다. 경전에 나오는 말을 들어보면 대략 이러하다.

"밝고 신중하게 형벌을 쓴다.〔明愼用刑〕"

"조심하고 조심할 일이로다!〔欽哉欽哉〕"

"판결할 때는 오륙일을 엎드려 생각하라.〔要囚伏念五六日〕"

---

23 『군국지(郡國志)』: 『고금군국현도사이술(古今郡國縣道四夷述)』을 가리키는데, 저자 가탐은 당나라 덕종 때의 지리학자이다.

24 『수경(水經)』: 중국의 강과 수리(水利)에 대한 책. 저자는 당나라 때 상흠으로 알려져 있으나 이설이 있다.

25 『변방고(邊防考)』: 명대 말엽 학자인 모원의가 지은 병서. 그의 저술로 『무비지(武備志)』가 유명한데 이를 가리키는 것으로 추정된다. 『무비지』는 240권에 이르는 병학의 대저이다.

26 옥척은 장인에게 필요한 자를 가리킨다. 동인은 동으로 제작한 인체 모형으로, 의원에게 필요한 것이다.

"형벌은 형벌이 없게 되기를 기약한다.〔刑期於無刑〕"

"이 상형祥刑(형을 자상히 살펴 집행함)에 힘쓰라.〔監于玆祥刑〕"

나라를 유지하려면 반드시 형률이 필요하다. 그래서 나라의 기강을 맡은 자에게 규정에 의해 처형하도록 한 것이다. 하夏나라 왕부王府의 관화關和, 한나라 정위廷尉의 주당奏當이 다 그런 것이었다.[27] 한데, 담당자가 죄를 논해 형량을 정할 때는 항상 판례에 의거하게 되고, 군주가 옥사를 판단할 때는 반드시 실상을 캐묻게 된다. 한 죄인의 처형 문제를 두고 고요皐陶(요임금 때 법관)는 세번이나 "죽여야 합니다"라고 말했으며, 요임금은 세번이나 "용서해야 한다"고 말했다. 고요는 사람을 죽이는 데 과감했으나, 요임금은 일부러 법을 굽히려고 했던 것은 결코 아니었다.

나는 옥안獄案을 판결할 때마다 항상 두렵고 조심스런 마음으로 세번이나 법과 교화의 측면을 참작하여 꼭 죽여야 할 죄에서 살려낼 길이 없는가를 찾아보았다. 살릴 도리가 없는 자에 대해 반복해서 신중을 기해 판정했다. 그러고도 애긍한 마음을 걷잡을 수가 없었다. 옥사의 내용이 윤리에 관계된 경우에는 반드시 법에 없는 법에서 찾되, 요컨대 백성들이 비슷한 일에 접해 느껴서 교화에 도움이 될 수 있게 한다는 취지에 어긋나지 않도록 했다.

을미년(1775), 내가 대리청정을 한 이후로부터 중앙과 지방의 옥안으로 계사啓辭(논죄하여 왕에게 올리는 문서)에 따라 판결한 것 및 사면을 해서 처리된 사건, 재앙을 해소시키기 위해 여수慮囚[28]를 실시하는 등을 모두 형조에서 잘 기록해두도록 했다. 차츰 늘어서 분량이 많아졌다. 중간에 연신筵臣의 건의가 있었기에, 마침내 초계문신 홍인호洪仁浩, 김희조金熙朝 등에게

---

27 왕부는 제왕의 창고인데 거기서는 도량형을 이용해 공평을 기했다. 정위는 법 집행관이며, 주당은 타당한 판결을 아뢴다는 의미이다.

28 여수(慮囚): 큰 재해가 들 때 죄수를 석방시키는 것을 말한다.

명해 편집하여 책으로 엮도록 한 것이다.

연도에 따라 체계를 잡고 지역으로 구별을 했다. 옥안의 뼈대와 실제 내용, 본도에서 올린 장계, 형조의 계사, 대신 및 여러 신하가 헌의獻議한 것들이다. 각기 대략을 들어서 기록하고, 판결문은 단락에 따라 게재했다. 살인사건이 아니더라도 난을 일으킨 자나 허위의 말을 유포한 자, 화폐위조범 등 일율一律(사형)에 처해진 자들을 모두 수록했다. 서명은 『심리록』이라 했고 총 26권이다.

응당 시행해야 할 격식들을 부록으로 실었다. 초복검식初覆檢式·회추식會推式·완결식完決式·각도녹계식各道錄啓式·동추식同推式·결안식結案式·계복식啓覆式 등 7종이다. 이들은 구례와 신식을 참고해서 만들었다.

이미 매장한 지 오래된 것이 아니고 얕게 묻힌 경우에는 계문啓聞한 후 검시하는 것을 허락한다. 초검初檢과 복검覆檢에서 심문할 때 형장刑杖의 사용을 금지한다. 검험을 회피하는 자를 잡아다 심문한 다음 논죄하는 것은 법을 밝히기 위해서이다.

옥리에게 거듭 지시하여 한여름에는 닷새에 한번씩 살펴보아 감옥을 청소하고 형구를 씻도록 한 것은 송나라 때의 사례를 본뜬 것이다. 아무리 불대시不待時 죄수[29]라도 반드시 상복詳覆하도록 하고, 형구의 규격을 바로잡고, 고한辜限[30]을 늘렸다 줄였다 하는 것을 금한다.

『무원록언해無冤錄諺解』를 반포하고, 『세원록洗冤錄』과 『평원록平冤錄』까지 장차 간행하려는 것은 죄수들을 불쌍히 여기는 까닭이다.[31] 고공雇工(머슴으로 부리는 사람)을 살해한 경우 일반인들이 서로 죽이는 것보다 한 등급

---

29 불대시(不待時) 죄수: 시간을 두지 않고 즉시 사형을 집행하는 죄인을 가리킨다.

30 고한(辜限): 형법의 규정으로 사람을 구타해서 상처를 입힌 자에 대해 관에서 기간을 정해 부상자를 치료하게 하는데 그 기한을 고한이라 한다.

31 『무원록언해』는 살인옥사의 검시에 필요한 내용을 기술한 책. 원래 원대에 왕여(王與)가 편찬한 책인데 조선의 실정에 맞추어 증수한 것이다. 『세원록』과 『평원록』 또한 법의학에 관한 서적이다.

낮춰 처벌하며, 인정과 도리에 심히 어긋난 비부婢夫를 다스리다가 우연히 죽게 한 경우 살옥殺獄(살인옥사)으로 인정하지 않는 것은 세상을 다스리는 데 도움이 되고 풍속을 두텁게 하기 위해서다. 이상의 조항들은 새로 정한 법례의 대강이다.

―『전서』 권182, 「군서표기 4」

『상형고祥刑考』 초본 말미에 붙인 글

『상형고』 3권은 내(정약용)가 정사년(1797) 봄에 성상의 명을 받아서 엮은 『상형고』의 초본이다. 『상형고』는 전체 분량이 거질巨帙(많은 권수)이므로, 이는 바다에서 떠낸 한 표주박의 물이나 큰 솥에 담긴 고기 한 점에 불과한 것이다.

공손히 생각하건대, 우리 선왕(정조)의 훌륭한 덕과 위대한 업적은 역사에 다 기록하기 힘들 정도인데, 형벌을 조심하고 옥사의 판결을 신중하게하는 것은 성상께서 더욱 깊이 마음 쓰셨던 일이다. 즉위하신 처음에 『흠휼전칙欽恤典則』을 지어 전국의 군현에 반포하여 장杖·태笞·교校·습楷의 형벌 제도를 규정하니, 수령들이 홧김에 함부로 사람 죽이는 일이 종식되었다. 또 『무원록無冤錄』에 주석을 붙여서 곤장을 맞아 장 파열이 일어나는 일이 없도록 하려는 뜻을 거듭 밝히시니, 죄를 심문하는 관리가 임시방편을 쓰다가 인명을 해치는 것이 줄어들었다. 이 책에 힘입어 사람의 목숨이 온전해진 사례가 셀 수 없이 많다.

조정에서 법규를 만들어 온 나라를 단속함에 따라 군주는 팔짱을 끼고 앉아 있어도 담당자에게 맡겨두면 될 정도다. 매년 5월 재거齋居[32]를 하실 때면 팔도의 옥사 문서를 가져다가 몸소 직접 검토하시어 의문점을 찾아

---

32   재거(齋居); 제사를 지내기 위해 몸을 정결히 갖기 위한 목적으로 일정한 장소에서 묵는 것을 재숙(齋宿) 또는 재거라고 한다.

논란을 제기하여, 두번 세번 생각하고 따져서 억울함을 밝히고 어지러운 사건을 분석하기도 했다. 그리하여 철안鐵案으로 바꿀 수 없었던 것이 의심스런 옥안으로 바뀌고, 의심스런 옥안이 원옥寃獄으로 바뀌어, 하루아침에 형틀에서 벗어나 춤을 추며 나라님께 감사를 드리고 옥에서 석방된 사람이 뒤를 이었다. 천하의 지극한 어짊과 은덕으로 이보다 더한 것이 없으리라.

내가 일찍이 형조의 관직에 있으면서 성상을 모시고 옥사를 의논한 일이 있었다. 어떤 한 죄수를 마땅히 죽여야 한다고 의견을 올리자, 상 또한 그렇다고 하시면서도 그를 살려두고 싶어 하시는 듯이, "그 사정은 용서할 만한 점이 있다" 하시며 나에게 말씀하셨다.

"싸우다가 사람을 죽인 자 가운데 죽일 생각이 있지 않았는데 불행히 죽게 된 것이 열에 일고여덟이다. 칼을 뽑아 직접 사람을 찔러 죽인 자는 필시 그의 심정에 지극한 원한과 분노가 있어서 참지 못하고 죽인 것이다. 그래서 본래 죽일 마음은 없었는데 죽인 자와 죽일 마음을 갖고서 죽인 자에 대해 나는 따로 각각 구별해 밝혀주었다. 이는 내가 살려주기를 좋아해서 그러는 것이 아니요, 법이 의당 그렇게 해야 하기 때문이다. 또 내가 옥사를 풀어줄 때마다 조정의 신하들은 살려주기를 좋아하시는 덕이라고 말한다. 조정의 신하들은 내가 이 말을 듣기 좋아한다고 여기지만 나에게는 이 말보다도 듣기 싫은 말이 없다. 무릇 선을 좋아하고 악을 싫어하는 것은 의義요, 지智이다. 죽어 마땅한 큰 악을 저지른 사람에게 살려주기를 좋아하는 태도로 나가면 인·의·예·지의 네 덕목에서 의와 지를 잃은 것이다. 어찌 온전한 덕이라 할 수 있겠는가. 나는 억울한 자를 한 사람이라도 죽이지 않으려는 것이요, 살려주기를 좋아하는 사람이 아니다. 조정의 신하들이 몇 년이나 나를 섬겼으면서도 나의 뜻을 알지 못하고 매양 나를 보고 살려주기를 좋아한다고 말한다. 이 말은 듣기 싫다."

아, 거룩하다. 성인의 말씀이여! 매번 한 옥사를 판결할 때마다 규장각에서 그 사건의 개략 및 성상이 판결하신 말씀을 기록했는데, 시간이 지남에 축적이 되었다. 서명을 『상형고』라고 붙이도록 하고, 가까운 신하들에게 분담시켜 편찬, 교정하도록 했다. 내가 전후에 받은 것이 모두 10여권인데 지금 오직 초본 세권이 책 상자에 남아 있을 뿐이다. 인산因山(제왕의 장례를 가리키는 말)의 날짜가 임박함에 성상의 목소리가 떠올라 눈물이 앞을 가린다. 드디어 붓을 잡고서 초본 말미에 이와 같이 쓴다.

— 정약용, 「발상형고초본跋祥刑攷艸本」, 『여유당전서』 문집 권14

주자소鑄字所

주자소는 태종 때부터 있었는데, 세종 전성기에 집현전의 신하들이 명을 받들어 편찬한 책들은 모두 주자소에서 간행했다. 지금 규장각에 주자소를 설치한 것과 그대로 부합하는 것이다. 갑인년 겨울에 『주서백선朱書百選』을 편찬하여 홍문관에서 찍어 내면서 내각과 외각外閣의 활자를 보관해놓고 비로소 감인소監印所라고 이름을 붙였다. 지금 옛일을 따라서 이름을 주자소로 고쳤다. 그리고 전후 간행한 책들은 모두 여기서 간행했다. 누군가 말하기를 규성奎星[33]이 땅에 비춘다고 하는데, 대개 지상의 문명 또한 기다리는 바가 있는 것이다.

— 「일득록日得錄」, 『전서』 권164, 이만수李晩秀 1897년 기록

---

[33] 규성(奎星): 별자리의 하나. 문운(文運)을 맡은 별로 생각했던 까닭에 규장각에 이 규 자를 붙인 것이다.

세종 연보

연도	세종	국내외 주요 사건
1392년 (태조 1년) ~ 1418년 (태종 18년)	• 1397년 4월, 정안군 이방원(태종)과 여흥민씨(원경왕후)의 셋째아들로 한성부 북부 준수방에서 탄생. • 1408년 2월, 충녕군에 책봉, 심온의 딸(소헌왕후)와 결혼. (12세) • 1410년, 여진족이 경성(鏡城) 이북지역 침입. • 1412년 5월, 충녕대군으로 진봉. • 1418년 6월, 양녕대군이 세자에서 폐위된 뒤 세자로 책봉.	• 1392년, 조선 개국. • 1400년, 제2차 왕자의 난. 태종 즉위. • 1368년, 중국 원명 교체. • 1398년, 명 태조의 죽음. • 1402년, 성조 영락제가 제위 탈취. • 1403년, 북경으로 천도 결정. • 1405년부터 정화(鄭和)의 대항해. • 1336~1573 일본 무로마치(室町)막부. • 1369~1508 티무르제국. • 14~15세기 이딸리아 르네상스 운동.
1418년 (세종 즉위년)	• 8월, 태종의 양위로 조선 제4대 왕으로 즉위. (22세)	
1419년 (세종 1년)	• 6월, 이종무에게 227척의 병선을 이끌고 두모포에서 출병식 후 대마도를 정벌토록 함.	• 5월, 충청도 비인현에 대마도 왜구가 침범.
1420년 (세종 2년)	• 윤1월, 대마도를 경상도의 계림부에 편입시킴. • 3월, 집현전 설치. • 7월, 어머니 원경왕후 죽음.	
1421년 (세종 3년)	• 3월, 주자소에서 활자 기술 개선(경자자 주조). • 6월, 형벌제도 정비. 남형을 금함. • 10월, 세자(문종) 책봉. (25세)	• 명, 남경에서 북경으로 천도.
1422년 (세종 4년)	• 5월, 태종 죽음. • 8월, 흥복사에 구휼기관인 진제소(賑濟所) 설치. • 10월, 경원부에 여진 침입.	
1423년 (세종 5년)	• 9월, 조선통보 주조.	
1424년 (세종 6년)	• 4월, 불교의 여러 종파를 선·교 양종 36사(寺)로 통합.1 • 12월, 『수교 고려사』 편찬. 악기도감에서 악기 제조.	• 명 영락제 죽음. 홍희제 즉위.

1425년 (세종 7년)	• 2월, 악서(樂書) 편찬. 향악·당악·아악으로 구분. • 4월, 변계량이 화산별곡(華山別曲)을 지어 궁중연 회에 쓰도록 함. • 9월, 평양에 단군사당을 세우게 함.	• 명 홍희제 죽음. 선덕제 즉위.
1426년 (세종 8년)	• 2월, 한성부에 화재 발생. 이를 계기로 방화법을 정하고 금화도감(禁火都監) 설치. • 7월, 살곶이다리에서 열병식 거행. • 10월, 집현전 신료들에게 경복궁의 여러 문과 다 리의 이름을 짓도록 함.	• 2월, 영의정 이직, 찬성 황희, 이조판서 허조 등이 『속육전 (續六典)』을 개편함.
1427년 (세종 9년)	• 1월, 황희를 좌의정, 맹사성을 우의정으로 삼음. • 2월, 사찰의 토지를 몰수하여 군자감에 귀속시킴. • 9월, 『향약구급방』 간행.	
1428년 (세종 10년)	• 7월, 종학(宗學) 설치.	• 5월, 박연이 석경(石磬)을 제 작.
1429년 (세종 11년)	• 5월, 『농사직설』 편찬.	• 프랑스 잔다르끄가 포위된 오 를레앙을 구함.
1430년 (세종 12년)	• 윤12월, 『아악보』 완성.	• 오스만투르크술탄국이 테살 로니카 점령.
1431년 (세종13년)	• 3월, 명나라에 유학생을 보내 수학을 배우게 함. 『태종실록』 편찬. • 4월, 광화문 건립. • 9월, 황희를 영의정으로, 맹사성을 좌의정으로, 권진을 우의정으로 임명.	• 프랑스 잔다르끄가 처형됨.
1432년 (세종 14년)	• 1월, 『신팔도지리지』 편찬. • 2월, 강원도 평창 등지에서 강무 행사. • 6월, 『삼강행실도』 편찬.	
1433년 (세종 15년)	• 1월 1일, 새로 제정한 아악 연주. • 4월, 최윤덕을 사령관으로 임명하여 파저강 일대 의 여진 토벌. • 6월, 4군을 설치하여 국경이 압록강에 이르게 함. 남도 백성 2,200호를 이주시킴. • 6월, 『향약집성방』 편찬. • 8월, 혼천의(천체측정기) 제작. • 9월, 장영실이 물시계 자격루 제작.	• 7월, 명 정화(鄭和)가 7차 항 해를 마치고 귀국.
1434년 (세종 16년)	• 7월, 새 동활자 주조. • 10월, 앙부일구를 혜정교와 종묘 앞에 실치.	

1435년 (세종 17년)	• 2월, 화약 제조, 화약고 설치. • 7월, 경복궁 안에 주자소 설치.	• 명 선덕제 죽음. 영종(정통제) 즉위.
1436년 (세종 18년)	• 4월, 『자치통감훈의』 인쇄, 배포. • 7월, 『통감강목』 편찬. (40세)	
1437년 (세종 19년)	• 4월, 일성정시의(日星定時儀), 밤낮의 시간을 알리 는 기기) 제작. • 5월, 김종서에게 동북변경에 대한 특별 지시. • 8월, 평안도 도절제사에게 서북변경 방어 특별 지 시. 중관 엄자치를 보내 포상.	
1438년 (세종 20년)	• 1월, 흠경각(경복궁 강녕전 옆에 지은 전각)에 물 을 이용해서 시간을 측정하는 기구 제작. • 7월, 공법(貢法)을 경상도·전라도에 시행. • 11월, 『신주무원록』 편찬.	• 합스부르크가가 신성로마제 국 황제위를 잇기 시작함.
1440년 (세종 22년)	• 2월, 성혼기를 남자 16세, 여자 14세 이상으로 정 함. • 9월, 평안도에 장성을 쌓음.	• 영국 이튼 칼리지 설립.
1441년 (세종 23년)	• 6월, 『치평요람』 편찬. • 7월, 충청도에 공법 시행. • 8월, 측우기 제작. • 10월, 화초(火鞘, 화약총)을 만들어 보급. (45세)	
1442년 (세종 24년)	• 『고려사전문(全文)』의 편찬작업이 이루어짐.	
1443년 (세종 25년)	• 2월, 대마도를 위해 삼포 개항. • 4월, 세자(문종)에게 정사를 섭행(攝行)하게 함. • 9월, 함길도 온성군, 종성군에 행성 설치. • 11월, 전제상정소(田制詳定所) 설치. • 12월 30일, 언문 28자 친제.	
1444년 (세종 26년)	• 2월, 『운회(韻會)』의 언해. • 2월, 최만리 등의 『훈민정음』 반대 상소.	• 오스만투르크술탄국, 바르나 전투에서 헝가리에 승리.
1445년 (세종 27년)	• 3월, 화포 제작을 적극 추진함. • 3월, 『칠정산 내·외편』 편찬. • 4월, 『용비어천가』 지음. • 11월, 여진족과의 교류관례를 정리 제정함.	
1446년 (세종 28년)	• 3월, 소헌왕후의 죽음. • 9월, 『훈민정음』 공표.	

1446년 (세종 28년)	* 12월, 이과(吏科)와 이전(吏典) 시험에 『훈민정음』이 시험과목으로 들어감. (50세)	
1447년 (세종 29년)	* 7월, 수양대군이 『석보상절』 지음. 이에 세종이 『월인천강지곡』 지음. * 8월, 숭례문(남대문)을 개축. * 9월, 『동국정운』 편찬. * 10월, 『용비어천가』 간포.	
1448년 (세종 30년)	* 3월, 집현전에서 사서(四書) 언해.	
1449년 (세종 31년)	* 『석보상절』과 『월인천강지곡』 간포.	* 명 영종이 몽골군에 생포되고 (토목의 변) 경태제가 즉위함. 영종은 태상황제로 퇴위함.
1450년 (세종 32년)	* 2월 17일, 죽음. * 3월, 시호를 영문예무인성명효(英文睿武仁聖明孝), 묘호를 세종으로 함. (54세)	* 명 영종이 몽골에서 귀환하여 유폐됨.

정조 연보

연도	정조	국내외 주요 사건
1752년 (영조 28년)	*9월 22일, 사도세자(장헌세자)와 혜경궁 홍씨 사이에서 출생. 이름 산(祘).	
1759년 (영조 35년)	*2월, 왕세손에 책봉됨.	
1761년 (영조 37년)	*3월, 성균관 입학. 『소학』 배움. (10세)	
1762년 (영조 38년)	*2월 2일, 김시묵(金時默)의 딸(효의왕후)과 혼인. *윤5월 21일, 사도세자가 뒤주에 갇혀 죽음. *7월, 동궁에 책봉됨. 새로 설치된 계방(桂坊)에서 홍대용과 만남.	*장 자끄 루소 『사회계약론』 『에밀』 출간.
1764년 (영조 40년)	*2월, 효장세자의 아들로 입적됨.	
1775년 (영조 51년)	*12월 8일, 대리청정. (24세)	
1776년 (영조 52년)	*3월 5일, 영조 죽음.	
1776년 (정조 즉위년)	*3월 10일, 즉위. *3월 25일, 정후겸 처형. *3월 26일, 채제공을 형조판서에 기용. *9월 25일, 규장각 설치. (25세)	*애덤 스미스 『국부론』 출간. *미국독립선언.
1777년 (정조 1년)	*3월 21일, 서얼들의 관계 진출 허용(「정유절목(丁酉節目)」).	*8월 11일, 홍상범(洪相範)의 시해 미수 사건.
1778년 (정조 2년)	*2월 6일, 노비 추쇄관 혁파(「추쇄관혁파절목(推刷官革罷節目)」). *6월 4일, 사대개혁(민산, 인재, 군정, 재용) 방안 발표. *6월 27일, 후궁으로 원빈 홍씨(홍국영의 누이)를 맞아들임.	*7월, 박제가 『북학의』 지음. *12월 4일, 홍봉한 죽음.
1779년 (정조 3년)	*3월 27일, 규장각에 서자 출신을 검서관으로 기용. *5월 7일, 원빈 죽음.	
1780년 (정조 4년)	*5월 25일, 박명원을 사은사로 파견.	*박지원이 중국사행의 수행원으로 따라갔다가 『열하일기』를 지음.

1781년 (정조 5년)	• 2월 18일, 규장각에 초계문신 제도 시행. • 『어제시악(御製詩樂)』 편찬. (30세)	• 4월 5일, 홍국영 죽음. • 임마누엘 칸트 『순수이성비판』 출간.
1782년 (정조 6년)	• 1월 30일, 탕평의 의미를 밝힘. • 6월 10일, 서얼의 진출 확대 규정(「서얼소통절목 (庶孽疏通節目)」). • 9월 7일, 원자(문효세자) 출생.	
1783년 (정조 7년)	• 11월 5일, 『자휼전칙(字恤典則)』 반포.	
1784년 (정조 8년)	• 『황극편(皇極編)』 편찬. • 7월 2일, 왕세자(문효세자) 책봉. • 8월 2일, 대사령 반포. • 10월 23일, 시노비의 폐단 시정 지시.	
1785년 (정조 9년)	• 2월 10일, 강릉·태릉을 배알하고 오는 길에 모의 전투 시행. • 7월 2일, 장용위 설치. • 9월 6일, 『대전통편(大典通編)』 편찬.	• 3월 9일, 형조에서 천주교도 를 적발함.
1786년 (정조 10년)	• 1월 22일, 중국 도서의 수입을 금하는 조처. • 5월 11일, 문효세자 사망. • 8월 9일, 단군릉 수리. • 12월 12일, 임금이 합문을 닫아걸고 단식을 함(이 인(李禪)의 처벌 문제). (35세)	• 11월 20일, 상계군 이담의 죽 음.
1787년 (정조 11년)	• 1월 25일, 시전의 금난전권(禁亂廛權) 폐지(정미 통공(丁未通共).	
1788년 (정조 12년)	• 1월 13일, 김종수를 형조판서에 기용. • 2월 11일, 채제공을 우의정에 기용. • 2월 24일, 상소문에 당목(黨目) 표기 금함.	
1789년 (정조 13년)	• 4월 13일, 청계천 준설. • 10월 16일, 현륭원 완공. • 12월 8일, 전랑(銓郞)의 통청권(通淸權) 폐지.	• 1월 16일, 정약용 문과 급제. • 프랑스대혁명 발발. • 미국 초대 대통령으로 조지 워싱턴 취임.
1790년 (정조 14년)	• 4월 29일, 『무예도보통지』 편찬. • 6월 18일, 원자(훗날 순조) 출생. • 7월 1일, 한강에 설치할 배다리의 제도 마련(『주 교지남(舟橋指南)』). • 10월 29일, 창덕궁 춘당대에 나아가 장용영 훈련 실시.	

1791년 (정조 15년)	* 1월 25일, 신해통공(辛亥通共) 공포. * 3월 29일, 시노의 폐단을 바로잡는 문제 제기. (40 세)	* 진산사건 발생. * 10월 23일, 홍낙안의 사학비 난 장서.
1792년 (정조 16년)	* 문체문제를 제기하고 10월 19일 문체반정(文體反 正) 조치.	* 4월과 5월, 영남만인소 올라 옴.
1793년 (정조 17년)	* 1월 12일, 수원을 화성으로 바꾸고 유수부로 승 격. * 5월 25일, 채제공을 영의정에, 김종수를 좌의정으 로 임명. * 8월 8일, 사도세자 사건에 대한 영조의 속마음이 담긴 금등지사(金縢之詞) 공개. * 12월 6일, 유형원의 『반계수록(磻溪隨錄)』을 거론 함. * 12월 28일, 화성의 공사가 개시됨.	* 영국 사신 메카트니 경이 중 국의 북경에 와서 교역을 요 청함
1794년 (정조 18년)	* 1월 15일, 화성 공사 현장을 직접 답사. * 6월 28일, 『무원록언해(無冤錄諺解)』 인쇄 반포. * 11월 1일, 화성 공사의 일시 중단 지시.	* 프랑스 떼르미도르의반동.
1795년 (정조 19년)	* 1월 17일, 사도세자에게 존호를 올림. * 2월 9일, 혜경궁을 모시고 현륭원 행차 및 회갑연. * 3월 17일, 읍청루 앞에서 수군훈련 실시. * 8월 18일, 수어청 혁파.	* 1월, 청나라 건륭제 양위, 가 경제 즉위.
1796년 (정조 20년)	* 8월 19일, 수원 화성 완공. * 8월, 『규장전운(奎章全韻)』 간행. (45세)	* 청나라 백련교도의 난 발발.
1798년 (정조 22년)	* 12월 3일, 「만천명월주인옹자서(萬川明月主人翁自 序)」 지음.	* 5월, 전황(錢荒) 문제 발생. * 12월, 전염병 크게 유행하여 사망자 다수 발생.
1799년 (정조 23년)	* 1월 13일, 진휼청에 백성을 구제하도록 명함. * 12월 21일, 규장각이 『홍재전서(弘齋全書)』 간행.	* 1월 3일, 청나라 건륭제 사망. * 1월 7일, 김종수 죽음. * 1월 18일, 채제공 죽음. * 프랑스의 나뽈레옹 보나빠르 뜨가 집권.
1800년 (정조 24년)	* 1월 1일, 왕세자(순조) 책봉. * 2월 26일, 김조순의 딸을 세자빈으로 간택. * 5월 30일, 군신의리 정립 요구(오회연교五晦筵 敎). * 6월 1일 화성건설의 후속 사업으로 수리사업과 농업 권장.	* 1801년, 신유옥사. 천주교 박 해사건으로 이때 이가환, 정 약용 등 남인 세력이 대거 제 거됨. * 1800~05년, 순조 즉위 후 정 순왕후 수렴청정.

1800년 (정조 24년)	* 6월 10일, 종기로 인한 병세 악화. * 6월 28일 창경궁 영춘헌에서 죽음. 능호를 건릉 (健陵, 수원)으로, 묘호를 정종(正宗)으로 함. (49 세)
1899년 (고종 36년)	* 12월 7일(양력), 묘호가 정조(正祖) 등으로 개호 되고 황제로 추존됨.

찾아보기